Berlit
Wettbewerbsrecht

Wettbewerbsrecht

Eine Gesamtdarstellung
für die Praxis

von

Rechtsanwalt

Prof. Dr. Wolfgang Berlit

Fachanwalt für Gewerblichen Rechtsschutz

Honorarprofessor an der
Universität Hamburg

10., neubearbeitete Auflage 2017

C.H.BECK

www.beck.de

ISBN 978 3 406 715150

© 2017 Verlag C.H. Beck oHG
Wilhelmstraße 9, 80801 München
Druck: Nomos Verlagsgesellschaft,
In den Lissen 12, 76547 Sinzheim

Satz und Umschlaggestaltung: Druckerei C.H. Beck, Nördlingen

Gedruckt auf säurefreiem, alterungsbeständigem Papier
(hergestellt aus chlorfrei gebleichtem Zellstoff)

Vorwort zur 10. Auflage

Nach nahezu 25 Jahren liegt mit der 10. Auflage des Wettbewerbsrechts eine vollständig überarbeitete und ergänzte systematische Einführung in das Lauterkeitsrecht vor. Was als Leitfaden zum UWG anhand höchstrichterlicher Rechtsprechung 1993 begann, ist jetzt mit der systematischen Einführung in das durch zwei Änderungsgesetze grundlegend geänderte Gesetz gegen den unlauteren Wettbewerb von 2004 vollendet.

Während der ersten Auflage des Werks noch das UWG 1909 zugrunde lag, das in wesentlichen Teilen nahezu 100 Jahre unverändert blieb, führte die UWG-Novelle 2004 zu einer Neufassung des Gesetzes gegen den unlauteren Wettbewerb. Zwar wollte der deutsche Gesetzgeber mit dem UWG 2004 in einem großen Wurf das UWG nicht nur transparenter gestalten, sondern auch im Vorgriff auf die Harmonisierung des Rechts des unlauteren Wettbewerbs in der Europäischen Union einen lauterkeitsrechtlichen Meilenstein setzen. Dieses Vorhaben misslang. Obgleich das UWG 2004 erst wenige Jahre in Kraft war, musste der Gesetzgeber mit dem Ersten Gesetz zur Änderung des Gesetzes gegen den unlauteren Wettbewerb bereits 2008 nachbessern. Doch diese erste Nachbesserung genügte dem europäischen Gesetzgeber nicht. Vielmehr verlangte die Kommission eine noch weitergehende Angleichung des deutschen UWG an die Richtlinie über unlautere Geschäftspraktiken (UGP-RL). Die Kommission rügte, dass Deutschland im vollharmonisierten Bereich des Lauterkeitsrechts keine vollständige Rechtsangleichung vorgenommen habe. Mit dem Zweiten Gesetz zur Änderung des Gesetzes gegen den unlauteren Wettbewerb, das am 10. Dezember 2015 in Kraft trat, kam der deutsche Gesetzgeber der Forderung aus Brüssel zur gesetzessystematischen Angleichung an die UGP-Richtlinie nach. Mit beiden Änderungsgesetzen wurde die Harmonisierung des Lauterkeitsrechts im Verhältnis von Unternehmern zu Verbrauchern auf europäischer Ebene in Deutschland nachvollzogen. Im vollharmonisierten Bereich erfolgte eine vollständige Rechtsangleichung, wobei der deutsche Gesetzgeber an dem bewährten Grundsatz festhielt, dass sowohl der lauterkeitsrechtliche Schutz von Verbraucherinnen und Verbrauchern, als auch derjenige von Mitbewerbern und sonstigen Marktteilnehmern in den Schutzbereich des UWG fällt.

Seit Inkrafttreten des Zweiten Gesetzes zur Änderung des Gesetzes gegen den unlauteren Wettbewerb sind viele BGH- und EuGH-Entscheidungen ergangen, die vollständig in die vorliegende systematische Einführung eingeflossen sind. Ob es sich um die Grundsatzentscheidungen „*Freunde finden*" oder „*Fremdcoupon-Einlösung*" des BGH handelt, oder um die Entscheidungen „*VSW/DHL Paket*" oder „*ITM/Carrefour*" des EuGH. Während im Text die zitierten Entscheidungen von EuGH und BGH nur nach ihren Schlagworten benannt werden, findet sich in Anhang I ein umfassendes Fundstellenverzeichnis, das nahezu 25 Jahre höchstrichterlicher Rechtsprechung zum UWG bis zum Juni 2017 abbildet.

Zu hoffen bleibt, dass sich das Lauterkeitsrecht nach den zwei Änderungsgesetzen in Zukunft ohne weitere grundlegende Änderungen in der Praxis bewährt. Schließlich heißt es in der amtlichen Begründung zum Zweiten Gesetz zur Änderung des Gesetzes gegen den unlauteren Wettbewerb: „*Die Regelungen müssen sich mit der erforderlichen Klarheit aus dem Gesetz selbst ergeben.*"

Hamburg, im Juni 2017   *Wolfgang Berlit*

Vorwort zur 1. Auflage

Das Wettbewerbsrecht und die wettbewerbsrechtlichen Nebengesetze haben in der Praxis in den vergangenen Jahrzehnten mehr und mehr an Bedeutung gewonnen. Es gibt kaum eine Werbemaßnahme, gleichgültig, ob sie in den Print-Medien, Funk oder Fernsehen dargeboten wird, die nicht in einem sehr frühen Stadium an die Grenzen des deutschen Wettbewerbsrecht stößt. Trotzdem oder gerade deswegen scheint die wettbewerbsrechtliche Judikatur grenzenlos zu sein. Es ist daher für den Praktiker, sei er nun als Geschäftsführer mit der Werbung seines Unternehmens betraut oder in einer Werbeagentur für fremde Auftraggeber tätig, immer schwieriger, den „Dschungel" des Wettbewerbsrechts zu durchforsten. Das gilt in gleichem Maße natürlich auch für diejenigen Juristen, die nur gelegentlich im Rahmen der Beratung von kleineren und mittleren Unternehmen mit wettbewerbsrechtlichen Fragestellungen konfrontiert werden.

Der vorliegende Leidfaden will dem angesprochenen Personenkreis eine Möglichkeit an die Hand geben, in kurzer Zeit (und der Verfasser weiß, daß gerade in Unternehmen Entscheidungen der Verkaufsförderung oder des Marketings rasch gefällt werden müssen) eine Prüfung der geplanten Werbeaktivität anhand grundlegender höchstrichterlicher Rechtsprechung vorzunehmen. In gleicher Weise soll dieser Leitfaden behilflich sein, wenn eine bereits durchgeführte Werbemaßnahme angegriffen wird und der Angegriffene einen schnellen Überblick über die Rechtslage gewinnen will.

Dieses Buch kann und will selbstverständlich nicht die am Markt seit Jahren bewährten Großkommentare ersetzen. Deshalb ist jedem Kapital die entsprechende Fundstelle des grundlegenden Wettbewerbsrechtskommentars von Baumbach/Hefermehl sowie des Handbuches des Wettbewerbsrechts vorangestellt. Der Leitfaden hat sein Ziel bereits erreicht, sofern er vor Durchführung einer Werbeaktivität präventiv zu Rate gezogen würde und auf diese Weise hilft, wettbewerbswidrige Werbeaktivitäten zu vermeiden oder zumindest das juristische Risiko der Werbemaßnahme offenzulegen.

Die Auswahl der zitierten höchstrichterlichen Rechtsprechung (mit ein oder zwei Ausnahmen handelt es sich ausschließlich um Urteile des Bundesgerichtshofes) wurde im Hinblick darauf vorgenommen, daß in den zitierten Sätzen in knapper Form der Kerngehalt des Wettbewerbsverstoßes umrissen wird. Es sind dies Zitatstellen, die der Bundesgerichtshof regelmäßig den nachfolgenden Entscheidungen von vergleichbaren Sachverhalten erneut zugrunde gelegt und im Ernstfall ergänzt hat.

Das im Anhang des Leitfadens angeführte Fundstellenverzeichnis soll dem interessierten Leser ermöglichen, die zitierten Entscheidungen ausführlich nachzulesen. Da nicht in jeder Rechtsabteilung oder Anwaltskanzlei die Fachzeitschriften „Wettbewerb in Recht und Praxis" sowie „Gewerblicher Rechtsschutz und Urheberrecht" geführt werden, wurde Wert darauf gelegt, alternative Fundstellen aufzuzeigen. Zur vereinfachten Handhabung wurde das Fundstellenregister alphabetisch nach den im Leitfaden angegebenen, fettgedruckten Stichworten geordnet. Im Regelfall handelt es sich bei dem Stichwort um die in der amtlichen Sammlung des Bundesgerichtshofes genannte Bezeichnung.

Der Leitfaden ist praxisorientiert. Erörtert werden nur diejenigen wettbewerbsrecht-lichen Fragestellungen, die der Vefasser aus eigener, langjähriger Praxis in einem inter-national tätigen Konzern als relevant erkannt hat. Verlag und Verfasser sind für jede Anregung dankbar, welche weiteren wettbewerbsrechtlichen Probleme darüber hinaus dargestellt werden sollten. Auf eine Behandlung der §§ 12, 13a, 14, 15, 17, 18, 19, 20, 20a, 22 bis 30 UWG wurde gänzlich verzichtet. Auch die Darstellung des Rabattge-setzes und der Zugabeverordnung erfolgte allein mit Blick auf die Relevanz in der täg-lichen Praxis.

Der Verfasser würde sich freuen, wenn der Leitfaden u. a. dazu beitragen kann, im Zeitpunkt der Öffnung des gemeinsamen Marktes Werbende der anderen EG-Staaten darüber aufzuklären, welche Maßnahmen in Deutschland erlaubt oder verboten sind. Der langsame Prozeß der Rechtsangleichung in der EG zeigt, wie schwer es ist, im gemeinsamen Markt eine einheitliche Linie zu finden, was wettbewerbsrechtlich machbar sein soll oder nicht. Es kann daher nur von Nutzen sein, sich vor Eintritt in den deutschen Markt über die Grundzüge des deutschen Wettbewerbsrechts kundig zu machen. Allein auf diese Weise werden unerwünschte Wettbewerbsverzerrungen ver-mieden.

Die Rechtsprechung und das Schrifttum wurden bis Oktober 1992 ausgewertet.

Der Verfasser dankt allen, die zum Gelingen des Leitfadens beigetragen haben.

Hamburg, im Frühjahr 1993   *Wolfgang Berlit*

Inhaltsverzeichnis

Inhaltsverzeichnis

Inhaltsverzeichnis

Abkürzungsverzeichnis

a. a. O.	am angegebenen Ort
Abs.	Absatz
AEUV	Vertrag über die Arbeitsweise der Europäischen Union
a. F.	alte Fassung
AGBG	Gesetz zur Regelung des Rechts der Allgemeinen Geschäftsbedingungen
allg. M.	allgemeine Meinung
a. M.	anderer Meinung
Anh.	Anhang
Anl.	Anlage
Anm.	Anmerkung
Art.	Artikel
BB	Betriebs-Berater (Jahr und Seite)
btr.	Betreffend
Begründung Änderungsgesetz	Erstes Gesetz zur Änderung des Gesetzes gegen den unlauteren Wettbewerb, BT-Dr. 16/10145 v. 20.8.2008
Begründung/Referentenentwurf UWG	GRUR 2003, 298
Begründung UWG-Entwurf	BT-Dr. 15/1487 v. 22.8.2003
BR-Stellungnahme .	BT-Dr. 15/1487 v. 22.8.2003 (Anlage 2)
BGB	Bürgerliches Gesetzbuch
BGBl.	Bundesgesetzblatt
BGH	Bundesgerichtshof
BT	Bundestag
bzw.	beziehungsweise
Datenschutz-Richtlinie 2002/58/EG ...	Amtsblatt Nr. L 201 v. 31.7.2002, S. 37 ff.
DB	Der Betrieb (Jahr und Seite)
ders.	derselbe
DesignG	Designgesetz
dgl.	dergleichen
d. h.	das heißt
EG	Europäische Gemeinschaft
EGV	Vertrag zur Gründung der Europäischen Gemeinschaft vom 25. März 1957, Konsolidierte Fassung mit den Änderungen durch den Vertrag von Amsterdam vom 2. Oktober 1997
Einf.	Einführung
Einl.	Einleitung
entspr.	entsprechend
EuG	Gericht der Europäischen Union
EuGH	Gerichtshof der Europäischen Union
f., ff.	folgende
gem.	gemäß
GG	Grundgesetz

ggf.	gegebenenfalls
GGV	Gemeinschaftsgeschmacksmusterverordnung
GRUR	Gewerblicher Rechtsschutz und Urheberrecht (Jahr und Seite)
GRUR Int	Gewerblicher Rechtsschutz und Urheberrecht – Auslands- und Internationaler Teil (Jahr und Seite)
GRUR-Prax	Gewerblicher Rechtsschutz und Urheberrecht – Praxis im Immaterialgüter- und Wettbewerbsrecht (Jahr und Seite)
GRUR-RR	Gewerblicher Rechtsschutz und Urheberrecht Rechtsprechungs-Report (Jahr und Seite)
GWB	Gesetz gegen Wettbewerbsbeschränkungen
HGB	Handelsgesetzbuch
h.M.	herrschende Meinung
i.d.R.	in der Regel
i.V.m.	in Verbindung mit
KG	Kammergericht Berlin
Komm.	Kommentar
KosmetikVO	Kosmetikverordnung
lfd.	laufend
LFGB	Lebensmittel-, Bedarfsgegenstände- und Futtermittelgesetzbuch
LG	Landgericht
Lit.	Literatur
lt.	laut
MarkenG	Markengesetz
NJW	Neue Juristische Wochenschrift (Jahr und Seite)
NJW-RR	NJW-Rechtsprechungs-Report Zivilrecht (Jahr und Seite)
OLG	Oberlandesgericht
OWiG	Gesetz über Ordnungswidrigkeiten
PAngV	Preisangabenverordnung
RabattG/RabG	Gesetz über Preisnachlässe (Rabattgesetz)
Rdn.	Randnote, Randnummer
Rspr.	Rechtsprechung
Rz.	Randziffer, Randnummer
sog.	sogenannt
StGB	Strafgesetzbuch
str.	streitig
st. Rspr.	ständige Rechtsprechung
TMG	Telemediengesetz
u.	und
u.a.	unter anderem
UGP-RL	Richtlinie 2005/29/EG über unlautere Geschäftspraktiken
UKlaG	Unterlassungsklagengesetz
UrhG	Gesetz über Urheberrecht und verwandte Schutzrechte
usw.	und so weiter
UWG	Gesetz gegen den unlauteren Wettbewerb

Abkürzungen

v.	von
vgl.	vergleiche
WRP	Wettbewerb in Recht und Praxis (Jahr und Seite)
WZG	Warenzeichengesetz
ZAW	Zentralausschuss der Werbewirtschaft
z. B.	zum Beispiel
ZPO	Zivilprozessordnung
z. T.	zum Teil
ZugabeVO	Zugabeverordnung
z. Z.	zurzeit

Literaturverzeichnis

1. Kommentare

Büscher/Dittmer/Schiwy (Hrsg.): Gewerblicher Rechtsschutz Urheberrecht Medienrecht, 3. Auflage, Köln 2015

Köhler/Bornkamm: Gesetz gegen den unlauteren Wettbewerb, 35. Auflage, München 2017

Fezer/Büscher/Obergfell: Lauterkeitsrecht, 3. Auflage, München 2016

Gloy/Loschelder/Erdmann: Handbuch des Wettbewerbsrechts, 4. Auflage, München 2010

Heermann/Hirsch: Münchener Kommentar zum Lauterkeitsrecht, 2. Auflage, München 2014

Harte-Bavendamm/Henning-Bodewig: Gesetz gegen den unlauteren Wettbewerb (UWG), 4. Auflage, München 2016

Ohly/Sosnitza: Gesetz gegen den unlauteren Wettbewerb, 7. Auflage, München 2016

Ullmann: juris Praxiskommentar UWG, 4. Auflage, Saarbrücken 2016

2. Weiterführende Literatur

Hans-Jürgen Ahrens: Der Wettbewerbsprozeß, 8. Auflage, Carl Heymanns Verlag, Köln 2017

Christian Alexander: Privatrechtliche Durchsetzung des Verbots von Verkäufen unter Einstandspreis, WRP 2010, 727

ders., Bedarf § 5a UWG einer Korrektur?, WRP 2013, 716

ders., Die Umsetzung der Verbraucherrechte-Richtlinie und die Auswirkungen auf das Lauterkeitsrecht, WRP 2014, 501

ders., Synopse: Alt- und Neufassung des UWG – UGP-RL, WRP 2015, 1448

Wolfgang Berlit: Markenrecht, 10. Auflage, Verlag C.H. Beck, München 2015

ders., Aufbrauchsfrist, Verlag C.H. Beck, München 1997

ders., Vergleichende Werbung, Verlag C.H. Beck, München 2002

ders., Die Rechtsprechung der Instanzgerichte zum Recht des unlauteren Wettbewerbs XVII, GRUR-RR 2017, 41

ders., Die Rechtsprechung der Instanzgerichte zum Recht des unlauteren Wettbewerbs XVI, GRUR-RR 2016, 49

Katharina Vera Boesche: Wettbewerbsrecht, 4. Auflage 2011

Joachim Bornkamm: Irrungen, Wirrungen. Der Tatbestand der Irreführung durch Unterlassen, WRP 2012, 1

Wolfgang Büscher: Aus der Rechtsprechung des EuGH und des BGH zum Wettbewerbsrecht in den Jahren 2011 bis 2013, GRUR 2013, 969

ders., Aus der Rechtsprechung des EuGH und des BGH zum Lauterkeitsrecht seit Ende 2014, GRUR 2016, 113

ders., Aus der Rechtsprechung des EuGH und des BGH zum Lauterkeitsrecht seit Ende 2015, GRUR 2017, 105

Karl-Heinz Fezer: Modernisierung des deutschen Rechts gegen den unlauteren Wettbewerb auf der Grundlage einer Europäisierung des Wettbewerbsrechts, WRP 2001, 989

ders., Telefonmarketing im b2c- und b2b-Geschäftsverkehr, WRP 2010, 1075

Fritzsche, Jörg: Aggressive Geschäftspraktiken nach dem neuen § 4a UWG, WRP 2016, 1

Nino Goldbeck: Der „umgekehrte" Wettbewerbsprozess, Nomos Verlagsgesellschaft, Baden-Baden 2008

Peter W. Heermann: Ambush Marketing durch Gewinnspiele, WRP 2012, 1035

Frauke Henning-Bodewig: Das neue Gesetz gegen den unlauteren Wettbewerb, GRUR 2004, 713

Helmut Köhler: Die Preisangabenverordnung: Noch richtlinienkonform oder schon richtlinienwidrig?, WRP 2016, 541

ders., Dogmatik des Beispielskatalogs des § 4 UWG, WRP 2012, 638

ders., Irreführende vergleichende Werbung, GRUR 2013, 761

Köhler/Alexander: Fälle zum Wettbewerbsrecht, 3. Auflage 2016

Helmut Köhler/Joachim Bornkamm/Frauke Henning-Bodewig: Vorschlag für eine Richtlinie zum Lauterkeitsrecht und eine UWG-Reform, WRP 2003, 1317

Tobias Lettl: Wettbewerbsrecht, 3. Auflage 2016

Stefan Leible: Auswirkungen der UWG-Reform 2008 auf die Durchsetzung wettbewerbsrechtlicher Ansprüche im Gesundheitsbereich, GRUR 2010, 183

Peter Mankowski: Was ist eine „direkte Aufforderung zum Kauf" an Kinder?, WRP 2008, 421

ders., Scheibenwischerwerbung und andere belästigende Werbung an Auto und Fahrrad, GRUR 2010, 578

ders., Postwurfsendungen nein danke!, WRP 2012, 269

Ansgar Ohly: Das neue UWG im Überblick, GRUR 2016, 3

Inge Scherer: Die Neuregelung der aggressiven geschäftlichen Handlungen in § 4a UWG, GRUR 2016, 233

Otto Teplitzky: Wettbewerbsrechtliche Ansprüche und Verfahren, 11. Auflage, Carl Heymanns Verlag KG, Köln, Berlin, Bonn, München 2016

Einleitung

Das UWG von 2004 ersetzte das Gesetz gegen den unlauteren Wettbewerb, wie es **E1** seit nahezu 100 Jahren Bestand hatte. Im Zuge einer grundsätzlichen Neuausrichtung hat der Gesetzgeber Abschied von dem Gesetz gegen den unlauteren Wettbewerb von 1909 genommen und das neue UWG geschaffen. Mit dem **Ersten Gesetz zur Änderung des Gesetzes gegen den unlauteren Wettbewerb von 2008** und dem **Zweiten Gesetz zur Änderung des Gesetzes gegen den unlauteren Wettbewerb von 2015** wurde das UWG weitestgehend der Richtlinie 2005/29 EG (Richtlinie über unlautere Geschäftspraktiken, Anhang II) angeglichen.

Bereits im Januar 2003 legte das Bundesministerium der Justiz einen Referenten- **E2** entwurf vor. Dieser Referentenentwurf floss in den Gesetzesentwurf der Bundesregierung vom 7. Mai 2003 ein, der Grundlage des neuen UWG ist. Der von der Bundesregierung beschlossene Entwurf eines Gesetzes gegen den unlauteren Wettbewerb wurde dem Deutschen Bundestag am 21. August 2003 mit der Stellungnahme des Bundesrats vom 20. Juni 2003 zugeleitet.

Der Neufassung des UWG gingen **Gutachten von** *Fezer* zur „Modernisierung des **E3** deutschen Rechts gegen den unlauteren Wettbewerb auf der Grundlage einer Europäisierung des Wettbewerbsrechts" sowie von **Schricker/Henning-Bodewig** zu dem Thema „Elemente einer Harmonisierung des Rechts des unlauteren Wettbewerbs in der Europäischen Union" voraus. Schließlich legten **Köhler/Bornkamm/Henning-Bodewig** den Vorschlag für eine Richtlinie zum Lauterkeitsrecht und eine UWG-Reform vor. Die Ergebnisse der vorgelegten Gutachten und des Richtlinienvorschlags flossen in das UWG von 2004 ein.

Das UWG setzt die inhaltlichen Schwerpunkte **E4**

– Aufhebung der Reglementierung der Sonderveranstaltungen,
– die gesetzliche Festschreibung des Verbrauchers als Schutzobjekt des Gesetzes gegen den unlauteren Wettbewerb und
– die Möglichkeit von Verbänden, den durch unlautere Werbemaßnahmen erwirtschafteten Gewinn bei dem Verletzer abzuschöpfen.

Anstelle der das frühere UWG prägenden Bestimmungen der §§ 1, 3 UWG a.F. **E5** enthält das UWG zusätzlich jeweils einen **Katalog von Beispielsfällen,** an denen die Tatbestandsvoraussetzungen einer unlauteren Handlung exemplarisch dargestellt werden. Der Gesetzgeber verfolgt damit das erklärte Ziel, das **UWG transparenter zu gestalten.** Zugleich wurde ein Definitionenkatalog in das UWG eingeführt.

Während § 1 UWG den Mitbewerber, den Verbraucher und den sonstigen Markt- **E6** teilnehmer sowie das Interesse der Allgemeinheit ausdrücklich in den Schutzbereich des UWG aufnimmt, enthält § 2 UWG Definitionen u.a. zur geschäftlichen Handlung, zum Marktteilnehmer, zum Mitbewerber und zu dem Begriff der Nachrichten. Als Generalklausel bestimmt § 3 Abs. 2 UWG, dass geschäftliche Handlungen, die sich an Verbraucher richten oder diese erreichen, unlauter sind, wenn sie nicht der unternehmerischen Sorgfalt entsprechen und dazu geeignet sind, das wirtschaftliche Verhalten des Verbrauchers wesentlich zu beeinflussen. Als **Rechtsfolgeregelung** bestimmt § 3 Abs. 1 UWG, dass unlautere geschäftliche Handlungen unzulässig sind. Aus Gründen der Rechtssystematik regelt § 3 Abs. 2 UWG die Voraussetzungen der Unlauterkeit und § 3 Abs. 1 UWG die Rechtsfolge der Unlauterkeit. Die Terminologie des § 3 Abs. 1 UWG gilt im Interesse der **Einheitlichkeit des Lauterkeitsrechts** nicht nur für den Bereich des Verbraucherschutzes, sondern, wie es in der Gesetzesbegründung heißt, für das Lauterkeitsrecht insgesamt.

E7 Bereits der Entwurf von *Köhler/Bornkamm/Henning-Bodewig* bezieht sich im Rahmen der Definition der Lauterkeit auf die Rechtsprechung des EuGH. Denn der EuGH hat in seiner Entscheidung „**De Agostini**" darauf hingewiesen, dass nach ständiger Rechtsprechung die Lauterkeit des Handelsverkehrs und der Verbraucherschutz grundsätzlich zwingende Erfordernisse des Allgemeininteresses darstellen, die Einschränkungen des freien Warenverkehrs rechtfertigen können. **Unlauter sind also alle Handlungen, die den anständigen Gepflogenheiten in Handel, Gewerbe, Handwerk oder selbständiger beruflicher Tätigkeit zuwiderlaufen** (so bereits der Referentenentwurf).

E8 Geschäftliche Handlungen, die sich an Verbraucher richten oder diese erreichen, sind nur dann unlauter, wenn sie einerseits nicht der unternehmerischen Sorgfalt entsprechen und andererseits dazu geeignet sind, das wirtschaftliche Verhalten des Verbrauchers wesentlich zu beeinflussen. Das **Wesentlichkeitskriterium** ist also ein Tatbestandsmerkmal, das immer dann zu prüfen ist, wenn der Wettbewerbsverstoß nicht stets unzulässig ist (vgl. Anh. zu § 3 Abs. 3 UWG). Der Wettbewerbsverstoß gegenüber Verbrauchern soll also von einem gewissen Gewicht sein. Insbesondere sollen Abmahnungen von **Bagatellverstößen** verhindert werden.

E9 Der Rechtsbruchtatbestand in § 3a UWG (§ 4 Nr. 11 UWG a. F.) ist erfüllt, wenn eine dem Schutz der Verbraucher dienende **Marktverhaltensregelung** verletzt wird. Der wettbewerbsrechtliche Rechtsbruchtatbestand ist nur dann unlauter, wenn der Verstoß geeignet ist, die Interessen der Verbraucher, von sonstigen Marktteilnehmern oder von Mitbewerbern **spürbar** zu beeinträchtigen.

E10 Der in § 4 UWG geregelte Mitbewerberschutz enthält die vier Fallgruppen der Herabsetzung oder Verunglimpfung des Mitbewerbers, der Anschwärzung, der Nachahmung und der Behinderung. Der Tatbestand der aggressiven geschäftlichen Handlung ist in § 4a UWG gesondert geregelt. Darunter fallen etwa die Belästigung, die Nötigung oder die unzulässige Beeinflussung von Verbrauchern.

E11 Die irreführende Werbung ist in § 5 UWG geregelt. Danach handelt derjenige unlauter, der eine irreführende geschäftliche Handlung vornimmt, die geeignet ist, den Verbraucher oder sonstigen Marktteilnehmer zu einer geschäftlichen Entscheidung zu veranlassen, die er andernfalls nicht getroffen hätte. Als irreführend wird eine Handlung angesehen, die **unwahre Angaben** enthält oder Angaben enthält, die zur **Täuschung** geeignet sind. Gemäß § 5 Abs. 2 UWG wird eine Werbung auch dann als irreführend angesehen, wenn sie im Zusammenhang mit der Vermarktung von Waren oder Dienstleistungen eine Verwechslungsgefahr mit einer Ware oder Dienstleistung bzw. mit dem Kennzeichen eines Mitbewerbers hervorruft. Schließlich enthält § 5 Abs. 4 UWG die gesetzliche Vermutung, dass es irreführend ist, mit der Herabsetzung eines Preises zu werben, sofern der Preis nur für eine unangemessen kurze Zeit gefordert worden ist. Die Beweislast dafür, in welchem Zeitraum der herabgesetzte Preis tatsächlich verlangt wurde, obliegt dem Werbenden. Neben der irreführenden geschäftlichen Handlung aus § 5 UWG regelt § 5a UWG die Irreführung durch Unterlassen. Wesentliche Tatbestandsvoraussetzung von § 5a UWG ist das **Vorenthalten einer wesentlichen Information.** Wird dem Verbraucher eine wesentliche Information vorenthalten, die für die Entscheidung des Verbrauchers von Bedeutung ist, liegt ein Wettbewerbsverstoß vor.

Nach § 6 Abs. 1 UWG ist die vergleichende Werbung, also eine Werbung, in der **E12** unmittelbar oder mittelbar Waren oder Dienstleistungen des Werbenden mit denjenigen eines Mitbewerbers verglichen werden, wettbewerbskonform. Erst wenn die Werbung etwa ein schiefes Bild der zu vergleichenden Waren vermittelt oder der Ruf eines von dem Mitbewerber verwendeten Kennzeichens in unlauterer Weise ausgenutzt wird, liegt gemäß § 6 Abs. 2 UWG ein Wettbewerbsverstoß vor.

Als unzumutbare Belästigung gilt nach § 7 Abs. 2 UWG ein werblicher Telefonanruf **E13** bei einem Verbraucher ohne dessen vorherige ausdrückliche Einwilligung. Auch werbliche E-Mails an Verbraucher sind nur ausnahmsweise wettbewerbskonform.

Liegt eine gemäß § 3 UWG oder § 7 UWG unzulässige geschäftliche Handlung **E14** vor, bestimmt § 8 UWG, dass jeder Mitbewerber, Verbände, qualifizierte Einrichtungen und Industrie- und Handelskammern sowie Handwerkskammern berechtigt sind, Unterlassungs- und Beseitigungsansprüche geltend zu machen. Mitbewerber, die nur abstrakt betroffen sind, sind nicht klagebefugt. Mitbewerber haben darüber hinaus Anspruch auf Schadensersatz, wenn der Wettbewerbsverstoß gemäß § 3 UWG oder § 7 UWG vorsätzlich oder fahrlässig begangen wurde. Hat der Wettbewerbsverstoß eine Vielzahl von Abnehmer geschädigt, gibt § 10 UWG einen Anspruch auf Gewinnabschöpfung.

Zur Vermeidung von Kostennachteilen ist es empfehlenswert, dass vor gerichtlicher **E15** Geltendmachung eines Unterlassungsanspruchs der Schuldner zur Abgabe einer **strafbewehrten Unterlassungserklärung** aufgefordert wird. Bei einer berechtigten Abmahnung steht dem Gläubiger ein Aufwendungsersatzanspruch zu (vgl. § 12 Abs. 1 UWG).

Am 24.2.2005 stimmte das Europäische Parlament den im Juni 2003 von der Kommission vorgeschlagenen Rechtsvorschriften zum Verbot aggressiver Geschäftspraktiken und irreführender Werbung zu. Gegenstand der parlamentarischen Beratung war der Vorschlag für eine Richtlinie des Europäischen Parlaments und des Rates über unlautere Geschäftspraktiken im Binnenmarkt, internen Geschäftsverkehr zwischen Unternehmen und Verbrauchern und zur Änderung der Richtlinien 84/450/EWG, 97/7/EG und 98/27/EG **(Richtlinie über unlautere Geschäftspraktiken)**.[1] Die Richtlinie über unlautere Geschäftspraktiken gilt seit dem 12. Dezember 2007 gemeinschaftsweit. Spätestens seit dem 12.12.2007 ist das innerstaatliche Recht richtlinienkonform auszulegen (BGH **„Millionen-Chance"**). Nach den Erwägungen der Richtlinie über unlautere Geschäftspraktiken sollen **irreführende Praktiken,** die den Verbraucher durch Täuschung davon abhalten, eine informierte und deshalb effektive Wahl zu treffen, genauso unzulässig sein wie **aggressive Handelspraktiken,** die eine Belästigung, Nötigung oder eine sonstige unzulässige Beeinflussung der Verbraucher zum Gegenstand haben. Der Richtlinie über unlautere Geschäftspraktiken liegt der vom Europäischen Gerichtshof entwickelte Begriff des **Durchschnittsverbrauchers** zugrunde, also der durchschnittlich informierte, aufmerksame und verständige Verbraucher. In den Erwägungen weist die Kommission ausdrücklich darauf hin, dass in diesem Zusammenhang auch soziale, kulturelle oder sprachliche Faktoren zu berücksichtigen sind, sodass etwa Werbung, die sich an Kinder richtet, anders zu beurteilen ist als Werbung, die an den erwachsenen Verbraucher adressiert ist.

Mit dem **Ersten Gesetz zur Änderung des Gesetzes gegen den unlauteren** **E17** **Wettbewerb** vom 22. Dezember 2008 hat der Gesetzgeber die Richtlinie 2005/29/ EG des Europäischen Parlaments und des Rates vom 11.5.2005 **über unlautere Ge-**

---

[1] Siehe Anhang II. Nr. 2.

schäftspraktiken im binnenmarktinternen Geschäftsverkehr zwischen Unternehmen und Verbrauchern und zur Änderung der Richtlinie 84/450/EWG des Rates, der Richtlinien 97/7/EG, 98/27/EG und 2002/65/EG des Europäischen Parlaments und des Rates sowie der Verordnung (EG) Nr. 2006/2004 des Europäischen Parlaments und des Rates (Richtlinie über unlautere Geschäftspraktiken) in deutsches Recht umgesetzt. Da die Richtlinie eine **Vollharmonisierung** anstrebt, dürfen die Mitgliedstaaten den von der Richtlinie vorgegebenen Schutzstandard im harmonisierten Bereich weder unter- noch überschreiten. So heißt es in Art. 1 der Richtlinie, dass diese Richtlinie es bezweckt, durch Angleichung der Rechts- und Verwaltungsvorschriften der Mitgliedstaaten über unlautere Geschäftspraktiken, die die wirtschaftlichen Interessen der Verbraucher beeinträchtigen, zu einem reibungslosen Funktionieren des Binnenmarkts und zum Erreichen eines hohen Verbraucherschutzniveaus beizutragen.[1] Auch wenn in Art. 3 der Richtlinie ausdrücklich bestimmt wird, dass die Richtlinie für unlautere Geschäftspraktiken im Sinne des Art. 5 zwischen Unternehmen und Verbrauchern gilt, so heißt es in Erwägungsgrund 8 ergänzend, dass die Richtlinie mittelbar auch rechtmäßig handelnde Unternehmen vor Mitbewerbern schützen soll, die sich nicht an die Regeln dieser Richtlinie halten. Die Richtlinie soll damit einen lauteren Wettbewerb in dem durch sie koordinierten Bereich gewährleisten.

E18   Auch wenn das UWG aus dem Jahr 2004 im Vorgriff auf den Erlass der Richtlinie bereits einen großen Teil der Richtlinienvorschriften umgesetzt hatte, wich das geltende Recht z. T. von der Richtlinie ab. Durch das mit der Richtlinie bezweckte Ziel einer Vollharmonisierung bedurfte das UWG der Anpassung an die Richtlinie, soweit das Schutzniveau des UWG über das der Richtlinie hinausging oder dahinter zurückblieb. Im Zuge der Umsetzung der Richtlinie wurde nicht nur der generalisierende Begriff des „unlauteren Wettbewerbs" durch die allgemeine Formulierung der „unlauteren geschäftlichen Handlung" ersetzt, sondern es wurden als neue Definitionen die Begriffe „Verhaltenskodex", „Unternehmer" und „fachliche Sorgfalt" in das UWG eingeführt (BT-Drucks. 16/10145). Die Generalklausel in § 3 UWG wurde vollständig neu gefasst. Ebenso wurde die sogenannte **„Black List"** (Anhang I zur Richtlinie: Geschäftspraktiken, die unter allen Umständen als unlauter gelten) als Anlage zu § 3 Abs. 3 UWG in das deutsche Recht eingeführt. In diesem Zusammenhang ist klarstellend darauf hinzuweisen, dass diese **Verbote ohne Wertungsvorbehalt** ausschließlich bei geschäftlichen Handlungen zur Anwendung kommen, die sich **unmittelbar an Verbraucher** richten. Auf geschäftliche Handlungen, die den Wettbewerb nicht zumindest auch zum Nachteil von Verbrauchern beeinträchtigen, treffen die dem Anhang zugrunde liegenden Wertungen nicht in gleicher Weise zu (s. Begründung Änderungsgesetz B, zu Nr. 12). Während die Beispiele unlauteren Wettbewerbs in § 4 UWG nur geringfügig angepasst werden mussten, wurde § 5 UWG, also „irreführende geschäftliche Handlungen", vollständig neu gefasst. Neu in das UWG eingefügt wurde § 5a UWG, die „Irreführung durch Unterlassen". Schließlich erfolgte auch eine richtlinienkonforme Anpassung des § 7 UWG „Unzumutbare Belästigungen".

E19   Mit dem Gesetz zur Bekämpfung unerlaubter Telefonwerbung und zur Verbesserung des Verbraucherschutzes bei besonderen Vertriebsformen vom 29.7.2009 (BGBl. I, 2413) hat § 7 Abs. 2 Nr. 2 UWG eine Änderung erfahren. Während der frühere Gesetzestext ungenau war, hat der Gesetzgeber mit der Neufassung klargestellt, dass bei Werbung mit einem Telefonanruf gegenüber einem Verbraucher dann

---

[1] S. Richtlinie 2005/29/EG über unlautere Geschäftspraktiken vom 11.5.2005, Anhang II. Nr. 2.

eine unzumutbare Belästigung vorliegt, wenn dessen **vorherige ausdrückliche Einwilligung** fehlt. Daraus folgt, dass Werbeanrufe gegenüber Verbrauchern nur zulässig sind, wenn der Verbraucher oder die Verbraucherin ausdrücklich vorher eingewilligt hat und nicht schon, wenn sich eine Einwilligung schlüssig aus seinem oder ihrem Verhalten ergibt (so die Gesetzesbegründung). Der Gesetzgeber weist darauf hin, dass zur besseren Bekämpfung unerlaubter Telefonwerbung ein Wettbewerbsverstoß bereits dann vorliegt, wenn ein Werbeanruf gegenüber einem Verbraucher oder einer Verbraucherin getätigt wird, ohne dass vorher eine ausdrückliche Einwilligung zu diesem Anruf erklärt wurde. Das Erfordernis einer ausdrücklichen Einwilligung sorgt aus Sicht des Gesetzgebers dafür, dass sowohl der einwilligende Verbraucher als auch das Unternehmen, das aufgrund dieser Einwilligung anrufen will, von vornherein im Klaren darüber sind, dass ein Anruf zu Werbezwecken nur im konkreten Fall erlaubt ist. Umgekehrt ist sowohl dem Verbraucher oder der Verbraucherin, als auch dem Unternehmen bewusst, dass ein Anruf zu Werbezwecken ohne eine ausdrückliche Einwilligungserklärung nicht gestattet ist (s. Gesetzentwurf der Bundesregierung, Drucksache 16/10734 vom 31.10.2008, B. Besonderer Teil). Die in § 7 Abs. 2 Nr. 2 UWG verwendete **Singularform** macht zugleich deutlich, dass bereits Werbung mit nur einem Telefonanruf eine unzumutbare Belästigung darstellen kann.

Schließlich sind die primärrechtlichen Grundlagen des europäischen Rechts zum **E20** 1.12.2009 durch den Vertrag von Lissabon geändert worden. Der **Vertrag über die Arbeitsweise der Europäischen Union** (AEUV) ersetzt die konsolidierte Fassung des Vertrags zur Gründung der europäischen Gemeinschaft vom 2.10.1997. Die für das UWG bedeutsamen Art. 28 und Art. 30 EGV wurden durch die gleichlautenden Art. 34 und Art. 36 AEUV ersetzt.

Am 9.10.2013 trat das Gesetz gegen unseriöse Geschäftspraktiken (BGBl. Teil I **E21** 2013, 3714) in Kraft. Das Gesetz gegen unseriöse Geschäftspraktiken vom 1.10.2013 sieht in Art. 6 Änderungen des Gesetzes gegen den unlauteren Wettbewerb vor. In § 7 Abs. 2 Nr. 4 UWG wurde der Begriff einer Werbung mit einer Nachricht neu gefasst. Danach liegt eine unzumutbare Belästigung auch dann vor, wenn im Rahmen der Werbung mit einer Nachricht gegen die in § 6 Abs. 1 des Telemediengesetzes (TMG) genannten, besonderen Informationspflichten verstoßen oder der Empfänger aufgefordert wird, Websites aufzurufen, die gegen § 6 Abs. 1 TMG verstoßen. In § 8 Abs. 4 UWG wurde ein Gegenanspruch des Abgemahnten auf Ersatz der Aufwendungen zur Rechtsverteidigung eingeführt, wenn die Abmahnung missbräuchlich erfolgt ist. Spiegelbildlich zu dem Aufwendungsersatzanspruch des Abmahnenden gemäß § 12 Abs. 1 S. 2 UWG hat der Abgemahnte einen Ersatzanspruch und ist daher nicht mehr auf einen Schadensersatzanspruch nach allgemeinem Deliktsrecht angewiesen. Neu gefasst wurden auch die Bestimmungen zur Streitwertminderung in § 12 UWG. Nach § 12 Abs. 4 UWG wird der Streitwert nicht gemindert, sondern das Gericht kann anordnen, dass die Verfahrenskosten in einem Rechtsstreit von der einen Partei nur aus einem geringeren Streitwert zu erheben sind, wenn die wirtschaftliche Lage dieser Partei bei Berechnung der Prozesskosten nach dem vollen Streitwert erheblich gefährdet würde. Schließlich wurde der Bußgeldtatbestand in § 20 Abs. 1 UWG erweitert. Einerseits findet er auch dann Anwendung, wenn der Werbende automatische Anrufmaschinen verwendet (§ 7 Abs. 2 Nr. 2 UWG). Andererseits wurde das Höchstmaß der Geldbuße nach § 20 Abs. 2 UWG versechsfacht. Gemäß § 20 Abs. 2 UWG gilt eine Bußgeldobergrenze von 300 000,– EUR. Ziel der Erhöhung der Bußgeldobergrenze war es, Verstöße gegen das Verbot unerlaubter Telefonwerbung durch die Drohung mit dieser Geldbuße zu unterbinden.

E22   Das Gesetz zur Umsetzung der Verbraucherrechterichtlinie und zur Änderung des Gesetzes zur Regelung der Wohnungsvermittlung vom 20.9.2013 (BGBl. I, 3642) führte zu Änderungen im BGB, im UWG und in der PAngV. So wurde § 13 BGB neu gefasst. Danach ist Verbraucher jede natürliche Person, die ein Rechtsgeschäft zu Zwecken abschließt, die überwiegend weder ihrer gewerblichen, noch ihrer selbständigen beruflichen Tätigkeit zugerechnet werden können. Weitere Änderungen des BGB betrafen die Verbraucherverträge, insbesondere das Widerrufsrecht im Fernabsatz. In der PAngV wurde das Wort „Endpreise" durch das Wort „Gesamtpreise" ersetzt und § 1 Abs. 2 PAngV wurde um die Verpflichtung ergänzt, zusätzliche Fracht-, Liefer- und Versandkosten oder sonstige Kosten ausdrücklich anzugeben. Diese Kosten sind in den Gesamtpreis einzurechnen. Schließlich wurde in § 5a Abs. 3 Nr. 3 UWG das Wort „Endpreis" durch das Wort „Gesamtpreis" ersetzt und in Nr. 29 des Anhangs zu § 3 Abs. 3 UWG wurden die Wörter „sofern es sich nicht um eine nach den Vorschriften über Vertragsabschlüsse im Fernabsatz zulässige Ersatzlieferung handelt" gestrichen. Das Gesetz zur Umsetzung der Verbraucherrechterichtlinie und zur Änderung des Gesetzes zur Regelung der Wohnungsvermittlung trat am 13.6.2014 in Kraft.

E23   Der deutsche Gesetzgeber musste erneute tätig werden, nachdem die Kommission die Umsetzung der Richtlinie über unlautere Geschäftspraktiken trotz des Ersten Gesetzes zur Änderung des Gesetzes gegen den unlauteren Wettbewerb von 2008 als unzureichend beanstandet und ein Vertragsverletzungsverfahren eingeleitet hatte. Am 01.04.2015 legte die Bundesregierung den Gesetzesentwurf eines Zweiten Gesetzes zur Änderung des Gesetzes gegen den unlauteren Wettbewerb vor (BT Drucksache 18/4535). Erneut wies der deutsche Gesetzgeber darauf hin, dass durch die Richtlinie über unlautere Geschäftspraktiken das Lauterkeitsrecht im Verhältnis von Unternehmern zu Verbrauchern auf europäischer Ebene weitestgehend voll harmonisiert wurde, so dass auch Deutschland im **vollharmonisierten Bereich** eine vollständige Rechtsangleichung vorzunehmen hat. Das deutsche UWG darf nicht hinter dem Schutzniveau der Richtlinie 2005/29/EG zurückbleiben. Das UWG darf aber auch keine strengeren als die in der Richtlinie 2005/29/EG festgelegten Maßnahmen vorsehen. Auch wenn das Erste Gesetz zur Änderung des Gesetzes gegen den unlauteren Wettbewerb bereits zum Ziel hatte, in Deutschland ein möglichst einheitliches Lauterkeitsrecht hinsichtlich Mitbewerbern, Verbraucherinnen und Verbrauchern sowie sonstigen Marktteilnehmern zu schaffen, erkannte der deutsche Gesetzgeber noch Klarstellungsbedarf gesetzessystematischer Art, um auch bereits im Wortlaut des UWG selbst eine vollständige Rechtsangleichung zu erzielen. Der Begriff der **„fachlichen Sorgfalt"** wurde durch die **„unternehmerische Sorgfalt"** ersetzt, und es wurde dem Wort **„Marktgepflogenheiten"** in § 2 Abs. 1 Nr. 7 UWG die beschreibende Angabe **„anständigen"** beigefügt. Schließlich wurde der Definitionenkatalog in § 2 um die Nummern 8 und 9 ergänzt. So wurde sowohl der Begriff „wesentliche Beeinflussung des wirtschaftlichen Verhaltens des Verbrauchers" als auch der Begriff der „geschäftlichen Entscheidung" in § 2 Abs. 1 UWG definiert. Geändert wurde auch § 3 UWG, der in Abs. 1 nur noch die Rechtsfolge der Unlauterkeit benennt. Die Voraussetzungen einer unlauteren geschäftlichen Handlung ergeben sich ausschließlich aus § 3 Abs. 2 UWG. Danach bleibt § 3 Abs. 1 UWG als **Auffangtatbestand** für solche geschäftlichen Handlungen erhalten, die von den nachfolgenden Bestimmungen nicht erfasst werden, aber einen vergleichbaren Unlauterkeitsgehalt aufweisen (vgl. die Begründung der Beschlussempfehlung des Ausschusses für Recht und Verbraucherschutz, BT-Drs. 18/6571). Der Rechtsprechung bleibt es überlassen, die vom Auffangtatbestand erfassten Fälle dahingehend zu prüfen, ob die Spürbarkeitsschwelle überschritten

wurde. Schließlich wurde § 3 Abs. 4 UWG sprachlich neu gefasst. Der Rechtsbruchtatbestand in § 3a UWG ersetzte den entsprechenden Verletzungstatbestand aus § 4
Nr. 11 UWG (a. F.). § 4 UWG wurde grundlegend geändert. An die Stelle der Beispiele unlauterer geschäftlicher Handlungen gemäß § 4 Nr. 1–11 UWG (a. F.) traten
die Fallgruppen des Mitbewerberschutzes aus § 4 Nr. 1–4 UWG, die inhaltlich den
Regelungen in § 4 Nr. 7–10 UWG (a. F.) entsprechen. Die aggressive geschäftliche
Handlung wurde in einem eigenen Paragraphen geregelt (§ 4a UWG). Nach der Gesetzesbegründung ist anders als im Rahmen der Generalklauseln des § 3 Abs. 1 und
Abs. 2 UWG ein Verstoß gegen die unternehmerische Sorgfalt bei aggressiven geschäftlichen Handlungen nicht zu prüfen (vgl. EuGH **„CHS/Team4 Travel"**). Die
aggressiven Handlungen gemäß § 4a UWG sind stets unlauter und unzulässig, wenn
sie geeignet sind, eine geschäftliche Entscheidung zu beeinflussen. Die in Satz 2 definierte aggressive geschäftliche Handlung entspricht der entsprechenden Bestimmung in
der Richtlinie über unlautere Geschäftspraktiken (Art. 8 UGP-RL 2005/29/EG). Neben den Verbrauchern schützt § 4a UWG auch sonstige Marktteilnehmer. Stärker an
die Richtlinie über unlautere Geschäftspraktiken angepasst wurden auch die Regelungen in § 5, § 5a UWG. Auch im Rahmen von § 5, § 5a UWG ist ein Verstoß gegen
die unternehmerische Sorgfalt nicht zu prüfen, da die geschilderten irreführenden
Handlungen stets unzulässig sind, sofern sie geeignet sind, eine geschäftliche Entscheidung zu beeinflussen. Es entfällt auch die Prüfung, ob eine spürbare Beeinträchtigung
vorliegt. Denn bei einer Irreführung geht es immer um die Beeinträchtigung der Entscheidungsfreiheit, so dass **stets eine spürbare Beeinträchtigung** vorliegt (vgl. Begründung des Zweiten Gesetzes zur Änderung des Gesetzes gegen den unlauteren
Wettbewerb, BT-Drs. 18/4535). Die Regelung in § 5a Abs. 2 UWG verdeutlicht, dass
auch in Fällen, in denen eine Information **„wesentlich"** ist, eine Abwägung dazu zu
erfolgen hat, ob der Verbraucher die Information auch tatsächlich benötigt (vgl. Gesetzesbegründung). Die fehlende Kenntlichmachung des kommerziellen Zwecks einer
geschäftlichen Handlung wurde in einem eigenen Absatz geregelt (§ 5a Abs. 6 UWG).

I. Definitionen (§§ 1, 2 UWG)

1 Das UWG dient dem Zweck, Mitbewerber, Verbraucherinnen und Verbraucher (nachfolgend: Verbraucher) sowie sonstige Marktteilnehmer vor unlauteren geschäftlichen Handlungen zu schützen (§ 1 Satz 1 UWG). Außerdem dient das UWG dem **Schutz des Allgemeininteresses** an einem unverfälschten Wettbewerb (§ 1 Satz 2 UWG). Demgegenüber beschränkt sich der Anwendungsbereich der Richtlinie über unlautere Geschäftspraktiken (UGP-RL) auf geschäftliche Handlungen im Verhältnis zwischen Unternehmen und Verbrauchern. Das UWG fasst nach der Gesetzesbegründung die speziell das Lauterkeitsrecht betreffenden Vorschriften des Mitbewerberschutzes und des Verbraucherschutzes in einem Gesetz zusammen. Der im UWG 2004 enthaltene Begriff der „**Wettbewerbshandlung**" („unlauterer Wettbewerb") wurde durch den umfassenderen Begriff der „**geschäftlichen Handlung**" ersetzt. Denn nach der Richtlinie soll der Verbraucher nicht nur vor unlauteren Geschäftshandlungen bei Vertragsabschluss geschützt werden, sondern die Richtlinie will den Verbraucher auch vor solchen unlauteren Geschäftspraktiken schützen, die **vor, während** und **nach Vertragsschluss** den Verbraucher beeinträchtigen können (BGH „**Auftragsbestätigung**"). Eine geschäftliche Handlung ist bereits gegeben, wenn der Verbraucher das **Geschäft** des Händlers **betritt** (EuGH „**Trento Sviluppo/AGCM**").

1. Geschäftliche Handlung (§ 1, § 2 Abs. 1 Nr. 1 UWG)

2 In Umsetzung der Vorgaben aus der Richtlinie über unlautere Geschäftspraktiken definiert § 2 Abs. 1 Nr. 1 UWG eine geschäftliche Handlung dahingehend, dass jedes **Verhalten einer Person** zugunsten des eigenen oder eines fremden Unternehmens **vor, bei oder nach einem Geschäftsabschluss,** das mit der Förderung des Absatzes oder des Bezugs von Waren oder Dienstleistungen oder mit Abschluss oder der Durchführung eines Vertrages über Waren oder Dienstleistungen **objektiv** zusammenhängt, ein geschäftliches Handeln ist. Auch die Veröffentlichung eines Newsletters stellt danach eine geschäftliche Handlung dar (BGH „**Coaching-Newsletter**"). Unter Bezugnahme auf die Gesetzesbegründung führt der BGH wörtlich aus:

> Gemäß § 2 Abs. 1 Nr. 1 UWG ist eine „geschäftliche Handlung" jedes Verhalten einer Person zugunsten des eigenen oder fremden Unternehmens vor, bei oder nach einem Geschäftsabschluss, das mit der Förderung des Absatzes oder des Bezugs von Waren oder Dienstleistungen oder mit dem Abschluss oder der Durchführung eines Vertrags über Waren oder Dienstleistungen objektiv zusammemhängt. Der Begriff der geschäftlichen Handlung dient dazu, den Anwendungsbereich des Lauterkeitsrechts gegenüber dem allgemeinen Deliktsrecht abzugrenzen. Das Merkmal des objektiven Zusammenhangs ist daher funktional zu verstehen. Es setzt voraus, dass die Handlung bei objektiver Betrachtung darauf gerichtet ist, durch Beeinflussung der geschäftlichen Entscheidung der Verbraucher oder sonstigen Marktteilnehmer den Absatz oder Bezug von Waren oder Dienstleistungen des eigenen oder eines fremden Unternehmens zu fördern (BGH, Urteil vom 10. Januar 2013 – I ZR 190/11, GRUR 2013, 945 Rn. 17 = WRP 2013, 1183 – Standardisierte Mandatsbearbeitung) (BGH in WRP 2016, S. 958 ff. [S. 964, Rdnr. 67] – „**Freunde finden**").

Der Gesetzgeber hat bewusst den Begriff des „Verhaltens" einer Person gewählt, da zum geschäftlichen Handeln gleichermaßen ein **positives Tun** wie auch ein **Unterlassen** in Betracht kommt. Ausdrücklich bestimmt § 2 Abs. 1 Nr. 1, 2. Halbsatz UWG, dass als Waren auch Grundstücke gelten und unter Dienstleistungen auch Rechte und Verpflichtungen zu verstehen sind.

Eine geschäftliche Handlung erfordert kein Handeln zum Nachteil eines Dritten. Es **3** genügt vielmehr, dass die Stellung des Gewerbetreibenden irgendwie gefördert wird. Zur Annahme einer geschäftlichen Handlung oder „Geschäftspraxis" genügt objektiv, dass die handelnde Person den Absatz, den Bezug von Waren oder Dienstleistungen oder den Abschluss oder die Durchführung eines Vertrages hierüber fördert (EuGH **„Georg Köck/Schutzverband gegen unlauteren Wettbewerb"**). Auf eine konkrete Wettbewerbsförderungsabsicht kommt es hingegen nicht an. Bereits eine **Auskunft,** die durch ein Unternehmen im Rahmen des Kundendienstes für das Abonnement einer Privatperson über Kabelfernsehdienstleistungen erteilt wird, fällt unter den Begriff „Geschäftspraxis" der UGP-RL (EuGH **„Ungarische Verbraucherschutzbehörde/UPC"**). Durch den **Begriff des objektiven Zusammenhangs** wird sichergestellt, dass alle am Verhältnis von Unternehmen zu Verbrauchern anknüpfenden lauterkeitsrechtlichen Fallgruppen unter Beachtung der europarechtliche Vorgaben vom UWG erfasst werden (s. Begründung Änderungsgesetz, zu Nr. 2). Was unter dem Merkmal des **„objektiven Zusammenhangs"** im Sinne von § 2 Abs. 1 Nr. 1 UWG zu verstehen ist, muss anhand objektiver Kriterien ermittelt werden. Wörtlich heißt es:

> Der Begriff der geschäftlichen Handlung dient dazu, den Anwendungsbereich des Lauterkeitsrechts gegenüber dem allgemeinen Deliktsrecht abzugrenzen. … Deshalb ist das Merkmal des „objektiven Zusammenhangs" funktional zu verstehen und setzt voraus, dass die Handlung bei objektiver Betrachtung darauf gerichtet ist, durch Beeinflussung der geschäftlichen Entscheidung der Verbraucher oder sonstiger Marktteilnehmer den Absatz oder Bezug von Waren oder Dienstleistungen des eigenen oder eines fremden Unternehmens zu fördern. … Im Hinblick auf Handlungen gegenüber Verbrauchern ergibt sich das Erfordernis des funktionalen Bezugs auf die Beeinflussung der geschäftlichen Entscheidung daraus, dass § 2 Abs. 1 Nr. 1 UWG der Umsetzung des Art. 2 Buchst. d der Richtlinie 2005/29/EG über unlautere Geschäftspraktiken dient und daher im Lichte des Wortlauts und der Ziele dieser Richtlinie auszulegen ist. Nach dieser Vorschrift sind „Geschäftspraktiken von Unternehmen gegenüber Verbrauchern" Verhaltensweisen, die unmittelbar mit der Absatzförderung, dem Verkauf oder der Lieferung eines Produkts an Verbraucher zusammenhängen (BGH in WRP 2013, S. 1183 ff. [S. 1185, Rdnr. 17, 18], **„Standardisierte Mandatsbearbeitung"**).

Sofern ein Rechtsanwalt bei der massenhaften Bearbeitung von Urheberrechtsverletzungen in Internetaustauschbörsen mit standardisierten Anwaltsschreiben arbeitet, liegt kein Handeln im geschäftlichen Verkehr im Sinne von § 2 Abs. 1 Nr. 1 UWG vor. Denn dieses vorformulierte Antwortschreiben eines Rechtsanwalts dient vorrangig einem anderen Ziel, nämlich die gegen die eigenen Mandanten gerichteten Ansprüche abzuwehren. Eine geschäftliche Handlung im Hinblick auf die Gewinnung oder den Erhalt von Mandanten ist darin deshalb nicht zu sehen. Die geschäftliche Handlung erfasst sowohl das Verhältnis **von Unternehmen zu Verbraucher** wie auch das **Verhältnis von Unternehmen zu Unternehmen** (namentlich Fälle horizontaler Behinderung gem. § 4 Nr. 4 UWG (§ 4 Nr. 10 UWG a. F.), BGH **„Änderung der Voreinstellung II"**). Das UWG erfasst also alle lauterkeitsrechtlichen Fallgruppen, welche die Interessen von Mitbewerbern und sonstigen Marktteilnehmern betreffen, wie auch diejenigen Fallgruppen, die am Verhältnis von Unternehmen zu

Verbrauchern anknüpfen. Selbst **Einladungs-E-Mails,** die der Anbieter eines sozialen Netzwerks im Internet an Empfänger sendet, die nicht Mitglieder des sozialen Netzwerks sind, sind als geschäftliche Handlung des sozialen Netzwerks zu werten (BGH **„Freunde finden").**

4   Auch wenn Absatz- und Werbebehinderungen, Betriebsspionage oder unberechtigte Abmahnungen gegenüber einem Mitbewerber in der Regel keine unmittelbaren Auswirkungen auf den Absatz oder den Bezug von Waren und Dienstleistungen haben, besteht zwischen diesen **unlauteren Praktiken** und dem Absatz oder dem Bezug von Waren und Dienstleistungen ein objektiver Zusammenhang mit der Folge, dass eine geschäftliche Handlung im Sinne von § 2 Abs. 1 Nr. 1 UWG gegeben ist. Denn jede dieser Maßnahmen kann sich objektiv zugunsten des unlauter handelnden Unternehmens auswirken. Dieser objektive Zusammenhang zwischen dem unlauteren Verhalten des Wettbewerbers und dem Produktabsatz begründet ein geschäftliches Verhalten, das bei vorliegender Unlauterkeit nach den Vorschriften des UWG unterbunden werden kann.

5   **Weltanschauliche, wissenschaftliche, redaktionelle** oder **verbraucherpolitische** Äußerungen von Unternehmen oder Personen **unterfallen nicht dem UWG,** soweit sie in keinem objektiven Zusammenhang mit dem Absatz von Waren und anderen Unternehmensaktivitäten stehen (das ist zu bejahen, wenn die Äußerung vorrangig eigenen erwerbswirtschaftlichen Zielen dient, BGH **„Im Immobiliensumpf").** Während redaktionelle Äußerungen oder eine Reichweitenforschung im Medienbereich nur der Information der Leserschaft oder von Werbeagenturen dienen, genießt jede wissenschaftliche Äußerung grundgesetzlichen Schutz und ist nicht als geschäftliche Handlung im Sinne von § 2 Abs. 1 Nr. 1 UWG zu qualifizieren. Auf der anderen Seite können Sponsoring und Image-Werbung in den Anwendungsbereich des UWG fallen, wie etwa § 5 Abs. 1 Nr. 4 UWG zeigt. Denn auch **Imagewerbung** und **Sponsoringmaßnahmen** können in unmittelbarem Zusammenhang mit der Beeinflussung der geschäftlichen Entscheidung des Verbrauchers in Bezug auf Produkte stehen, wie es in Erwägungsgrund 7 der Richtlinie über unlautere Geschäftspraktiken heißt. Wenn eine gesetzliche Krankenkasse im Zusammenhang mit der Durchführung von Gewinnspielen für minderjährige Verbraucher Daten der Teilnehmer **zu Werbezwecken** erhebt, handelt sie geschäftlich i.S.v. § 2 Abs. 1 Nr. 1 UWG (BGH **„Nordjob-Messe").** Die Richtlinie über unlautere Geschäftspraktiken nimmt aber ausdrücklich Geschäftspraktiken aus, die vorrangig anderen Zielen dienen, wie etwa kommerzielle, für Investoren gedachte Mitteilungen, z.B. Jahresberichte und Unternehmensprospekte.

6   Der Begriff der geschäftlichen Handlung in § 2 Abs. 1 Nr. 1 UWG umfasst **jegliche Art der geschäftlichen Handlung,** also auch eine Handlung vor, während oder nach Geschäftsabschluss. Erforderlich ist allerdings, dass die wettbewerbsrechtlichen Interessen der Mitbewerber **im Inland** aufeinandertreffen (BGH **„Ausschreibung in Bulgarien").** Es gilt das **Marktortprinzip.** Marktort ist der Ort an dem die wettbewerbsrechtlichen Interessen der Mitbewerber aufeinandertreffen.

7   Die Regelung in § 2 Abs. 1 Nr. 1 UWG bestimmt ausdrücklich, dass auch jedes Verhalten **zugunsten eines fremden Unternehmens** als geschäftliche Handlung gilt. Bei einer Berichterstattung über die **„500 besten Anwälte"** liegt nicht nur eine redaktionelle Äußerung vor, sondern zugleich ein geschäftliches Handeln im Sinne von § 2 Abs 1 Nr. 1 UWG. Denn wenn die Artikelserie nicht nur die Namen der Rechtsanwälte vollständig benennt, sondern sogar deren Kanzleisitz und die Telefonnummern angibt, wirkt sich diese redaktionelle Äußerung zugunsten der empfohlenen

Rechtsanwälte unmittelbar zu Lasten derjenigen Rechtsanwälte aus, die in der Artikel-serie keine Erwähnung fanden. Damit wird jedoch die Dienstleistung der Rechtsbera-tung derjenigen Rechtsanwälte gefördert, die in der Liste der „500 besten Anwälte" enthalten waren (BGH **„Die Besten II"**). Weist ein Unternehmer auf seiner Inter-netseite auf eine bestimmte Therapie hin und gibt zugleich einen Hinweis – durch einen Link – auf **einen speziellen Anbieter** von Produkten zu dieser Therapie, liegt eine geschäftliche Handlung im Sinne des § 2 Abs. 1 Nr. 1 UWG vor (BGH **„Be-zugsquellen für Bachblüten"**). Auch der Unternehmer, der einen **Link** auf wissen-schaftliche Veröffentlichungen eines Forschungsverbands setzt, erbringt eine geschäftli-che Handlung (BGH **„Haftung für Hyperlink"**). Geschäftlich handelt natürlich auch derjenige, der als sogenannter „Power Seller" über das Internet Waren verkauft oder versteigert. Wer monatlich mehr als 40 Verkäufe oder Versteigerungen über das Internet betätigt, handelt geschäftlich und **nicht privat** (BGH **„Handeln im ge-schäftlichen Verkehr beim Anbieten von Waren auf Internet-Plattform"**). Rein privates Handeln liegt nur dann vor, wenn der Handelnde mit seiner Tätigkeit keinerlei geschäftliche Interessen verbindet (z.B. der Tausch von CDs unter Freun-den).

2. Mitbewerber, Verbraucherinnen und Verbraucher, Unternehmer sowie sonstige Marktteilnehmer (§ 1 i.V.m. § 2 Abs. 1 Nr. 2, 3, 6, Abs. 2 UWG)

Nach Art. 2a) der Richtlinie über unlautere Geschäftspraktiken ist ein „**Verbrau-** 8 **cher"** jede natürliche Person, die im Geschäftsverkehr im Sinne dieser Richtlinie zu Zwecken handelt, die nicht ihrer gewerblichen, handwerklichen oder beruflichen Tä-tigkeit zugerechnet werden kann. Das UWG nimmt auf § 13 BGB Bezug. Danach ist ein Verbraucher jede natürliche Person, die ein Rechtsgeschäft zu Zwecken abschließt, die überwiegend weder ihrer gewerblichen noch ihrer selbständigen beruflichen Tätig-keit zugerechnet werden können. Diese Legaldefinition des BGB stimmt nicht wört-lich mit der Vorgabe aus der Richtlinie über unlautere Geschäftspraktiken überein. Dabei ist zu berücksichtigen, dass die Formulierung in § 13 BGB umfassender ist. Denn § 13 BGB nimmt nicht jede berufliche Tätigkeit vom Verbraucherbegriff aus, sondern nur **Rechtsgeschäfte,** die **überwiegend** weder gewerblichen noch selbständigen be-ruflichen Zwecken dienen. Nach geltendem Recht kommt deshalb auch derjenige in den Genuss verbraucherschützender Vorschriften, der zur Ausübung seines Berufs bei-spielsweise einen Beförderungsvertrag abschließt oder ein Arbeitsgerät erwirbt – so etwa der Arzt, der zur Ausübung seiner Berufs einen Computer anschafft. Denn der Arzt wird i.d.R. den Computer nicht überwiegend für seine selbständige Tätigkeit verwenden. Diese Personengruppe wird gegenüber den nur gewerblich Handelnden privilegiert.

Gemäß Art. 2b) der Richtlinie über unlautere Geschäftspraktiken ist „**Unterneh-** 9 **mer"** jede natürliche oder juristische Person, die im Geschäftsverkehr im Sinne der Richtlinie im Rahmen ihrer gewerblichen, handwerklichen oder beruflichen Tätigkeit handelt, und jede Person, die im Namen oder Auftrag des Gewerbetreibenden han-delt. Damit ist der Begriff des Gewerbetreibenden im Sinne der Richtlinie über unlau-tere Geschäftspraktiken weiter als die Legaldefinition des § 14 BGB. In § 2 Abs. 1 Nr. 6 UWG heißt es daher, dass als Unternehmer **jede natürliche oder juristische Person** bezeichnet wird, die geschäftliche Handlungen im Rahmen ihrer gewerbli-chen, handwerklichen oder beruflichen Tätigkeit vornimmt sowie jede Person, die im Namen oder Auftrag einer solchen Person handelt. Ungeklärt war noch die Frage, ob Art. 3 Abs. 1 i.V.m. Art. 2 Buchst. b und d der Richtlinie 2005/29/EG (UGP-RL) eine Auslegung von § 2 Abs. 1 Nr. 1 und 6 UWG erlaubt, nach der eine beanstandete Handlung als Geschäftspraktik im Geschäftsverkehr zwischen Unternehmen und Verbrauchern anzusehen ist, wenn es sich bei der werbenden Betriebskrankenkasse um eine Körperschaft des öffentlichen Rechts handelt, die Aufgaben der gesetzlichen Krankenversicherung erfüllt. Auf ein entsprechendes Vorabentscheidungsersuchen des BGH (BGH **„Betriebskrankenkasse I"**) stellte der EuGH fest, dass auch eine Körperschaft des öffentlichen Rechts, die mit einer im Allgemeininteresse liegenden Aufgabe wie der Verwaltung eines gesetzlichen Krankenversicherungssystems betraut ist, in den persönlichen Anwendungsbereich der Richtlinie über unlautere Geschäftspraktiken fällt (EuGH **„BKK/Wettbewerbszentrale"**). Der EuGH stuft die BKK als „Gewerbetreibender" im Sinne der Richtlinie ein, u.a. mit der Begründung, dass die Richtlinie durch einen besonders weiten sachlichen Anwendungsbereich gekennzeichnet ist (so auch BGH **„Nordjob-Messe"** und **„Betriebskrankenkasse II"**). Die Unternehmereigenschaft ist **abstrakt** zu bestimmen (BGH **„Kundenbewertung im Internet"**).

10 **Marktteilnehmer** im Sinne von § 2 Abs. 1 Nr. 2 UWG sind neben Mitbewerbern, Verbrauchern auch diejenigen Personen, die als Anbieter oder Nachfrager von Waren oder Dienstleistungen tätig sind. Der Begriff des Marktteilnehmers umfasst daher als Oberbegriff sowohl die Gruppe der **Mitbewerber, der Verbraucher,** wie auch der **gewerblichen Verbraucher,** gleich ob es sich um natürliche oder um juristische Personen handelt. Selbst ein Standesamt kann im Rahmen **erwerbswirtschaftlicher Randnutzung** als Marktteilnehmer wettbewerblich handeln (BGH **„Buchgeschenk vom Standesamt"**).

11 Bei **Mitbewerbern** handelt es sich gemäß § 2 Abs. 1 Nr. 3 UWG um jeden Unternehmer, der mit einem oder mehreren Unternehmen als **Anbieter oder Nachfrager** von Waren oder Dienstleistungen in einem konkreten Wettbewerbsverhältnis steht. Das konkrete Wettbewerbsverhältnis muss also zwischen dem Zuwiderhandelnden oder einem Dritten und dem benachteiligten Unternehmen zum Zeitpunkt der Verletzungshandlung (BGH **„Stirnlampen"**) gegeben sein. Zum Vorliegen des **konkreten Wettbewerbsverhältnisses** heißt es in der Gesetzesbegründung:

> Dieses liegt dann vor, wenn zwischen den Vorteilen, die jemand durch eine Maßnahme für sein Unternehmen oder das eines Dritten zu erreichen sucht und den Nachteilen, die ein anderer dadurch erleidet, eine Wechselbeziehung in dem Sinne besteht, dass der eigene Wettbewerb gefördert und der fremde Wettbewerb beeinträchtigt werden kann (Gesetzesbegründung zu § 2 Abs. 1 Nr. 3).

Danach liegt ein konkretes Wettbewerbsverhältnis nicht nur zwischen Unternehmen vor, die den gleichen Abnehmerkreis bzw. Lieferantenkreis haben, sondern auch zwischen Unternehmen, die auf unterschiedlichen Wirtschaftsstufen tätig sind, solange sie gleichartige Waren oder Dienstleistungen innerhalb desselben Endverbraucherkreises abzusetzen versuchen (BGH **„Kundenbewertung im Internet"**). Selbst bei Vorliegen unterschiedlicher Branchen kann im Einzelfall ein konkretes Wettbewerbsverhältnis begründet sein, das ggf. durch die konkrete Handlung entsteht. Die höchstrichterliche Rechtsprechung unterscheidet zwischen einem unmittelbaren und einem mittelbaren Wettbewerbsverhältnis. Ein **unmittelbares Wettbewerbsverhältnis** im Sinne von § 2 Abs. 1 Nr. 3 UWG ist immer dann gegeben, wenn beide Parteien gleichartige Waren oder Dienstleistungen innerhalb desselben Endverbraucherkreises abzusetzen versuchen und damit eine Partei das Wettbewerbsverhalten der anderen beeinträchtigen, d.h. im Absatz behindern oder stören, kann (BGH **„Werbung für**

Fremdprodukte"; BGH **„Im Immobiliensumpf").** Der BGH hat ein konkretes Wettbewerbsverhältnis zwischen einem Versicherer und einem Versicherungsmakler, der mit einem Versicherungsnehmer einen Versicherungsmaklervertrag abgeschlossen hat, angenommen (BGH **„Ansprechpartner").** Während also ein unmittelbares Wettbewerbsverhältnis voraussetzt, dass sich die beteiligten Unternehmen auf demselben sachlich, räumlich und zeitlich relevanten Markt betätigen, ohne dass sich der Kundenkreis und das Angebot der Waren oder Dienstleistungen vollständig decken müssen, liegt ein **mittelbares Wettbewerbsverhältnis** bei Vorliegen der nachfolgenden Voraussetzungen vor:

> Das Berufungsgericht ist zutreffend davon ausgegangen, dass an das Vorliegen eines konkreten Wettbewerbsverhältnisses im Interesse eines wirksamen lauterkeitsrechtlichen Individualschutzes grundsätzlich keine hohen Anforderungen zu stellen sind; es wird daher insbesondere keine Branchengleichheit vorausgesetzt. ... Da es für die wettbewerbsrechtliche Beurteilung einer Tätigkeit regelmäßig nur um die konkret beanstandete Wettbewerbshandlung geht, genügt es, dass die Parteien durch eine Handlung miteinander in Wettbewerb getreten sind, auch wenn ihre Unternehmen unterschiedlichen Branchen oder Wirtschaftsstufen angehören (BGH in DB 2014, S. 713 ff. [S. 714, 715, Rdnr. 17], **„Werbung für Fremdprodukte").**

Das klagende Internet-Reisebüro in dem vom BGH entschiedenen Verfahren bewarb zwar auf seiner Internetpräsenz Bücher von *amazon* und erhielt für jeden vermittelten Verkauf eine Werbekostenerstattung; die Tätigkeit des Internet-Reisebüros erschöpfte sich jedoch in der Rolle eines reinen Werbepartners von *amazon*. Deshalb bestand zwischen dem klagenden Internet-Reisebüro und der beklagten Verbraucherzentrale, die eine entgeltliche Broschüre über das Internet vertrieb, weder ein mittelbares noch ein unmittelbares Wettbewerbsverhältnis. Der BGH verneinte auch ein Wettbewerbsverhältnis unter dem Gesichtspunkt der Förderung fremden Wettbewerbs (vgl. hierzu BGH **„ARD-Buffet"),** weil es mit dem Sinn und Zweck von § 8 Abs. 1, Abs. 3 Nr. 1 UWG nicht zu vereinbaren ist, einem bloßen Werbepartner die Möglichkeit zu eröffnen, nach § 8 Abs. 3 Nr. 1 UWG gegen Mitbewerber des durch ihre Werbetätigkeit geförderten Unternehmens vorzugehen (BGH **„Werbung für Fremdprodukte").** Allerdings sind an das Bestehen eines konkreten Wettbewerbsverhältnisses keine hohen Anforderungen zu stellen. Es genügt bereits, wenn die eine Partei als Inhaber eines Schutzrechts oder einer ausschließlichen Lizenz eine andere Partei in Anspruch nimmt, die dem Schutzrecht entsprechende Produkte vertreibt (BGH **„nickelfrei").**

Das UWG schützt gleichermaßen **Mitbewerber, Verbraucher und sonstige** **12** **Marktteilnehmer.** Auch wenn die Richtlinie über unlautere Geschäftspraktiken unmittelbar nur die wirtschaftlichen Interessen von Verbrauchern schützt, wird mittelbar auch der rechtmäßig handelnde Unternehmer vor unlauter handelnden Mitbewerbern geschützt. Diese allgemeine **Schutzzwecktrias** des UWG liegt den nachfolgenden Bestimmungen zugrunde.

3. Nachricht, Verhaltenskodex und unternehmerische Sorgfalt (§ 2 Abs. 1 Nr. 4, 5 und 7 UWG)

Eine **Nachricht** ist gemäß § 2 Abs. 1 Nr. 4 UWG jede Information, die zwischen **13** einer endlichen Zahl von Beteiligten über einen **öffentlich zugänglichen elektronischen Kommunikationsdienst** ausgetauscht oder weitergeleitet wird. Vom Begriff der Nachricht sind solche Informationen ausgeschlossen, die als Teil eines Rundfunkdienstes über ein elektronisches Kommunikationsnetz an die Öffentlichkeit weitergeleitet werden, soweit die Informationen nicht mit dem identifizierbaren Teilnehmer oder Nutzer, der sie erhält, in Verbindung gebracht werden können. Diese Definition der Nachricht entspricht der Vorgabe in Artikel 2d) der **Datenschutzrichtlinie** (Richtlinie 2002/58/EG).

14   Der Begriff des **Verhaltenskodex** geht zurück auf Art. 2f) der Richtlinie über unlautere Geschäftspraktiken. Danach ist ein Verhaltenskodex eine Vereinbarung oder ein Vorschriftenkatalog, die bzw. der nicht durch die Rechts- und Verwaltungsvorschriften eines Mitgliedstaates vorgeschrieben ist und das Verhalten der Gewerbetreibenden definiert, die sich im Bezug auf eine oder mehrere spezielle Geschäftspraktiken oder Wirtschaftszweige auf diesen Kodex verpflichten. Diesen Begriff des „Verhaltenskodex" übernimmt das UWG in § 2 Abs. 1 Nr. 5. Die Auslegung des Verhaltenskodex hat also **richtlinienkonform** zu erfolgen. Um einen anerkannten Verhaltenskodex handelt es sich etwa bei den „ZAW-Richtlinien redaktionell gestaltete Anzeigen" sowie bei den „Wettbewerbsrichtlinien der Versicherungswirtschaft", also bei Regeln, die sich ein Verband oder ein Zusammenschluss von Verkehrsbeteiligten selbst gegeben hat (BGH **„FSA-Kodex"**).

15   Schließlich übernimmt das UWG in § 2 Abs. 1 Nr. 7 auch die Definition der **unternehmerischen Sorgfalt** aus Art. 2h) der Richtlinie über unlautere Geschäftspraktiken. Während es in der Richtlinie heißt, dass die berufliche Sorgfalt der Standard an Fachkenntnissen ist und die Sorgfalt, bei der billigerweise davon ausgegangen werden kann, dass der Gewerbetreibende sie gegenüber dem Verbraucher gemäß den anständigen Marktgepflogenheiten und/oder dem allgemeinen Grundsatz von Treu und Glauben in seinem Tätigkeitsbereich anwendet, heißt es in § 2 Abs. 1 Nr. 7 UWG, dass die unternehmerische Sorgfalt den **Standard an Fachkenntnissen und Sorgfalt** umfasst, von dem billigerweise angenommen werden kann, dass ein Unternehmer ihn in seinem Tätigkeitsbereich gegenüber Verbrauchern nach **Treu und Glauben** unter Berücksichtigung der anständigen **Marktgepflogenheiten** einhält. Zu der Frage, was ein ordentlicher Kaufmann im Rahmen der unternehmerischen Sorgfalt zu berücksichtigen hat, führt der BGH im Zusammenhang mit dem vorzeitigen Abbruch einer Rabattaktion aus:

> Wird die Rabattaktion dagegen aufgrund von Umständen verkürzt oder verlängert, die nach dem Erscheinen der Werbung eingetreten sind, ist danach zu unterscheiden, ob diese Umstände für den Unternehmer unter Berücksichtigung fachlicher Sorgfalt voraussehbar waren und deshalb bei der Planung der befristeten Aktion und der Gestaltung der ankündigenden Werbung hätten berücksichtigt werden können. Denn der Verkehr wird nach der Lebenserfahrung nur in Rechnung stellen, dass eine befristete Vergünstigung allein aus Gründen verkürzt oder verlängert wird, die zum Zeitpunkt der Schaltung der Werbung ersichtlich nicht zu Grunde gelegt wurden und auch nicht berücksichtigt werden konnten. Mit einer Verkürzung oder Verlängerung aus Gründen, die bei Schaltung der Anzeige bereits absehbar waren, rechnet der Verkehr dagegen nicht. Dabei ist es Sache des Werbenden, die Umstände darzulegen, die für die Unvorhersehbarkeit der Verkürzungs- oder Verlängerungsgründe und für die Einhaltung der fachlichen Sorgfalt sprechen. ... Von erheblicher indizieller Bedeutung dafür, ob der Werbende die gebotene fachliche Sorgfalt angewandt hat, sind dabei die Erfahrungen, die er aus früheren vergleichbaren Verkaufsförderungsmaßnahmen gewonnen hat (BGH in GRUR 2014, S. 91 ff. [S. 93, Rdnr. 23], **„Treuepunkte-Aktion"**).

Nach der Rechtsprechung des EuGH muss bei Vorliegen einer irreführenden Werbung allerdings nicht geprüft werden, ob diese irreführende Praxis auch den Erfordernissen der beruflichen Sorgfalt im Sinne von Art. 5 Abs. 2 lit. a) der UGP-Richtlinie widerspricht, um sie als unlauter und mithin nach Art. 5 Abs. 1 der UGP-Richtlinie als verboten ansehen zu können (EuGH „CHS/Team4 Travel"). Unlauter ist eine Geschäftspraxis, wenn sie den Erfordernissen der beruflichen Sorgfaltspflicht widerspricht (Art. 5 Abs. 2 lit. a) der UGP-Richtlinie) und sie den Durchschnittsverbraucher in seinem Verhalten wesentlich beeinflussen kann. Die Wahl des Begriffs „unternehmerische Sorgfalt" anstelle der „beruflichen Sorgfalt" erfolgte, weil ein Beruf nach den Begriffsbestimmungen des deutschen Rechts nur von einer natürlichen Person ausgeübt werden kann, wohingegen die Sorgfaltspflichten im Sinne der Richtlinie auch juristische Personen treffen können (Begründung Erstes Änderungsgesetz B, zu Nr. 2a) cc).

4. Wesentliche Beeinflussung des wirtschaftlichen Verhaltens des Verbrauchers (§ 2 Abs. 1 Nr. 8 UWG)

Gemäß § 3 Abs. 2 UWG sind geschäftliche Handlungen dann unzulässig, wenn sie **16** geeignet sind, das wirtschaftliche Verhalten des Verbrauchers wesentlich zu beeinflussen. Wann eine wesentliche Beeinflussung des wirtschaftlichen Verhaltens des Verbrauchers vorliegt, definiert § 2 Abs. 1 Nr. 8 UWG. Danach liegt eine wesentliche Beeinflussung des wirtschaftlichen Verhaltens des Verbrauchers bei Vornahme einer geschäftlichen Handlung vor, um die Fähigkeit des Verbrauchers, eine informierte Entscheidung zu treffen, spürbar zu beeinträchtigen und damit den Verbraucher zu einer geschäftlichen Entscheidung zu veranlassen, die er andernfalls nicht getroffen hätte. Diese Formulierung geht zurück auf die UGP-RL, in der es heißt, dass eine **wesentliche Beeinflussung des wirtschaftlichen Verhaltens** des Verbrauchers vorliegen muss, um das Verhalten als unzulässige, unlautere geschäftliche Handlung zu qualifizieren. Die UGP-RL stellt darauf ab, ob durch die angewandte geschäftliche Handlung die Fähigkeit des Verbrauchers, sich aufgrund der Informationen zu entscheiden, spürbar beeinträchtigt wird mit der Folge, dass er eine Entscheidung trifft, die er andernfalls nicht getroffen hätte (vgl. Art. 2. Buchst. e) UGP-RL).

Ziel dieser Formulierung ist es, **Bagatellfälle** von der wettbewerbsrechtlichen Ver- **17** folgung auszunehmen. Bei richtlinienkonformer Auslegung sind geschäftliche Handlungen, die sich an Verbraucher richten oder diese erreichen, unlauter, wenn der Verbraucher durch das unlautere Verhalten erst veranlasst wird, eine Entscheidung zu treffen, die er andernfalls nicht getroffen hätte. Eine spürbare Beeinträchtigung des Verbrauchers liegt hingegen nicht vor, wenn durch die Unlauterkeit das Entscheidungsverhalten des Verbrauchers nicht beeinflusst wird (BGH „Überregionaler Krankentransport"; BGH „Zuzahlungsverzicht bei Hilfsmitteln"). Im Regelfall ist davon auszugehen, dass jede unlautere geschäftliche Handlung gegenüber einem Verbraucher zu einer spürbaren Beeinträchtigung führt. Denn regelmäßig sind geschäftliche Handlungen, die nicht der unternehmerischen Sorgfalt entsprechen, geeignet, das wirtschaftliche Verhalten des Verbrauchers wesentlich zu beeinflussen (BGH „Traum-Kombi"). Im Rahmen der Irreführungstatbestände (§ 5, § 5a UWG) ist zu berücksichtigen, dass es auf eine spürbare Beeinträchtigung des Verbrauchers im Sinne von § 2 Abs. 1 Nr. 8 UWG nicht ankommt. Insoweit stellt § 5 Abs. 1 Satz 1 UWG klar, dass eine unlautere, irreführende Handlung bereits vorliegt, wenn sie geeignet ist, die geschäftliche Entscheidung von Verbrauchern (oder sonstigen Marktteilnehmern) zu beeinflussen. Wenn also die irreführende geschäftliche Handlung geeignet ist, den Verbraucher zu einer geschäftlichen Entscheidung zu veranlassen, die er andernfalls nicht getroffen hätte, liegt ein Wettbewerbsverstoß vor. Denn bei einer Irreführung besteht immer die Gefahr, dass die Entscheidungsfreiheit des Verbrauchers beeinträchtigt wird. Wird die Entscheidungsfreiheit des Verbrauchers jedoch beeinträchtigt, liegt nach der Gesetzesbegründung auch stets eine spürbare Beeinträchtigung vor.

18 Allerdings ist auch im Rahmen des Irreführungstatbestandes eine Interessenabwägung vorzunehmen. Denn nur eine Irreführung von gewisser Relevanz ist wettbewerbswidrig. Im Bereich der Irreführung muss die geschäftliche Handlung geeignet sein, bei einem **erheblichen Teil** der angesprochenen Verkehrskreise irrige Vorstellungen hervorzurufen und die zu treffende Marktentschließung in wettbewerblich relevanter Weise zu beeinflussen. Nach höchstrichterlicher Rechtsprechung liegt eine Irreführung nur dann vor, wenn das Verständnis, das die geschäftliche Handlung bei den angesprochenen Verkehrskreisen erweckt, mit den tatsächlichen Verhältnissen nicht übereinstimmt (BGH **„Freunde finden"**). Erforderlich ist also immer, dass die Werbung geeignet ist, bei einem erheblichen Teil der umworbenen Verkehrskreise irrige Vorstellungen über marktrelevante Umstände hervorzurufen und die zu treffende Marktentschließung in wettbewerblich relevanter Weise zu beeinflussen (BGH **„Geo-Targeting"**). Auch der Irreführungstatbestand unterliegt daher einem **Relevanzerfordernis.**

5. Geschäftliche Entscheidung (§ 2 Abs. 1 Nr. 9 UWG)

19 Eine wettbewerbswidrige, irreführende geschäftliche Handlung liegt gemäß § 5 Abs. 1 Satz 1 UWG vor, wenn sie geeignet ist, den Verbraucher oder einen sonstigen Marktteilnehmer zu einer geschäftlichen Entscheidung zu veranlassen, die er andernfalls nicht getroffen hätte. Die Definition der **geschäftlichen Entscheidung** findet sich in § 2 Abs. 1 Nr. 9 UWG. Danach wird als geschäftliche Entscheidung jede Entscheidung eines Verbrauchers oder sonstigen Marktteilnehmers darüber eingeordnet, ob, wie und unter welchen Bedingungen der Verbraucher oder der sonstige Marktteilnehmer ein Geschäft abschließt, Zahlung leistet, eine Ware oder Dienstleistung behält oder abgibt oder ein vertragliches Recht im Zusammenhang mit einer Ware oder Dienstleistung ausüben will, unabhängig davon, ob der Verbraucher oder sonstige Marktteilnehmer sich entschließt, tätig zu werden. Diese Definition in § 2 Abs. 1 Nr. 9 UWG geht auf Art. 2k) UGP-RL zurück. Danach ist jede Entscheidung eines Verbrauchers, ob, wie und zu welchen Bedingungen einen Kauf zu tätigen, eine Zahlung insgesamt oder teilweise zu leisten, ein Produkt zu behalten oder abzugeben oder ein vertraglichen Recht im Zusammenhang mit dem Produkt auszuüben, eine geschäftliche Entscheidung, unabhängig davon, ob der Verbraucher beschließt, tätig zu werden oder ein Tätigwerden zu unterlassen.

20 Der deutsche Gesetzgeber hat diese Definition nahezu wortgleich in § 2 Abs. 1 Nr. 9 UWG übernommen, allerdings ergänzt um **sonstige Marktteilnehmer,** da das UWG sowohl den lauterkeitsrechtlichen Schutz von Verbraucherinnen und Verbrauchern als auch den Schutz von Mitbewerbern und sonstigen Marktteilnehmern regelt. Außerdem wurde der in Art. 2k) UGP-RL enthaltene Begriff des „Produkts" durch die Angabe „Waren oder Dienstleistungen" ersetzt, weil die gesetzliche Bestimmung nicht nur den Kauf betrifft, sondern auch die Inanspruchnahme von Dienstleistungen.

21 Im Zusammenhang mit der Bewerbung einer Schlafzimmereinrichtung unter Abbildung eines Bettes mit Matratze in einem Werbeprospekt stellt der BGH zur Frage der **geschäftlichen Entscheidung des Verbrauchers** fest:

Unerheblich ist in diesem Zusammenhang, dass die – unrichtigen – Angaben im Blickfang geeignet sind, den Verbraucher zu veranlassen, sich überhaupt mit der Werbung näher zu befassen. Das reicht für eine Irreführung allein nicht aus. Nach Art. 6 Abs. 1 der Richtlinie 2005/29/EG über unlautere Geschäftspraktiken ist eine Geschäftspraxis irreführend, wenn sie zum einen falsche Angaben enthält oder den Durchschnittsverbraucher zu täuschen geeignet ist, und zum anderen den Verbraucher tatsächlich oder voraussichtlich zu einer geschäftlichen Entscheidung veranlasst, die er ansonsten nicht getroffen hätte. Eine geschäftliche Entscheidung ist gemäß Art. 2 Buchst. k) der Richtlinie 2005/29/EG jede Entscheidung eines Verbrauchers darüber, ob, wie und unter welchen Bedingungen er einen Kauf tätigen will. Dieser Begriff erfasst außer der Entscheidung über den Erwerb oder Nichterwerb eines Produkts auch damit unmittelbar zusammenhängende Entscheidungen wie insbesondere das Betreten eines Geschäfts (…). Dagegen stellt die Entscheidung des Verbrauchers, sich mit einem beworbenen Angebot in einer Werbeanzeige näher zu befassen, die durch eine blickfangmäßig herausgestellte, irreführende Angabe veranlasst worden ist, für sich gesehen mangels eines unmittelbaren Zusammenhangs mit einem Erwerbsvorgang noch keine geschäftliche Entscheidung im Sinne von Art. 2 Buchst. k) und Art. 6 Abs. 1 der Richtlinie 2005/29/EG dar. Die beanstandete Werbeanzeige wäre daher nur als irreführend anzusehen, wenn anzunehmen wäre, dass der Durchschnittsverbraucher nicht durch die weiteren in der Anzeige enthaltenen Angaben davon abgehalten wird, eine auf Irreführung beruhende, geschäftliche Entscheidung zu treffen. Davon kann aber keine Rede sein (BGH in WRP 2015, S. 851 ff. [S. 854, Rdnr. 20], „**Schlafzimmer komplett**“).

Nach den Ausführungen des BGH reicht es also mit anderen Worten zur Annahme einer geschäftlichen Entscheidung nicht aus, wenn sich der Verbraucher mit dem Angebot in einer Werbeanzeige oder in einem Werbekatalog **näher befasst,** nachdem er durch eine blickfangmäßig herausgestellte, irreführende Angabe angelockt wurde. Da in dem fraglichen Prospekt neben dem **irreführenden Blickfang** in kleiner schwarzer Schrift zusätzlich vermerkt war *„ohne Lattenroste, Matratzen, Beimöbel und Deko“,* war davon auszugehen, dass der Durchschnittsverbraucher nicht allein durch den irreführenden Blickfang veranlasst wurde, eine geschäftliche Entscheidung zu treffen, die er andernfalls nicht getroffen hätte. Vielmehr wird der verständige Durchschnittsverbraucher vor seiner geschäftlichen Entscheidung den in kleiner schwarzer Schrift angebrachten Hinweis zur Kenntnis nehmen, um erst dann seine geschäftliche Entscheidung zu treffen. Das gilt jedenfalls bei langlebigen und kostspieligen Gütern, wie dies bei dem Angebot eines kompletten Schlafzimmers der Fall war.

II. Verbot unlauterer geschäftlicher Handlungen (§ 3 UWG)

1 Unlautere geschäftliche Handlungen sind gemäß § 3 Abs. 1 UWG unzulässig. Es handelt sich bei dieser Bestimmung um eine **Rechtsfolgenregelung,** die auf Art. 5 Abs. 1 UGP-RL zurückgeht. Nach der Gesetzesbegründung dient § 3 Abs. 1 UWG als **Auffangtatbestand** für geschäftliche Handlungen, die von den nachfolgenden Bestimmungen **nicht** erfasst werden, aber einen vergleichbaren Unlauterkeitsgehalt aufweisen. Weiter heißt es in der Gesetzesbegründung, dass es der Rechtsprechung überlassen bleiben soll, in Konkretisierung des Tatbestandsmerkmals der Unlauterkeit für die vom Auffangtatbestand erfassten Fälle ggf. angemessene Spürbarkeitserfordernisse aufzustellen, um insbesondere **Abmahnungen von Bagatellverstößen** zu verhindern (vgl. BT-Drs. 18/6571 IV, zu Nr. 2). Soweit die Unlauterkeit einer geschäftlichen Handlung jedoch ausdrücklich im UWG normiert ist, scheidet ein Rückgriff auf § 3 Abs. 1 UWG aus.

1a Bei § 3 Abs. 2 UWG handelt es sich um die **Generalklausel** hinsichtlich geschäftlicher Handlungen mit Verbraucherbezug. Danach sind geschäftliche Handlungen, die sich an **Verbraucher** richten oder diese erreichen, unlauter, wenn sie nicht der unternehmerischen Sorgfalt entsprechen und dazu geeignet sind, das wirtschaftliche Verhalten des Verbrauchers wesentlich zu beeinflussen. Diese Bestimmung geht zurück auf Art. 5 Abs. 2a) und b) UGP-RL. Danach ist eine Geschäftspraxis unlauter, wenn sie den Erfordernissen der beruflichen Sorgfalt widerspricht und sie in Bezug auf das jeweilige Produkt das wirtschaftliche Verhalten des Durchschnittsverbrauchers, den sie erreicht oder an den sie sich richtet, oder des durchschnittlichen Mitglieds einer Gruppe von Verbrauchern, wenn sich eine Geschäftspraxis an eine bestimmte Gruppe von Verbrauchern wendet, wesentlich beeinflusst oder dazu geeignet ist, es wesentlich zu beeinflussen. Die umfassendere Formulierung der UGP-RL wird vom Definitionenkatalog des § 2 UWG erfasst (vgl. § 2 Abs. 1 Nr. 8 UWG). Die Generalklausel des § 3 Abs. 2 UWG kommt nur dann zur Anwendung, wenn die wettbewerbswidrige Handlung **von Relevanz** ist (BGH **„Zuzahlungsverzicht bei Hilfsmitteln"** und BGH **„Fremdcoupon-Einlösung"**).

1b Die Bestimmung in § 3 Abs. 4 UWG geht auf Art. 5 Abs. 3 UGP-RL zurück. Danach ist bei der Beurteilung von geschäftlichen Handlungen gegenüber **Verbrauchern** auf den durchschnittlichen Verbraucher oder, wenn sich die geschäftliche Handlung an eine bestimmte Gruppe von Verbrauchern wendet, auf ein durchschnittliches Mitglied dieser Gruppe abzustellen. Der deutsche Gesetzgeber geht insoweit von dem Verbraucherleitbild des EuGH aus. **Danach ist auf den informierten, verständigen und angemessen aufmerksamen Durchschnittsverbraucher abzustellen.** Bei einer geschäftlichen Handlung, die sich an eine bestimmte Verbrauchergruppe richtet, ist auf ein **durchschnittliches Mitglied dieser Gruppe** abzustellen. So heißt es in § 3 Abs. 4 S. 2 UWG, dass geschäftliche Handlungen, die für den Unternehmer vorhersehbar das wirtschaftliche Verhalten nur einer eindeutig identifizierbaren Gruppe von Verbrauchern im Wesentlichen beeinflussen, die aufgrund von geistigen oder körperlichen Beeinträchtigungen, Alter oder Leichtgläubigkeit im Hinblick auf diese geschäftlichen Handlungen oder die diesen zugrundeliegenden Waren oder Dienstleistungen besonders schutzbedürftig sind, aus Sicht eines durchschnittlichen Mitglieds dieser Gruppe zu beurteilen sind. Klarstellend heißt es darüber hinaus in Art. 5 Abs. 3 S. 2 UGP-RL, dass die übliche und rechtmäßige Werbepraxis, übertriebene Behauptungen oder nicht wörtlich zu nehmende Behauptungen aufzustellen, von dieser Bestimmung unberührt bleibt. Der Maßstab des § 3 Abs. 4 UWG findet nach der Gesetzesbegründung nicht nur im Rahmen der Generalklausel Anwendung, sondern in gleicher Weise für die im UWG geregelten Spezialtatbestände. Es handelt sich insoweit um einen **allgemeinen Maßstab** für die Bewertung geschäftlicher Handlungen im Verbraucherbereich.

Als Ausfluss von Art. 5 Abs. 5 der Richtlinie über unlautere Geschäftspraktiken bestimmt § 3 Abs. 3 UWG, dass sämtliche im Anhang zu § 3 Abs. 3 UWG aufgeführten geschäftlichen Handlungen gegenüber Verbrauchern **stets** unzulässig sind. Damit ist gemeint, dass diese geschäftlichen Handlungen auch dann unlauter und damit unzulässig sind, wenn die **Erheblichkeitsschwelle** im Sinne einer spürbaren Beeinträchtigung von Verbraucherinteressen **nicht überschritten** wird (Begründung Änderungsgesetz A, zu Art. 5 Abs. 5). Es handelt sich bei den im Anhang zu § 3 Abs. 3 UWG aufgeführten geschäftlichen Handlungen um **Verbote ohne Wertungsvorbehalt,** also um Handlungen, die unter allen Umständen unzulässig sind („**Schwarze Liste**"). Allerdings gilt dieser **Katalog unzulässiger geschäftlicher Handlungen** im Anhang zu § 3 Abs. 3 UWG nur für solche, die sich **an Verbraucher richten.** Aus Gründen eines umfassenden Verbraucherschutzes ist bei diesen Handlungen die spürbare Beeinträchtigung von Verbraucherinteressen nicht erforderlich. Aus Sicht des Gesetzgebers ist es allerdings nicht gerechtfertigt, auch den kaufmännischen Verkehr mit derart strengen Regeln zu belasten (s. Begründung Änderungsgesetz B, zu Nr. 3). Die Verbote der „Schwarzen Liste" sind eng auszulegen (BGH **„FSA-Kodex"**). Außerdem handelt es sich um die einzigen Geschäftspraktiken, die ohne eine Beurteilung des Einzelfalls als unlauter gelten können (EuGH **„„Total" und „Sanoma""**). 2

Der nachfolgende Katalog von Verboten ohne Wertungsvorbehalt enthält in den Nummern 1–24 **irreführende unlautere geschäftliche Handlungen** und in den Nummern 25–30 **aggressive unlautere geschäftliche Handlungen.** Da die im Anhang aufgelisteten Einzeltatbestände nur für geschäftliche Handlungen gelten, die sich unmittelbar an Verbraucher richten, werden geschäftliche Handlungen im B2B-Geschäft von dem Verbotskatalog nicht erfasst. Es handelt sich um **per se Verbote ohne Relevanzprüfung,** so dass es nicht mehr auf eine Beurteilung des Einzelfalls ankommt (Begründung Änderungsgesetz B, zu Nr. 12). 3

Der Gesetzgeber weist jedoch ausdrücklich darauf hin, dass die dem Anhang zu § 3 Abs 3 UWG zugrunde liegenden Wertungen nicht in gleicher Weise auf geschäftliche Handlungen anwendbar sind, die den Wettbewerb nicht **zumindest auch** zum Nachteil von Verbrauchern beeinträchtigen (Begründung Änderungsgesetz B, zu Nr. 12). Bei geschäftlichen Handlungen nur zwischen Unternehmen (B2B-Geschäft) ist also der Anhang zu § 3 Abs. 3 nicht anwendbar, und es kommt dann auf die **Relevanz** des Wettbewerbsverstoßes an. 4

1. Unwahre Angabe über Verhaltenskodex

Nach Nr. 1 des Anhangs zu § 3 Abs. 3 UWG ist die unwahre Angabe eines Unternehmers, zu den Unterzeichnern eines Verhaltenskodex zu gehören, obgleich dies nicht der Fall ist, jedenfalls eine unzulässige geschäftliche Handlung. Voraussetzung dieses Verbotstatbestandes ist demnach, dass der Unternehmer die **Einhaltung eines** 5

Verhaltenskodex behauptet, obgleich er selbst nicht Unterzeichner des Verhaltenskodex ist. Unter einen **Verhaltenskodex** fallen gemäß § 2 Abs. 1 Nr. 5 UWG Vereinbarungen oder Vorschriften über das Verhalten von Unternehmern, zu welchem diese sich in Bezug auf Wirtschaftszweige oder einzelne geschäftliche Handlungen verpflichtet haben, ohne dass sich solche Verpflichtungen aus Gesetzes- oder Verwaltungsvorschriften ergeben. In einem Verhaltenskodex wird also das Verhalten der Gewerbetreibenden definiert, die sich in Bezug auf eine oder mehrere spezielle Geschäftspraktiken oder Wirtschaftszweige auf diesen Kodex verpflichtet haben (Art. 2. f) UGP-RL). Allein die unzutreffende Bezugnahme auf einen Verhaltenskodex erfüllt die Voraussetzungen von Nr. 1 der Anlage (BGH „FSA-Kodex"). Der Unternehmer muss nicht ausdrücklich behaupten, dass er die im Verhaltenskodex verankerten Standards einhält.

2. Verwendung von Gütezeichen etc. ohne Genehmigung

6 Unzulässig ist eine geschäftliche Handlung gegenüber Verbrauchern gemäß Nr. 2 des Anhangs immer dann, wenn der Unternehmer **Gütezeichen, Qualitätskennzeichen** oder ähnliche Auszeichnungen **ohne die erforderliche Genehmigung verwendet.** Darunter fallen nur solche Auszeichnungen, die von einer neutralen Stelle vergeben wurden, z.B. das Prüfsiegel des **TÜV** oder der DEKRA, nicht jedoch Urteile der Stiftung Warentest. Der in Nr. 2 des Anhangs enthaltene Verbotstatbestand knüpft allein an die Behauptung an, dass der Unternehmer zu den autorisierten Zeichennehmern gehört. Selbst ein Unternehmer, der Waren oder Dienstleistungen anbietet, die die Voraussetzungen der durch das Zeichen verbürgten Qualität aufweisen, unterliegt diesem Verbotstatbestand, wenn er unberechtigterweise das Gütekennzeichen verwendet.

3. Unwahre Angabe über Selbstverpflichtung

7 Nr. 3 des Anhangs zu § 3 Abs 3 UWG verbietet eine unwahre Angabe darüber, dass ein Verhaltenskodex von einer öffentlichen oder anderen Stelle gebilligt wurde. Der Verbotstatbestand knüpft damit an die **Autorität** an, die der Verbraucher mit einem Verhaltenskodex verbindet. Denn der Verbraucher wird einer von einem Wirtschaftsunternehmen eingegangenen Selbstverpflichtung um so eher Glauben schenken und diese um so höher einschätzen, je größer das Ansehen der Behörde ist, deren Billigung behauptet wird. Es handelt sich um die **Irreführung** über die wesentliche Eigenschaft eines Verhaltenskodex. Der Verbotstatbestand in Nr. 3 des Anhangs zu § 3 Abs. 3 UWG ist entsprechend **eng auszulegen**. Nicht erfasst werden die Fälle, in denen ein Unternehmen gegen einen Verhaltenskodex verstößt (BGH „FSA-Kodex").

4. Unwahre Angabe über Güte

8 Nr. 4 des Anhangs verbietet die Verbreitung einer unwahren Angabe, dass eine öffentliche oder private Stelle eine **Bestätigung, Billigung oder Genehmigung** in Bezug auf den Unternehmer, seine Ware oder Dienstleistung oder seine geschäftliche Handlung erteilt hat. Auch in diesem Tatbestand wird, wie bei Nr. 3, in irreführender Weise über die **Autorität** einer privaten oder öffentlich-rechtlichen Stelle getäuscht. Die Regelung in Nr. 4 des Anhangs enthält kein generelles Verbot, sondern umfasst nur die genannten, spezifischen Fälle bestimmter Anforderungen u.a. an die Qualität

eines Gewerbetreibenden oder seiner Waren (EuGH „**Köck/Schutzverband gegen unlauteren Wettbewerb**"). Der gleiche Verbotstatbestand gilt auch in den Fällen, in denen der Unternehmer behauptet, er genüge den Bedingungen für die Bestätigung, Billigung oder Genehmigung. Die Unlauterkeit dieses Verhaltens ergibt sich auch daraus, dass der Verbraucher mit der Bezugnahme auf eine private oder öffentliche Bestätigung, Billigung oder Genehmigung eine **besondere Güte** des Unternehmens oder seiner Waren und Dienstleistungen erwartet.

5. Lockangebot

In Nr. 5 der Anlage werden Lockangebote generell verboten. Danach sind Waren- **9** und Dienstleistungsangebote im Sinne von § 5a Abs. 3 UWG verboten, wenn der Unternehmer diese Angebote nicht mindestens für **zwei Tage bevorraten** kann. Die Bezugnahme in Nr. 5 auf gleichartige Waren betrifft ausschließlich den Fall, dass es sich tatsächlich um austauschbare, also **gleichwertige Waren** handelt, die, sofern es um Markenprodukte geht, zugleich von demselben Markenhersteller stammen. Sind die Waren demgegenüber nur weitestgehend ähnlich, liegt der Verbotstatbestand von Nr. 6 des Anhangs vor. Verboten wird die **unzureichende Aufklärung** über eine unzulängliche Bevorratung. Nach den Ausführungen des BGH ist dieser Verbotstatbestand wie folgt auszulegen:

> Nach Nr. 5 des Anhangs zu § 3 Nr. 3 UWG, durch die Nr. 5 des Anhangs I der Richtlinie 2005/29/EG über unlautere Geschäftspraktiken umgesetzt worden ist, stellt es eine stets irreführende geschäftliche Handlung dar, wenn ein Unternehmer zum Kauf von Waren auffordert (§ 5a Abs. 3 UWG), ohne darüber aufzuklären, dass er hinreichende Gründe hat anzunehmen, er werde nicht in der Lage sein, diese oder gleichwertige Waren oder Dienstleistungen für einen angemessenen Zeitraum in angemessener Menge zu dem genannten Preis bereitzustellen oder bereitstellen zu lassen. Nach dieser Vorschrift ist nicht die unzugängliche Bevorratung der beworbenen Ware, sondern die unzureichende Aufklärung über eine unzulängliche Bevorratung zu beanstanden. Dies entspricht der Sache nach der Regelung in § 5 Abs. 5 S. 1 UWG 2004. Nach dieser Vorschrift stellte es eine irreführende Werbung dar, wenn für eine Ware geworben wurde, die nicht in angemessener Menge zur Befriedigung der zu erwartenden Nachfrage vorgehalten war (vgl. BGH, Urteil vom 10. Februar 2011 – I ZR 183/09, GRUR 2011, 340 Rn. 21 = WRP 2011, 459 – Irische Butter; Urteil vom 15. März 2012 – I ZR 128/10, GRUR 2012, 475 Rn. 20). Die der Bestimmung der Nr. 5 des Anhangs zu § 3 Abs. 3 UWG 2008 zugrundeliegende Regelerwartung, dass eine einschränkungslos angebotene Ware in sämtlichen in die Werbung einbezogenen Filialen in ausreichender Menge erworben werden kann, kann nur dadrch ausgeräumt werden, dass sie durch einen aufklärenden Hinweis wirksam neutralisiert wird, der daher klar formuliert, leicht lesbar und gut erkennbar sein muss (BGH GRUR 2011, 340 Rn. 26 [= WRP 2011, 459] – Irische Butter; Fezer/Peifer, UWG 2. Aufl., Anhang UWG Nr. 5 Rn. 18f. mwN). Maßgeblich ist insoweit das Verständnis des durchschnittlich informierten, verständigen und situationsadäquat aufmerksamen Durchschnittsverbrauchers (BGH, Urteil vom 24. Oktober 2002 – I ZR 50/00, GRUR 2003, 163, 164 = WRP 2003, 273 – Computerwerbung II; Bornkamm in Köhler/Bornkamm, UWG, 33. Aufl., § 5 Rn. 8.7) (BGH in WRP 2016, Seite 454ff. [S. 456, Rdnr. 20], „**Smartphone-Werbung**").

Die Regelung in Nr. 5 des Anhangs betrifft also nicht die unzulängliche Bevorratung der Ware, sondern die **unzureichende Aufklärung** über eine unzulängliche Bevorratung. Die geforderte **Gleichartigkeit** liegt nach den Ausführungen des BGH nur dann vor, wenn das andere Produkt tatsächlich gleichwertig und zudem aus der Sicht des Verbrauchers, bei der auch subjektive Gesichtspunkte wie der Wunsch nach

Erwerb eines bestimmten Markenprodukts eine Rolle spielen können, austauschbar ist (BGH **„Irische Butter"**).

9a Im Internet erwartet der Verkehr eine **tagesaktuelle Lieferfähigkeit.** Nr. 5 Satz 2 enthält eine klare **Beweislastregelung** zu Lasten des Unternehmers. Ist der Bevorratungszeitraum kürzer als 2 Tage, obliegt dem Unternehmer der Beweis, dass die Bevorratung angemessen war, oder dass er jedenfalls über die fehlende sofortige Verfügbarkeit der beworbenen Ware **aufgeklärt** hat (BGH **„Matratzen"**). Diese Bestimmung setzt einen **Bevorratungszeitraum** von mindestens 2 Tagen voraus. Der Hinweis „Dieser Artikel kann aufgrund begrenzter Vorratsmenge bereits im Laufe des ersten Angebotstages ausverkauft sein" entlastet den Unternehmer nicht (BGH **„Smartphone-Werbung"**). Allenfalls die Angabe der konkreten Warenmenge kann einer Fehlvorstellung im Verkehr entgegenwirken (BGH **„Maratzen"**).

6. Täuschung über Angebot

10 Unter allen Umständen unzulässig sind auch Lockangebote, die darauf abzielen, **andere als die beworbenen Waren oder Dienstleistungen abzusetzen.** So heißt es in Nr. 6 des Anhangs, dass Waren- oder Dienstleistungsangebote im Sinne des § 5a Abs. 3 UWG zu einem bestimmten Preis unzulässig sind, wenn der Unternehmer sodann in der Absicht, stattdessen eine andere Ware oder Dienstleistung abzusetzen, etwas Fehlerhaftes vorführt oder sich weigert zu zeigen, was er beworben hat, bzw. er sich weigert, Bestellungen für die beworbene Ware anzunehmen oder die beworbene Leistung innerhalb einer vertretbaren Zeit zu erbringen. Die **absolute Unlauterkeit** dieses Verhaltens des Unternehmers gründet auf dem Vorwurf, dieser habe es von vornherein darauf abgesehen, andere als die beworbenen Leistungen zu erbringen oder andere als die beworbenen Waren abzusetzen. Es muss sich bei den beworbenen Waren oder Dienstleistungen nicht um Sonderangebote handeln.

7. Psychologischer Kaufzwang

11 Der Anhang Nr. 7 behandelt die Fälle des Anlockens durch eine unwahre Angabe. Danach ist eine **unwahre Angabe,** dass bestimmte Waren oder Dienstleistungen allgemein oder zu bestimmten Bedingungen **nur für einen sehr begrenzten Zeitraum** verfügbar sind, absolut unlauter, wenn der Verbraucher durch die Angabe veranlasst wird, sofort eine geschäftliche Entscheidung zutreffen, ohne dass er Zeit und Gelegenheit hat, sich aufgrund von Informationen zu entscheiden. Die Ankündigung eines Ausverkaufs fällt nicht unter diese Bestimmung (EuGH **„Köck/Schutzverband gegen unlauteren Wettbewerb"**).

8. Täuschung über Kundendienstleistung

12 Der Anhang Nr. 8 verbietet das Angebot von Kundendienstleistungen **in einer anderen Sprache** als derjenigen, in der die Verhandlungen vor dem Abschluss des Geschäfts geführt worden sind, wenn die ursprünglich verwendete Sprache nicht die Amtssprache des Mitgliedstaates ist, in dem der Unternehmer niedergelassen ist. Hier besteht die Irreführung in der **enttäuschten Erwartung des Verbrauchers,** auch die Dienstleistungen würden in der von der Landessprache des Unternehmers abweichenden, vor dem Abschluss des Geschäfts verwendeten Sprache erbracht (s. Begründung Änderungsgesetz B, zu Anhang Nr. 8). Dieses absolute Verbot gilt nicht, wenn der Verbraucher vor dem Abschluss des Geschäfts darüber aufgeklärt wurde, dass die

Kundendienstleistungen in einer anderen als der ursprünglich verwendeten Sprache erbracht werden. Gegenstand des absoluten Verbots ohne Wertungsvorbehalt sind allerdings ausschließlich Kundendienstleistungen, also **nachvertragliche Serviceleistungen.**

9. Unwahre Angabe über die Verkehrsfähigkeit

Absolut verboten ist auch die unwahre Angabe oder das Erwecken des unzutreffenden Eindrucks, dass eine Ware oder Dienstleistung verkehrsfähig ist (Nr. 9 des Anhangs). Dieses Verbot ohne Wertungsvorbehalt ist insbesondere in den Fällen von Bedeutung, in denen Waren angeboten oder Dienstleistungen vermittelt werden, die **gegen ein gesetzliches Verbot verstoßen.** Dies kann etwa bei dem Fehlen der Betriebserlaubnis für ein technisches Gerät der Fall sein (s. Begründung Änderungsgesetz B, zu Anhang Nr. 9). **13**

10. Werbung mit Selbstverständlichkeit

Absolut unzulässig ist auch die unwahre Angabe oder das Erwecken eines unzutreffenden Eindrucks, die gesetzlich bestehenden Rechte seien Besonderheiten dieses Angebots. Hier geht es also um die **Bewerbung von Selbstverständlichkeiten,** z.B. die Bewerbung des gesetzlich bestehenden Rückgaberechts gem § 356 BGB als Besonderheit des konkreten Angebots des werbenden Unternehmers: **14**

> Eine unzulässige geschäftliche Handlung ist nach Nr. 10 des Anh. zu § 3 III UWG die unwahre Angabe oder das Erwecken des unzutreffenden Eindrucks, gesetzlich bestehende Rechte stellten eine Besonderheit des Angebots dar. Aus der Vorschrift ergibt sich kein Anhalt für das vom BerGer. angenommene Erfordernis einer hervorgehobenen Darstellung. Nichts anderes folgt auch aus der für die gebotene unionsrechtskonforme Auslegung dieser Regelung maßgeblichen Bestimmung der Nr. 10 des Anh. I der RL 2005/29/EG über unlautere Geschäftspraktiken, nach der den Verbrauchern gesetzlich zugestandene Rechte nicht als Besonderheit des Angebots präsentiert werden dürfen. Eine hervorgehobene Angabe wird daher weder im deutschen Recht noch im für dessen Auslegung maßgeblichen Unionsrecht vorausgesetzt. Erforderlich, aber auch ausreichend ist es vielmehr jeweils, dass beim Verbraucher der unrichtige Eindruck erweckt wird, der Unternehmer hebe sich bei seinem Angebot dadurch von den Mitbewerbern ab, dass er dem Verbraucher freiwillig ein Recht einräume (BGH in GRUR 2014, Seite 1007 ff. [S. 1008, Rdnr. 11], „**Geld-Zurück-Garantie III**").

Selbst wenn der Unternehmer nur auf die dem Verbraucher von Gesetzes wegen zustehenden Rechte hinweist, ohne sie als Besonderheit herauszustellen, liegt bereits ein Verstoß gegen Nr. 10 des Anhangs zu § 3 Abs. 3 UWG vor.

11. Redaktionelle Werbung

Ein Verbot ohne Wertungsvorbehalt ist gemäß Nr. 11 der Anlage jegliche redaktionelle Werbung, also **Werbung, die in einem redaktionellen Gewand erscheint.** Über den Umfang dieses Verbots stellt der BGH in der Entscheidung „**Flappe**" wörtlich fest: **15**

> Nach Nr. 11 des Anhangs zu § 3 Abs. 3 UWG ist die als Information getarnte Werbung unzulässig. Von einer in diesem Sinne unzulässigen Werbung ist bei einem vom Unternehmer finanzierten Einsatz redaktioneller Inhalte zu Zwecken der Verkaufsförderung auszugehen, wenn sich dieser Zusammenhang nicht aus dem Inhalt oder aus der Art der

optischen oder akustischen Darstellung eindeutig ergibt. Die Vorschrift des § 3 Abs. 3 UWG und Nr. 11 des Anhangs zu dieser Bestimmung setzen Art. 5 Abs. 5 und Nr. 11 des Anhangs I der Richtlinie 2005/24/EG über unlautere Geschäftspraktiken um. Die Bestimmungen dienen der Trennung von Werbung und redaktionellem Teil der Medien, weil der Verbraucher häufig den als redaktionelle Inhalte getarnten Werbemaßnahmen unkritischer gegenübersteht als der Wirtschaftswerbung (BGH in WRP 2011, Seite 210 ff. [S. 212, Rdnr. 13]).

Wirbt die Deutsche Bahn AG auf einem halbseitigen Vorschaltblatt auf einer Wirtschaftszeitschrift mit der Aussage „Deutschlands Manager: „Wir verplempern zu viel Zeit im Auto und an Flughäfen!", ohne darauf hinzuweisen, dass es sich bei dieser sog. „Flappe" um eine bezahlte Anzeige handelt, liegt noch kein Verstoß gegen Nr. 11 des Anhangs zu § 3 Abs. 3 UWG vor, wenn auf der Rückseite der Zeitschrift ebenfalls eine Werbung der Deutsche Bahn AG veröffentlicht wird, die als solche für den durchschnittlichen Leser klar erkennbar ist. Das absolute Verbot redaktioneller Werbung gilt sowohl für **Printmedien als auch für elektronische Medien,** also Hörfunk, Fernsehen und Telemedien sowie auch für redaktionelle Werbung im Internet (s. Begründung Änderungsentwurf B, zu Anhang Nr. 11). Selbst das „product placement" wird von diesem absoluten Verbot ohne Wertungsvorbehalt erfasst, sofern für das **„product placement"** ein Entgelt gefordert wird und die beworbene Ware oder Dienstleistung nicht als solche gekennzeichnet wird. Es handelt sich bei diesem Verbot ohne Wertungsvorbehalt um das anerkannte presserechtliche Gebot der Trennung von Werbung und redaktionellem Teil. Sofern der werbliche Charakter der Veröffentlichung eines Preisausschreibens für den durchschnittlich informierten und situationsadäquat aufmerksamen Leser nicht bereits auf den ersten Blick, sondern erst nach einer **analysierenden Lektüre** des Beitrags erkennbar wird, kann ein Verstoß gegen Nr. 11 des Anhangs zu § 3 Abs. 3 UWG gegeben sein (BGH **„Preisrätselgewinnauslobung V"**). Das strikte Gebot der Kenntlichmachung von Anzeigen wird nach der Rechtsprechung des BGH grundsätzlich verletzt, wenn statt der **genauen Angabe** „Anzeige" die unscharfe Bezeichnung „Sponsored by" gewählt wird (BGH **„GOOD NEWS II"**).

12. Angstwerbung

16   Absolut unzulässig ist auch jede unwahre Angabe über Art und Ausmaß einer Gefahr für die persönliche Sicherheit des Verbrauchers oder seiner Familie für den Fall, dass er die angebotene Ware nicht erwirbt oder die angebotene Dienstleistung nicht in Anspruch nimmt (Nr. 12 des Anhangs). Dieses absolute Verbot entspricht der bereits aus dem deutschen Wettbewerbsrecht bekannten, unlauteren Angstwerbung, nach der ein Unternehmer das **Gefühl der Angst bei dem Verbraucher ausnutzt,** um einen geschäftlichen Vorteil zu erlangen. Rationale Erwägungen des Verbrauchers werden durch das Erzeugen des Angstgefühls verdrängt.

13. Täuschung über die Ware oder Dienstleistung

17   Nach Nr. 13 des Anhangs ist eine Werbung für Waren oder Dienstleistungen, die den Produkten oder Dienstleistungen eines bestimmten Herstellers ähnlich sind, absolut unzulässig, wenn dies in der Absicht geschieht, **über die betriebliche Herkunft der beworbenen Ware oder Dienstleistung** zu täuschen. Dieses absolute Verbot entspricht der Herkunftstäuschung gemäß § 4 Nr. 3a UWG (s. a. a. O.) und dem Irre-

führungstatbestand des § 5 Abs. 1 Satz 2 Nr. 1 und Abs. 2 UWG. Das absolute Verbot aus Nr. 13 des Anhangs ist nur dann gegeben, wenn die Herkunftstäuschung in Bezug auf ein Produkt eines **bestimmten** Wettbewerbers **beabsichtigt** war (BGH **„AMA-RULA/Marulablu"**). Es reicht aus, wenn das werbende Unternehmen mit **bedingtem Vorsatz** handelt, also eine Täuschung von Verbrauchern lediglich für möglich hält und billigend in Kauf nimmt (BGH **„Hard Rock Cafe"**). Der Tatbestand der Nr. 13 erfasst nicht den Fall der Herkunftstäuschung wegen Verwendung verwechslungsfähiger Kennzeichen (s. hierzu nachfolgend zu § 5 Abs. 2 UWG).

14. Schneeball- oder Pyramidensystem

Nach Nr. 14 des Anhangs sind die Einführung, der Betrieb oder die Förderung eines Systems zur Verkaufsförderung, bei dem vom Verbraucher ein finanzieller Beitrag für die Möglichkeit verlangt wird, allein oder hauptsächlich durch die Einführung weiterer Teilnehmer in das System eine Vergütung zu erlangen, absolut verboten. Dieses Schneeball- oder Pyramidensystem gegenüber Verbrauchern stellt immer dann unter allen Umständen eine unlautere Geschäftspraxis dar, wenn es vom Verbraucher einen **finanziellen Beitrag** – gleich welcher Höhe – im Austausch für die Möglichkeit verlangt, eine Vergütung zu erzielen, die hauptsächlich durch die Einführung neuer Verbraucher in ein solches System und weniger durch den Verkauf oder Verbrauch von Produkten zu erzielen ist (EuGH **„4finance"**). Der Tatbestand aus Nr. 14 des Anhangs liegt also nur dann vor, wenn der Verbraucher tatsächlich einen finanziellen Beitrag leistet. Allerdings kann Nr. 14 des Anhangs auch auf ein System Anwendung finden, in dem zwischen den von neuen Teilnehmern gezahlten Beiträgen und den von den bereits vorhandenen Teilnehmern bezogenen Vergütungen nur ein **mittelbarer** Zusammenhang besteht (EuGH **„Loterie Nationale/Paul Adriaensen u. a."**). **18**

15. Täuschung über Geschäftsaufgabe

Absolut unzulässig ist jede Angabe, dass der Unternehmer demnächst sein Geschäft **aufgibt** oder seine Geschäftsräume **verlegt,** sofern diese Angaben nicht tatsächlich zutreffend sind. Die **fehlende Aufgabeabsicht** ist dabei Tatbestandsmerkmal. Das gilt auch für die fehlende Absicht, das Geschäftslokal verlegen zu wollen, obgleich das Unternehmen mit der Verlegung der Geschäftsräume gegenüber Verbrauchern wirbt. Geschützt wird durch Nr. 15 des Anhangs das **Vertrauen des Verbrauchers** in die entsprechende Bewerbung eines Unternehmers mit der Folge, dass der Verbraucher besonders günstige Konditionen erwartet. Die Herbeiführung dieser irrigen Vorstellungen im Verbraucherkreis macht die entsprechende Angabe des Unternehmers unlauter. **19**

16. Täuschung über Gewinnchancen bei Glücksspiel

Nr. 16 des Anhangs verbietet die Werbeangabe, dass durch den Erwerb einer bestimmten Ware oder die Abnahme einer bestimmten Dienstleistung die **Gewinnchancen bei einem Glücksspiel erhöht werden.** In diesem Zusammenhang heißt es in der Begründung, dass der Begriff des Glücksspiels gemeinschaftsrechtlich auszulegen ist (Begründung Änderungsgesetz B, zu Anhang Nr. 16). **Glücksspiel** in Nr. 16 ist etwa die staatliche **Lotterie oder Sportwette** i. S. d. Glücksspielstaatsvertrages (BGH **„Lotterien und Kasinospiele"**), nicht jedoch ein werbliches Preisausschrei- **20** ben oder Gewinnspiel. Dieser Verbotstatbestand weicht insofern von der Vorgabe in der Richtlinie über unlautere Geschäftspraktiken ab, als in der Richtlinie nur von „Produkten" die Rede ist.

17. Täuschung über Gewinngarantie

21   Als Verbot ohne Wertungsvorbehalt ist eine geschäftliche Handlung auch unlauter, wenn bei der Veranstaltung von **Preisausschreiben** oder **Gewinnspielen** der unzutreffende Eindruck erweckt wird, der Verbraucher habe bereits einen Preis gewonnen oder wird ihn sicher gewinnen, **wenn diese Gewinnzusicherung tatsächlich nicht zutrifft** oder die Erlangung des Gewinns von der Zahlung eines Geldbetrages oder der Übernahme von Kosten abhängig gemacht wird (EuGH **„Purely Creative u. a. ./. OFT"**). Wörtlich führt der **EuGH** aus, dass der Tatbestand in Nr. 17 des Anhangs dahin auszulegen ist,

> dass er aggressive Praktiken verbietet, mit denen Gewerbetreibende den fälschlichen Eindruck erwecken, der Verbraucher habe bereits einen Preis gewonnen, obwohl die Möglichkeit des Verbrauchers, Handlungen in Bezug auf die Inanspruchnahme des Preises vorzunehmen, wie etwa die Erkundigung nach der Natur dieses Preises oder dessen Entgegennahme, von der Zahlung eines Betrags oder der Übernahme von Kosten durch den Verbraucher abhängig gemacht wird;
> − es ist unerheblich, wenn die dem Verbraucher auferlegten Kosten, wie z. B. die Kosten einer Briefmarke, im Vergleich zum Wert des Preises geringfügig sind oder dem Gewerbetreibenden keinen Vorteil bringen;
> − unerheblich ist auch, wenn der Gewerbetreibende dem Verbraucher für die Inanspruchnahme eines Preises etwa verschiedene Vorgehensweisen anbietet, von denen zumindest eine gratis ist, sofern eine oder mehrere der angebotenen Vorgehensweisen voraussetzen, dass der Verbraucher Kosten übernimmt, um sich über den Preis oder die Modalitäten seiner Entgegennahme zu informieren (EuGH in WRP 2012, Seite 1509 ff. [S. 1514, Rdnr. 57], **„Purely Creative u. a. ./. OFT"**).

Absolut verboten sind daher alle Gewinnspiele, in denen es heißt, der Empfänger der Gewinnspielunterlagen sei bereits als Gewinner ausgewählt worden, oder eine Werbung, in der dem Verbraucher z. B. ein „Vorläufiger Kfz-Schein" übersandt wird, obgleich der Adressat nicht Gewinner des Kfz ist.

18. Täuschung über Zwecktauglichkeit

22   Auch die unwahre Angabe, dass eine Ware oder Dienstleistung **Krankheiten, Funktionsstörungen oder Missbildungen heilen kann,** ist gemäß Nr. 18 des Anhangs absolut unzulässig. Ein entsprechende Regelung befindet sich außerdem in § 5 Abs. 1 Satz 2 Nr. 1 UWG (s. unten). Außerdem dürfte eine derartige Angabe regelmäßig gegen das HWG verstoßen, so dass zusätzlich auch ein Unterlassungsanspruch aus § 3a UWG bestehen wird.

19. Täuschung über Marktbedingungen oder Bezugsmöglichkeiten

23   Wenn der Verbraucher dazu bewegt werden soll, eine Ware oder Dienstleistung zu **weniger günstigen Bedingungen als den allgemeinen Marktbedingungen** abzunehmen oder in Anspruch zu nehmen, ist diese unwahre Angabe über die Marktbedingungen, etwa den Preis oder über Bezugsquellen, absolut unzulässig gemäß Nr. 19 des Anhangs. Jede Täuschung über Marktbedingungen und Bezugsmöglichkeiten unterfallen dem absoluten Verbot ohne Wertungsvorbehalt.

20. Transparenzmangel bei Gewinnspielen

Im Gegensatz zu Nr. 17 des Anhangs, bei dem Verbrauchern eine Gewinngarantie **24** suggeriert wird, bestimmt Anhang Nr. 20, dass die **Durchführung eines Wettbewerbs oder Preisausschreibens** absolut unlauter ist, wenn weder die in Aussicht gestellten Preise noch ein angemessenes Äquivalent vergeben werden. In diesem absoluten Verbotstatbestand geht es um die Täuschung der Verbraucher durch die **Nichtvergabe von Preisen** bei Veranstaltung eines Gewinnspiels. Dabei reicht es aus, daß die ausgelobten Preise **nicht in ausreichender Anzahl zur Verfügung stehen.** Diese Täuschung will Nr. 20 des Anhangs untersagen.

21. Täuschung über Umsonstleistung

Jede unwahre Angabe darüber, dass eine Ware oder Dienstleistung **„gratis", „um-** **25** **sonst" oder „kostenfrei"** ist, wird nach Nr. 21 des Anhangs untersagt. Von dieser Bestimmung werden solche Kosten nicht erfasst, die unvermeidbar mit dem Eingehen auf das Angebot oder der Inanspruchnahme der angebotenen Leistung verbunden sind (also z.B. die üblichen Telefongebühren bei Bestellung des kostenlosen Produkts oder die Kosten für die Briefmarke bei einer Anforderungspostkarte). Weiterhin zulässig ist die Bewerbung von **Zugaben** als „gratis" oder „umsonst", selbst wenn der Verbraucher erst nach Abschluß eines Vertrages (Hauptleistung) in den Genuß der kostenlosen Beigabe kommt (OLG Hamburg **„Gratis SMS"** und BGH **„2 Flaschen GRATIS"**). Nicht unter das Verbot aus Nr. 21 des Anhangs fällt also eine **Vergrößerung der Verpackungseinheit** bei gleichbleibendem Preis (also z.B. Abgabe eines Kastens mit 14 Flaschen zum Preis von 12 Flaschen).

22. Rechnungsähnlich aufgemachte Angebotsschreiben

Mit dem Verbotstatbestand in Nr. 22 des Anhangs verbietet der Gesetzgeber jede **26** Werbung mit einer rechnungsähnlich aufgemachten Zahlungsaufforderung, bei dem der Verbraucher den Eindruck gewinnt, **dass er das beworbene Produkt bestellt bzw. die beworbene Leistung bereits in Auftrag gegeben hat,** obgleich ein entsprechender Auftrag nie erteilt wurde. Der Gesetzgeber weist jedoch ausdrücklich darauf hin, dass es bei Nr. 22 des Anhangs nicht darauf ankommt, ob es sich bei der Übersendung der Rechnung oder des rechnungsähnlich aufgemachten Angebots um ein von Anfang an auf Täuschung angelegtes Gesamtkonzept handelt, um von Folgeverträgen zu profitieren. **Jedes** rechnungsähnlich aufgemachte Angebotsschreiben ist danach unzulässig. Unter diese Bestimmung fallen also insbesondere die rechungsähnlich aufgemachten Angebotsschreiben **vermeintlicher Markenregister,** die für die private Listung eines Kennzeichens Zahlungsaufforderungen versenden.

23. Verschleierung unternehmerischen Handelns

Erweckt der Unternehmer den **unzutreffenden Eindruck,** er handelt als Verbrau- **27** cher bzw. die geschäftliche Handlung erfolgt **außerhalb** seines Geschäfts, Handels, Gewerbes oder Berufs, so ist diese unwahre Angabe nach Nr. 23 des Anhangs absolut unlauter. Wer wahrheitswidrig behauptet, der Vertrieb seiner Ware oder Dienstleistung dient sozialen oder humanitären Zwecken und damit sein unternehmerisches Handeln verschleiert, handelt unlauter gemäß Nr. 23 des Anhangs. Eine Verletzung von Nr. 23

des Anhangs liegt auch vor, wenn ein **Makler** in Immobilienanzeigen seine gewerbliche Tätigkeit nicht offenbart.

24. Irreführung im grenzüberschreitenden Rechtsverkehr

28   Unlauter ist auch jede unwahre Angabe bzw. das Erwecken des unzutreffenden Eindrucks, dass im Zusammenhang mit den angebotenen Waren oder Dienstleistungen in einem anderen Mitgliedstaat der EU **ein Kundendienst verfügbar ist.** Dieses absolute Verbot gemäß Nr. 24 des Anhangs soll jede Irreführung im **grenzüberschreitenden Rechtsverkehr** unterbinden.

25. Nötigung

29   Nr. 25 des Anhangs bestimmt, dass jedes Erwecken eines Eindrucks, dass der Verbraucher bestimmte Räumlichkeiten nicht ohne vorherigen Vertragsabschluss verlassen kann, **absolut unzulässig ist.** Hierunter sind insbesondere diejenigen Fälle zu subsumieren, in denen der Unternehmer den Verbraucher zu einem Vertragsschluss nötigt. Unerheblich ist in diesem Zusammenhang, ob zugleich der strafrechtliche Tatbestand einer Nötigung gemäß § 240 StGB vorliegt.

26. Hausfriedensbruch

30   Absolut unzulässig ist jedes Haustürgeschäft, bei dem der Vertreter die Aufforderung des Verbrauchers missachtet, **seine Wohnung zu verlassen oder nicht zu ihr zurückzukehren,** es sei denn, der Besuch ist zur rechtmäßigen Durchsetzung einer vertraglichen Verpflichtung gerechtfertigt (Nr. 26 des Anhangs). Der letztgenannte Ausnahmetatbestand liegt vor, wenn den Verbraucher **Mitwirkungspflichten** treffen und die Leistung in der Wohnung des Verbrauchers erbracht wird. Diese Ausnahme kann allenfalls vorliegen, wenn die Voraussetzungen der **Selbsthilfe,** etwa im Mietrecht (§ 562b BGB), gegeben sind. Unerheblich für den Verbotstatbestand aus Nr. 26 des Anhangs ist, ob zugleich die Schwelle zur Strafbarkeit gemäß §§ 123, 240 StGB (Hausfriedensbruch, Nötigung) überschritten wird.

27. Leistungsverweigerung im Versicherungsverhältnis

31   Der Verbotstatbestand der Nr. 27 betrifft Ansprüche des Verbrauchers aus einem **Versicherungsverhältnis,** sofern der Versicherer vom Verbraucher die Vorlage von Unterlagen verlangt, die zum Nachweis seines Anspruchs tatsächlich nicht erforderlich sind, oder wenn der Versicherer Schreiben des Verbrauchers zur Durchsetzung seines Anspruchs systematisch nicht beantwortet. Diese nachvertraglichen Leistungsverweigerungen des Unternehmers sind Gegenstand von Nr. 27 des Anhangs. Mit der vorliegenden absoluten Verbotsbestimmung wird auch das **nachvertragliche** Verhalten des Unternehmers erfasst, mit dem der Versicherer in unlauterer Weise versucht, berechtigte Ansprüche aus dem Versicherungsvertrag abzuwehren.

28. Werbung gegenüber Kindern

32   Sofern sich der Unternehmer **unmittelbar an Kinder wendet** und sie auffordert, selbst die beworbene Ware zu erwerben oder die beworbene Dienstleistung in An-

spruch zu nehmen, bzw. wenn das Unternehmen durch seine Werbung die Eltern der Kinder oder andere Erwachsene dazu veranlasst, Kindern die Ware zu kaufen, liegt ein absoluter Verbotstatbestand gemäß Nr. 28 des Anhangs vor. Welche Personen unter den Begriff „Kind" fallen, ist offen (ein Kaufappell an „alle Schulkinder" reicht jedenfalls aus, BGH **„Zeugnisaktion"**). Vielfach werden Personen **unter 14 Jahre** als „Kinder" eingestuft. Auch dieser Begriff ist **gemeinschaftsrechtlich auszulegen.** Im Zusammenhang mit der Bewerbung einer für eine Teilnahme an einem Onlinespiel erforderlichen Software im Internet führt der BGH wörtlich aus:

> Nach Nr. 28 des Anhangs zu § 3 Abs. 3 UWG, der die Regelung in Nr. 28 des Anhangs I der Richtlinie 2005/29/EG über unlautere Geschäftspraktiken umsetzt und der demgemäß richtlinienkonform auszulegen ist …, ist die in eine Werbung einbezogene, unmittelbare Aufforderung an Kinder, selbst die beworbene Ware zu erwerben oder die beworbene Dienstleistung in Anspruch zu nehmen oder ihre Eltern oder andere Erwachsene dazu zu veranlassen, stets unzulässig im Sinne von § 3 Abs. 3 UWG.
>
> …
>
> Die in Rede stehende Aufforderung richtet sich aus der maßgeblichen Sicht der angesprochenen Personen von vornherein nicht nur an einen begrenzten Adressatenkreis von Minderjährigen über 14 Jahre (nach deutschem Rechtsverständnis also an „Jugendliche" im Sinne des § 1 Abs. 1 Nr. 2 JuSchG), sondern nach der Art des beworbenen Produkts allgemein an nicht volljährige Spieler. Ob das von der Beklagten beworbene Rollenspiel auch von Erwachsenen gespielt wird und diese von der angegriffenen Werbung ebenfalls angesprochen werden, ist nicht entscheidend. Nach dem beworbenen Produkt und der gesamten Art und Weise der Ansprache ist davon auszugehen, dass in erster Linie Minderjährige und darunter gerade auch Minderjährige, die das 14. Lebensjahr noch nicht vollendet haben, gezielt angesprochen werden. … Es handelt sich also nicht nur um eine – nicht tatbestandsmäßige – an jedermann gerichtete Werbung, von der sich auch Minderjährige angesprochen fühlen …, und auch nicht um eine im Schwerpunkt eindeutig an Jugendliche gerichtete Werbung, von der auch das eine oder andere Kind unter 14 Jahren angesprochen wird.
>
> …
>
> Die konkrete Art und Weise der beanstandeten Aussage „Schnapp Dir …." enthält zugleich eine „Aufforderung zum Erwerb" im Sinne von Nr. 28 des Anhangs zu § 3 Abs. 3 UWG. Entscheidend ist, ob ein Kaufappell vorliegt. Dafür ist eine Ansprache in der grammatikalischen Form eines Imperativs zwar nicht unerlässlich, aber ausreichend.
>
> …
>
> Eine gezielte persönliche Ansprache von Kindern im Rahmen einer Verkaufsveranstaltung ist nicht erforderlich, da der Anwendungsbereich der Vorschrift andernfalls weitgehend leerliefe und der Schutzzweck damit nicht erreicht würde (BGH in WRP 2014, S. 164 ff. [S. 165, Rdnr. 16, 18, 19, 20] **„Runes of Magic"**).

Das beworbene Spiel konnte zwar von den angesprochenen Verkehrskreisen kostenlos heruntergeladen werden. Die zur Ausstattung der Spielcharaktere notwendigen virtuellen Gegenstände konnten jedoch nur entgeltlich zusätzlich erworben werden. Da der Spielveranstalter in der Werbung ausdrücklich die Ansprache „Schnapp Dir die günstige Gelegenheit …" verwendete, lag aus Sicht eines **durchschnittlichen Mitglieds der angesprochenen Konsumentengruppe,** also eines durchschnittlich informierten, aufmerksamen und verständigen Kindes, eine Aufforderung zum Erwerb der konkreten Ausstattungsgegenstände vor. Insoweit kommt es maßgeblich darauf an, dass sich der Kaufappell auf ein **bestimmtes Produkt** oder mehrere bestimmte Produkte bezieht (BGH **„Zeugnisaktion"**). Die Kinder wurden auch **unmittelbar** angesprochen, da der verwendete Imperativ „Schnapp Dir …" die Kinder und Jugendlichen unmittelbar zum Kauf aufforderte. Der Umstand, dass die Ausrüstungsgegenstände der Spielcharaktere erst über einen weiteren Link erworben werden konnten, führt aus dem Verbotstatbestand von Nr. 28 nicht heraus. Der BGH betont, dass ein am Ende des Werbetextes platzierter Verweis nicht nur dazu einlädt, sondern gerade dazu auffordert, diesen Link anzuklicken, um nähere Informationen zu erhalten. Sobald der angesprochene Verbraucher die fragliche Seite aufgerufen hat, wird er über Preise und Beschaffenheit der angebotenen Ausstattungsgegenstände hinreichend informiert, ohne dass es dazu weiterer Zwischenschritte oder eines Suchens bedarf. Das **Unmittelbarkeitserfordernis** wird mit dieser Werbung erfüllt. Der BGH betont in diesem Zusammenhang, dass andernfalls Nr. 28 des Anhangs zu § 3 Abs. 3 UWG leicht dadurch umgangen werden kann, das die Informationen über das beworbene Produkt auf zwei durch einen Link verbundene Seiten verteilt werden. Da eine zum Kauf auffordernde Werbung im Internet in ihrer suggestiven Wirkung für den kindlichen Verbraucher der entsprechenden Werbung in einem Printmedium deutlich überlegen ist, kommt der BGH zu dem Ergebnis, dass hier jedenfalls ein Verstoß gegen Nr. 28 des Anhangs zu § 3 Abs. 3 UWG vorliegt. Der Anwendung der Nr. 28 des Anhangs steht es nicht entgegen, dass die beworbenen Produkte auch oder sogar überwiegend **von Erwachsenen** gekauft werden (BGH **„Runes of Magic II"**). Es kommt bei dem absoluten Verbot ohne Wertungsvorbehalt nicht darauf an, ob der Unternehmer die geschäftliche Unerfahrenheit der Kinder ausnutzt. Die Werbung mit einer **unmittelbaren Kaufaufforderung** gegenüber Kindern selbst ist Verbotsgegenstand (BGH **„Goldbärenbarren"** und BGH **„Werbung für Klingeltöne"**).

29. Zusendung unbestellter Ware

33 Schließlich verbietet Nr. 29 des Anhangs jede **Aufforderung zur Bezahlung nicht bestellter,** aber gelieferter **Waren** oder erbrachter Dienstleistung sowie eine Aufforderung zur Rücksendung oder Aufbewahrung nicht bestellter Sachen. Nr. 29 des Anh. zu § 3 III UWG erfasst auch die Ankündigung einer fortlaufenden Lieferung von Waren, bei der eine unbestellte, aber als bestellt dargestellte Ware zugesandt und, falls der Verbraucher nicht binnen einer Frist widerspricht, deren Zusendung gegen Entgelt fortgesetzt wird (BGH **„Auftragsbestätigung"**). Auch wenn diese Kundenwerbung durch das **Vortäuschen einer vertraglichen Beziehung** bereits als Verschleierung des Werbercharakters der geschäftlichen Handlungen von § 5a Abs. 6 UWG (s. nachfolgend) erfasst wird, geht diese aggressive geschäftliche Handlung als Verbot ohne Wertungsvorbehalt noch weiter. Als absoluter Verbotstatbestand wird jede Werbung verboten, die den Umstand ausnutzt, dass es einem Verbraucher unangenehm oder lästig sein kann, einmal erhaltene Sachen zurückzugeben. Die Zusendung unbestellter Ware fällt dann nicht unter Nr. 29 des Anh. zu § 3 III UWG, wenn der Unternehmer irrtümlich von einer Bestellung ausgeht und der Irrtum seine Ursache nicht im Verantwortungsbereich des Unternehmens hat (BGH **„Auftragsbestätigung"**).

30. Ausübung moralischen Drucks

34 Auch die ausdrückliche Angabe, dass der **Arbeitsplatz oder Lebensunterhalt des Unternehmers gefährdet ist,** wenn der Verbraucher die Ware oder Dienstleistung nicht abnimmt, ist als **unlautere gefühlsbetonte Werbung** absolut verboten gemäß Nr. 30 des Anhangs. Es liegt eine unzulässige Ausübung moralischen Drucks vor. Auch in Nr. 30 des Anhangs genügt ein entsprechendes Werbeverhalten des Unternehmens, ohne dass es darauf ankommt, ob tatsächlich mangelnde Hilfsbereitschaft oder fehlende Solidarität des Verbrauchers die Existenz des Unternehmens gefährden. Die Werbung des Unternehmers selbst wird von dem Verbot der Nr. 30 des Anhangs erfasst.

III. Rechtsbruch (§ 3a UWG)

1 Als eine der wichtigsten Fallgruppen für unlautere geschäftliche Handlungen bestimmt § 3a UWG, dass derjenige unlauter handelt, der einer **gesetzlichen Vorschrift** zuwider handelt, die auch dazu bestimmt ist, im Interesse der Marktteilnehmer das **Marktverhalten** zu regeln, sofern der Verstoß geeignet ist, die Interessen von Verbrauchern, sonstigen Marktteilnehmern oder Mitbewerbern **spürbar** zu beeinträchtigen. Die Schaffung eines eigenen Rechtsbruchtatbestandes erfolgte auf Anregung des Ausschusses für Recht und Verbraucherschutz zum Entwurf eines Zweiten Gesetzes zur Änderung des Gesetzes gegen den unlauteren Wettbewerb (vgl. BT-Drs. 18/6571, zu Nr. 3). Da der Rechtsbruchtatbestand ganz überwiegend Bestimmungen außerhalb des Geltungsbereichs der UGP-RL betrifft, wurde § 4 Nr. 11 UWG (aF) in § 3a UWG überführt. Der Rechtsbruchtatbestand ist im Einzelfall **richtlinienkonform** auszulegen.

2 Der Rechtsbruchtatbestand in § 3a UWG enthält zwei Voraussetzungen, die unabhängig voneinander zu prüfen sind. Einerseits muss eine Marktverhaltensregelung verletzt worden sein und die Zuwiderhandlung gegen die Marktverhaltensregelung muss geeignet sein, die Interessen von Verbrauchern, sonstigen Marktteilnehmern oder Mitbewerbern **spürbar** zu beeinträchtigen. Im Gegensatz zu den Bestimmungen in § 3 Abs. 2 und Abs. 3 iVm dem Anh. zu § 3 Abs. 3 UWG, die ausschließlich unlautere geschäftliche Handlungen gegenüber Verbrauchern regeln, betrifft der Rechtsbruchtatbestand Zuwiderhandlungen, die sich sowohl gegenüber Verbraucherinteressen, als auch gegenüber den Interessen von sonstigen Marktteilnehmern oder Mitbewerbern spürbar auswirken können. Zu der Frage, welche gesetzliche Vorschrift eine **Marktverhaltensregelung** im Sinne von § 3a UWG ist, führt der BGH wörtlich aus:

> § 3a UWG (§ 4 Nr. 11 UWG aF) setzt voraus, dass eine Zuwiderhandlung gegen eine gesetzliche Vorschrift vorliegt, die auch dazu bestimmt ist, im Interesse der Marktteilnehmer das Marktverhalten zu regeln. Zu den Vorschriften, die im Interesse der Marktteilnehmer, insbesondere der Verbraucher, auch das Verhalten von Unternehmen regeln, gehören diejenigen Vorschriften, die der Umsetzung des Art. 5 der Richtlinie 2000/31/EG dienen (vgl. Erwägungsgründe Nr. 7, 10 und 11 der Richtlinie 2000/31/EG). Als Bestimmungen, die die Informationspflichten zur Anbieterkennzeichnung regeln, kommt ihnen als Verbraucherschutzvorschriften eine auf die Lauterkeit des Wettbewerbs bezogene Schutzfunktion zu. Die Informationspflichten des § 5 Abs. 1 Nr. 2 TMG, der Artikel 5 Abs. 1 Buchst. c der Richtlinie 2000/31/EG in deutsches Recht umsetzt, dienen der Transparenz von geschäftsmäßig erbrachten Telemediendiensten und dabei auch dem Verbraucherschutz. Der Umstand, dass die Informationspflichten gegenüber der Allgemeinheit der Nutzer – Verbraucher und Unternehmer – bestehen, steht dem nicht entgegen. Sie stellen daher Marktverhaltensregelungen im Sinne von § 3a UWG (§ 4 Nr. 11 UWG aF) dar (BGH in WRP 2016, Seite 980 ff. [S. 982, Rdnr. 10], „**Mehrwertdienstenummer**").

Marktverhaltensregelungen sind demnach zunächst sämtliche gesetzlichen Bestimmungen, die sich **unmittelbar aus dem Gemeinschaftsrecht** zur Regelung der Bereiche Werbung und kommerzielle Kommunikation aus dem Anhang II zur UGP-RL ergeben, bzw. die entsprechenden Gesetze, die der deutsche Gesetzgeber in Umsetzung der Richtlinienvorgaben geschaffen hat. Da die UGP-RL in ihrem Anwendungsbereich zu einer vollständigen Harmonisierung des Lauterkeitsrechts geführt hat, regelt sie die Frage der Unlauterkeit von Geschäftspraktiken im Geschäftsverkehr zwischen Unternehmen und Verbrauchern abschließend. Dementsprechend kann ein Verstoß gegen nationale Bestimmungen eine Unlauterkeit nach § 3a UWG grundsätzlich nur noch begründen, wenn die betreffenden Regelungen eine Grundlage im Unionsrecht haben (BGH **„Mehrwertdienstenummer"**).

Allerdings gilt dieser Gemeinschaftsrechtsvorbehalt nicht ausnahmslos. Vielmehr **3** findet § 3a UWG auch auf solche Gesetzesverletzungen Anwendung, die ihre Grundlage nicht im Gemeinschaftsrecht haben, aber **Gesundheits- und Sicherheitsaspekte** betreffen. Wörtlich führt der BGH aus:

> Die Richtlinie 2005/29/EG über unlautere Geschäftspraktiken steht einer Anwendung von § 3a UWG (§ 4 Nr. 11 UWG aF) auf § 6 Abs. 5 S. 1 und 2 ProdSG nicht entgegen. Sie hat zwar in ihrem Anwendungsbereich (Art. 3 der Richtlinie) zu einer vollständigen Harmonisierung des Lauterkeitsrechts geführt (vgl. Art. 4 der Richtlinie) und regelt die Frage der Unlauterkeit von Geschäftspraktiken im Geschäftsverkehr zwischen Unternehmen und Verbrauchern daher grundsätzlich abschließend. Sie lässt aber die Rechtsvorschriften der Union und der Mitgliedstaaten in Bezug auf Gesundheits- und Sicherheitsaspekte von Produkten unberührt (Art. 3 Abs. 3 der Richtlinie). Dementsprechend ist die Anwendung des § 3a UWG (§ 4 Nr. 11 UWG aF) auf Bestimmungen zulässig, die Gesundheits- und Sicherheitsaspekte von Produkten in unionsrechtskonformer Weise regeln (BGH in WRP 2017, S. 418 ff. [S. 420, Rdnr. 25], **„Motivkontaktlinsen"**).

So handelt es sich etwa bei der Angabe des Namens und der Kontaktanschrift des Herstellers bei dem Angebot von Motivkontaktlinsen ohne Sehstärke um Angaben, die für die Sicherheit der Verbraucherprodukte von Bedeutung sind.

Als weitere Ausnahme zu der vollständigen Harmonisierung des Lauterkeitsrechts **4** durch die UGP-RL bestimmt Art. 3 Abs. 8 UGP-RL, dass **spezifische Regeln für reglementierte Berufe** unberührt bleiben. In diesem Zusammenhang führt der BGH aus:

> Der Anwendung des Rechtsbruchtatbestands steht nicht entgegen, dass nach Art. 4 der Richtlinie 2005/29/EG über unlautere Geschäftspraktiken diejenigen Vorschriften der Mitgliedstaaten über unlautere Geschäftspraktiken vollständig harmonisiert werden sollen, die die wirtschaftlichen Interessen der Verbraucher beeinträchtigen. Im Streitfall ist die Richtlinie 2005/29/EG nach ihrem Art. 3 Abs. 1 nicht anwendbar, weil vorliegend keine Geschäftspraktik gegenüber einem Verbraucher in Rede steht. Der Beklagte hat mit den von der Klägerin beanstandeten Verhaltensweisen Dienstleistungen für Unternehmen erbracht. Zudem bleiben nach Art. 3 Abs. 8 der Richtlinie alle spezifischen Regeln für reglementierte Berufe unberührt, damit die strengen Integritätsstandards gewährleistet bleiben, die die Mitgliedstaaten den in dem Beruf tätigen Personen nach Maßgabe des Unionsrechts auferlegen können. Dementsprechend ist die Anwendung des § 4 Nr. 11 UWG aF und § 3a UWG nF auf berufsrechtliche Bestimmungen zulässig, die das Marktverhalten in unionsrechtskonformer Weise regeln (BGH in WRP 2016, S. 1232 ff [S. 1233, Rdnr. 17], **„Rechtsberatung durch Entwicklungsingenieur"**).

Sofern daher eine Zuwiderhandlung gegen eine gesetzliche Vorschrift vorliegt, die eine berufsrechtliche Regelung enthält, muss diese Marktverhaltensregelung keine Grundlage im Gemeinschaftsrecht haben.

Schließlich findet § 3a UWG auch auf solche Gesetzesverstöße gegen Marktverhal- **5** tensregelungen Anwendung, die sich **unmittelbar gegen Wettbewerber** auswirken, ohne dass die verletzte gesetzliche Regelung ihre Grundlage im Gemeinschaftsrecht haben muss. Denn die UGP-RL hat nur solche Vorschriften der Mitgliedstaaten über unlautere Geschäftspraktiken vollständig harmonisiert, die die wirtschaftlichen Interessen **der Verbraucher** beeinträchtigen. Soweit eine Gesetzesverletzung zwischen **Mitbewerbern oder sonstigen Marktteilnehmern** Gegenstand einer gerichtlichen Auseinandersetzung ist, kommt § 3a UWG selbst dann zur Anwendung, wenn die verletzte Norm ihre Grundlage nicht im Gemeinschaftsrecht hat.

6   Die Bestimmung in § 3a UWG hat die in § 4 Nr. 11 UWG aF enthaltene Regelung des wettbewerbsrechtlichen Rechtsbruchtatbestandes ersetzt, ohne dass damit eine Änderung des Tatbestandes des Rechtsbruchs verbunden wäre. Vielmehr hat der Tatbestand in § 3a UWG die zuvor an unterschiedlichen Stellen im Gesetz geregelten Voraussetzungen des Rechtsbruchtatbestandes an einer Stelle zusammengeführt und damit die Rechtsanwendung vereinfacht (BGH **„Energieeffizienzklasse"**). Die Regelung in § 3a UWG ist als **eigenständiger Unlauterkeitstatbestand** ausgestaltet. Es handelt sich dabei um eine eigenständige Regelung außerhalb des Anwendungsbereichs der RL 2005/29/EG über unlautere Geschäftspraktiken (BGH **„Energieeffizienzklasse"**). Auf die bisherige Rechtsprechung zu § 4 Nr. 11 UWG aF kann uneingeschränkt zurückgegriffen werden (BGH **„Wir helfen im Trauerfall"**).

7   Der Rechtsbruchtatbestand aus § 3a UWG liegt nicht vor, wenn keine gesetzliche Vorschrift, sondern ein Verhaltenskodex verletzt wird (BGH **„FSA-Kodex"**). Anwendung findet § 3a UWG auf berufsrechtliche Bestimmungen, die das Marktverhalten in unionsrechtskonformer Weise regeln (BGH **„Rechtsberatung durch Entwicklungsingenieur"**; BGH **„Spezialist für Familienrecht"**; BGH **„Steuerberater-Hotline"**; BGH **„Testamentsvollstreckung durch Steuerberater"**). Marktverhaltensregelungen, die eine Grundlage im Unionsrecht haben und deren Verletzung eine Unlauterkeit nach § 3a UWG begründen, sind auch die Vorschriften der §§ 307, 308 Nr. 1, 309 Nr. 7a BGB (BGH **„Missbräuchliche Vertragsstrafe"**), von § 475 Abs. 1 Satz 1 BGB (BGH: **„Gewährleistungsausschluss im Internet"**), von § 477 BGB (BGH **„Werbung mit Herstellergarantie bei ebay"**; BGH **„Herstellergarantie II"**), § 1 PAngV (BGH **„Telefonieren für 0 Cent"**; BGH **„XtraPack"**; BGH **„0,00 Cent Grundgebühr"**; BGH **„Versandkosten bei Froogle"**; BGH **„Kamerakauf im Internet"**; BGH **„Fernflugpreise"**; BGH **„Internet-Reservierungssystem"**; BGH **„Costa del Sol"**). Kommunale Regelungen, die ausschließlich dazu dienen, den Marktzutritt einer Gemeinde zu beschränken, fallen nicht unter § 3a UWG (BGH **„Altautoverwertung"**; BGH **„Elektroarbeiten"**). Marktverhaltensregelungen im Sinne von § 3a UWG sind aber die PKW-Energieverbrauchskennzeichnungsverordnung (BGH **„Gallardo Spyder"**; BGH **„Neue Personenkraftwagen"**), § 47 Abs. 2 Satz 1 und Satz 2 PBefG (BGH **„Taxibestellung"**), die Landespressegesetze (BGH **„Good News"**; EuGH **„RLvS Verlagsgesellschaft/Stuttgarter Wochenblatt"**; BGH **„Einkauf aktuell"**), der Rundfunkstaatsvertrag (BGH **„ARD-Buffet"**) und die Bestimmungen des Glücksspielstaatsvertrages (BGH **„Lotterien und Kasinospiele"**; BGH **„Spiel mit"**; EuGH **„Sportwetten"**; BGH **„Glückspäckchen im Osternest"**; BGH **„Sportwetten im Internet II"**; BGH **„Poker im Internet"**). Nicht zu den Marktverhaltensregelungen zählen Bestimmungen aus dem öffentlichen Straßenrecht.

8   Da nach Art. 3 Abs. 3 und Erwägungsgrund 9 der UGP-RL unionsrechtskonforme nationale Rechtsvorschriften in Bezug auf die **Gesundheitsaspekte** von Produkten und Dienstleistungen unberührt bleiben und damit auch Vorschriften erfasst, die die Möglichkeit beschränken, für solche Produkte zu werben, handelt es sich bei § 7 HWG um eine Marktverhaltensregelung. Die Bestimmung in § 7 Abs. 1 Satz 1 HWG verbietet grundsätzlich Zuwendungen oder sonstige Werbegaben bei Heilmitteln oder Medizinprodukten, so dass eine Übernahme der von den Versicherten zu

entrichtenden Zusatzzahlung für Hilfsmittel durch den Versandhändler mit medizinischen Hilfsmitteln zugleich gegen § 3a UWG verstößt (BGH **„Zahlungsverzicht bei Hilfsmitteln"**). Google-AdWord-Anzeigen für Arzneimittel verstoßen nicht deshalb gegen § 4 HWG, weil die Pflichtangaben nicht in der Anzeige selbst enthalten sind (BGH **„Pflichtangaben im Internet"**). Eine Verletzung von § 5 HWG erfüllt zugleich den Rechtsbruchtatbestand aus § 3a UWG (BGH **„Injectio"**). Ebenfalls eine Verletzung einer Marktverhaltensregelung stellt die irreführende Bewerbung von Arzneimitteln mit überholten Studien gemäß § 3 HWG dar (BGH **„Basisinsulin mit Gewichtsvorteil"**). Ein kostenloser Fahrdienst zur Augenklinik verletzt ebenfalls § 7 HWG (BGH **„Fahrdienst zur Augenklinik"**), wie die Einräumung eines Bar-Rabatts bei Abgabe von medizinischen Hilfsmitteln (BGH **„Zuzahlungsverzicht bei Hilfsmitteln"**; BGH **„Freunde werben Freunde"**). Als Wettbewerbsverstöße können auch Zuwiderhandlungen gegen einzelne Vorschriften des LFGB aF (BGH **„Vorbeugen mit Koffein!"**), der Health-Claims-Verordnung (BGH **„Gurktaler Kräuterlikör"**; BGH **„Monsterbacke"**; BGH **„Monsterbacke II"**), der LMIV (BGH **„Lernstark"**), der DiätV (BGH **„Artrostar"**) und der KosmetikVO (BGH **„Chargennummer"**; BGH **„Entfernung der Herstellungsnummer II"**) über § 3a UWG geahndet werden.

Trotz Verletzung einer Marktverhaltensregelung liegt gemäß § 3a UWG ein **9** Rechtsbruchtatbestand nur dann vor, wenn die Zuwiderhandlung geeignet ist, die Interessen von **Verbrauchern,** sonstigen **Marktteilnehmern** oder **Mitbewerbern** spürbar zu beeinträchtigen. Zur Frage der **Spürbarkeit** hat der BGH festgestellt:

> Bei Vorschriften, die dem Schutz der Gesundheit der Verbraucher dienen, kann die Spürbarkeit von Verstößen nur ganz ausnahmsweise verneint werden. So hat der Senat die Spürbarkeit eines Verstoßes gegen eine landesrechtliche Bestimmung, die Krankentransporte durch private Unternehmer einem Genehmigungsvorbehalt unterstellte, in einem Fall verneint, in dem der Beförderer zwar über die nach dem am Zielort des Transports geltenden Landesrecht erforderliche Genehmigung, nicht aber über die nach dem am Ausgangsort geltenden Landesrecht erforderliche Genehmigung verfügt hat, die Erteilung der Genehmigung nach dem Recht des Ausgangsorts aber nicht von im Interesse der beförderten Personen bestehenden weitergehenden Voraussetzungen abhing, als die Erteilung der Genehmigung nach dem Recht des Zielorts.… Weiterhin hat der Senat angenommen, dass ein Verstoß gegen die arzneimittelrechtlichen Preisbestimmungen dann nicht geeignet ist, die Interessen von Mitbewerbern und sonstigen Marktteilnehmern spürbar zu beeinträchtigen, wenn die für eine entsprechende Heilmittelwerbung nach § 7 HWG bestehenden Grenzen eingehalten sind (BGH in WRP 2015, S. 966 ff. [S. 969, Rn. 25] **„Fahrdienst zur Augenklinik"**).

Während also bei Verstößen gegen eine Marktverhaltensregelung im Gesundheitsbereich gegenüber Verbrauchern i. d. R. die Spürbarkeit gegeben ist, muss in sämtlichen anderen Verletzungsfällen die Spürbarkeitsgrenze im Einzelfall überprüft werden. In diesem Zusammenhang hat der BGH festgestellt, dass im Hinblick auf Art. 7 Abs. 4 Buchst. c der Richtlinie 2005/29/EG eine **richtlinienkonforme** Auslegung der Spürbarkeit geboten ist. Werden dem **Verbraucher Informationen vorenthalten,** die das Unionsrecht als wesentlich einstuft, ist das Erfordernis der Spürbarkeit nach § 3a UWG ohne weiteres erfüllt (BGH **„Der Zauber des Nordens"**; BGH **„Buchungssystem II"**). Wörtlich heißt es:

> Der Verstoß gegen § 4 Nr. 11 aF in Verbindung mit § 1 PAngV ist geeignet, die Interessen der Verbraucher im Sinne von § 3 UWG aF spürbar zu beeinträchtigen. Werden unter Verstoß gegen § 4 Nr. 11 UWG aF Informationen vorenthalten, die das Unionsrecht als wesentlich einstuft, ist das Erfordernis der Spürbarkeit grundsätzlich erfüllt… Dass im

Streitfall etwa anderes gilt, ist nicht ersichtlich. Diese Maßstäbe gelten für die Spürbarkeitsschwelle des § 3a Halbsatz 2 UWG entsprechend (BGH in WRP 2016, S. 581 ff. [S. 586, Rdnr. 40], „**Wir helfen im Trauerfall**“).

Ein Bestattungsunternehmer, der im Internet für seine Dienstleistungen unter Angabe von Preisen für einzelne Bestattungsarten wirbt, ohne die Gesamtpreise einschließlich aller Steuern und Abgaben anzugeben, verletzt die Preisangabenverordnung und erfüllt den Rechtsbruchtatbestand aus § 3a UWG. Soweit es sich bei der verletzten Marktverhaltensregelung um eine **berufsrechtliche Bestimmung** handelt, ist regelmäßig davon auszugehen, dass eine Verletzung dieser Regelung auch die Spürbarkeitsschwelle in § 3a UWG erreicht (BGH „**Schadensregulierung durch Versicherungsmakler**“).

IV. Mitbewerberschutz (§ 4 UWG)

Diese Vorschrift enthält ausschließlich Fallgruppen zum Mitbewerberschutz. Damit **1** fällt § 4 UWG nicht in den Anwendungsbereich der UGP-RL, die ausschließlich lauterkeitsrechtliche Bestimmungen im **Verhältnis von Unternehmern zu Verbrauchern** enthält. So ergibt sich aus Erwägungsgrund 6 der UGP-RL, dass die Richtlinie Rechtsvorschriften der Mitgliedstaaten über unlautere Geschäftspraktiken einschließlich unlauterer Werbung angleicht, die die wirtschaftlichen Interessen der Verbraucher unmittelbar und dadurch die wirtschaftlichen Interessen rechtmäßig handelnder Mitbewerber mittelbar schädigen. Die UGP-RL schützt also die Verbraucher vor den Auswirkungen solcher unlauterer Geschäftspraktiken, soweit sie als wesentlich anzusehen sind. Die UGP-RL erfasst keine nationalen Rechtsvorschriften in Bezug auf unlautere Geschäftspraktiken, die lediglich die **wirtschaftlichen Interessen von Mitbewerbern** schädigen oder sich auf ein Rechtsgeschäft zwischen Gewerbetreibenden beziehen.

Die in § 4 UWG enthaltenen Regelungen zum Mitbewerberschutz entsprechen § 4 **2** Nr. 7 – Nr. 10 UWG aF. (BGH „**Im Immobiliensumpf**"; BGH „**Segmentstruktur**"; BGH „**World of Warcraft II**"). Voraussetzung für die Anwendung dieser Regelungen zum Mitbewerberschutz ist das Vorliegen einer unlauteren geschäftlichen Handlung gemäß § 3 Abs. 1 UWG. Geschäftliche Handlungen, die nicht unter § 4 UWG fallen, können dennoch über § 3 Abs. 1 UWG unlauter sein. Die **Generalklausel** des § 3 Abs. 1 UWG hat insoweit die Funktion eines Auffangtatbestands. Allerdings ist zu berücksichtigen, dass die **Spürbarkeit** des Wettbewerbsverstoßes den in § 4 UWG geregelten Tatbeständen immanent ist. Demgegenüber muss bei Rückgriff auf die Generalklausel aus § 3 Abs. 1 UWG gesondert geprüft werden, ob ein unlauteres Verhalten vorliegt, das ebenso wie die in § 4 UWG geregelten Unlauterkeitstatbestände Mitbewerberinteressen spürbar verletzt. Schließlich ist der Verhältnismäßigkeitsgrundsatz im Rahmen einer Einzelfallprüfung zu berücksichtigen.

1. Herabsetzung oder Verunglimpfung des Mitbewerbers (§ 4 Nr. 1 UWG)

Unlauter handelt derjenige, der die Kennzeichen, Waren, Dienstleistungen, Tätig- **3** keiten oder persönlichen oder geschäftlichen Verhältnisse eines Mitbewerbers herabsetzt oder verunglimpft. Ob in einer Werbeaussage eine Herabsetzung von Mitbewerbern zu sehen ist, bestimmt sich aufgrund einer **Gesamtwürdigung,** bei der die Umstände des Einzelfalls, insbesondere Inhalt und Form der Äußerung, ihr Anlass und der gesamte Sachzusammenhang sowie die Verständnismöglichkeit der angesprochenen Verkehrskreise, also die Sicht des durchschnittlich informierten und verständigen Adressaten der Werbung, zu berücksichtigen sind (BGH „**Sparberaterin II**").

Als unlautere **Schmähkritik** untersagt § 4 Nr. 1 i. V. m. § 3 Abs. 1 UWG jede **4** Handlung im Wettbewerb, die Kennzeichen, Waren, Dienstleistungen, Tätigkeiten oder persönliche oder geschäftliche Verhältnisse eines Mitbewerbers herabsetzt oder verunglimpft. Die **Herabsetzung oder Verunglimpfung** in § 4 Nr. 1 UWG umfasst alle Fälle der **Geschäftsehrverletzung**. In der BGH-Entscheidung „**Dr. Estrich**" heißt es hierzu wörtlich:

„Herabsetzung iSd § 4 Nr. 7 UWG aF ist die sachlich nicht gerechtfertigte Verringerung der Wertschätzung des Mitbewerbers mittels eines abträglichen Werturteils oder einer abträglichen wahren oder unwahren Tatsachenbehauptung; „Verunglimpfung" ist eine gesteigerte Form der Herabsetzung, die darin besteht, den Mitbewerber ohne sachliche Grundlage verächtlich zu machen (vgl. *Köhler* in *Köhler/Bornkamm*, § 4 Rn. 7.12; MüKo-UWG/*Jänich*, 2. Aufl., § 4 Nr. 7 Rn. 33). Die Beurteilung der Frage, ob eine Werbeaussage eines Wettbewerbers einen Mitbewerber herabsetzt, erfordert eine Gesamtwürdigung, die die Umstände des Einzelfalls wie insbesondere den Inhalt und die Form der Äußerung, ihren Anlass, den Zusammenhang, in dem sie erfolgt ist, sowie die Verständnismöglichkeit des angesprochenen Verkehrs berücksichtigt. Dabei kommt es maßgeblich auf die Sicht des durchschnittlich informierten und verständigen Adressaten der Werbung an (vgl. *BGH*, GRUR 2012, 74 Rn. 22 – Coaching-Newsletter, mwN). Für die Bewertung maßgeblich ist daher der Sinngehalt der Äußerung, wie sie vom angesprochenen Verkehr verstanden wird (BGH in GRUR-RR 2016, Seite 410 ff. [S. 411, Rdnr. 19].

Der Wettbewerber, der seinen Mitbewerber pauschal und ohne erkennbaren sachlichen Bezug abwertet, handelt unlauter im Sinne von §§ 4 Nr. 1, 3 UWG. Denn auf das Grundrecht der Meinungsfreiheit kann sich derjenige nicht stützen, der bewusst und gezielt einen Wettbewerber herabsetzt oder verunglimpft (BGH **„Wassersuche"**). Die pauschale Abwertung der Leistungen eines Mitbewerbers ist jedenfalls dann nach § 4 Nr. 1 UWG unlauter, wenn die **konkreten Umstände,** auf die sich die abwertenden Äußerungen beziehen, nicht mitgeteilt werden (BGH **„englischsprachige Pressemitteilung"**).

5 Als Kennzeichen kommen sowohl eingetragene Marken gemäß § 4 Nr. 1 Markengesetz, als auch Benutzungsmarken gemäß § 4 Nr. 2 Markengesetz sowie geschäftliche Bezeichnungen gemäß § 5 Markengesetz in Betracht. Eine **Herabsetzung** setzt voraus, dass die Kennzeichen, Waren, Dienstleistungen, Tätigkeiten oder persönlichen oder geschäftlichen Verhältnisse des Mitbewerbers in unangemessener Weise abfällig, abwertend oder unsachlich dargestellt werden (BGH **„Die „Steinzeit" ist vorbei!"**). Sofern sich die beanstandete Werbeaussage hingegen in einem humorvollen Wortspiel erschöpft, bei dem der Sprachwitz im Vordergrund steht, wird der durchschnittlich informierte und verständige Verbraucher, auf dessen Sicht es maßgeblich ankommt, in der werblichen Aussage kaum eine Herabsetzung sehen. Für die Bewertung maßgeblich ist daher der **Sinngehalt der Äußerung,** wie sie vom angesprochenen Verkehr verstanden wird (BGH **„Coaching-Newsletter"**). Noch stärker als bei der Herabsetzung setzt die **Verunglimpfung** eines Wettbewerbers voraus, dass er oder seine Dienstleistung oder Ware in besonderem Maße herabgesetzt wird. Wer einzelne Präparate mit dem Blickfang **„Der Scheiß des Monats"** herabsetzt, überschreitet die Grenze zur Verunglimpfung. Letztlich besteht jedoch zwischen der Herabsetzung und Verunglimpfung eines Kennzeichens, einer Ware, einer Dienstleistung, einer Tätigkeit oder der persönlichen oder geschäftlichen Verhältnisse eines Mitbewerbers ein fließender Übergang. Jedenfalls ist Voraussetzung eines Wettbewerbsverstoßes gem. §§ 4 Nr. 1, 3 Abs. 1 UWG, dass es sich bei der angegriffenen Behauptung um eine **Meinungsäußerung** handelt, nicht um eine Tatsachenbehauptung. Liegt keine Meinungsäußerung vor, sondern wohnt der Werbeaussage ein **Tatsachenkern** inne, kann der Unterlassungsanspruch allenfalls aus § 4 Nr. 2 UWG hergeleitet werden (siehe nachfolgend: **Anschwärzung**).

6 Die Meinungsäußerung kann von der Tatsachenbehauptung dahingehend abgegrenzt werden, dass eine Tatsachenbehauptung einer Überprüfung auf ihre Richtigkeit mit den Mitteln des Beweises zugänglich ist, wohingegen die **Meinungsäußerung durch das Element der Stellungnahme und des Dafürhaltens** gekennzeichnet ist und sich deshalb nicht als wahr oder unwahr beweisen lässt. Nur die Meinungsäußerung ist Gegenstand von § 4 Nr. 1 UWG. Wer die kommerziell verwertete Dissertation eines Mitbewerbers mit den Worten kommentiert, dieser beherrsche offensichtlich nicht die elementaren Fachkenntnisse seines Gewerbes, setzt diesen herab (BGH **„Dr. Estrich“**). Der Wettbewerber kann sich dann nicht auf das **Grundrecht der Meinungsfreiheit** berufen, da dies wiederum durch § 4 Nr. 1 UWG eingeschränkt wird (BGH **„Im Immobiliensumpf“**).

Eine Werbeagentur, die bei der Telefonbuchwerbung berät und Kunden anspricht, **7** die sich schlecht, einseitig oder gar nicht beraten fühlen, handelt nicht unlauter (BGH **„Sparberaterin II“**). An einer unlauteren Herabsetzung fehlt es auch bei dem Werbeschreiben einer Steuerberatungsgesellschaft, das der sachlichen Unterrichtung über die berufliche Tätigkeit dient (BGH **„EKW-Steuerberater“**). Die Grenze zur Herabsetzung der Mitbewerber ist überschritten, wenn die **Leistungen der Mitbewerber pauschal abgewertet** werden. Eine unzulässige Herabsetzung des Mitbewerbers liegt nach den Ausführungen des BGH vor, wenn folgende Voraussetzungen gegeben sind:

> Ist eine Schmähkritik zu verneinen, kann sich die lauterkeitsrechtliche Unzulässigkeit einer Äußerung über einen Mitbewerber aufgrund einer umfassenden Interessenabwägung ergeben. Erforderlich ist insofern eine Gesamtwürdigung, bei der alle Umstände des Einzelfalls zu berücksichtigen und die Interessen der Parteien und der Allgemeinheit im Licht der Bedeutung des Grundrechts unter Beachtung des Grundsatzes der Verhältnismäßigkeit gegeneinander abzuwägen sind. … Ein beeinträchtigendes Werturteil kann daher umso eher zulässig sein, je nützlicher die Information für die Adressaten ist oder je mehr aus anderen Gründen ein berechtigtes Informationsinteresse oder hinreichender Anlass für die Kritik besteht und je sachlicher die Kritik präsentiert wird. … Weiterhin von Bedeutung ist das Maß an Herabsetzung, das mit der Äußerung einhergeht. … Bei der Gewichtung der Meinungsäußerungsfreiheit gegenüber anderen Grundrechtspositionen ist zudem zu berücksichtigen, ob vom Grundrecht der Meinungsäußerungsfreiheit im Rahmen einer privaten Auseinandersetzung zur Verfolgung von Eigeninteressen oder im Zusammenhang mit einer die Öffentlichkeit wesentlich berührenden Frage Gebrauch gemacht wird. Je mehr das Interesse des sich Äußernden auf politische, wirtschaftliche, soziale oder kulturelle Belange der Allgemeinheit gerichtet ist, desto eher ist eine Äußerung in Abwägung mit anderen Belangen gerechtfertigt. … Aus diesem Grund sind Meinungsäußerungen, die zugleich wettbewerblichen Zwecken dienen, strenger zu bewerten, als Äußerungen, die nicht den lauterkeitsrechtlichen Verhaltensanforderungen, sondern lediglich dem allgemeinen Deliktsrecht unterliegen (BGH in GRUR 2012, Seite 74 ff. [S. 78, Rdnr. 33], **„Coaching-Newsletter“**).

Der Anbieter von Coaching-Dienstleistungen, der monatlich per E-Mail einen „Coaching-Newsletter“ versendet und in diesem Newsletter Wettbewerber mit dem Vorwurf der Scharlanterie belegt, setzt diese Mitbewerber pauschal herab und verstößt gegen § 4 Nr. 1 UWG. Keinesfalls ist diese pauschal abwertende Darstellung von der Meinungsfreiheit gedeckt.

2. Anschwärzung (§ 4 Nr. 2 UWG)

Eine unlautere Handlung liegt auch dann vor, wenn ein Wettbewerber über die Waren, Dienstleistungen oder das Unternehmen eines Mitbewerbers oder den Unternehmer oder ein Mitglied der Unternehmensleitung **Tatsachen** behauptet oder verbreitet, die geeignet sind, den Betrieb des Unternehmens oder den Kredit des Unternehmers **zu schädigen,** sofern die Tatsachen nicht erweislich wahr sind. Wettbewerbswidrig handelt also derjenige, der über einen Dritten geschäftsschädigende und belastende Äußerungen verbreitet. Der Betreiber eines **Internet-Bewertungsportals verbreitet** (negative) Tatsachenbehauptungen erst ab dem Monat, in dem er vor dem Vorliegen einer klaren Rechtsverletzung Kenntnis erlangt und sie dennoch nicht beseitigt (BGH „**Hotelbewertungsportal**"). Die **Beweislast,** ob die verbreitete Tatsachenbehauptung wahr ist, obliegt demjenigen, der die Behauptung aufstellt.

9   Unlauter ist gemäß § 4 Nr. 2 i.V.m. § 3 Abs. 1 UWG jede **Anschwärzung** eines Mitbewerbers. Liegen vertrauliche Mitteilungen vor und hat der Mitteilende oder der Empfänger der Mitteilung an der vertraulichen Mitteilung ein berechtigtes Interesse, liegt nur dann eine unlautere Wettbewerbshandlung vor, wenn die Tatsachen der Wahrheit zuwider behauptet oder verbreitet wurden. Voraussetzung einer unlauteren Wettbewerbshandlung gemäß § 4 Nr. 2 UWG ist das Vorliegen einer **Tatsachenbehauptung.** Der Gewerbetreibende, der über das Erwerbsgeschäft eines anderen, über die Person des Wettbewerbers oder über seine Waren bzw. Dienstleistungen Tatsachen behauptet oder verbreitet, die geeignet sind, den Kredit des Geschäftsinhabers zu schädigen, handelt unlauter. Die Bestimmung in § 4 Nr. 2 UWG ergänzt die Regelung in § 4 Nr. 1 UWG (**Schmähkritik**, siehe oben). Während Gegenstand der **Schmähkritik eine Meinungsäußerung** ist, betrifft die Fallgruppe von § 4 Nr. 2 UWG nur Tatsachenbehauptungen. Häufig besteht die Schwierigkeit der **Abgrenzung einer Tatsachenbehauptung von einer Meinungsäußerung.** Zu den Abgrenzungskriterien führt der BGH wörtlich aus:

> Tatsachen sind Vorgänge oder Zustände, deren Vorliegen dem Wahrheitsbeweis zugänglich ist. Werturteile sind hingegen durch das Element des Wertens, Meinens und Dafürhaltens gekennzeichnet. Die Einstufung einer Äußerung bestimmt sich danach, wie der angesprochene Verkehr sie nach Form und Inhalt in ihrem Gesamtzusammenhang versteht (vgl. BGH, Urteil vom 22. Oktober 1987 – I ZR 247/85, GRUR 1988, 402, 403 = WRP 1988, 358 – Mit Verlogenheit zum Geld; Urteil vom 27. Juni 2002 – I ZR 103/00, GRUR 2003, 436, 438 = WRP 2003, 384 – Feldenkrais; Urteil vom 14. Mai 2009 – I ZR 82/07, GRUR 2009, 1186 Rn. 15 = WRP 2009, 1505 – Mecklenburger Obstbrände mwN). Vermengt eine Äußerung Tatsachen und Meinungen, so kommt es für die Anwendung des Art. 5 Abs. 1 S. 1 GG darauf an, ob sie durch die Elemente der Stellungnahme, des Dafürhaltens oder Meinens geprägt wird. Im Falle einer solchermaßen engen Verknüpfung von Tatsachenbehauptung und Bewertung darf der Grundrechtsschutz nicht dadurch verkürzt werden, dass ein tatsächliches Element aus dem Zusammenhang gerissen und isoliert betrachtet wird oder durch die Trennung der tatsächlichen und der wertenden Bestandteile einer Äußerung ihr Sinn verfälscht wird (BVerfGE 85, 1, 15 f.; BVerfGK 7, 1, juris-Rn. 28; BVerfG, ZUM 2013, 793 Rn. 18; BGH, Urteil vom 28. Juni 1994 – VI ZR 252/93, GRUR 1994, 915, 916 f.).
> Ob der Tatrichter unter Berücksichtigung dieser Grundsätze den Aussagegehalt einer beanstandeten Äußerung zutreffend erfasst und rechtlich einwandfrei zwischen Tatsachenbehauptung und Werturteilen unterschieden hat, unterliegt der revisionsrechtlichen Nachprüfung (BGH, Urteil vom 30. Januar 1996 – VI ZR 386/94, BGHZ 132, 13, 21; BGH, GRUR 2009, 1186 Rn. 15 [= WRP 2009, 1505] – Mecklenburger Obstbrände) (BGH in WRP 2016, Seite 843 ff. [S. 846, Rdnr. 23, 24], „**Im Immobiliensumpf**").

Wer sich über ein Unternehmen und dessen Vorstandsvorsitzenden kritisch äußert und ausdrücklich darauf hinweist, dass er insoweit „mutmaßen müsse", äußert eine Meinung, die grundsätzlich dem **Schutz des Grundrechts aus Art. 5 GG** unterliegt (BGH „**Kritische Äußerungen über ein Unternehmen**"). Anders ist der Sachverhalt hingegen zu würdigen, wenn bei einer **produktbezogenen** Äußerung der Äußerungskern einem Beweis zugänglich ist. Wer über den Obstbrand eines Wettbewerbers behauptet, dieser weise einen erhöhten Anteil Methylalkohol auf, stellt eine Tatsachenbehauptung auf, die entweder **wahr oder unwahr** ist (BGH „**Mecklenburger Obstbrände**"). Kann der Verletzer die Wahrheit seiner Tatsachenbehauptung nicht beweisen (die **Beweislast** liegt immer auf Seiten desjenigen, der die Tatsache behauptet), ist eine unlautere Schmähkritik im Sinne von §§ 3, 4 Nr. 2 Hs. 1 UWG gegeben. Kein Wettbewerbsverstoß liegt hingegen vor, wenn ein Hersteller von Fischdosenverpackungen im Rahmen der **Patentanmeldung** Tatsachen behauptet, die von seinem Wettbewerber als herabsetzend beanstandet werden. Denn mit der Anmeldung einer Erfindung zum Patent wird ein besonderes Verwaltungsverfahren in Gang gesetzt. Die im Rahmen der Patentschrift aufgestellten Behauptungen sind einer Klage auf Unterlassung oder Beseitigung von Äußerungen entzogen. Einer derartigen Klage fehlt das Rechtsschutzbedürfnis (BGH **„Fischdosendeckel"**).

Wettbewerbswidrig handelt derjenige Mitbewerber, der eine Liste verbreitet, in der **10** diejenigen Unternehmen aufgeführt sind, gegen deren Bonität Bedenken bestehen **(sog. Konkursliste).** Sofern an der Bonität des gelisteten Unternehmens zu keinem Zeitpunkt Zweifel bestanden, verbreitet der Mitbewerber eine unwahre Tatsache, die geeignet ist, die **Kreditwürdigkeit** des gelisteten Unternehmens in Frage zu stellen. Die Weitergabe der Liste an einen Mitbewerber reicht aus, um den Tatbestand des Verbreitens zu erfüllen. Für den Tatbestand des Verbreitens ist nicht erforderlich, dass sich das verbreitende Unternehmen die Tatsachenbehauptung zu eigen macht (BGH **„Schwarze Liste"**). Wenn ein Rechtsanwalt über einen Kollegen in der Presse behauptet, er halte dessen notarielle Beglaubigungspraxis bei Immobiliengeschäften für organisierte Wirtschaftskriminalität, bei der gezielt Anleger ruiniert werden, liegt **keine Tatsachenbehauptung** vor, sondern eine Herabsetzung gem. § 4 Nr. 1 UWG (BGH **„Im Immobiliensumpf"**).

Auch die **unberechtigte Abnehmerverwarnung** kann den Tatbestand des § 4 **11** Nr. 2 UWG erfüllen. Das gilt insbesondere dann, wenn der unberechtigt Abmahnende der Wahrheit zuwider das Bestehen eines gewerblichen Schutzrechts behauptet, obgleich er weiß, dass das Schutzrecht tatsächlich nie bestand oder zwischenzeitlich erloschen ist (BGH **„Abnehmerverwarnung"**).

Die unbegründete Verwarnung aus einem Kennzeichenrecht verpflichtet ebenso **12** wie eine sonstige unberechtigte Schutzrechtsverwarnung **unter dem Gesichtspunkt eines rechtswidrigen und schuldhaften Eingriffs in das Recht am eingerichteten und ausgeübten Gewerbebetrieb** zum Schadensersatz. So wie der Wettbewerber das Risiko trägt, wenn er fahrlässig den Schutzbereich eines gewerblichen Schutzrechts oder Urheberrechts zu eng bemisst, steht dem zu Unrecht abgemahnten Mitbewerber ein Schadensersatzanspruch gegen denjenigen zu, der die Abmahnung ausgesprochen hat (BGH **„Unbegründete Verwarnung aus einem Kennzeichenrecht"**). Allerdings wird die Rechtswidrigkeit eines Eingriffs nicht indiziert, sondern sie ist in jedem Einzelfall unter Heranziehung aller Umstände im Rahmen einer Interessen- und Güterabwägung zu prüfen (BGH **„Verwarnung aus Kennzeichenrecht II"**). Nur wenn der unberechtigt Abmahnende **rechtswidrig und schuldhaft** gehandelt hat, liegt ein Anschwärzungstatbestand vor, der nicht nur zum Schadensersatz, sondern darüber hinaus auch zur **Unterlassung** verpflichtet. Denn dem Interesse des Inhabers eines gewerblichen Schutzrechts, zu dessen Verteidigung gegen vermeintliche Schutzrechtsverletzer vorzugehen, wenn er den Lieferanten der schutzrechtsverletzenden Produkte nicht kennt, steht das Interesse dieses Lieferanten gegenüber, einem u. U. sogar existenzgefährdenden Eingriff in seine Kundenbeziehungen durch die unberechtigte Geltendmachung von Ausschließlichkeitsrechten gegenüber seinen Abnehmern entgegenzutreten (BGH **„Unbegründete Abnehmerverwarnung"**). Es besteht daher bei einer derartigen Abnehmerverwarnung immer das Risiko, dass der Schutzrechtsinhaber in den eingerichteten und ausgeübten Gewerbebetrieb eines Dritten eingreift und sich damit schadensersatzpflichtig macht (BGH **„Fräsautomat"**).

3. Nachahmung: Herkunftstäuschung, Rufausbeutung und Vertrauensbruch (§ 4 Nr. 3 UWG)

13   Grundsätzlich sind sämtliche Produktgestaltungen – technischer wie nichttechnischer Art – frei. Jeder Gewerbetreibende darf sich an nicht unter Sonderrechtsschutz stehenden Gestaltungen orientieren, diese ggf. auch übernehmen. Sonderrechtsschutz ist im technischen Bereich insbesondere über das **Patentgesetz** und das **Gebrauchsmustergesetz,** im nicht-technischen Bereich über das **Designgesetz** oder das **Urheberrechtsgesetz** zu erlangen. Unlauter handelt jedoch gemäß §§ 4 Nr. 3 lit. a–c, 3 Abs. 1 UWG derjenige, der Waren oder Dienstleistungen anbietet, die eine Nachahmung der Waren oder Dienstleistungen eines Mitbewerbers sind, wenn er

a) eine vermeidbare Täuschung der Abnehmer über die betriebliche Herkunft herbeiführt, oder

b) die Wertschätzung der nachgeahmten Ware oder Dienstleistung unangemessen ausnutzt oder beeinträchtigt oder

c) die für die Nachahmung erforderlichen Kenntnisse oder Unterlagen unredlich erlangt hat.

Diese Verbotsbestimmung umfasst also die Fallgruppen der Nachahmungen, die zu einer Herkunftstäuschung führen, Nachahmungen mit der Folge der Rufausbeutung oder der Rufbeeinträchtigung, sowie Nachahmungsfälle in Folge eines Vertrauensbruchs. Ansprüche aus **wettbewerbsrechtlichem Leistungsschutz** dienen vorrangig dem Schutz individueller Leistungen und daneben dem Interesse der Allgemeinheit an einem unverfälschten Wettbewerb (BGH **„Herrnhuter Stern"**).

14   Stets Voraussetzung eines Anspruchs aus § 4 Nr. 3 UWG ist das Vorliegen einer **wettbewerblichen Eigenart** bei dem betreffenden Erzeugnis. Wann ein Produkt wettbewerbliche Eigenart aufweist, beantwortet der BGH wie folgt:

> Ein Erzeugnis besitzt wettbewerbliche Eigenart, wenn die konkrete Ausgestaltung oder bestimmte Merkmale des Erzeugnisses geeignet sind, die interessierten Verkehrskreise auf seine betriebliche Herkunft oder seine Besonderheiten hinzuweisen (stRspr; *BGH, GRUR* 2010, 80 Rn. 23 = NJW-RR 2010, 339 – LIKEaBIKE; *BGH, GRUR* 2010, 1125 Rn. 21 = NJW-RR 2011, 45 = WRP 2010, 1465 – Femur-Teil; *BGH, GRUR* 2013, 951 Rn. 19 – Regalsystem; *BGH, GRUR* 2013, 1052 Rn. 18 – Einkaufswagen III; *BGH,* GRUR 2015, 909 Rn. 10 = WRP 2015, 1090 – Exzenterzähne). Ein Erzeugnis hat keine wettbewerbliche Eigenart, wenn der angesprochene Verkehr die prägenden Gestaltungsmerkmale des Erzeugnisses nicht (mehr) einem bestimmten Hersteller oder einer bestimmten Ware zuordnet (vgl. *BGH,* GRUR 1985, 876 [878] = NJW 1986, 381 = WRP 1985, 397 – Tchibo/Rolex I; *BGH,* GRUR 2007, 795 Rn. 28 = NJW-RR 2008, 124 = WRP 2007, 1076 – Handtaschen; *BGH,* GRUR 2015, 909 Rn. 11 – Exzenterzähne). Für die wettbewerbliche Eigenart kommt es zwar nicht darauf an, ob der Verkehr den Hersteller der Ware namentlich kennt; erforderlich ist aber, dass der Verkehr annimmt, die Ware stamme von einem bestimmten Hersteller, wie auch immer dieser heißen möge, oder sei von einem mit diesem verbundenen Unternehmen in Verkehr gebracht worden (vgl. *BGH,* GRUR 2006, 79 Rn. 36 = WRP 2006, 75 – Jeans I; *BGH,* GRUR 2007, 984 Rn. 23 u. 32 = WRP 2007, 1455 – Gartenliege; *BGH,* GRUR 2015, 909 Rn. 11 – Exzenterzähne) (BGH in GRUR 2016, Seite 720ff. [S. 721, Rdnr. 16], **„Hot Sox"**).

Es kommt für die Annahme der wettbewerblichen Eigenart also darauf an, ob das Erzeugnis Merkmale aufweist, die im Verkehr als **Herkunftshinweis** verstanden werden. Der Grad der wettbewerblichen Eigenart kann durch die Bekanntheit des Erzeugnisses im Verkehr verstärkt werden (BGH **„Segmentstruktur"**).

a) Herkunftstäuschung

Die Nachahmungsfreiheit endet, wenn das nachgeahmte Erzeugnis eine **wettbe-** 15
werbliche Eigenart besitzt und die Nachahmung im Verkehr zu einer vermeidbaren
Herkunftstäuschung führt. Wann eine vermeidbare Herkunftstäuschung im Verkehr
vorliegt, richtet sich nach den Umständen des Einzelfalls. Dabei setzt eine wettbewerbswidrige Herkunftstäuschung voraus, dass **besondere,** die Unlauterkeit der
Nachahmung begründende **Umstände** gegeben sind. Zu den Anforderungen an diese
Umstände führt der BGH aus:

> Der Vertrieb eines nachgeahmten Erzeugnisses kann wettbewerbswidrig sein, wenn dieses
> von wettbewerblicher Eigenart ist und besondere Umstände hinzutreten, die seine Nach-
> ahmung als unlauter erscheinen lassen. Dabei besteht eine Wechselwirkung zwischen dem
> Grad der wettbewerblichen Eigenart, der Art und Weise und der Intensität der Übernahme
> sowie den besonderen wettbewerblichen Umständen. Je größer die wettbewerbliche Ei-
> genart und je größer der Grad der Übernahme sind, desto geringere Anforderungen sind
> an die besonderen Umstände zu stellen, die die Unlauterkeit der Nachahmung begründen
> (BGH in WRP 2009, Seite 1372 ff. [S. 1372, Rdnr. 10], „**Ausbeinmesser**").

Wenn der Nachahmende die bekannte Gestaltung eines Messergriffs **identisch**
übernimmt, besteht die Gefahr einer vermeidbaren Herkunftstäuschung. Zur Feststellung der Verwechselungsgefahr kommt es darauf an, dass **gerade die übernom-**
menen Gestaltungsmerkmale geeignet sind, im Verkehr auf die betriebliche Herkunft hinzuweisen. Denn der angesprochene Verkehr nimmt das fragliche Produkt in
seiner Gesamtheit wahr, ohne es in einzelne Elemente (also einzelne Gestaltungsmerkmale) zu zerlegen. Die gegenüberstehenden Produkte müssen **auf Grund des**
Gesamteindrucks vom Verkehr im Zeitpunkt des Kaufs verwechselt werden können
(BGH „**Rillenkoffer**"). Dies kann einerseits dadurch geschehen, dass der Verkehr
beide Produkte **unmittelbar** miteinander verwechselt, da er das eine, nachgeahmte
Produkt für die Originalware nimmt. Eine unlautere Herkunftstäuschung ist jedoch
auch dann gegeben, wenn der angesprochene Verkehr irrigerweise annimmt, dass es sich
bei dem nachgeahmten Produkt (oder bei der nachgeahmten Produktkennzeichnung)
um ein **Zweitprodukt** (oder eine Zweitmarke) des Originalherstellers handelt, oder
wenn er von geschäftlichen oder organisatorischen Beziehungen zwischen den beteiligten Unternehmen ausgeht. Werden hingegen die charakteristischen Merkmale, die
die wettbewerbliche Eigenart begründen, nicht übernommen, fehlt es an einem unlauteren Verhalten (BGH „**Abschlussstück**").

Die **unlautere Täuschung über die Herkunft** einer Ware (oder Leistung) hat 16
folgende Voraussetzungen:

- das nachgeahmte Produkt muss eine schutzwürdige wettbewerbliche Eigenart besitzen,
- eine gewisse Bekanntheit bei nicht unerheblichen Teilen der angesprochenen Verkehrskreise, sofern Original und Nachahmung nicht nebeneinander
  vertrieben werden,
- die Übernahme der charakteristischen Elemente muss zu einer Herkunftstäuschung führen,
- die Herkunftstäuschung muss z. B. durch Außerachtlassung zumutbarer
  Möglichkeiten der Veränderung vermeidbar sein,
- dem Nachahmer muß das Original bekannt sein.

---

17 Die wettbewerbliche Eigenart setzt voraus, dass die nachgeahmten Modelle **Merkmale** aufweisen, die geeignet sind, auf die betriebliche Herkunft oder auf die Besonderheit der Erzeugnisse hinzuweisen. Bei **technischen** Erzeugnissen können allerdings technisch **notwendige** Merkmale keine wettbewerbliche Eigenart begründen. Um welche **technischen Merkmale** es sich dabei handeln kann, führt der BGH in der Entscheidung **„Regalsystem"** wörtlich wie folgt aus:

> Ein Erzeugnis besitzt wettbewerbliche Eigenart, wenn seine konkrete Ausgestaltung oder bestimmte Merkmale geeignet sind, die interessierten Verkehrskreise auf seine betriebliche Herkunft oder seine Besonderheiten hinzuweisen. Das gilt auch für technische Erzeugnisse (vgl. BGH, Urteil vom 15. April 2010 – I ZR 145/08, GRUR 2010, 1125 Rdnr. 21 = WRP 2010, 1465 – Femur-Teil). Allerdings können technisch notwendige Merkmale aus Rechtsgründen keine wettbewerbliche Eigenart begründen. Technisch notwendige Merkmale sind solche, die bei gleichartigen Erzeugnissen aus technischen Gründen zwingend verwendet werden müssen (vgl. BGH, Urteil vom 8. Dezember 1999 – I ZR 101/97, GRUR 2000, 521, 523 f. = WRP 2000, 493 – Modulgerüst I). Die Übernahme solcher nicht (mehr) unter Sonderrechtsschutz stehender Gestaltungsmerkmale ist mit Rücksicht auf den Grundsatz des freien Stands der Technik wettbewerbsrechtlich nicht zu beanstanden. Handelt es sich dagegen nicht um technisch zwingend notwendige Merkmale, sondern nur um solche, die zwar technisch bedingt, aber frei austauschbar sind, ohne dass damit Qualitätseinbußen verbunden sind, so können sie entgegen der Auffassung der Revision eine wettbewerbliche Eigenart (mit-)begründen, sofern der Verkehr wegen dieser Merkmale auf die Herkunft der Erzeugnisse aus einem bestimmten Betrieb Wert legt oder mit ihnen gewisse Qualitätserwartungen verbindet (BGH, GRUR 2010, 1125 Rdnr. 22 [= WRP 2010, 1465] – Femur-Teil). Daneben kann auch die Kombination einzelner technischer Gestaltungsmerkmale wettbewerbliche Eigenart begründen, selbst wenn die einzelnen Merkmale für sich genommen nicht geeignet sind, im Verkehr auf die Herkunft aus einem bestimmten Unternehmen hinzuweisen (BGH, GRUR 2010, 80 Rdnr. 34 [= WRP 2010, 94] – LIKEaBIKE; GRUR 2012, 1155 Rdnr. 31 [= WRP 2012, 1379] – Sandmalkasten). Entsprechendes gilt für ästhetische Merkmale der Formgestaltung, die allein oder in Kombination mit technisch bedingten Merkmalen geeignet sein können, als Herkunftshinweis zu dienen (vgl. BGH, Urteil vom 8. November 1984 – I ZR 128/82, GRUR 1985, 876, 877 = WRP 1985, 397 – Tchibo/Rolex I; Urteil vom 15. September 2005 – I ZR 151/02, GRUR 2006, 79 Rdnr. 24 = WRP 2006, 75 – Jeans I).
> Auch unter dem Gesichtspunkt, den freien Stand der Technik für den Wettbewerb offenzuhalten, besteht keine Veranlassung, beliebig kombinier- und austauschbaren Merkmalen eine herkunftshinweisende Eignung von vornherein abzusprechen. Soweit bei einzelnen Schutzrechten abweichende Anforderungen an die Begründung des Schutzes im Zusammenhang mit technischen Merkmalen gestellt werden (vgl. etwa zu § 3 Abs. 2 Nr. 2 MarkenG BGH, Beschluss vom 16. Juli 2009 – I ZB 53/07, BGHZ 182, 325 Rdnr. 30 bis 33 [= WRP 2010, 377] – Legostein), lässt sich daraus für die Anforderungen an den wettbewerbsrechtlichen Leistungsschutz nichts ableiten. Der lauterkeitsrechtliche Nachahmungsschutz ist nach Schutzzweck, Voraussetzungen und Rechtsfolgen anders als die Sonderschutzrechte ausgestaltet. Ansprüche aus wettbewerbsrechtlichem Leistungsschutz wegen der Verwertung eines fremden Leistungsergebnisses können unabhängig vom Bestehen von Ansprüchen aus einem Schutzrecht gegeben sein, wenn besondere Begleitumstände vorliegen, die außerhalb des sondergesetzlichen Tatbestands liegen (BGH in WRP 2013, Seite 1188 ff. [Seite 1191, Rdnr. 19, 20]).

Bei den zur Begründung der wettbewerblichen Eigenart erforderlichen Merkmalen kann es sich also auch um **technische Merkmale** handeln, soweit diese nicht zum **Stand der Technik** gehören (BGH **„Stufenleitern"**).

18 Allein der Umstand, dass das nachgeahmte Erzeugnis bereits **vielfach kopiert am Markt** vorhanden ist, läßt die wettbewerbliche Eigenart nicht **entfallen,** solange der

Verkehr noch zwischen dem Original und den Nachahmungen unterscheidet (BGH **„Handtaschen"**). Die **wettbewerbliche Eigenart** erfordert noch keine Bekanntheit des Produkts (BGH **„Gebäckpresse"**).

Bei Prüfung der wettbewerblichen Eigenart ist zwischen den technischen und den **19** nicht-technischen Merkmalen zu unterscheiden. Im **nicht-technischen,** also rein ästhetischen Gestaltungssegment, kann sich der Herkunftshinweis aus der besonderen Eigentümlichkeit der Gestaltung z. B. eines textilen Musters ergeben. Dabei muss das Muster nicht einmal neu sein. Es genügt, wenn dieses Muster in dieser konkreten Form zum Zeitpunkt des Erscheinens vom Verkehr als eigentümlich angesehen wird, da ihm **eine Besonderheit innewohnt,** die es von Produkten ähnlicher Art abhebt. Derjenige Nachahmer, der dieses ästhetische Merkmal identisch oder nahezu identisch übernimmt ruft im angesprochenen Verkehr den Eindruck hervor, dass es sich bei dem nachgeahmten Produkt um ein Produkt des gleichen Herstellers handelt oder dass dieses Produkt zumindest aus einer Betriebsstätte oder einer Konzerngesellschaft des Originalherstellers stammt. Zu dieser **vermeidbaren Herkunftstäuschung** kann es im angesprochenen Verkehr nur dann kommen, wenn das **Originalerzeugnis** nicht nur eine wettbewerbliche Eigenart besitzt, sondern wenn es eine **gewisse Bekanntheit** bei nicht unerheblichen Teilen der angesprochenen Verkehrskreise erlangt hat (BGH **„Herrnhuter Stern"**; BGH **„Jeans I"**), sofern Original und Nachahmung nicht nebeneinander vertrieben werden. Andernfalls besteht nicht die Gefahr einer Herkunftstäuschung. Das Vorliegen von Verkehrsgeltung ist dazu allerdings nicht erforderlich (BGH **„Noppenbahnen"**). Sofern nicht Original und Nachahmung nebeneinander vertrieben werden und der Verkehr daher nicht die Möglichkeit hat, beide Produkte unmittelbar miteinander zu vergleichen, kommt eine Täuschung über die betriebliche Herkunft nur in Betracht, wenn das nachgeahmte Erzeugnis auf dem **inländischen** Markt zum Zeitpunkt der Markteinführung der Nachahmung eine **gewisse Bekanntheit** erlangt hat (BGH **„Gebäckpresse"**). Nach Ansicht des BGH genügt bereits eine Bekanntheit, bei der sich die Gefahr der Herkunftstäuschung in noch relevantem Umfang ergeben kann, wenn Nachahmungen vertrieben werden. Entscheidend ist der Zeitpunkt der Markteinführung der Nachahmung. Sofern es sich bei der verkehrsbekannten gestalterischen Grundidee um die Umsetzung freizuhaltender Gestaltungsmittel handelt, die selbst keinem Sonderrechtsschutz zugänglich sind, kann diese gestalterische und praktische Grundidee auch nicht über den wettbewerbsrechtlichen Leistungsschutz für einen Wettbewerber monopolisiert werden (BGH **„Pflegebett"** und BGH **„Blendsegel"**).

Zur Frage der **Bekanntheit** stellt der BGH zusammenfassend fest: **20**

> Die Gefahr einer Täuschung über die betriebliche Herkunft eines nachgeahmten Erzeugnisses setzt, sofern nicht Original und Nachahmung nebeneinander vertrieben werden und der Verkehr damit beide unmittelbar miteinander vergleichen kann, voraus, dass das nachgeahmte Erzeugnis eine gewisse Bekanntheit bei nicht unerheblichen Teilen der angesprochenen Verkehrskreise erlangt hat. Es reicht bereits eine Bekanntheit aus, bei der sich die Gefahr der Herkunftstäuschung in noch relevantem Umfang ergeben kann, wenn Nachahmungen vertrieben werden (vgl. *BGH,* GRUR 2007, 339 Rn. 39 – Stufenleitern; *BGH,* GRUR 2009, 79 Rn. 35 – Gebäckpresse; *BGH,* GRUR 2010, 80 Rn. 36 – LIKEaBIKE). Dafür genügt die Bekanntheit des nachgeahmten Originalerzeugnisses. Es ist nicht erforderlich, dass die angesprochenen Verkehrskreise es namentlich dem Originalhersteller zuordnen können (vgl. *BGH,* GRUR 2006, 79 Rn. 36 – Jeans I). An die von seinem Vorgänger erarbeitete Verkehrsbekanntheit des Originalprodukts kann deshalb auch ein nachfolgender Hersteller anknüpfen (vgl. *Sambuc,* FS Bornkamm, 455 [458]). Abzustellen ist auf den Zeitpunkt der Markteinführung der Nachah-

mung (vgl. *BGH,* GRUR 2002, 275 [277] = WRP 2002, 211 – Noppenbahnen; *BGH,* GRUR 2007, 339 Rn. 39 – Stufenleitern; *BGH,* GRUR 2009, 79 Rn. 35 – Gebäckpresse) (BGH in GRUR 2016, Seite 730 ff. [S. 735, 736, Rdnr. 58], **„Herrnhuter Stern"**).

Eine gewisse Bekanntheit ist also ausreichend. Die Verkehrsbekanntheit muss nicht überdurchschnittlich oder überragend sein. Insbesondere ist es nicht erforderlich, dass der Verkehr den Originalhersteller namentlich benennen kann.

21 Im **technischen Bereich** ist zu berücksichtigen, dass das nachgeahmte Produkt technisch bedingt notwendige Eigenschaften aufweist, die in dieser Form zum **Stand der Technik** gehören und insoweit nicht Gegenstand der wettbewerblichen Eigenart sein können (BGH **„Bremszange"**). Wettbewerbliche Eigenart eines Erzeugnisses liegt dann nicht vor, wenn sich eine gemeinfreie technische Lösung in einer technisch notwendigen Gestaltung verwirklicht. Bei einer **praktisch identischen Übernahme** eines technischen Erzeugnisses kann dennoch die Gefahr einer Herkunftstäuschung bestehen, wenn der Verbraucher davon ausgeht, dass beide identischen Produkte von demselben Hersteller stammen (BGH **„Gartenliege"**).

22 Auch wenn der Verkehr mit der Ware **keine besondere Gütevorstellung** verbindet, kann die Eigenart so beschaffen sein, dass der Verkehr den Artikel einem bestimmten Unternehmen zuordnet. Die Gefahr einer Herkunftstäuschung ist gegeben, wenn der Verkehr beide Produkte einem Hersteller zuordnet. Die vermeidbare Herkunftstäuschung muss bereits **im Zeitpunkt der Werbung bzw. des Kaufs** auftreten, um einen Wettbewerbsverstoß zu begründen. Wird der Verbraucher erst nachfolgend auf die mögliche Herkunftstäuschung aufmerksam, liegt jedenfalls keine unlautere Herkunftstäuschung vor (BGH **„Klemmbausteine III"**).

23 Die Herkunftstäuschung ist dem Nachahmer dann **vorwerfbar,** wenn er es verabsäumt hat, durch zumutbare Maßnahmen die entstandene Irreführung des Verkehrs zu vermeiden. Im nicht-technischen, also im **rein ästhetischen Bereich,** kann einer entsprechenden Täuschung vorgebeugt werden, indem diejenigen Kriterien, mit denen der angesprochene Verkehr eine bestimmte Herkunftsvorstellung verbindet, abgeändert werden. Gerade im ästhetischen Bereich gibt es eine Vielzahl von Möglichkeiten, einen Artikel so zu gestalten, dass eine verwechselbare Nähe zu dem Produkt des Wettbewerbers nicht entsteht. In diesem Zusammenhang ist zu berücksichtigen, dass der Gesamteindruck eines Erzeugnisses durch Gestaltungsmerkmale bestimmt oder mitbestimmt werden kann, die für sich genommen nicht geeignet sind, im Verkehr auf dessen Herkunft aus einem bestimmten Unternehmen hinzuweisen. Derartige **Gestaltungsmerkmale** können in ihrem Zusammenwirken eine wettbewerbliche Eigenart verstärken oder begründen, da diese von dem **Gesamteindruck** abhängt, den die konkrete Ausgestaltung oder bestimmte Merkmale des jeweiligen Erzeugnisses vermitteln (BGH **„LIKEaBIKE"**). Daher kann auch die Übernahme wesentlicher Gestaltungsmerkmale eines Laufrads, die eigentlich technisch bedingt sind, eine Täuschung über die betriebliche Herkunft begründen, wenn dieser Gefahr nicht durch **zumutbare Maßnahmen** begegnet wird. Das gilt umso mehr, wenn das nachahmende Unternehmen zusätzlich einen ähnlichen Markennamen wie der Originalhersteller verwendet.

24 Im technischen Bereich hingegen bestimmt das nicht technisch Notwendige den Umfang, der vom Nachahmer zumutbar abgeändert werden kann. Sofern der technische Artikel nicht unter Sonderrechtsschutz steht (zur Anwendbarkeit des UWG neben DesignG, BGH **„Baugruppe"**), würde es den gesetzgeberischen Intentionen zuwiderlaufen, wollte man von dem Nachahmer auch die Änderung wesentlicher

technischer Merkmale verlangen, die zum Stand der Technik gehören. Sofern sich technische Bestandteile des Artikels jedoch dahingehend auswirken, dass sie auch einen bestimmten ästhetischen Gehalt haben, wird man vom Nachahmer verlangen können, dass er zur Verhütung von Herkunftstäuschungen diese ästhetische Komponente, die **willkürlich wählbar und austauschbar** ist, verändert (BGH **„Handtuchklemme"**). Zur **Vermeidbarkeit einer Herkunftstäuschung** betont der BGH Folgendes:

> Eine Herkunftstäuschung ist vermeidbar, wenn sie durch geeignete und zumutbare Maßnahmen verhindert werden kann (BGH, Urteil vom 8. November 2001 – I ZR 199/99, GRUR 2002, 275, 277 = WRP 2002, 207 – Noppenbahnen; Urteil vom 2. April 2009 – I ZR 144/06, GRUR 2009, 1068 Rdnr. 12 = WRP 2009, 1509 – Knoblauchwürste). Ob und welche Maßnahmen zur Verhinderung einer Herkunftstäuschung dem Wettbewerber zugemutet werden können, ist anhand einer umfassenden Interessenabwägung zu beurteilen (vgl. BGH, GRUR 2000, 521, 525 [= WRP 2009, 493] – Modulgerüst I).
> Bei dieser Abwägung sind unter anderem das Interesse des Herstellers des Originalerzeugnisses an der Vermeidung einer Herkunftstäuschung, das Interesse der Wettbewerber an der Nutzung nicht unter Sonderrechtsschutz stehender Gestaltungselemente sowie das Interesse der Abnehmer an einem Preis- und Leistungswettbewerb zwischen unterschiedlichen Anbietern zu berücksichtigen. Soweit der Wettbewerber technisch bedingte Merkmale übernimmt, ist dabei zu beachten, dass es dem Übernehmenden billigerweise nicht verwehrt werden kann, den offenbarten und durch praktische Erfahrung bestätigten Stand der Technik zu benutzen und Verbraucherwünschen und -erwartungen, vor allem im Hinblick auf den Gebrauchszweck des Erzeugnisses, Rechnung zu tragen (vgl. BGH, GRUR 2000, 521, 525 [= WRP 2000, 493] – Modulgerüst I; GRUR 2010, 80 Rdnr. 27 [= WRP 2010, 94] – LIKEaBIKE). Dabei ist insbesondere das bestehende Interesse der Abnehmer zu berücksichtigen, unter mehreren Konkurrenzprodukten ein nach Preis und Leistung geeignet erscheinendes Erzeugnis auszuwählen (vgl. BGH, Urteil vom 15. Mai 1968 – I ZR 105/66, GRUR 1968, 698, 701 – Rekordspritzen; Urteil vom 11. Februar 1977 – I ZR 39/75, GRUR 1977, 666, 668 = WRP 1977, 484 – Einbauleuchten; BGH, GRUR 2000, 521, 525 [= WRP 2000, 493] – Modulgerüst I). Dieses Interesse an einem Preis- und Leistungswettbewerb besteht nicht nur bei einer Erstanschaffung, sondern ist auch anzuerkennen, soweit ein Ersatz- oder Ergänzungsbedarf für ein bereits angeschafftes Erzeugnis betroffen ist (vgl. BGH, GRUR 1968, 698, 701 – Rekordspritzen). Neben dem die Belange der Abnehmer in erster Linie kennzeichnenden Interesse an einem Preiswettbewerb kann auch ihr Interesse, bei möglichen Lieferschwierigkeiten eines Herstellers auf einen anderen ausweichen zu können, von Bedeutung sein (BGH in WRP 2013, Seite 1188 ff. [S. 1192, Rdnr. 35, 36], **„Regalsystem"**).

Gerade wenn das übernommene Erzeugnis aus einer Vielzahl von technischfunktionalen Gestaltungselementen besteht, ist der Nachahmer gehalten, den für Abweichungen bestehenden hinreichend großen Spielraum auszuschöpfen (BGH **„Rollstuhlnachbau"**). Die nahezu identische Nachahmung eines Produktes führt selbst im Hinblick auf die grds. Zulässigkeit der Übernahme von Merkmalen, die dem freien Stand der Technik angehören, zu einem strengeren Maßstab (BGH **„Sandmalkasten"**). Der Umstand allein, dass neben einer als wettbewerbswidrige Nachahmung beanstandeten Gestaltung zeitgleich oder während eines Verletzungsverfahrens ähnliche andere Produkte auf den Markt kommen, steht der Annahme der wettbewerblichen Eigenart nicht entgegen (BGH **„Handtuchklemmen"**). Eine Herkunftstäuschung setzt auch nicht voraus, dass der Verkehr das Unternehmen, dem er die ihm bekannte Leistung zuschreibt, **namentlich kennt.** Vielmehr genügt die Vorstellung, dass das fragliche Erzeugnis von einem bestimmten Hersteller, wie auch immer dieser heißen mag, in den Verkehr gebracht wurde (BGH **„Stufenleitern"**). Eine Herkunftstäuschung kommt allerdings dann nicht in Betracht, wenn der angesprochene

Verkehr das Nebeneinander von Originalen und Nachbauten kennt und weiß, dass er das betreffende Produkt anhand bestimmter Merkmale prüfen muss, um sich Klarheit darüber zu verschaffen, wer der Hersteller dieses Produkts ist. Denn wenn der angesprochene Verkehr das Vorhandensein von Original und Nachahmung kennt, wird er diesem Angebot eine entsprechend hohe Aufmerksamkeit entgegenbringen und weder im Zeitpunkt der Werbung noch beim Kauf einer Herkunftstäuschung unterliegen (BGH „**Handtaschen**").

25   Hinsichtlich der **Vermeidbarkeit** von Herkunftstäuschungen gilt der Grundsatz, dass der **Grad der Eigentümlichkeit der Schöpfung den Grad der Änderung** bestimmt. Je eigentümlicher eine Schöpfung gestaltet ist, einen umso größeren Abstand muss die Nachahmung wahren, d.h. umso mehr Maßnahmen muss der Nachahmer einleiten, um sich von dem Original abzusetzen. Denn zwischen dem Grad der wettbewerblichen Eigenart, der Art und Weise sowie der Intensität der Übernahme und den besonderen wettbewerblichen Umständen besteht eine **Wechselwirkung** (BGH „**Güllepumpen**"). Es muss im Einzelfall bewertet werden, ob der Nachahmer alle ihm zumutbaren Maßnahmen getroffen hat, um eine Herkunftstäuschung zu vermeiden. Entspricht das nachgeahmte Produkt demgemäß den gerade aktuellen Modevorstellungen, so hat es der Originalhersteller in Kauf zu nehmen, dass der Konkurrent ähnliche Mittel einsetzt, um ein ähnliches Produkt zu schaffen. Überwiegen die **Unterschiede** zwischen dem Original und dem nachgeahmten Produkt, kommt eine vermeidbare Herkunftstäuschung nicht in Betracht (BGH „**Lernspiele**"). Allein die Anbringung eines eigenen Firmenschildes vermag allerdings Herkunftsverwechselungen i.d.R. nicht auszuschließen (BGH „**Modulgerüst**"). Ggf. kann das nachschaffende Unternehmen durch einen **aufklärenden Hinweis** die Gefahr einer Fehlvorstellung über die betriebliche Herkunft im Verkehr beseitigen (BGH „**Klemmbausteine III**").

26   Neben dem Vorliegen der skizzierten objektiven Voraussetzungen muss der Nachahmer ferner die Umstände kennen, aus denen sich die Nachahmung ergibt. Kennt der Nachahmer das Original nicht, kann keine Nachahmung vorliegen (BGH „**ICON**"). Handelt es sich bei dem nachgeahmten Erzeugnis um ein grundsätzlich dem Designschutz zugängliches Haushaltgerät, kann der ergänzende wettbewerbliche Leistungsschutz selbst dann in Betracht kommen, wenn Ansprüche aus einem **nicht eingetragenen Gemeinschaftsgeschmacksmuster mangels Neuheit** nicht gegeben sind. Der zeitlich auf 3 Jahre befristete Schutz für ein nicht eingetragenes Gemeinschaftsgeschmacksmuster (Art. 11 GGV) berührt nicht den zeitlich nicht von vornherein befristeten Anspruch aufgrund ergänzendem wettbewerbsrechtlichen Leistungsschutz wegen vermeidbarer Herkunftstäuschung (BGH „**Gebäckpresse**"). Denn aus Sicht des BGH lässt die Gemeinschaftsgeschmacksmusterverordnung die Bestimmungen des UWG unberührt. Während das Muster nur geschützt ist, wenn es neu und eigentümlich ist, gelten diese Voraussetzungen für den ergänzenden wettbewerbsrechtlichen Leistungsschutz nicht. Ebenso setzt ein Anspruch wegen unlauterer Herkunftstäuschung das Vorliegen eines **Unlauterkeitsmerkmals** voraus und ist zeitlich nicht von vornherein befristet (BGH „**Jeans II**"). Solange die **wettbewerbliche Eigenart** des nachgeahmten Erzeugnisses fortbesteht und die besonderen unlauterkeitsbegründenden Umstände nicht weggefallen sind, kommt eine **zeitliche Begrenzung** des wettbewerbsrechtlichen Nachahmungsschutzes **nicht** in Betracht (BGH „**Segmentstruktur**").

27   Ein Verstoß gegen §§ 4 Nr. 3a), 3 Abs. 1 UWG liegt selbst dann vor, wenn zwar eine unmittelbare Verwechselung der gegenüberstehenden Produkte auf Grund der vorhandenen Unterschiede ausgeschlossen erscheint, der Verkehr jedoch meinen

könnte, bei dem nachgeahmten Produkt handelt es sich um ein Zweitprodukt des Originalherstellers, oder wenn er von geschäftlichen oder organisatorischen Beziehungen zwischen den beteiligten Unternehmen ausgeht. Diese **Herkunftstäuschung im mittelbaren und weiteren Sinne** liegt nur höchst ausnahmsweise vor. Bei deutlich unterschiedlichen Produktbezeichnungen und Herstellerangaben ist eine vermeidbare Herkunftstäuschung jedenfalls zu verneinen (siehe BGH **„Viennetta"**).

Dem wettbewerbsrechtlichen Leistungsschutz sind nicht nur Erzeugnisse zugänglich, **28** sondern Leistungs- und Arbeitsergebnisse aller Art, wie z. B. **Datenbanken, Marketing-Konzepte** und **Werbeslogans.** Der Bundesgerichtshof vertritt die Auffassung, dass einem originellen, gleichzeitig einprägsamen und aussagekräftigen Werbeslogan ein Nachahmungsschutz zukommen kann, wenn er die Eignung besitzt, **auf einen bestimmten Anbieter hinzuweisen.** In diesem Zusammenhang kommt es nicht auf seine Bekanntheit im Verkehr an. So nahm der erkennende Senat bei dem Werbespruch „Wärme fürs Leben" das Vorliegen einer geringen wettbewerblichen Eigenart an, die ausreichte, um die Unlauterkeit der identischen Übernahme des Werbeslogans durch einen Dritten zu begründen (BGH **„Wärme fürs Leben"**). Auch die Übernahme einer bestimmten **Verpackungsgestaltung** kann eine Herkunftstäuschung **im weiteren Sinne** begründen, wenn der Verkehr die Nachahmung für ein unter einer Zweitmarke vertriebenes Produkt des Originalherstellers hält oder wenn er von geschäftlichen oder organisatorischen Beziehungen zwischen den beteiligten Unternehmen ausgeht, selbst wenn die auf den Produkten deutlich aufgebrachten Unternehmens- und Produktkennzeichnungen grundsätzlich einer Herkunftstäuschung entgegen wirken können (BGH **„Knoblauchwürste"**). In diesem Zusammenhang hebt der BGH hervor, dass eine gestalterische **Grundidee,** die keinem Sonderschutz zugänglich ist, nicht im Wege des ergänzenden wettbewerbsrechtlichen Leistungsschutzes für einen Wettbewerber monopolisiert werden kann. Es gibt insoweit keinen wettbewerbsrechtlichen Motivschutz (BGH **„AMARULA/Marulablu"**). Auch gibt es keinen allgemeinen wettbewerbsrechtlichen Schutz von **saisonbedingten,** wettbewerblich und ästhetisch eigenartigen **Modeerzeugnissen** (mehr) (BGH **„Segmentstruktur"**). Einen allgemeinen Schutz von **Innovationen** gegen Nachahmungen kennt das UWG nicht.

Grundsätzlich richten sich die Ansprüche aus ergänzendem wettbewerbsrechtlichen **29** Leistungsschutz gegen das verletzende Unternehmen. Fällt das Unternehmen in Vermögensverfall und wird ein **Insolvenzverfahren** eröffnet, stellt sich die Frage, ob der Insolvenzverwalter wegen der nachgeahmten Erzeugnisse in Anspruch genommen werden kann. Der BGH stellt klar, dass es sich bei einer Klage, die einen gegen den Insolvenzschuldner gerichteten gesetzlichen Unterlassungsanspruch wegen Verletzung eines gewerblichen Schutzrechts oder wegen eines Wettbewerbsverstoßes zum Gegenstand hat, um einen Passivprozess im Sinne des § 86 InsO handelt (BGH **„Modulgerüst II"**). Für die Aufnahme des Rechtsstreits ist § 86 Abs. 1 Nr. 3 InsO analog anzuwenden.

b) Rufausbeutung und Rufbeeinträchtigung

In § 4 Nr. 3 b) UWG wird zwischen zwei Fallgruppen der Mitbewerberbeeinträch- **30** tigung unterschieden. Gem. § 4 Nr. 3 b) **Fall 1** UWG ist das Ausnutzen der Wertschätzung bei Nachahmung einer Ware unlauter, gem. § 4 Nr. 3 b) **Fall 2** ist es unlauter, durch den Vertrieb eines nachgeahmten Produkts den Ruf der Originalware zu beeinträchtigen. Es gibt zwei Anwendungsfälle, in denen der Ruf eines Wettbewerbers gem. § 4 Nr. 3. b) Fall 1 UWG ausgebeutet wird. Man unterscheidet insoweit die **of-**

fene von der **versteckten Anlehnung** an den positiven Ruf eines Wettbewerbers (Dienstleistung, Produkt). Im Fall der offenen Anlehnung nimmt der Werbende z.B. auf den Produktnamen eines Wettbewerbers Bezug, um sich die mit dessen Produkt verbundene Gütevorstellung zur Empfehlung der nachgeahmten Ware zunutze zu machen, z.B. indem er wirbt „Statt X nimm Y" oder „Die Ware X ist besser als die Ware Y". Weitaus häufiger kommt es vor, dass sich der Werbende in versteckter Form an ein fremdes Produkt anlehnt, um sich auf diese Weise das Interesse des Verkehrs zu sichern. Der Bundesgerichtshof untersagte in seiner Entscheidung **„Rolls-Royce"** eine Werbeanzeige, in der eine Whiskey-Flasche zusammen mit zwei gefüllten Gläsern so vor der Kühlerpartie des Fahrzeugs platziert war, dass die markanten Merkmale der Kühlerpartie des Rolls-Royces – die Kühlerfigur, das Emblem „RR" und der charakteristische Kühlergrill – deutlich zu erkennen waren.

31 Eine unlautere Rufausnutzung liegt vor, wenn die Eigenart und die Besonderheiten des Originalerzeugnisses zu **Qualitätserwartungen** führen, die diesem Erzeugnis zugeschrieben werden und der Nachahmung deshalb zu Gute kommen, weil der Verkehr sie mit dem Original verwechselt. Wörtlich führt der BGH zu § 4 Nr. 3 b) (§ 4 Nr. 9 b) a. F.) UWG aus:

> Nach der Rechtsprechung des Senats kann eine nach § 4 Nr. 9 lit. b Fall 1 UWG unlautere Rufausnutzung allerdings auch ohne Täuschung der angesprochenen Verkehrskreise auf einer Anlehnung an die fremde Leistung beruhen, die eine erkennbare Bezugnahme auf den Mitbewerber oder seine Produkte erfordert. Die Frage, ob hierdurch eine Gütevorstellung i.S. von § 4 Nr. 9 lit. b Fall 1 UWG unangemessen ausgenutzt wird, ist jeweils im Wege einer Gesamtwürdigung zu beantworten, bei der alle relevanten Umstände des Einzelfalls, insbesondere der Grad der Anlehnung sowie die Stärke des Rufs des nachgeahmten Produkts, zu berücksichtigen sind. Dabei kann grundsätzlich schon die Annäherung an die verkehrsbekannten Merkmale eines fremden Produkts als solche zu einer für die Annahme einer Rufausbeutung erforderlichen Übertragung der Gütevorstellung führen. Allerdings reicht für eine Rufausbeutung nicht aus, wenn lediglich Assoziationen an ein fremdes Produkt und damit Aufmerksamkeit erweckt werden. ... Dasselbe gilt, wenn der Nachahmende nach Ablauf eines Patentschutzes des Originalherstellers beim Eindringen in dessen Markt die angesprochenen Verkehrskreise durch eine gegenüber dem Original unterscheidbare Kennzeichnung unmissverständlich darüber informiert, dass sich das nachgeahmte Produkt vom Original unterscheidet (BGH in WRP 2010, Seite 1465 ff. [S. 1469, 1470, Rdnr. 42], **„Femur-Teil"**).

Der BGH hebt hervor, dass bei einem nachgeahmten Originalprodukt, dessen Qualität den guten Ruf begründet (hier: Hüftgelenk-Endoprothese) eine **unangemessene Beeinträchtigung** gem. § 4 Nr. 3b) Fall 2 UWG bereits dann vorliegt, wenn ein nahezu identisches Produkt nicht denselben oder jedenfalls im wesentlichen denselben **Qualitätsmaßstäben** genügt, die der Originalhersteller durch seine Ware gesetzt hat. Es dürfen in diesem Zusammenhang keine zu hohen Anforderungen an eine unangemessene Rufbeeinträchtigung gestellt werden (BGH **„Exzenterzähne"**).

32 Die Anlehnung an eine fremde **Marke** kann vom Markeninhaber gem. § 14 Abs. 2 Nr. 3, Abs. 5 MarkenG untersagt werden. Eine Anwendung von § 4 Nr. 3. b) UWG kommt dann nur noch in Betracht, wenn Gegenstand der Auseinandersetzung kein Kennzeichenrecht ist, sondern ein **wettbewerbliches Leistungsergebnis** (BGH **„DAX"**).

33 Die Bestimmung des § 4 Nr. 3. b) Fall 1 UWG kommt dann zur Anwendung, wenn **ein Produkt** mit wettbewerblicher Eigenart nachgeahmt und dadurch die **Wertschätzung der nachgeahmten Ware** unangemessen ausgenutzt wird (BGH **„Aluminiumräder"**). Wesentlich für die Unlauterkeit des Ausnutzens der Wertschätzung der nachgeahmten Ware ist, wie der Bundesgerichtshof mehrfach entschieden hat, der mit der Anlehnung verbundene Image-Transfer vom Fremdprodukt auf das eigene Produkt. Das gilt allerdings nicht für den Fall, dass eine bekannte Markenuhr lediglich zur Dekoration auf einem T-Shirt unauffällig abgebildet wird (BGH „Uhren-Applikation"). Im Zusammenhang mit der Nachahmung eines Einkaufswagens hat der BGH festgestellt, dass trotz einer nahezu identischen Übernahme ästhetischer Gestaltungsmerkmale eines Originalprodukts eine **unangemessene Ausnutzung der Wertschätzung** des nachgeahmten Produkts ausgeschlossen sein kann, wenn wegen eines Ersatz- oder Erweiterungsbedarfs der Abnehmer ein Interesse an optisch kompatiblen Produkten besteht. Wörtlich heißt es:

> Eine nach § 4 Nr. 9 lit. b Fall 1 UWG unlautere Rufausnutzung kann allerdings auch ohne Täuschung der angesprochenen Verkehrskreise auf einer Anlehnung an die fremde Leistung beruhen, die eine erkennbare Bezugnahme auf den Mitbewerber oder seine Produkte erfordert. Die Frage, ob hierdurch eine Gütevorstellung i. S. von § 4 Nr. 9 lit. b Fall 1 UWG unangemessen ausgenutzt wird, ist jeweils im Wege einer Gesamtwürdigung zu beantworten, bei der alle relevanten Umstände des Einzelfalls, insbesondere der Grad der Anlehnung sowie die Stärke des Rufs des nachgeahmten Produkts, zu berücksichtigen sind. Dabei kann grundsätzlich schon die Annäherung an die verkehrsbekannten Merkmale eines fremden Produkts als solche zu einer für die Annahme einer Rufausbeutung erforderlichen Übertragung der Gütevorstellung führen. Allerdings reicht es für eine Rufausbeutung nicht aus, wenn lediglich Assoziationen an ein fremdes Produkt und damit Aufmerksamkeit erweckt werden. … Dasselbe gilt, wenn der Nachahmende nach Ablauf eines Patentschutzes des Originalherstellers beim Eindringen in dessen Markt die angesprochenen Verkehrskreise durch eine gegenüber dem Original unterscheidbare Kennzeichnung unmissverständlich darüber informiert, dass es sich um ein anderes Erzeugnis als das Originalprodukt handelt (BGH in GRUR 2013, Seite 1052 ff. [S. 1055, Rn. 38], „**Einkaufswagen III**").

In dem vom BGH entschiedenen Fall waren die nachgeahmten Einkaufswagen nicht von dem Originalprodukt zu unterscheiden. Die von den Parteien angebotenen Einkaufswagen konnten ineinandergeschoben und dadurch platzsparend aufgereiht werden. Dennoch weist der BGH darauf hin, dass bei der notwendigen **Gesamtabwägung der beidseitigen Interessen** auch ein mögliches Kompatibilitätsinteresse zu berücksichtigen ist. Hat der Abnehmer des nachgeahmten Erzeugnisses ein anerkennenswertes Interesse an der Übereinstimmung der Produkte in äußeren, nicht mehr unter Sonderschutz stehenden Gestaltungsmerkmalen, kann im Einzelfall das Interesse der Abnehmer an kompatiblen Konkurrenzprodukten (zur Deckung eines Ersatz- oder Erweiterungsbedarfs) das Interesse des Originalherstellers überwiegen, den Markt von nahezu identischen Nachahmungen freizuhalten. Jede andere Wertung würde den Marktzutritt des Herstellers der nachgeahmten Einkaufswagen unzumutbar erschweren. Nicht jede Anlehnung an einen fremden Ruf ist daher wettbewerbswidrig.

Das unangemessene Ausnutzen oder die unangemessene Beeinträchtigung des fremden Rufs machen eine solche Anlehnung verwerflich, sofern der Mitbewerber nicht nur unerheblich beeinträchtigt wird. Der für eine unlautere Rufausbeutung erforderliche **Imagetransfer** kann auch nicht allein damit begründet werden, dass ein Wettbewerber in seinem über eine eigenständige Systematik verfügenden Nachschlagewerk für Briefmarken **als Referenz** die im Verkehr durchgesetzte Systematik vom Konkurrenzprodukt des Marktführers übernimmt und jedem Eintrag zuordnet, um es dem Benutzer auf diese Weise zu ermöglichen, im Verkehr mit Dritten auch ohne Erwerb des Konkurrenzprodukts auf dessen als Standard akzeptierte Referenznummern Bezug zu nehmen (BGH „**Markenheftchen**"). Denn der verständige Durchschnittsverbrau- **34** cher begreift die gegenüberstehenden Nummernsysteme beider Anbieter weiterhin als nebeneinander stehend und als eigenständige Nachschlagewerke, ohne dass er automatisch die Gütevorstellung des Marktführers auf diesem Gebiet auf das Konkurrenzprodukt überträgt.

35 Ein Unterlassungsanspruch ist dann gegeben, wenn folgende Voraussetzungen vorliegen:

- eine geschäftliche Handlung,
- der gute Ruf (die Wertschätzung) einer anderen Ware (oder Dienstleistung),
- eine Nachahmung,
- die unangemessene Übertragung der Gütevorstellung des Fremdproduktes auf das eigene Produkt oder unlautere Beeinträchtigung des fremden Rufs,
- der Imagetransfer führt zu einer nicht nur unerheblichen Beeinträchtigung des Mitbewerbers und
- Kenntnis der Originalware oder -dienstleistung.

Es ist in Rechtsprechung und Literatur anerkannt, dass ein gewisser Ruf der fremden Ware ausreicht, um den Tatbestand des Ausnutzens des Rufs einer fremden Leistung gem. § 4 Nr. 3. b) Fall 1 UWG zu begründen. Es bedarf daher nicht des Vorliegens des Bekanntheitsgrades, der Voraussetzung einer **bekannten Marke** (i. S. v. § 14 Abs. 2 Nr. 3 MarkenG) ist. Entscheidend ist, dass mit dem fremden Produkt im Verkehr eine Gütevorstellung verbunden wird, die als Image oder Renommee zum **Vorspann** bei der Bewerbung der nachgeahmten Ware verwendet wird (z. B. bei Marken die Verwendung der für besondere Exklusivität bekannten Whiskey-Marke „Dimple" für Kosmetikprodukte oder Benutzung der für besondere sportliche Erfolge stehenden Bezeichnung „Quattro" zur Kennzeichnung von Skiern, BGH **„DIMPLE"**). Der Wettbewerber nutzt den Ruf einer **fremden Leistung,** um sein eigenes Produkt oder die von ihm beworbene, eigene Dienstleistung damit zu schmücken (§ 4 Nr. 3. b) Fall 1 UWG). Die Frage, ob eine unlautere Anlehnung an einen fremden Ruf vorliegt, ist unter Heranziehung aller Umstände des Einzelfalls zu beantworten, insbesondere unter Berücksichtigung des **Grades der Anlehnung** und der **Stärke des Rufs** (BGH **„Klemmbausteine III"**). Das bloße Herbeiführen von **Assoziationen** vermag allerdings den Unlauterkeitsvorwurf noch nicht zu begründen (BGH **„Tupperwareparty"**).

36 Die Anlehnung an das besondere Image des Fremdproduktes muss in der Absicht geschehen, sich die besonderen Gütevorstellungen des Verkehrs zum Absatz der eigenen, nachgeahmten Ware zunutze zu machen (BGH **„grau/magenta"**). Es genügt daher nicht, wenn das Fremdprodukt nur beiläufig in der Werbung benutzt wird, z. B. um das eigene Produkt in der Umgebung darzustellen, in der es zukünftig benutzt werden soll (BGH **„Aluminiumräder"**). Zur Voraussetzung der unangemessenen Ausnutzung der Wertschätzung einer Ware im Sinne von § 4 Nr. 3b) UWG führt der BGH in seiner Entscheidung **„Handtaschen"** wörtlich aus:

> Rechtsfehlerfrei ist das Berufungsgericht davon ausgegangen, dass eine Ausnutzung der Wertschätzung in Betracht kommt, wenn die Gefahr der Täuschung zwar nicht bei den Abnehmern der nachgeahmten Produkte der Beklagten eintritt, wohl aber bei dem Publikum, das bei den Käufern die Nachahmungen sieht und zu irrigen Vorstellungen über die Echtheit verleitet wird. … Nicht ausreichend ist insoweit allerdings, dass durch die Herbeiführung von bloßen Assoziationen an ein fremdes Produkt Aufmerksamkeit geweckt wird. … Der Schutz der Wertschätzung eines Produkts i. S. von § 4 Nr. 9

lit. b. UWG ist nicht den Sonderschutzrechten mit Ausschließlichkeitsbefugnis gleichzusetzen (BGH in WRP 2007, Seite 1076 ff. [Seite 1081, Rdnr. 44]).

Der BGH hat in seiner Entscheidung nicht verkannt, dass der Vertrieb billiger Imitate gerade bei Luxusgütern deren **Prestigewert zerstören kann.** In der zitierten Entscheidung geht der BGH jedoch davon aus, dass es dann nicht zu einer wettbewerbsrechtlich relevanten Beeinträchtigung kommt, wenn aufgrund eines hinreichenden Abstandes keine Gefahr einer Herkunftstäuschung besteht.

Das **Markengesetz** verschafft dem Inhaber einer **bekannten Marke oder ge-** **37**
schäftlichen Bezeichnung einen selbständigen Unterlassungs- und Schadensersatzanspruch gegen den Verletzer des Kennzeichens gemäß §§ 14, 15 MarkenG (BGH **„Räucherkate"**). Für einen Anspruch aus ergänzendem wettbewerbsrechtlichen Leistungsschutz gemäß § 8 Abs. 1, §§ 3, 4 Nr. 3b) UWG ist dann nur noch Raum, wenn nicht das Kennzeichen selbst Gegenstand der Auseinandersetzung ist, sondern das mit der Marke gekennzeichnete konkrete Leistungsergebnis. Wenn eine Bank bei der Vermarktung eigener Wertpapiere als Bezugsgröße auf den Aktienindex verweist, liegt keine unlautere Rufausbeutung der fremden Marke „DAX" vor, solange die **Bezugnahme sachlich und informativ** erfolgt und nicht der Eindruck erweckt wird, es bestünden Handelsbeziehungen zwischen der werbenden Bank und dem Vermarkter des Aktienindex (BGH **„DAX"**).

c) Vertrauensbruch

Ein Sonderfall der Nachahmung ist der in § 4 Nr. 3. c) UWG geregelte Vertrauens- **38**
bruchstatbestand. Hat sich der Nachahmer die erforderlichen Kenntnisse für die von ihm erstellte Nachahmung durch **Erschleichung eines fremden Betriebsgeheimnisses bzw. durch Vertrauensbruch** verschafft, ist dieses Verhalten dem Nachahmer in besonderem Maße vorzuwerfen. Mag im Rahmen der Herkunftstäuschung der Nachahmer noch der fehlerhaften Auffassung sein, die von ihm vorgenommenen Änderungen an dem nachgeahmten Erzeugnis würden sicher eine Herkunftstäuschung ausschließen, beschränkt sich der Nachahmer bei Vorliegen des Vertrauensbruchtatbestands gemäß § 4 Nr. 3. c) UWG darauf, eine ihm anvertraute fremde Leistung zu übernehmen oder ein Betriebsgeheimnis zu erschleichen. Ohne dass es in dieser Fallgruppe darauf ankäme, ob die Nachahmung zu einer Herkunftstäuschung im Verkehr führt, liegt das Unlautere in dem Verhalten des Nachahmers bereits in dem Umstand, dass er entweder ein **Vertrauensverhältnis gebrochen** und zu seinem Vorteil ausgenutzt hat, oder dass er ein **fremdes Betriebsgeheimnis** unter Verdeckung seiner wahren Absichten erschlichen hat (Bestehen eines Vertrauensverhältnisses verneint: BGH **„Küchentiefstpreis-Garantie"**).

Zu der Frage, wann geschützte Unterlagen im Sinne von § 4 Nr. 3. c) UWG vor- **39**
liegen, heißt es wörtlich:

Als verletztes oder unberechtigt verwertetes Geschäfts- oder Betriebsgeheimnis kommen im Streitfall der – sowohl in Konstruktionsplänen als auch im Endprodukt selbst verkörperte – Aufbau, die technische Zusammensetzung sowie die Funktionsweise der Messgeräte, die Kundenlisten der Klägerin, die Rechnungen ihrer Zulieferer und die „Neuentwicklung" eines ihrer früheren Geschäftsführer in Betracht. Denn Geschäfts- oder Betriebsgeheimnis ist jede im Zusammenhang mit einem Betrieb stehende Tatsache, die nicht offenkundig, sondern nur einem eng begrenzten Personenkreis bekannt ist und nach dem bekundeten Willen des Betriebsinhabers, der auf einem ausreichenden wirtschaftlichen Interesse beruht, geheimgehalten werden soll (BGH in NJW-RR 2003, Seite 618 ff. [Seite 620], **„Präzisionsmessgeräte"**).

Ein unlauteres Wettbewerbshandeln besteht im Rahmen eines Vertrauensbruchstatbestandes grundsätzlich fort, solange das Verhalten des Verletzers mit dem **Makel der Unlauterkeit** behaftet ist, das heißt solange die wettbewerbliche Eigenart des nachgeahmten Produkts besteht und in unlauterer Weise ausgenutzt wird. Auf den Geheimnischarakter der fraglichen Unterlagen hat es keinen Einfluss, wenn die entsprechenden Vorgänge in einem Produktionsbetrieb den dort Beschäftigten bekannt werden. Der Verletzer handelt dann unredlich, wenn er bei der Erlangung der geschützten Unterlagen entweder einen Straftatbestand im Sinne der §§ 17, 18 UWG verwirklicht bzw. sich an seiner Verwirklichung beteiligt hat, oder wenn die Weitergabe der Unterlagen einen Vertrauensbruch darstellt, sofern er die Kenntnis oder die Unterlage zunächst im Rahmen eines Vertrauensverhältnisses redlich erlangt und sodann durch Leistungsübernahme missbräuchlich ausgenutzt hat (BGH „**Modulgerüst II**").

4. Behinderung (§ 4 Nr. 4 UWG)

40   Eine unlautere geschäftliche Handlung im Sinne von § 3 Abs. 1 UWG liegt gemäß § 4 Nr. 4 UWG dann vor, wenn ein Wettbewerber seine Mitbewerber gezielt behindert. § 4 Nr. 4 UWG umfasst also alle **Fälle der individuellen Mitbewerberbehinderung.** Eine unlautere Behinderung ist nach der Gesetzesbegründung immer dann gegeben, wenn der unlauter Handelnde gezielt den Mitbewerber behindert, einschließlich der Behinderung im Verhältnis zweier Unternehmen auf verschiedenen Wirtschaftsstufen. Da letztlich jede Wettbewerbshandlung – mittelbar – eine Behinderung, also einen Nachteil, des Mitbewerbers nach sich ziehen kann, sind solche Handlungen vom Tatbestand des § 4 Nr. 4 UWG ausgenommen, die bloße Folge des Wettbewerbs sind (BGH „**Küchentiefstpreis-Garantie**"). Eine **gezielte Mitbewerberbehinderung** liegt nach den Ausführungen des BGH vor, wenn folgende Voraussetzungen gegeben sind:

> Eine unlautere Behinderung von Mitbewerbern setzt eine Beeinträchtigung der wettbewerblichen Entfaltungsmöglichkeiten der Mitbewerber voraus, die über die mit jedem Wettbewerb verbundene Beeinträchtigung hinausgeht und bestimmte Unlauterkeitsmerkmale aufweist. Unlauter ist die Beeinträchtigung im Allgemeinen dann, wenn gezielt der Zweck verfolgt wird, Mitbewerber an ihrer Entfaltung zu hindern und sie dadurch zu verdrängen, oder wenn die Behinderung dazu führt, dass die beeinträchtigten Mitbewerber ihre Leistung am Markt durch eigene Anstrengung nicht mehr in angemessener Weise zur Geltung bringen können. Ob diese Voraussetzungen erfüllt sind, lässt sich nur aufgrund einer Gesamtwürdigung der Umstände des Einzelfalls unter Berücksichtigung der Interessen der Mitbewerber, Verbraucher und sonstigen Marktteilnehmer sowie der Allgemeinheit beurteilen (stRspr; vgl. nur *BGH*, GRUR 2014, 393 Rn. 28 = NJW 2014, 1354 = WRP 2014, 424 – wetteronline.de; GRUR 2015, 607 Rn. 16 = NJW-RR 2015, 931 = WRP 2015, 714 – Uhrenankauf im Internet) (BGH in GRUR 2017, Seite 92 ff. [S. 93, Rdnr. 14], „**Fremdcoupon-Einlösung**").

Da das Eindringen in einen fremden Kundenkreis ebenso wie das Abfangen von Kunden zum Wesen des Wettbewerbs gehört, kommt eine unlautere Behinderung erst in Betracht, wenn der Mitbewerber auf Kunden einwirkt, die bereits **dem Wettbewerber zuzurechnen** sind. Der Mitbewerber stellt sich gewissermaßen **zwischen** den Wettbewerber und seinen Kunden. Danach liegt eine unlautere Behinderung durch ein Telekommunikationsunternehmen vor, wenn durch eine Rufumleitung die Anrufe aus dem Festnetz nicht zu der gewählten Mobilfunknummer des Kunden, sondern unmittelbar zu seinem Festnetzanschluss geschaltet werden, sofern dem Anrufer das erhöhte Verbindungsentgelt für den tatsächlich nicht getätigten Anruf in das Mobilfunknetz in Rechnung gestellt wird und das Mobilfunkunternehmen kein Entgelt für die Bereithaltung des Mobilfunknetzes erhält (BGH **„Rufumleitung"**). Eine unlautere Behinderung des Mitbewerbers ist gegeben, wenn sich der Abfangende **zwischen den Mitbewerber und dessen Kunden** stellt, um diesem eine Änderung seines Entschlusses, die Waren oder Dienstleistungen des Mitbewerbers in Anspruch zu nehmen, aufzudrängen (BGH **„Änderung der Voreinstellung II"**).

Die Grenze zur unlauteren Behinderung ist noch nicht erreicht, wenn ein Wettbe- **41** werber ein konkurrierendes Unternehmen von einer öffentlichen Straße aus vier Tage lang beobachten lässt. Erst wenn das Verhalten des Wettbewerbers die **Gefahr von Betriebsstörungen** herbeiführt, kann eine gezielte Behinderung von Mitbewerbern vorliegen (BGH **„Betriebsbeobachtung"**). Eine lang andauernde und umfassende, systematische Überwachung eines Mitbewerbers kann gegebenenfalls den Behinderungstatbestand erfüllen. Auch das systematische Anfertigen von Fotografien in den Geschäftsräumen eines Mitbewerbers kann wettbewerbswidrig sein, wenn nach den Umständen des Einzelfalls die konkrete Gefahr einer erheblichen Betriebsstörung zu befürchten ist. Für eine gezielte Behinderung i. S. v. § 4 Nr. 4 UWG muss allerdings eine Behinderung **nicht tatsächlich** eingetreten sein. Es genügt, dass die geschäftliche Handlung zur Behinderung geeignet ist, wobei die bloß **theoretische Möglichkeit** einer Behinderung **nicht** ausreicht (BGH **„World of Warcraft II"**).

Sofern ein Wettbewerber nicht durch eigene Leistungen den Markt überzeugt, son- **42** dern durch gezielte Maßnahmen leistungsfremd einzelne Mitbewerber bekämpft, fasst die höchstrichterliche Rechtsprechung dieses wettbewerbsschädliche Verhalten unter dem Begriff der Behinderung zusammen. Behinderungsmaßnahmen können sich **gezielt gegen den Absatz und gegen die Werbung** eines Wettbewerbers richten, sie können jedoch auch in Form von **Preisunterbietung, Boykott** oder **Diskriminierung** zu einer Schädigung des Wettbewerbers führen. Schließlich kann jede Form der **herabsetzenden vergleichenden Werbung** zu einer Behinderung des Wettbewerbers führen (vgl. zur vergleichenden Werbung nachfolgend VI.). Auch die gezielte **Rufausbeutung** des Wettbewerbers kann natürlich eine Behinderung zur Folge haben (s. hierzu oben V. 3. b)). Allerdings kann allein die Anlockwirkung, die von einem günstigen Angebot ausgeht, niemals unlauter sein. Sie ist vielmehr gewollte Folge des Leistungswettbewerbs (BGH **„Mietwagenkostenersatz"**). Auch **neuartige** und vielleicht deshalb besonders wirksame Wettbewerbsmaßnahmen sind nicht nur deshalb unlauter, weil sie sich für Mitbewerber nachteilig auswirken (BGH **„Zeitung zum Sonntag"**; BGH **„20 Minuten Köln"**). Wer damit wirbt, dass er auch Rabatt-Coupons von Mitbewerbern einlöst, verstößt nicht unter dem Gesichtspunkt einer unlauteren **Werbebehinderung** gegen § 4 Nr. 4 UWG (BGH **„Fremdcoupon-Einlösung"**). Vielmehr gehört ein solches „Anhängen" an die Werbung von Mitbewerbern zum Wesen des Wettbewerbs.

Eine wettbewerbswidrige **Werbe- und Absatzbehinderung** liegt vor, wenn der **43** Hersteller von Teerspritzmaschinen nicht nur die in seinem Betrieb hergestellten Maschinen mit seinem Firmennamen kennzeichnet, sondern etwa aus Anlass einer Reparatur des Wettbewerbsproduktes das Firmenschild des Wettbewerbers durch sein eigenes ersetzt. Abgesehen davon, dass in dem Austausch der Firmenschilder eine Täuschung über die betriebliche Herkunft der Maschinen liegt (also eine Kennzeichenverletzung), führt das Vorgehen des Wettbewerbers zu einer gezielten Unterdrückung der Erinnerungswerbung des Originalherstellers. Denn Firmenschilder werden an Maschinen gerade auch aus dem Grund angebracht, damit der Verkehr selbst nach Erwerb der Maschine an den Originalhersteller erinnert wird bzw. auch Dritte die Möglichkeit haben, von dem Herstellernamen Kenntnis zu nehmen. Das **Vereiteln der Erinnerungswerbung** hat zugleich eine Absatzbehinderung des Originalherstellers zur Folge (BGH „**Teerspritzmaschinen**"). Als **unlautere Absatzbehinderung** hat es der BGH auch angesehen, wenn ein Fachverband von Schlüsselherstellern potentielle Abnehmer von Schlüsselfräsmaschinen anschreibt und sie darauf hinweist, dass bei einem Bestehen von Patent- oder Markenschutz die Fräsung von geschützten Schlüsselprofilen eine Schutzrechtsverletzung darstellen kann. Solange die fragliche Fräsmaschine auch in einem nennenswerten Umfang das Prägen nicht geschützter Profile ermöglicht, begründet die pauschale Behauptung des Verbandes die Gefahr, dass der Hersteller der fraglichen Fräsmaschine seine Produkte auch für zulässige Verwendungszwecke nicht mehr absetzen kann, weil potentielle Abnehmer von vornherein von einem Erwerb der Fräsmaschine absehen (BGH „**Fräsautomat**").

44 An einer gezielten **Werbe- und Absatzbehinderung** fehlt es dann, wenn etwa ein Reparaturunternehmen, das an einem Originalerzeugnis Nachbesserungsarbeiten erbringt, neben dem Herstellerschild noch ein weiteres Firmenschild anbringt, um auf die eigene Reparatur – bzw. Nachbesserungsleistung aufmerksam zu machen. Es muss auch dem Reparaturdienstleister möglich sein, auf Originalerzeugnissen eigene Werbung zu betreiben, solange nicht die Erinnerungswerbung des Originalherstellers gestört wird. Ob durch die Beseitigung einer Kennzeichnung ein Wettbewerber in der Werbung oder im Absatz unlauter behindert oder der Verkehr gem. § 5 Abs. 1 Satz 2 Nr. 1 UWG über die betriebliche Herkunft der Ware getäuscht wird, bestimmt sich nach den Umständen des Einzelfalls (BGH „**SB-Beschriftung**"). Wer die Spielbedingungen eines Online-Computerspiels dadurch unterläuft, dass er mit sog. „Buddy-Bots" die Automatisierung von Spielaktionen ermöglicht, erfüllt die Voraussetzungen einer gezielten Behinderung unter dem Gesichtspunkt der **unlauteren Vertriebsstörung** (BGH „**World of Warcraft II**"). Denn das Computerspiel ist für Mitspieler nur dann attraktiv, wenn Chancengleichheit gewährleistet ist. Der Einsatz der Bots vereitelt aber dieses Spielkonzept.

45 Als gewollte Folge des Leistungswettbewerbs ist allgemein anerkannt, dass auch das systematische **Abwerben von Kunden,** selbst wenn sie noch vertraglich an Mitbewerber gebunden sind, für sich allein die Unlauterkeit der Handlung nicht begründet (BGH „**Mietwagenkostenersatz**"). Unlauter ist allerdings ein gezieltes Abwerben von vertragsgebundenen Kunden dann, wenn **besondere, die Unlauterkeit begründende Umstände** hinzutreten. Diesen Fall hat der Bundesgerichtshof bei einem Vertrag zwischen einer Gewerkschaft und einem Versicherungsunternehmen angenommen, der bestimmte, dass jedes Mitglied der Gewerkschaft und seine Familienangehörigen automatisch Familien- und Wohnrechtsschutz bei dem Versicherungsunternehmen erhielten. Diese Art der Vertragsgestaltung hatte letztlich zur Folge, dass die Gewerkschaftsmitglieder ihre bereits bestehenden Versicherungsverträge über Familien- und Wohnrechtsschutz kündigten, da der doppelte Versicherungsschutz für sie ohne Wert war. Die in der Kündigung der bestehenden Verträge liegende **gezielte Absatzbehinderung** des Wettbewerbs der Versicherer war wettbewerbswidrig (BGH „**HBV – Familien- und Wohnrechtsschutz**"; siehe aber BGH „**Tarifwechsel**").

46 Neben der Absatzbehinderung durch Einbrechen in fremde Vertragsbeziehungen kann ausnahmsweise eine **allgemeine Marktbehinderung durch Verschenken von Originalware in großem Umfang** unzulässig sein.

Das Aufstellen ungesicherter Verkaufshilfen für eine Tageszeitung vor Schwimmbädern stellt nur dann eine unlautere Behinderung dar, wenn es zu einer **dauerhaften Abgabe unter Selbstkosten** führt und auf diese Weise den Bestand des Wettbewerbs gefährdet (BGH **„Stumme Verkäufer II"**). Eine allgemeine Marktbehinderung liegt noch nicht vor, wenn ein Händler mit einer „Tiefstpreis-Garantie" wirbt, solange das Unternehmen seine Selbstkosten oder seinen Einstandspreis nicht unterschreitet oder sich bei Unterschreitung der Selbstkosten von einem nachvollziehbaren Interesse an der Förderung des eigenen Absatzes leiten lässt. Erst wenn sich das Verhalten des Preisunterbieters kaufmännisch nur damit erklären lässt, dass auf diese Weise Mitbewerber **aus dem Markt gedrängt werden** sollen, kann unter Würdigung der Gesamtumstände, insbesondere des Marktanteils und der Finanzkraft des Preisunterbieters, der Eigenart, Dauer, Häufigkeit und Intensität der Maßnahme sowie der Zahl, Größe und Finanzkraft der Mitbewerber **ausnahmsweise** ein Wettbewerbsverstoß angenommen werden (BGH **„Küchentiefstpreis-Garantie"**; BGH **„10 % billiger"**).

Schließlich ist der gezielte **Boykott** im Wettbewerb nicht nur kartellrechtlich anstö- **47** ßig, sondern häufig auch als unlautere Wettbewerbshandlung zu ahnden. Ein Boykottaufruf setzt die Beteiligung von drei Unternehmern (Boykottierer, Ausführer des Boykottaufrufs und Boykottierter) voraus. Während bei der Prüfung eines möglichen kartellrechtlichen Unterlassungsanspruchs die Frage der Marktstellung bei der Bewertung der Interessen des Boykottaufrufs von wesentlicher Bedeutung sein kann, steht bei der Überprüfung gemäß § 4 Nr. 4 UWG im Vordergrund, ob die beabsichtigte Marktstörung wettbewerbswidrig ist. Ob die beabsichtigte Beeinträchtigung unlauter ist, ist auf Grund einer Abwägung der Interessen der Beteiligten zu beurteilen, ob also das Anliegen, das der Verrufer verfolgt, rechtmäßig ist (BGH **„Sitzender Krankentransport"**). Der **Boykottaufruf** einer Verbraucherzentrale an eine Sparkasse, das Girokonto eines Inkassounternehmens wegen grober Verbrauchertäuschung durch dessen Auftraggeber zu kündigen, verstößt nicht gegen § 4 Nr. 4 UWG, weil der Aufruf – noch – durch das Grundrecht der Meinungsfreiheit gedeckt ist (BGH **„Aufruf zur Kontokündigung"**).

Bei Werbeauftritten im **Internet** kann eine unlautere Behinderung im Sinne von § 4 **48** Nr. 4 UWG gegeben sein, wenn der Werbende die **bekannte** Marke eines Mitbewerbers zur Bewerbung seiner eigenen, nachgeahmten Produkte verwendet. Sofern ein Unternehmen ein mit einem fremden Unternehmenskennzeichen übereinstimmenden Begriff bei einer Internetsuchmaschine als sogenanntes **Schlüsselwort (Keyword)** anmeldet (BGH **„Beta Layout"**), liegt weder ein Wettbewerbsverstoß noch eine Markenverletzung vor. Denn eine Kennzeichenverletzung kommt bei Verwendung eines fremden Kennzeichens als Keyword nur dann in Betracht, wenn die herkunftshinweisende Funktion der Marke beeinträchtigt wird (EuGH **„Portakabin/Primakabin"**; EuGH **„Google und Google France"**; BGH **„Uhrenankauf im Internet"**). Aber das gezielte **Blockieren von Internet-Domains** durch Verwendung fremder Firmennamen oder Marken führt zu einer unlauteren Behinderung im Wettbewerb. Wer das nahe liegende Interesse des Inhabers eines Kennzeichenrechts an der Nutzung einer dem Kennzeichen entsprechenden Domain bewusst in Gewinnerzielungsabsatz auszubeuten versucht, behindert den Kennzeicheninhaber unbillig und verstößt grob gegen § 4 Nr. 4 UWG. Eine gezielte und unlautere Behinderung durch die Registrierung eines Domainnamens kommt nur bei Vorliegen besonderer Umstände in Betracht, etwa wenn der Domaininhaber **rechtsmissbräuchlich** handelt, weil er den Domainnamen ohne ernsthaften eigenen Benutzungswillen allein in der Absicht registrieren lässt, um sich diesen von dem Inhaber des entsprechenden Kennzeichen- und Namensrechts abkaufen zu lassen (BGH **„ahd.de"**). Ist das verwendete Kennzeichen allerdings als beschreibende Angabe kennzeichenrechtlich schutzunfähig und liegt keine Verkehrsdurchsetzung gemäß § 8 Abs. 3 MarkenG vor, kann in der Reservierung der entsprechenden Domain durch einen Wettbewerber keine unlautere Behinderung liegen. Die Verwendung von **generischen Begriffen** im Rahmen der Domain-Reservierung reicht allein nicht aus, um eine unlautere Behinderung in der Form des **unlauteren Abfangens potentieller Kunden** des Mitbewerbers zu begründen (BGH „**Mitwohnzentrale.de**"). Denn durch den für Domains geltenden Grundsatz „first come, first serve" unterliegt die Registrierung von Gattungsbegriffen als Internet-Domains allein dem **Gerechtigkeitsprinzip der Priorität.** Der Vorteil, der demjenigen gegenüber seinen Wettbewerbern zukommt, der als erster den Antrag auf Registrierung eines beschreibenden Domain-Namens stellt, wird von der höchstrichterlichen Rechtsprechung nicht als unlauter angesehen. Allerdings ist insoweit auch zu berücksichtigen, dass mit der Registrierung eines beschreibenden Begriffs als Second-Level-Domain kein Kennzeichenrecht begründet wird.

49   Ein **unlauteres Abfangen von Kunden** liegt noch nicht in der Werbung eines Mietwagenunternehmens, das seine Anzeige in einem Telefonbuch unmittelbar unter dem Buchstaben „T" und nicht unter der Rubriken-Überschrift „Taxi" platziert (BGH „**Mietwagenwerbung**"). Auch wenn das Mietwagenunternehmen auf diese Weise einen Teil der Nachfrage nach einem Taxitransport auf sich ziehen will, ist die Schwelle zur wettbewerbswidrigen Behinderung noch nicht überschritten. Dagegen kann die Verwendung einer sogenannten „**Tippfehler-Domain**" wettbewerbswidrig sein. Aus Sicht des BGH verstößt das Verwenden einer sogenannten „Tippfehler-Domain" dann unter dem Gesichtspunkt des Abfangens von Kunden gegen das Verbot unlauterer Behinderung gemäß § 4 Nr. 4 UWG, wenn der Internetnutzer auf eine Internetseite geleitet wird, auf der er nicht die zu erwartende Dienstleistung, sondern lediglich Werbung für ein gänzlich unähnliches Dienstleistungsangebot eines Dritten vorfindet (BGH „**wetteronline.de**"). Ausnahmsweise entfällt eine unlautere Behinderung, wenn der Nutzer auf der Internetseite unter der „Tippfehler-Domain" zugleich und unübersehbar auf den Umstand aufmerksam gemacht wird, dass er sich offenbar vertippt hat und sich deshalb nicht auf der Seite der Original-Domain befindet, sondern bei einem vollständig anderen Anbieter.

50   Das **Abwerben fremder Mitarbeiter** ist solange nicht zu beanstanden, als keine besonderen Unlauterkeitsumstände vorliegen. Als zulässig wurde die Werbemaßnahme eines Personalberaters angesehen, der sich zur ersten Kontaktaufnahme mit einem anzuwerbenden Mitarbeiter telefonisch an dessen Arbeitsplatz in Verbindung setzte. Der BGH hält eine derartige Direktansprache am Arbeitsplatz für zulässig, solange sich die telefonische Kontaktaufnahme auf eine kurze Stellenbeschreibung beschränkt. Der BGH weist darauf hin, dass es bei **Abwägung der beteiligten und berücksichtigungsfähigen Interessen** grundsätzlich nicht als wettbewerbswidrig zu beurteilen ist, wenn der Mitarbeiter eines Unternehmens zum Zweck der Abwerbung erstmals mit einem kurzen Telefonanruf am Arbeitsplatz angesprochen wird (BGH „**Direktansprache am Arbeitsplatz**"). Ein Werbeanruf zum Abwerben der Mitarbeiter eines anderen Unternehmens stellt aber dann eine unlautere und unzulässige Handlung dar, wenn sich der Anruf nicht darauf beschränkt, einen ersten Kontakt zu dem Angerufenen herzustellen, sondern wenn etwa der anrufende Personalberater den Angerufenen mit Daten konfrontiert, die ihn selbst betreffen. Denn die umfangreiche **Konfrontation mit Lebenslaufkenntnissen** ist bereits Teil des Umwerbens, das dem Angerufenen den Eindruck vermittelt, der Personalberater habe sich bereits näher mit seiner Persönlichkeit befasst und er sei aufgrund seiner konkreten Berufsbiografie für die offene Stelle besonders geeignet (BGH **„Direktansprache am Arbeitsplatz II";**

BGH „**Direktansprache am Arbeitsplatz III**". Verboten wurde das Verabschiedungsschreiben des Mitarbeiters eines Lohnsteuerhilfevereins. Allein der Umstand, dass der Mitarbeiter zu dem Zeitpunkt, an dem er das Rundschreiben versandte, noch in einem Arbeitsverhältnis zu seinem damaligen Arbeitgeber stand und sich daher diesem gegenüber loyal zu verhalten hatte, machte das Verabschiedungsschreiben unzulässig (BGH „**Verabschiedungsschreiben**"). Eine gezielte Behinderung liegt dann nicht vor, wenn die Behinderung von Mitbewerbern als **bloße Folge des Wettbewerbs** eintritt. Auch wenn die Behinderung keine Behinderungsabsicht erfordert, verlangt der BGH ein zielgerichtetes, z.B. ein gezielt und bewusst auf den Vertragsbruch des Mitarbeiters eines Mitbewerbers hinwirkendes, geschäftliches Verhalten. Weder das Abwerben fremder Mitarbeiter ohne Einsatz unlauterer Mittel ist unzulässig, noch das bloße **Ausnutzen eines fremden Vertragsbruchs.** Die Schwelle der als bloße Folge des Wettbewerbs hinzunehmenden Behinderung ist überschritten, wenn das betreffende Verhalten bei objektiver Würdigung der Umstände in erster Linie auf die Beeinträchtigung der wettbewerblichen Entfaltung des Mitbewerbers, und nicht auf die Förderung des eigenen Wettbewerbs gerichtet ist, oder wenn die Behinderung derart ist, dass der beeinträchtigte Mitbewerber seine Leistung am Markt durch eigene Anstrengung nicht mehr in angemessener Weise zur Geltung bringen kann (BGH „**Außendienstmitarbeiter**").

Eine wettbewerbswidrige und unzulässige Behinderung liegt vor, wenn ein Markeninhaber den erlangten Markenschutz zweckfremd als Mittel des Wettbewerbskampfes einsetzt. Dient mit anderen Worten die Markeneintragung ausschließlich dazu, die mit der Eintragung der Marke entstehende und wettbewerbsrechtlich an sich unbedenkliche **Sperrwirkung** im geschäftlichen Verkehr zum Wettbewerbskampf einzusetzen, liegt ein unlauteres Verhalten vor, das unzulässig ist (BGH „**The Colour of Elégance**"; BGH „**Russisches Schaumgebäck**"). Als unlautere Handlung unzulässig ist insbesondere eine Markenregistrierung, die in erster Linie auf die **Beeinträchtigung der wettbewerblichen Entfaltung des Mitbewerbers** abzielt und nicht der Förderung des eigenen Wettbewerbs dient (BGH „**H 15**"). Wörtlich führt der BGH aus: **51**

> Eine wettbewerbswidrige Behinderung kann grundsätzlich auch durch die Anmeldung und Eintragung einer Marke erfolgen. … Wegen des im Markengesetz geltenden Territorialitätsgrundsatzes ist es allerdings im Allgemeinen rechtlich unbedenklich, wenn im Inland ein Zeichen als Marke in Kenntnis des Umstands angemeldet wird, dass ein anderer dasselbe oder ein verwechselbar ähnliches Zeichen im Ausland als Marke für gleichartige oder sogar identische Waren benutzt. … Nur wenn zur Kenntnis von der Benutzung besondere Umstände hinzutreten, die das Verhalten des Anmelders als wettbewerbswidrig erscheinen lassen, steht der markenrechtliche Territorialitätsgrundsatz der Anwendung des UWG nicht entgegen. … Solche besonderen Umstände können darin liegen, dass der Zeicheninhaber in Kenntnis eines schutzwürdigen Besitzstands des Vorbenutzers ohne zureichenden sachlichen Grund für gleiche oder gleichartige Waren oder Dienstleistungen die gleiche oder eine zum Verwechseln ähnliche Bezeichnung mit dem Ziel der Störung des Besitzstands des Vorbenutzers oder in der Absicht, für diesen den Gebrauch der Bezeichnung zu sperren, als Kennzeichen hat eintragen lassen … oder dass der Zeichenanmelder die mit der Eintragung des Zeichens kraft Markenrechts entstehende und wettbewerbsrechtlich an sich unbedenkliche Sperrwirkung zweckfremd als Mittel des Wettbewerbskampfes einsetzt (BGH in WRP 2008, Seite 785 ff. [S. 788, Rdnr. 21], „**AKADEMIKS**").

Der BGH weist klarstellend darauf hin, dass die Absicht, die Marke zweckfremd als Mittel des Wettbewerbskampfes einzusetzen, **nicht der einzige Beweggrund** für die Markenanmeldung sein muss. Es reicht aus, wenn diese Absicht das wesentliche Motiv ist, selbst wenn der Markenanmelder daneben auch eine eigene Benutzungsabsicht hat. Ein rechtsmissbräuchliches Verhalten liegt noch nicht vor, wenn ein Unternehmen eine Vielzahl von Domainnamen auf sich registrieren lässt, um sie sodann potentiellen Interessenten zum Kauf oder zur entgeltlichen Nutzung anzubieten, solange die Registrierung oder Nutzung des Domainnamens keine Namens- oder Kennzeichenrechte Dritter verletzt (BGH „ahd.de").

52   Eine unlautere Wettbewerbshandlung kann auch dann vorliegen, wenn ein nichtgebundener Händler das von einem Markenhersteller errichtete selektive **Vertriebsbindungssystem** stört. Diese **individuelle Behinderung** etwa durch **Schleichbezug** der gebundenen Ware kann wettbewerbswidrig sein, wenn der Hersteller nicht nur unerheblich beeinträchtigt wird. Ein Außenseiter, der den **Vertragsbruch eines gebundenen Händlers ausnutzt,** verstößt grds. nicht gegen § 4 Nr. 4 UWG (BGH „Außenseiteranspruch II"). Wettbewerbswidrig handelt nur derjenige, der unter Verschleierung seiner wahren Absicht **verdeckt** vertriebsgebundene Ware bezieht. Wörtlich betont der BGH:

> Der Unlauterkeitstatbestand des Schleichbezugs ist zwar zum Schutz (seinerzeit zulässiger) Preisbindungssysteme und selektiver Vertriebssysteme entwickelt worden. ... Nach der Rechtsprechung des Bundesgerichtshofs gelten die dort zum Schleichbezug entwickelten und nach wie vor anerkannten Grundsätze ... aber für Direktvertriebssysteme entsprechend. Gegenüber einer Täuschung über die Wiederverkaufsabsicht gebührt dem Anbieter von Waren oder Dienstleistungen, der sich in zulässiger Weise dafür entschieden hat, sein Angebot selbst oder über von ihm weisungsabhängige Vertreter oder Agenturen abzusetzen, derselbe wettbewerbsrechtliche Schutz wie dem Lieferanten, der mit unabhängigen Händlern ein selektives Vertriebssystem errichtet hat. Der Schleichbezug der Beklagten ist infolgedessen unabhängig davon unlauter, wie ... die Rechtsbeziehungen zwischen dem Kläger und seinen Verkaufsstellen ausgestaltet ist (BGH in WRP 2009, Seite 177 ff. [S. 180, Rdnr. 27], „bundesligakarten.de").

Danach hat der BGH den Vertrieb von Eintrittskarten für Fußballspiele über die Internet-Seite www.bundesligakarten.de untersagt, weil sich der Anbieter die Karten als Privatperson, d. h. ohne sich als kommerzieller Anbieter zu offenbaren, direkt bei dem Veranstalter beschafft hat oder über Privatpersonen vermitteln ließ. Der Betreiber der Website www.bundesligakarten.de hatte kein rechtlich geschütztes Interesse, Eintrittskarten unter **Täuschung über seine Wiederverkaufsabsicht** und unter Zuwiderhandlung gegen eine ihm wirksam auferlegte Geschäftsbedingung bei der Verkaufsorganisation des Veranstalters der Fußballspiele auf diesem Weg zu beziehen. Allerdings sind Vertriebssysteme, die gegen **kartellrechtliche** Vorschriften verstoßen, wettbewerbsrechtlich nicht schutzwürdig (BGH „Flugvermittlung im Internet"). Das gilt entsprechend für **Vertragsbedingungen,** die einer rechtlichen Inhaltskontrolle nicht standhalten. Der Hersteller, der ein rechtlich nicht zu missbilligendes Vertriebsbindungssystem betreibt, darf die Vertragstreue seiner Vertragshändler durch ein Nummernsystem kontrollieren, um ggf. praktische Lücken des Systems zu schließen. Voraussetzung eines wettbewerbskonformen **Kontrollnummernsystems** ist allerdings, dass der Hersteller seine **Händler rechtswirksam bindet,** sodass er zumindest die gedankliche Lückenlosigkeit seines Vertriebssystems nachweisen kann. Es müssen demnach wirksame Verträge vorliegen, die von der Rechtsordnung nicht missbilligt werden (BGH „Entfernung der Herstellungsnummer III"). Liegt hingegen kein geschlossenes Vertriebssystem in der EU vor, sondern bindet der Hersteller nur Händler bestimmter Mitgliedstaaten, besteht die Gefahr, dass der Hersteller einzelne Märkte innerhalb der Europäischen Union abschottet. Eine derartige **Abschottung** verstößt gegen Art. 101 Abs. 1 AEUV. Wird bei einem rechtlich zulässigen Vertriebsbindungssystem die vom Hersteller zusätzlich angebrachte Kontrollnummer von einem nicht gebundenen Händler entfernt, so liegt in der **Entfernung der Kontrollnummer** nicht nur eine **allgemeine Behinderung,** sondern bei Markenartikeln zugleich eine **Markenverletzung,** da mit der Entfernung der Kontrollnummer ein sichtbarer, die Garantiefunktion der Marke berührender Eingriff in die Substanz der Ware, des Behältnisses oder der Verpackung verbunden ist (BGH **„Kontrollnummernbeseitigung II").**

V. Aggressive geschäftliche Handlungen (§ 4a UWG)

1   **Unlauter** handelt gemäß § 4a UWG, wer eine aggressive geschäftliche Handlung vornimmt, die geeignet ist, den Verbraucher oder sonstigen Marktteilnehmer zu einer geschäftlichen Entscheidung zu veranlassen, die dieser andernfalls nicht getroffen hätte. Damit verweist § 4a Abs. 1 Satz 1 UWG auf § 3 Abs. 1 UWG als **Rechtsfolge.** Ein Verstoß gegen § 4a UWG macht die geschäftliche Handlung unzulässig, wenn er für die Entscheidung des Verbrauchers oder sonstigen Marktteilnehmers **relevant** ist. Wie sich aus § 4a Abs. 1 Satz 1 UWG ergibt, schützt diese Regelung sowohl Verbraucher als auch sonstige Marktteilnehmer. Ein Verstoß gegen die **unternehmerische Sorgfalt** ist bei aggressiven geschäftlichen Handlungen nicht zu prüfen, weil der Gesetzgeber davon ausgeht, dass jede aggressive geschäftliche Handlungen gegen die unternehmerische Sorgfalt verstößt.

2   Wenn eine der geschilderten aggressiven Handlungen geeignet ist, eine geschäftliche Entscheidung zu beeinflussen, ist sie unlauter und unzulässig. Die Regelung in § 4a UWG geht zurück auf Art. 8 i.V.m. Art. 9 UGP-RL, nach denen aggressive Geschäftspraktiken unzulässig sind. Während § 4a Abs. 1 UWG den Tatbestand unterschiedlicher aggressiver geschäftlicher Handlungen umschreibt, enthält § 4a Abs. 2 UWG zusätzliche präzisierende Merkmale, die bei der Prüfung zu berücksichtigen sind, ob eine geschäftliche Handlung als aggressiv anzusehen ist. § 4a Abs. 2 UWG entspricht insoweit der Bestimmung in Art. 9 UGP-RL.

1. Aggressive geschäftliche Handlung

3   Eine aggressive geschäftliche Handlung ist gemäß § 4a Abs. 1 Satz 2 UWG unzulässig, wenn sie im konkreten Fall unter Berücksichtigung aller Umstände geeignet ist, die Entscheidungsfreiheit des **Verbrauchers** oder **sonstigen Marktteilnehmers** erheblich zu beeinträchtigen, nämlich durch Belästigung, Nötigung, einschließlich der Anwendung körperlicher Gewalt, oder unzulässige Beeinflussung. Entsprechend heißt es in Art. 8 UGP-RL, dass eine Geschäftspraxis als aggressiv gilt, wenn sie im konkreten Fall unter Berücksichtigung aller tatsächlichen Umstände die **Entscheidungs- oder Verhaltensfreiheit des Durchschnittsverbrauchers** in Bezug auf das Produkt durch Belästigung, Nötigung, einschließlich der Anwendung körperlicher Gewalt oder durch unzulässige Beeinflussung tatsächlich oder voraussichtlich erheblich beeinträchtigt und dieser dadurch tatsächlich oder voraussichtlich dazu veranlasst wird, eine geschäftliche Entscheidung zu treffen, die er andernfalls nicht getroffen hätte.

4   Bei Prüfung der Frage, ob die Voraussetzungen einer aggressiven geschäftlichen Handlung gegeben sind, sind die präzisierenden Merkmale gemäß § 4a Abs. 2 UWG zu berücksichtigen. Es sind der Zeitpunkt, der Ort, die Art oder Dauer der Handlung zu prüfen. Ferner kann es darauf ankommen, ob drohende oder beleidigende Formulierungen oder Verhaltensweisen verwendet oder ob bewusst konkrete Unglückssituationen oder Umstände von solcher Schwere ausgenutzt wurden, die das Urteilsvermögen des Verbrauchers oder sonstigen Marktteilnehmers beeinträchtigt haben. Zu diesen Umständen zählen insbesondere geistige und körperliche Beeinträchtigungen, Alter, geschäftliche Unerfahrenheit, Leichtgläubigkeit sowie die Angst und die

Zwangslage von Verbrauchern. Sofern belastende oder unverhältnismäßige Hindernisse nichtvertraglicher Art gegeben sind, mit denen der Unternehmer den Verbraucher oder sonstigen Marktteilnehmer an der Ausübung seiner vertraglichen Rechte zu hindern versucht, etwa den Vertrag zu kündigen oder zu einer anderen Ware oder Dienstleistung oder zu einem anderen Unternehmer zu wechseln, ist die geschäftliche Handlung aggressiv im Sinne von § 4a Abs. 1 Satz 2 UWG. Schließlich ist eine Drohung mit rechtliche unzulässigen Handlungen bei der Feststellung, ob eine geschäftliche Handlung als aggressiv anzusehen ist, zu berücksichtigen.

Zur Frage des Vorliegens einer **aggressiven geschäftlichen** Handlung führt der **5** BGH wörtlich aus:

> Nach dem beanstandeten Verhalten im Jahr 2012 und vor der Entscheidung in der Revisionsinstanz am 21. Juli 2016 ist das im Streitfall maßgebliche Recht mit Wirkung ab dem 10. Dezember 2015 durch das Zweite Gesetz zur Änderung des Gesetzes gegen den unlauteren Wettbewerb (BGBl. I 2015, S. 2158) novelliert worden. Dadurch ist der in § 4 Nr. 1 UWG aF geregelte Tatbestand der unlauteren Beeinflussung der Entscheidungsfreiheit des Verbrauchers und des sonstigen Marktteilnehmers in die neu geschaffene Bestimmung des § 4a UWG überführt und entsprechend den Regelungen über aggressive Geschäftspraktiken gemäß Art. 8 und 9 der Richtlinie 2005/29/EG über unlautere Geschäftspraktiken neu gefasst worden. Eine für die Beurteilung des Streitfalls maßgebliche Änderung der Rechtslage folgt hieraus jedoch nicht. Nach der Rechtsprechung des Senats war bereits § 4 Nr. 1 UWG aF unionsrechtskonform dahingehend auszulegen, dass eine Beeinträchtigung der Entscheidungsfreiheit der Verbraucher im Sinne von § 4 Nr. 1 UWG aF nur dann vorliegt, wenn der Handelnde diese Freiheit gemäß Art. 8 und 9 der Richtlinie 2005/29/EG durch Belästigung, Nötigung oder durch unzulässige Beeinflussung im Sinne des Art. 2 Buchst. j der Richtlinie 2005/29/EG erheblich beeinträchtigt (BGH in WRP 2017, Seite 169 ff. [S. 172, Rdnr. 32], „**Förderverein**").

Nach den Ausführungen des BGH ist eine unzulässige Beeinflussung der Entscheidungs- oder Verhaltensfreiheit des Verbrauchers oder sonstigen Marktteilnehmers dann gegeben, wenn der **Unternehmer eine Machtposition** gegenüber dem Verbraucher oder sonstigen Marktteilnehmer zur Ausübung von Druck, auch ohne Anwendung oder Androhung körperlicher Gewalt, in einer Weise ausnutzt, die die Fähigkeit des Verbrauchers oder sonstigen Marktteilnehmers zu einer informierten Entscheidung wesentlich einschränkt. Das Versprechen eines E-Commerce-Händlers an den Förderverein einer Schule, für jede Bestellung eines Schulbuchs über den Förderverein eine Werbekostenerstattung zwischen 5% und 9% des Kaufpreises zu leisten, erfüllt noch nicht die Voraussetzungen einer unzulässigen Beeinflussung der Entscheidungs- oder Verhaltensfreiheit der in dem Förderverein zusammengeschlossenen Verbraucher. Die **Umgehung der Buchpreisbindung** stellt keinen Wettbewerbsverstoß dar, da den Letztabnehmern keine Rabatte gewährt werden. Der BGH betont, dass Sinn und Zweck des Buchpreisbindungsgesetzes nicht die Unterbindung jedweden Wettbewerbs auf der Einzelhandelsstufe ist, sondern dass es ausschließlich einen Preiswettbewerb gegenüber dem Letztabnehmer verhindern soll.

2. Belästigung

Als ein Fall der aggressiven geschäftlichen Handlung bestimmt § 4a Abs. 1 Satz 2 **6** Nr. 1 UWG, dass eine **belästigende** geschäftliche Handlung unlauter ist, wenn sie im konkreten Fall unter Berücksichtigung aller Umstände geeignet ist, die Entscheidungsfreiheit des Verbrauchers oder sonstigen Marktteilnehmers erheblich zu beeinträchtigen.

7   Zu der Frage, wann eine **unzumutbare Belästigung** gegeben sein kann, führt der BGH aus:

> Das Berufungsgericht hat bei der Beurteilung der Frage, ob die beanstandete Werbung des Beklagten eine unzumutbare Belästigung darstellt, zutreffend das insoweit durch Art. 2 Abs. 1 GG geschützte Interesse der betroffenen Hinterbliebenen von Werbung verschont zu bleiben, gegen das durch Art. 5 Abs. 1, Art. 12 GG geschützte Interesse des Beklagten wie auch seiner Mitbewerber, ihre jeweiligen gewerblichen Leistungen durch Werbung zur Geltung bringen zu können, gegeneinander abgewogen …Es hat dabei mit Recht die Sichtweise eines durchschnittlich empfindlichen Adressaten dieser Werbung zugrunde gelegt (BGH in WRP 2010, Seite 1502 ff. [S. 1503, Rdnr. 15], „Grabmalwerbung").

Ein Unternehmen, das Grabmale und andere für die Ausstattung von Grabstätten benötigte Gegenstände vertreibt, erfüllt den Tatbestand der Belästigung gemäß § 4a Abs. 1 Satz 2 Nr. 1 UWG noch nicht, wenn er die Angehörigen eines Verstorbenen **4 Wochen** nach dem Todesfall zu Werbezwecken anschreibt. Denn die Achtung vor der Intimsphäre des Trauernden gebietet es nach Ansicht des BGH lediglich, mit einer Grabsteinwerbung solange zu warten, bis die Bestattungs- und Trauerfeierlichkeiten üblicherweise durchgeführt wurden und der Hinterbliebene sich ohnehin den durch den Todesfall veranlassten Angelegenheiten zuwenden muss. Danach reicht eine **Wartefrist von 2 Wochen** aus, um einen Verstoß gegen § 4a Abs. 1 Satz 2 Nr. 1 UWG zu vermeiden.

3. Nötigung

8   Eine aggressive geschäftliche Handlung liegt vor, wenn die Entscheidungsfreiheit des Verbrauchers oder sonstigen Marktteilnehmers durch Nötigung einschließlich der Anwendung körperlicher Gewalt erheblich beeinträchtigt wird (§ 4a Abs. 1 Satz 2 Nr. 2 UWG). Dieser **Nötigungstatbestand** geht zurück auf Art. 9 UGP-RL. Insbesondere in der Verwendung **drohender** oder **beleidigender Formulierungen** oder Verhaltensweisen kann eine Nötigung im Sinne von § 4a Abs. 1 Satz 2 Nr. 2 UWG liegen. Auch wenn die strafrechtlichen Voraussetzungen des Nötigungstatbestandes nicht vorliegen müssen, da der Begriff der Nötigung in § 4a UWG richtlinienkonform auszulegen ist, muss jedenfalls das Verhalten des Unternehmens einen so erheblichen Druck auf die Entscheidungsfreiheit des Verbrauchers oder sonstigen Marktteilnehmers ausüben, etwa durch Drohungen mit rechtlich unzulässigen Handlungen, dass sich die angesprochenen Verkehrskreise zum Handeln gezwungen sehen. Eine Definition der Nötigung findet sich in der UGP-RL nicht.

9   Der BGH untersagte die Werbeaktion eines Herstellers von Frühstückscerealien, der in einer an Schüler gerichteten Werbeaktion damit warb, dass diese durch den Erwerb seiner Produkte Wertpunkte sammeln können, die für Sportartikel in ihrer Schule eingelöst werden konnten. Der mit dieser Werbeaktion aufgebaute **Gruppendruck** auf die Schüler, sich dem Sammeln der Taler innerhalb der Klassen- und Schulgemeinschaft anzuschließen, war geeignet, die Schüler zum Erwerb der beworbenen Frühstückscerealien anstelle von Produkten anderer Hersteller zu zwingen (BGH „Tony Taler"). Der werbende Unternehmer hat in unsachlicher Weise die innerhalb einer Schulklasse bestehende Gruppendynamik und den bei den Schülern bestehenden **Solidaritätszwang** für seine Werbezwecke ausgenutzt.

10   Im Zusammenhang mit der **Beeinträchtigung der Entscheidungsfreiheit der Verbraucher** durch die Mahnung eines Mobilfunkunternehmens unter **Androhung eines SCHUFA-Eintrags,** betont der BGH Folgendes:

Nach der gebotenen richtlinienkonformen Auslegung der Bestimmung liegt eine Beeinträchtigung der Entscheidungsfreiheit der Verbraucher nur vor, wenn der Handelnde diese Freiheit gemäß Art. 8 und 9 der Richtlinie 2005/29/EG über unlautere Geschäftspraktiken durch Belästigung, Nötigung oder durch unzulässige Beeinflussung im Sinne des Art. 2 Buchst. j der Richtlinie erheblich beeinträchtigt. Bei der Feststellung, ob im Rahmen einer Geschäftspraxis das Mittel der unzulässigen Beeinflussung eingesetzt wird, ist darauf abzustellen, ob drohende oder beleidigende Formulierungen oder Verhaltensweisen verwendet werden oder der Gewerbetreibende die geschäftliche Entscheidung des Verbrauchers bewusst dadurch beeinflusst, dass er konkrete Unglückssituationen oder Umstände von solcher Schwere ausnutzt, die das Urteilsvermögen des Verbrauchers beeinträchtigen. Dies setzt voraus, dass die beanstandete geschäftliche Handlung geeignet ist, die Rationalität der Entscheidung der angesprochenen Verbraucher vollständig in den Hintergrund treten zu lassen (BGH in WRP 2015, S. 1341 ff. [Seite 1342, Rdnr. 14], „SCHUFA-Hinweis").

Die Ankündigung eines Mobilfunkunternehmens an dessen Kunden, dass das Mobilfunkunternehmen den Kunden bei der SCHUFA melden wird, sollte er nicht fristgerecht die Entgeltforderung erfüllen, ist geeignet, die Fähigkeit des Verbrauchers zu einer freien informationsgeleiteten Entscheidung erheblich zu beeinträchtigen. Es liegen die tatbestandlichen Voraussetzungen einer Nötigung und damit einer aggressiven Geschäftspraktik im Sinne von Art. 8 und Art. 9 der Richtlinie 2005/29/EG und damit von § 4a Abs. 1 Satz 2 Nr. 2 UWG vor, da die Übermittlung von für die Kreditwürdigkeit des Verbrauchers relevanten Daten an die SCHUFA erhebliche Nachteile für den Verbraucher mit sich bringen kann und daher ein empfindliches Übel darstellt. Denn jeder SCHUFA-Eintrag beeinträchtigt die Kreditwürdigkeit des Verbrauchers.

4. Unzulässige Beeinflussung

Eine gemäß § 4a Abs. 1 Satz 2 Nr. 3 UWG unzulässige aggressive geschäftliche **11** Handlung liegt auch vor, wenn der Unternehmer eine Machtposition gegenüber dem Verbraucher oder sonstigen Marktteilnehmer **zur Ausübung von Druck,** auch ohne Anwendung oder Androhung von körperlicher Gewalt, in einer Weise ausnutzt, die die Fähigkeit des Verbrauchers oder sonstigen Marktteilnehmers zu einer informierten Entscheidung **wesentlich einschränkt** (§ 4a Abs. 1 Satz 3 UWG). Die Entscheidungsfreiheit des Verbrauchers oder sonstigen Marktteilnehmers durch eine unzulässige Beeinflussung erheblich zu beeinträchtigen, ist Gegenstand der Regelung in § 4a Abs. 1 Satz 2 Nr. 3 UWG. Es kommt bei der unzulässigen Beeinflussung des Verbrauchers oder sonstigen Marktteilnehmers nicht darauf an, ob zugleich ein Verstoß gegen die **unternehmerische Sorgfalt** vorliegt. Vielmehr ist die unzulässige Beeinflussung des Verbrauchers oder sonstigen Marktteilnehmers stets unlauter und unzulässig, wenn sie geeignet ist, eine geschäftliche Entscheidung zu beeinflussen. Verbraucher und andere Marktteilnehmer sollen vor aggressiven geschäftlichen Handlungen von **Relevanz** geschützt werden.

Dabei ist höchstrichterlich anerkannt, dass nicht jede unzulässige Beeinflussung be- **12** reits die Entscheidungsfreiheit des Verbrauchers oder sonstigen Marktteilnehmers **erheblich** beeinträchtigt. Wenn ein Bankunternehmen einem Kunden, der bei ihm ein Girokonto unterhält, unaufgefordert eine Kreditkarte übersendet, ist die Schwelle zur unzulässigen Beeinflussung des Verbrauchers noch nicht überschritten (BGH **„Kreditkartenübersendung"**). Denn der durchschnittlich informierte und durchschnittlich aufmerksame Verbraucher kennt die Funktionsweise einer Kreditkarte und weiß daher, dass diese Kreditkarte nicht ohne eine gesonderte Erklärung einsetzbar ist. Dieser Verbraucher erkennt auch, dass er die Kreditkarte, sofern er sie nicht nutzen will, unbesehen vernichten kann.

13   Etwas anderes gilt allerdings dann, wenn sich die Werbemaßnahme gezielt an Verbraucher richtet, die etwa durch das **Alter,** die **geschäftliche Unerfahrenheit** oder die **Leichtgläubigkeit** eher zu beeinflussen sind als der verständige Durchschnittsverbraucher. So hat der BGH die Gewinnspielwerbung einer gesetzlichen Krankenkasse, die sich gezielt an Teilnehmer im Alter von 15 – 17 Jahren richtete und die zum Ziel hatte, die im Rahmen des Gewinnspiels erhobenen personenbezogenen Daten später auch zu Werbezwecken zu nutzen, als aggressive geschäftliche Handlung untersagt und auf Folgendes hingewiesen:

> Allerdings ist nicht jede gezielte Beeinflussung von Minderjährigen … unlauter. Die konkrete Handlung muss vielmehr geeignet sein, die Unerfahrenheit auszunutzen… Maßgeblich ist, ob sich der Umstand, dass Minderjährige typischerweise noch nicht in ausreichendem Maße in der Lage sind, Waren oder Dienstleistungsangebote kritisch zu beurteilen, auf die Entscheidung für ein unterbreitetes Angebot auswirken kann (BGH in WRP 2014, Seite 835 ff. [S. 837, Rdnr. 25], **„Nordjob-Messe"**).

Für die angesprochenen, besonders schutzbedürftigen Verkehrskreise der Kinder und Jugendlichen war es nicht erkennbar, **in welchem Umfang** die im Rahmen des Gewinnspiels erlangten personenbezogenen Daten später von der gesetzlichen Krankenkasse **werblich** genutzt werden können. Deshalb lag eine unzulässige Beeinflussung vor und die Werbung war zu untersagen.

14   Der BGH untersagte auch eine **Kooperationsvereinbarung** zwischen Zahnärzten und einer Dentallaborgesellschaft wegen des Vorliegens einer unzulässigen Beeinflussung. Denn es stellt eine unangemessene, unsachliche Einflussnahme auf die zahnärztliche **Diagnose- und Therapiefreiheit** dar, wenn sich Zahnärzte vertraglich verpflichten, ein von einer GmbH betriebenes Dentallabor mit sämtlichen bei der Behandlung ihrer Patienten anfallenden Dentallaborleistungen zu beauftragen und die Zahnärzte durch eine gesellschaftsrechtliche Konstruktion am Gewinn dieser GmbH partizipieren zu lassen (BGH **„Dentallaborleistungen"**).

15   Es fehlt nach Ansicht des BGH an einer **Ausnutzung der Unerfahrenheit** von Kindern und Jugendlichen, wenn ein Elektronik-Fachmarkt im Rahmen einer „Zeugnisaktion an Schulkinder" verspricht, für jede Eins im Zeugnis den Preis eines Produkts im gesamten Warensortiment um 2,00 € zu reduzieren. In dieser Zeugnisaktion des Elektronikhändlers liegt noch keine unzulässige Beeinflussung, da die **Entscheidungsfreiheit der angesprochenen Schulkinder** nicht unzulässig beeinträchtigt wird. Wörtlich führt der BGH aus:

> Die von der Revision angesprochene Ausnutzung von Stolz und Ehrgeiz der Werbeadressaten gehören nicht zu diesen aggressiven Geschäftspraktiken. Es ist insbesondere nicht ersichtlich, dass der hier in Rede stehenden Werbemethode ein hinreichendes Gewicht zukommt, wie es die in Art. 9 der Richtlinie über unlautere Geschäftspraktiken beschriebenen Umstände haben. Danach ist etwa bei der Feststellung, ob im Rahmen einer Geschäftspraxis das Mittel der unzulässigen Beeinflussung eingesetzt wird, darauf abzustellen, ob drohende oder beleidigende Formulierungen oder Verhaltensweisen verwendet werden oder der Gewerbetreibende die geschäftliche Entscheidung des Verbrauchers bewusst dadurch beeinflusst, dass er konkrete Unglückssituationen oder Umstände von solcher Schwere ausnutzt, die das Urteilsvermögen des Verbrauchers beeinträchtigen. Dies setzt voraus, dass die beanstandete geschäftliche Handlung geeignet ist, die Rationalität der Nachfrageentscheidung der angesprochenen Verbraucher vollständig in den Hintergrund treten zu lassen (BGH in WRP 2014, Seite 1301 ff. [S. 1303, Rdnr. 27], **„Zeugnisaktion"**).

Bei der in Aussicht gestellten Preisreduzierung von 2,00 € für jede Eins im Zeugnis ist die Entscheidungsfreiheit des Schulkindes noch nicht derart beeinträchtigt, dass bei der Kaufentscheidung **rationale Kriterien** wie Bedarf, finanzielle Belastung, Qualität und Preiswürdigkeit des Angebots vollständig in den Hintergrund treten. Die Werbung des Elektronik-Fachmarktes war transparent und die angesprochenen Schulkinder wussten, dass sie bei Erwerb eines Produkts in dem werbenden Unternehmen allenfalls 2,00 € sparen können. Das Ausnutzen des Ehrgeizes von Schülern **für eine Werbeaktion** hat kein Gewicht von der Schwere, die mit einem der präzisierenden Merkmale in § 4a Abs. 2 UWG vergleichbar wäre. Eine unsachliche Beeinflussung war deshalb mit der Werbung nicht verbunden.

VI. Vergleichende Werbung (§ 6 UWG)

1. Werbevergleich

1 Mit dem Gesetz zur vergleichenden Werbung und der Änderung wettbewerbsrechtlicher Vorschriften vom 1. September 2000 wurde die Richtlinie 97/55/EG umgesetzt und die gesetzliche Regelung über die vergleichende Werbung in das UWG eingeführt (§ 6 UWG).

2 Danach ist vergleichende Werbung jede Werbung, die **unmittelbar** oder **mittelbar** einen Mitbewerber oder die Erzeugnisse oder Dienstleistungen, die von einem Mitbewerber angeboten werden, erkennbar macht (entspricht Art. 2c) Richtlinie 2006/114/EG über irreführende und vergleichende Werbung, Anhang II Nr. 3). Die Richtlinie 2006/114/EG über irreführende und vergleichende Werbung ersetzte Richtlinie 97/55/EG, die aufgehoben wurde. Vergleichende Werbung ist grundsätzlich **zulässig**. § 6 Abs. 2 UWG enthält einen **Katalog von Beispielen unlauteren Verhaltens.** Während der europäische Gesetzgeber in der Richtlinie 2006/114/EG im Rahmen einer Positivliste unter Art. 4 aufgezählt hat, wann vergleichende Werbung **zulässig** ist, bedient sich der deutsche Gesetzgeber eines **Negativkatalogs.** Die unterschiedliche Systematik des europäischen und des deutschen Gesetzgebers kann im Einzelfall dazu führen, dass in Grenzfällen ein Verbotstatbestand des § 6 Abs. 2 UWG bereits Anwendung findet, obgleich der Zulässigkeitsrahmen aus Art. 4 der Richtlinie 2006/114/EG noch nicht verlassen wurde. In diesem Fall schafft § 3 Abs. 1 UWG den notwendigen Ausgleich, um den beanstandeten Werbevergleich als lautere vergleichende Werbung zu qualifizieren, da eine **spürbare Beeinträchtigung** der Interessen von Mitbewerbern, Verbrauchern oder sonstigen Marktteilnehmern gegeben sein muss (siehe auch EuGH WRP 2003, 615 **„Pippig Augenoptik"**). Außerdem setzt § 6 UWG voraus, dass **Werbung** vorliegt. Keine Werbung ist die Eintragung eines **Domainnamens,** da es sich hierbei nur um einen formalen Akt handelt. Sehr wohl kann es sich jedoch um eine Werbemaßnahme handeln, wenn das werbende Unternehmen **Metatags** in den Metadaten einer Website nutzt (EuGH **„BEST/Visys"**). Denn dann wird die Suchmaschine zu Gunsten des Werbenden beeinflußt.

3 Wesentliches Merkmal der vergleichenden Werbung ist daher das **Erkennbarmachen von Mitbewerbern oder deren Waren bzw. Dienstleistungen** im Rahmen eines Vergleichs. Nach der 8. Begründungserwägung der Richtlinie 2006/114/EG ist der Begriff der vergleichenden Werbung **breit zu fassen.** Eine Werbemaßnahme ist bereits dann als vergleichende Werbung einzustufen, wenn eine Äußerung vorliegt, die auch nur mittelbar auf einen Mitbewerber und die Erzeugnisse oder Dienstleistungen, die dieser anbietet, Bezug nimmt (EuGH **„Toshiba Europe"**). Die Werbeaussage darf sich allerdings **nicht** in einem **Werturteil** erschöpfen. Die an die vergleichende Werbung zu stellenden Anforderungen sind nach der Rechtsprechung des Gerichtshofs der EU in dem für sie **günstigsten Sinn** auszulegen. In der **bloßen Bezugnahme auf die Ware** eines Mitbewerbers, auch wenn sie mit dem Ziel einer Rufanlehnung erfolgt, liegt noch kein Werbevergleich (BGH **„Aluminiumräder"**).

4 Vergleichende Werbung ist danach **jede** (Tatsachen-)**Äußerung** bei der Ausübung eines Handels, Gewerbes, Handwerks oder freien Berufs mit dem Ziel, den **Absatz**

von Waren oder die Erbringung von Dienstleistungen, einschließlich unbeweglicher Sachen, Rechte und Verpflichtungen, **zu fördern.** Dazu zählt auch die Bezugnahme auf die **Marke** eines Mitbewerbers. Zur Frage der vergleichenden Werbung eines E-Commerce-Händlers im Internet führt der BGH aus:

> Nach § 6 UWG, der der Umsetzung der RL 97/95/EG zur Änderung der RL 84/ 450/EWG über irreführende Werbung zwecks Einbeziehung der vergleichenden Werbung (nunmehr RL 2006/114/EG über irreführende und vergleichende Werbung) dient, ist vergleichende Werbung grundsätzlich erlaubt. Sie stellt ein zulässiges Mittel zur Unterrichtung der Verbraucher über Eigenschaften und Vorteile einer Ware oder Dienstleistung dar, wenn sie wesentliche, relevante, nachprüfbare und typische Eigenschaften der in die Gegenüberstellung einbezogenen konkurrierenden Produkte vergleicht und nicht irreführend ist. Dabei kann es für eine wirksame vergleichende Werbung unerlässlich sein, die Waren oder Dienstleistungen eines Mitbewerbers dadurch erkennbar zu machen, dass auf eine ihm gehörende Marke oder auf seinen Handelsnamen Bezug genommen wird (vgl. Erwägungsgründe 8 und 14f. der RL 2006/114/EG). Eine solche Bezugnahme verletzt das fremde Kennzeichenrecht nicht, wenn sie unter Beachtung der in der Richtlinie aufgestellten Bedingungen erfolgt und das fremde Zeichen verwendet wird, um auf den Bestimmungszweck des angebotenen Produkts hinzuweisen (BGH in GRUR 2015, Seite 1136 ff. [S. 1137, Rdnr. 17], „Staubsaugerbeutel im Internet").

Unter § 6 Abs. 1 UWG unterfällt **jede werbliche Bezugnahme** auf einen Mitbewerber oder eine von diesem angebotene Ware oder Dienstleistung. Aus der **bloßen Kritik** an Waren, Leistungen oder Werbemethoden von Mitbewerbern ist regelmäßig nicht bereits ein Vergleich mit eigenen Waren oder Leistungen herauszulesen. Dies gilt insbesondere dann, wenn sich im Rahmen einer Werbung die Bezugnahme auf den Werbenden für den verständigen Durchschnittsverbraucher nur **reflexartig** ergibt (BGH „**Coaching-Newsletter**").

Nicht unter § 6 UWG fällt der **Systemvergleich** und der **Warenartenvergleich.** 5 In beiden Vergleichsformen werden weder Mitbewerber noch die von ihnen angebotenen Waren oder Dienstleistungen erkennbar gemacht, sodaß es an den Tatbestandsvoraussetzungen von § 6 Absatz 1 UWG fehlt. Ob ein Systemvergleich wettbewerbswidrig ist, ist danach allein auf der Grundlage von § 4 Nr. 4 UWG zu bestimmen. Ein **Systemvergleich** liegt vor, wenn etwa zwei unterschiedliche Heizsysteme – z.B. Öl und Gas – miteinander verglichen werden. Ein **Warenartenvergleich** ist gegeben, wenn ein Vergleich zwischen zwei Warengattungen durchgeführt wird. System- und Warenartenvergleich sind zulässig, wenn die in Vergleich gesetzten Leistungen, Waren oder Systeme sachlich vergleichbar sind, für den Vergleich in dieser Form ein **sachlich gerechtfertigter Anlass** besteht und die Angaben sich nach Art und Maß in den Grenzen des Erforderlichen und der wahrheitsgemäßen sachlich richtigen Erörterung halten (BGH „**Energiekosten-Preisvergleich**"). Um keinen Systemvergleich handelt es sich, wenn sich der Wettbewerber darauf beschränkt, seine eigene Ware oder Dienstleistung anzupreisen, indem er ihre Eigenschaften hervorhebt (BGH „**Kfz-Waschanlagen**").

Als Unterfall der wettbewerblichen Behinderung ist ein Werbevergleich ohne 6 individuelle Bezugnahme gemäß § 4 Nr. 4 UWG unzulässig, wenn Begleitumstände vorliegen, die einen **Unlauterkeitsvorwurf** nach §§ 4 Nr. 4, 3 Abs. 1 UWG begründen. Fehlt es hingegen am Vorliegen besonderer Umstände, die die Unlauterkeit begründen, ist die vergleichende Werbung ohne individuelle Bezugnahme grundsätzlich zulässig.

Die werbliche Aufforderung eines Einzelhändlers an Letztverbraucher, mit durchge- 7 strichenen Preisen beworbene Angebote misstrauisch zu prüfen, begründet keinen

Werbevergleich. Die Aufforderung war so allgemein gehalten, dass sie keine konkreten Wettbewerber erkennen ließ (BGH „SOOOO ... BILLIG!?"). Keinesfalls reicht es zur Annahme der vergleichenden Werbung aus, dass der Werbende einen Bezug zwischen den Wettbewerbern nur **unausgesprochen zum Ausdruck** bringt. Der Werbende muss vielmehr den Mitbewerberbezug ausdrücklich aussprechen oder jedenfalls eindeutig nahe legen. Ein Informationsblatt, das lediglich dazu auffordert, Angebote, die mit durchgestrichenen Preisen beworben werden, misstrauisch zu prüfen, weil sich dahinter **Unseriosität,** ein **Lockvogelangebot,** Ladenhüter oder sonstige Finten verbergen könnten, enthält keine ausdrückliche Bezugnahme.

8   Vergleichende Werbung im Sinne von § 6 UWG setzt nicht nur voraus, dass ein Mitbewerber oder das von ihm angebotene Produkt erkennbar gemacht wird, sondern auch, dass sich unterschiedliche, aber hinreichend **austauschbare Produkte** des Werbenden und des Mitbewerbers gegenüberstehen. Wörtlich heißt es in den Ausführungen des BGH:

> Vergleichende Werbung i.S. von § 6 UWG setzt daher neben dem Erkennbarmachen konkreter Wettbewerber zwingend einen Vergleich der von diesen angebotenen, hinreichend austauschbaren Produkte voraus. ... Bei den Äußerungen der Bekl. fehlt es danach an der für eine vergleichende Werbung erforderlichen Bezugnahme auf die eigenen Dienstleistungen. Die an den Mitbewerbern und deren Leistungen geübte Kritik enthält zwar unausgesprochen die Aussage, sie treffe auf die Bekl. selbst nicht zu. Die Voraussetzungen für einen Werbevergleich sind aber grundsätzlich dann noch nicht erfüllt, wenn eine Werbeaussage so allgemein gehalten ist, dass sich den angesprochenen Verkehrskreisen keine Bezugnahme auf den Werbenden aufdrängt, sondern sich ein solcher Bezug nur reflexartig daraus ergibt, dass mit jeder Kritik an Mitbewerbern in der Regel unausgesprochen zum Ausdruck gebracht wird, dass diese Kritik den Werbenden selbst nicht trifft (BGH in GRUR 2012, Seite 74 ff. [S. 76, Rdnr. 18, 19], „Coaching-Newsletter").

Sofern sich also aus einer Werbung nicht ergibt, dass sich unterschiedliche, aber hinreichend austauschbare Produkte des Werbenden und des Mitbewerbers gegenüberstehen, liegen die Voraussetzungen einer vergleichenden Werbung nicht vor.

9   Liegt ein Werbevergleich ohne individuelle Bezugnahme vor, ist bei dieser Werbung weiter zu prüfen, **ob die Werbemaßnahme** gem. §§ 4 Nr. 4, 3 Abs. 1 UWG **unlauter ist.** Um einen Wertungswiderspruch zwischen § 6 UWG und §§ 4 Nr. 4, 3 Abs. 1 UWG zu vermeiden, sind die Anforderungen an die Zulässigkeit der vergleichenden Werbung ohne individuelle Bezugnahme **nicht strenger zu beurteilen als bei § 6 UWG.** Unlauter ist daher ein Werbevergleich ohne individuelle Bezugnahme nur dann, wenn der Werbende mit **wettbewerbsfremden Mitteln** versucht, Aufmerksamkeit zu erregen. Das ist etwa der Fall, wenn der Werbevergleich zu einer allgemeinen Marktbehinderung oder Marktstörung führen kann.

10   Werbevergleiche ohne individuelle Bezugnahme, die durch scherzhafte Übertreibungen oder Ironie Aufmerksamkeit erzielen wollen, sind grundsätzlich zulässig. Der **verständige Durchschnittsverbraucher** weiß regelmäßig die **scherzhafte Übertreibung** richtig einzuordnen (BGH „Gib mal Zeitung"). Die Aufforderung an den allgemeinen Verkehr, bis zur Geschäftseröffnung des Werbenden mit dem Kauf neuer Computer zu warten, stellt keine zu befolgende Anordnung dar, sondern bestenfalls die Empfehlung, einen bestehenden Bedarf bei dem werbenden Unternehmen zu einem späteren Zeitpunkt zu decken (BGH „Eröffnungswerbung"). Diese Aufforderung ist zulässig.

11   Zulässig können auch sogenannte Rechtsanwalts-Ranglisten sein, die von einem Verlag für juristische Informationen veröffentlicht werden. Sofern die Rangliste der

Kanzleien auf eine **subjektive Auswahl** zurückgeht, die lediglich die auf zahlreichen Interviews basierende Recherche der Redaktion reflektiert, und der Herausgeber auf diesen Umstand hinweist, liegt keine vergleichende Werbung im Sinne von § 6 UWG vor. Denn es fehlt dem Verlag, der die Ranglisten veröffentlicht, an der Absicht, den Wettbewerb der in den Ranglisten genannten Rechtsanwaltskanzleien zu Lasten derjenigen Rechtsanwälte zu fördern, die in den Listen nicht oder an weniger herausgehobener Stelle angeführt sind. Der Verlag kann sich vielmehr auf das Presseprivileg nach Art. 5 Abs. 1 GG berufen (BGH **„Rechtsanwalts-Ranglisten"**).

Die in einer Werbeaussage enthaltene **Bezugnahme auf eine Warengattung** 12 kann ausnahmsweise als vergleichende Werbung anzusehen sein, wenn mehrere Mitbewerber des Werbenden oder die von ihnen angebotenen Waren oder Dienstleistungen als diejenigen erkennbar werden (EuGH **„CHAMPAGNERBIER"**). Wenn daher ein Bierbrauer eine Biersorte unter der Bezeichnung „Brut Réserve" auf dem Markt anbietet, um seine Braumethode mit der Herstellungsweise von Champagner zu vergleichen, und dem Bier damit den Anstrich eines außergewöhnlichen Produkts zu geben, ist dieser Vergleich als unlautere vergleichende Werbung gem. § 6 Abs. 2 Nr. 4 UWG angreifbar. Denn in diesem Fall nutzt das werbende Unternehmen in unlauterer Weise die **Ursprungsbezeichnung** eines Konkurrenzprodukts aus.

2. Gleicher Bedarf oder dieselbe Zweckbestimmung

Ein Werbevergleich ist unlauter, wenn er sich nicht gemäß § 6 Absatz 2 Ziffer 1 **13** UWG auf Waren oder Dienstleistungen für den gleichen Bedarf oder dieselbe Zweckbestimmung bezieht. Gleicher Bedarf oder dieselbe Zweckbestimmung bedeutet nicht, dass eine völlige Identität im konkreten Einzelfall vorliegen muss (EuGH **„Lidl . /. Vierzon Distribution"**). Andernfalls könnten Lebensmittel kaum miteinander verglichen werden. Vielmehr kann ein Werbevergleich auch bei nichtidentischen Produkten oder Dienstleistungen zulässig sein, sofern die verglichenen Waren oder Dienstleistungen zumindest teilweise **funktionsidentisch** sind und aus Sicht des verständigen Durchschnittsverbrauchers als **Substitutionsprodukte oder -dienstleistungen** in Betracht kommen (BGH **„Stresstest"**).

Die Vergleichbarkeit der Waren und Dienstleistungen muss weit verstanden werden **14** (BGH **„Fußpilz"**). Der Bundesgerichtshof hatte sich mit der Werbung eines Modeschmuckhändlers zu befassen, der in einem Werbebrief seine eigenen Artikel mit den Designer-Modeschmuckartikeln des Wettbewerbers verglich. In diesem Zusammenhang stellt der Bundesgerichtshof fest:

> Es werden auch Waren für den gleichen Bedarf bzw. für dieselbe Zweckbestimmung im Sinne des Artikel 3 Absatz 1 lit. b der Richtlinie 97/55/EG verglichen. Dieser Annahme steht nicht entgegen, dass nicht konkrete Schmuckstücke aus dem Modeschmucksortiment der Beklagten identischen Stücken aus dem Angebot der Klägerin gegenübergestellt werden. Der Wortlaut der Regelung, nach dem es lediglich auf den gleichen Bedarf oder dieselbe Zweckbestimmung ankommt, sowie das anzuerkennende Informationsinteresse der Verbraucher sprechen für ein weites Verständnis im Sinne einer Vergleichbarkeit, die einen Werbevergleich grundsätzlich auch bei nichtidentischen Produkten zulässt, sofern diese nur funktionsidentisch sind und aus der Sicht der angesprochenen Verbraucher als Substitutionsprodukte in Betracht kommen (BGH in WRP 1999, Seite 414 ff. [Seite 415, 416], **„Vergleichen Sie"**).

Der Werbevergleich von Modeschmuck mit der Warengattung „hochwertiger Designer-Modeschmuck" wurde daher vom erkennenden Senat als Werbevergleich von Waren für den gleichen Bedarf angesehen.

15   Das gilt in gleicher Weise etwa auch für den Vergleich von Getränken, selbst wenn die Waren in unterschiedlichen Gebindegrößen verglichen werden. An dem Vorliegen von **Branchenähnlichkeit** fehlt es allerdings, wenn ein Zeitschriftenverlag seine Zeitschrift mit einem Lottoschein des Deutschen Lotto- und Totoblocks mit den Worten vergleicht: „Um Geld zu vermehren, empfehlen wir ein anderes Papier." Aus Sicht der angesprochenen Verkehrskreise sind die angebotenen Waren – Lottoschein einerseits, eine Wirtschaftszeitschrift andererseits – nicht austauschbar (BGH **„Lottoschein"**).

3. Sachlichkeitsgebot

16   Gemäß § 6 Absatz 2 Ziffer 2 UWG ist eine vergleichende Werbung untersagt, die sich nicht objektiv auf eine oder mehrere **wesentliche, relevante, nachprüfbare und typische** Eigenschaften oder den **Preis** der verglichenen Waren oder Dienstleistungen bezieht. Diese Qualifikationen sind aus der **Sicht des angesprochenen Verkehrs** zu beurteilen (BGH **„Stresstest"**). Es muss sich bei den verglichenen Eigenschaften um **nachprüfbare Tatsachen,** nicht um Werturteile, handeln. Auch wenn der angesprochene Durchschnittsverbraucher einen **gewissen Aufwand** hat, um den Werbevergleich nachzuprüfen, liegt eine gemäß § 6 Absatz 2 Ziffer 2 UWG nachprüfbare Tatsachenbehauptung vor. Jede Behauptung in der vergleichenden Werbung muss also dem Beweis zugänglich sein.

17   Ob es sich um wesentliche, relevante und typische Eigenschaften handelt, die **objektiv** verglichen werden, ist im Einzelfall festzustellen (EuGH **„Lidl Belgium GmbH & Co. KG"**). Die **typische Eigenschaft** einer Ware oder Dienstleistung ist in der Regel auch für sie wesentlich und relevant. Das Merkmal der Typizität ist weit auszulegen (BGH **„Stresstest"**). Dem Sachlichkeitsgebot genügt der Werbevergleich dann nicht, wenn die Werbung **herabsetzend** ist (s. § 6 Abs. 2 Nr. 5 UWG). Gegen das Verbot der Herabsetzung kann bereits eine überspitzte, ironisierende und schlagwortartig vergleichende Werbung verstoßen. **Relevant** ist die Eigenschaft, wenn sie den Kaufentschluss einer **nicht völlig unerheblichen** Zahl der angesprochenen Kaufinteressenten zu beeinflussen vermag (BGH **„Stresstest"**). Es kommt jedoch nicht darauf an, ob der Vergleich notwendig ist.

18   Eine Eigenschaft ist **wesentlich,** wenn ihre Bedeutung für den jeweils angesprochenen Verkehr aus dessen Sicht im Hinblick auf die vorgesehene Verwendung des Produkts nicht völlig unerheblich ist und sie ist **dann typisch,** wenn sie die Eigenart der verglichenen Produkte aus der Sicht der angesprochenen Verkehrskreise im Hinblick auf den Bedarf oder die Zweckbestimmung **prägt** und damit **repräsentativ** oder **aussagekräftig** für deren Wert als Ganzes ist (BGH **„Stresstest"**). Neben den **wertbestimmenden Faktoren** der Ware oder Dienstleistung können auch deren Preise oder das allgemeine Niveau der Preise eines Händlers verglichen werden (EuGH **„Lidl Belgium GmbH & Co. KG"**).

19   In der Entscheidung **„Preisvergleichsliste II"** befasste sich der Bundesgerichtshof mit der Frage, wann eine **wesentliche nachprüfbare Eigenschaft einer Ware** vorliegt. Im entschiedenen Fall verbreitete die Einkaufsgemeinschaft für holz- und kunststoffverarbeitende Betriebe eine Preisvergleichsliste, in der sie die Artikel, die Lieferanten und die von den Tischlereibetrieben im Einzelnen angegebenen Preise aufgeführt hatte. Die Auflistung der Preise war im Lichte des § 6 Absatz 2 Ziffer 2 UWG in gleicher Weise zulässig wie die Angaben über die Lieferanten und Tischlereibetriebe nebst des jeweiligen Rechnungsdatums. Insbesondere sah es der erkennende Senat nicht als Verstoß gegen § 6 Absatz 2 Ziffer 2 UWG an, dass die angegebenen Preise **nur be-**

schränkt nachprüfbar waren. Der Werbende war nicht verpflichtet, die Rechnungsempfänger anzugeben. Erst wenn die Preisgegenüberstellung zu einem **schiefen Bild** führt, etwa weil nicht vergleichbare Telefontarife miteinander verglichen werden, ist die vergleichende Preiswerbung als irreführende Werbung unzulässig. Zur Frage der **Objektivität des Werbevergleichs** führt der BGH wörtlich aus:

> Das Berufungsgericht hat angenommen, das Erfordernis der Objektivität verlange, dass beim Verbraucher kein schiefes Bild entstehen dürfe; unlauter seien danach Preisvergleiche insbesondere immer dann, wenn sich die preisrelevanten Konditionen der Wettbewerber nicht unwesentlich unterschieden und auf diese Unterschiede nicht deutlich und unmissverständlich hingewiesen werde. Nach der Rechtsprechung des Gerichtshofs der Europäischen Gemeinschaften zielt das Erfordernis der Objektivität jedoch darauf ab, Vergleiche auszuschließen, die sich nicht aus einer objektiven Feststellung, sondern aus einer subjektiven Wertung ihres Urhebers ergeben. … Danach ist der Begriff der Sachlichkeit allein dahingehend zu verstehen, dass subjektive Wertungen ausgeschlossen sind. … Dementsprechend lässt die Unvollständigkeit oder Einseitigkeit eines Preisvergleichs dessen Objektivität i. S. des § 6 Abs. 2 Nr. 2 UWG unberührt (BGH in WRP 2010, Seite 757 ff. [S. 758, Rdnr. 12], „**Paketpreisvergleich**").

Der Umstand allein, dass das vergleichende Unternehmen nur die ihm günstigen Eigenschaften zur Grundlage des Werbevergleichs macht, führt also nicht zu einem Mangel an Objektivität. Denn die **Unvollständigkeit** oder **Einseitigkeit** eines Preisvergleichs hat keinen Einfluss auf seine Objektivität.

20 Ein zulässiger Werbevergleich liegt vor, wenn der Hersteller von Fruchtgummi und Lakritzartikel seine Umsatzzuwächse für ein Produkt den Lakritzprodukten seines Wettbewerbers gegenüberstellt. Denn die Umsatzzuwächse eines Produkts sind **Eigenschaften** im Sinne des § 6 Abs. 2 Nr. 2 UWG (BGH „**Umsatzzuwachs**"). Danach ist der Begriff der *„Eigenschaft"* weit zu verstehen, so dass alle diejenigen Angaben als Eigenschaft des § 6 Abs. 2 Nr. 2 UWG verstanden werden, die für den angesprochenen Verkehr eine **nützliche Information** für seine Entscheidung enthalten können, ob er dem Erwerb der angebotenen Ware oder Dienstleistung nähertreten soll oder nicht. Sofern sich eine Werbung an Fachkreise richtet, kommt es im Zusammenhang mit der Frage, ob eine wesentliche Eigenschaft vorliegt, darauf an, ob die gegenübergestellten Umsatzzuwächse für diesen Verkehrskreis **nützlich sind.**

20a Der **Preis** als ausdrücklich in § 6 Abs. 2 Nr. 2 UWG **genannte Eigenschaft** einer Ware darf dann den Preisen des Wettbewerbs gegenübergestellt werden, wenn es sich bei den Preisen um **objektiv** vergleichbare Angaben handelt und der Vergleich nicht **irreführend** ist. Werden die Preise führender Markenartikel von konkurrierenden Handelsgruppen miteinander verglichen, die in Geschäften **unterschiedlicher Größe oder Art** vertrieben werden, kann die **Objektivität** des Vergleichs durch die unterschiedliche Größe oder Art des Händlers beeinträchtigt werden (EuGH „**ITM/ Carrefour**"). Selbst der Umstand, dass das vergleichende Unternehmen die Preise selbst festsetzt, führt nicht stets zur Unlauterkeit der Preisgegenüberstellung (BGH „**Eigenpreisvergleich**"). Denn die **Gefahr von Preismanipulationen** durch denjenigen, der einen Vergleich eigener Preise vornimmt, rechtfertigt aus Sicht des BGH kein generelles Verbot eines Preisvergleichs zwischen Produkten mit Hausmarken und Markenprodukten. Solange eine Preismanipulation dem Werbenden nicht nachgewiesen werden kann, ist der Eigenpreisvergleich zulässig.

4. Täuschung

21 Unzulässig ist eine vergleichende Werbung gemäß § 6 Absatz 2 Ziffer 3 UWG dann, wenn der Werbevergleich zu **Verwechselungen** zwischen dem Werbenden und einem Mitbewerber oder zwischen den von diesem angebotenen Waren oder Dienstleistungen bzw. den von ihnen verwendeten Kennzeichen führen kann (EuGH **„O$_2$ und O$_2$ (UK)/H3G"**). **Kennzeichen** sind sowohl (eingetragene und nicht eingetragene) Marken (§ 4 MarkenG) als auch geschäftliche Bezeichnungen (§ 5 MarkenG) und geographische Herkunftsangaben (§ 126 MarkenG). Voraussetzung des Tatbestandes in § 6 Absatz 2 Ziffer 3 UWG ist nicht, dass der angesprochene verständige Durchschnittsverbraucher tatsächlich getäuscht wird. Die **abstrakte Gefahr** von Verwechselungen reicht zur Bejahung des Verbotstatbestandes aus. Der Begriff der **Verwechslungsgefahr** ist in § 6 Abs. 2 Ziffer 3 UWG und in § 14 Abs. 2 Ziffer 2 MarkenG **einheitlich** auszulegen (BGH **„POWER BALL"**). Der Markeninhaber kann einem Mitbewerber allerdings nicht die Benutzung des **identischen Kennzeichens** in einer vergleichenden Werbung verbieten, wenn die Werbung im Einklang mit § 6 UWG steht (BGH **„Staubsaugerbeutel im Internet"**).

22 Ein zulässiger Werbevergleich liegt vor, wenn ein Hersteller nicht unter Sonderrechtsschutz stehende Verbrauchsmaterialien produziert und im Rahmen einer Preisliste seine eigenen Produkte mit den Original-Verbrauchsmaterialien vergleicht. Dieser Vergleich von Fremd-Verbrauchsmaterialien mit den Original-Verbrauchsmaterialien ist nur dann angreifbar, wenn er bei dem verständigen Durchschnittsverbraucher zu Verwechselungen führen kann (BGH **„Ersetzt"**). Der Bundesgerichtshof stellte im Zusammenhang mit der vergleichenden Bewerbung von OP-Lampen fest, dass diese Art des Vergleichs grundsätzlich zulässig ist. Nur wenn durch die **Art der Darstellung** der Eindruck erweckt wird, dass die gegenübergestellten Produkte identisch sind oder dass es sich bei den gegenübergestellten Produkten um die Original- und Zweitprodukte desselben Herstellers handelt, kann der Tatbestand des § 6 Absatz 2 Ziffer 3 UWG gegeben sein (BGH **„OP-Lampen"**). Allein der Umstand, dass der Zweithersteller von Ersatzteilen in seinem Katalog auf die Baugrößenbezeichnungen der Originalherstellerin Bezug nimmt, macht die bezugnehmende Werbung noch nicht unlauter (siehe nachfolgend).

5. Wettbewerbswidrige Rufausbeutung oder Verwässerung

23 Unzulässig ist ein Werbevergleich, wenn er den Ruf des von einem Mitbewerber verwendeten Kennzeichens in unlauterer Weise ausnutzt oder beeinträchtigt (§ 6 Absatz 2 Ziffer 4 UWG). Unlauter wird die Verwendung eines fremden Kennzeichens im Rahmen einer vergleichenden Werbung dann, wenn über einen kritisierenden Werbevergleich hinaus **besondere Umstände hinzutreten, die den Kennzeichenvergleich in unangemessener Weise abwertend oder unsachlich machen.** Im Gegensatz zu dem im Markenrecht bekannten Tatbestand der Rufausbeutung oder Markenverwässerung (§ 14 Abs. 2 Ziffer 3 MarkenG) muss das Kennzeichen im Rahmen von § 6 Absatz 2 Ziffer 4 UWG im Verkehr **nicht „bekannt" im markenrechtlichen Sinne** sein. Der Ruf ist in § 6 Abs. 2 Ziffer 4 UWG europarechtlich auszulegen. Es reicht danach aus, wenn das Kennzeichen vom Verkehr als von einem bestimmten Unternehmen stammend identifiziert wird (EuGH **„Toshiba Europe"**). Dabei ist auf den durchschnittlich informierten, aufmerksamen und verständigen Durchschnittsabnehmer der beworbenen Ware abzustellen, an den sich die vergleichende Werbung richtet. Eine unlautere vergleichende Werbung im Sinne von § 6 Abs. 2 Ziffer 4 UWG liegt etwa vor, wenn ein Anbieter über Ebay bei Vertrieb seiner eigenen „No-Name-Produkte" auf eine berühmte Marke Bezug nimmt. Wörtlich stellt der BGH fest:

> Das Berufungsgericht hat die von der Klägerin beanstandeten Bezeichnungen „à la Cartier", „passen wunderbar zu Cartier-Schmuck" und „für alle, die Cartier-Schmuck mögen" in den Verkaufsofferten der Beklagten zutreffend als vergleichende Werbung i.S. von § 2 Abs. 1 UWG a.F., § 6 Abs. 1 UWG angesehen, durch die die Wertschätzung des von der Klägerin verwendeten Zeichens „Cartier" in unlauterer Weise ausgenutzt wird (§ 2 Abs. 2 Nr. 4 UWG a.F., § 6 Abs. 2 Nr. 4 UWG). Die angegriffenen Wendungen signalisieren nach den Feststellungen des Berufungsgerichts den angesprochenen Verkehrskreisen, die von der Beklagten angebotenen Schmuckstücke seien im Design vergleichbar mit Schmuckstücken, die unter der bekannten Marke „Cartier" vertrieben würden (BGH in WRP 2009, Seite 967 ff. [S. 970, Rdnr. 31], „**Ohrclips**").

Bereits die **Bezugnahme** auf einer Verkaufsplattform im Internet, dass die angebotene Handelsware mit einem **bekannten Markenprodukt** vergleichbar ist, macht den Werbevergleich unlauter im Sinne von § 6 Abs. 2 Nr. 4 UWG. Denn der Markeninhaber hat es nicht hinzunehmen, dass ohne seine Einwilligung auf sein bekanntes Kennzeichen Bezug genommen wird. Richtet sich der Werbevergleich sowohl an den **Endverbraucher** also auch an **gewerbliche Wiederverkäufer und Zwischenhändler,** ist auf die Wahrnehmung beider Werbeadressaten abzustellen. Händler und Wiederverkäufer haben i.d.R. einen **anderen Wissensstand** als Endverbraucher. Für jene kann daher die Verletzung von § 6 Abs. 2 Nr. 4 UWG bereits zu bejahen sein, selbst wenn die Endverbraucher die Bezugnahme auf die Markenware nicht erkennen (BGH „**Creation Lamis**"). In diesem Zusammenhang ist ferner zu berücksichtigen, dass das Markenrecht dem Lauterkeitsrecht nicht vorgeht. Vielmehr hat die vergleichende Werbung in der Richtlinie 2006/114/EG eine abschließende unionsrechtliche Regelung erfahren, sodass § 6 Abs. 2 UWG abschließend die Unlauterkeit regelt.

Wenn im Rahmen von **Katalogen für Ersatzteile und Verbrauchsmaterialien** **24** die Bestellnummern der Original-Waren mit denen des Werbenden verglichen werden, liegt ein zulässiger Werbevergleich i.S.v. § 6 Abs. 1 UWG vor (EuGH „**Toshiba Europe**"). Nur wenn die entsprechende Katalogwerbung dazu führt, dass der angesprochene verständige Durchschnittsverbraucher den Ruf der Erzeugnisse des Originalherstellers auf die Erzeugnisse des konkurrierenden Anbieters überträgt, kann § 6 Absatz 2 Ziffer 4 UWG verwirklicht sein. Bei der Prüfung, ob eine unlautere Rufausbeutung des verwendeten Kennzeichens vorliegt, sind die Umstände des Einzelfalls heranzuziehen (EuGH „**Toshiba Europe**"). Vor allem ist zu berücksichtigen, dass nicht jede Bezugnahme auf ein fremdes Kennzeichen unlauter ist. Vielmehr sind an das **Merkmal der Unlauterkeit** hohe Anforderungen zu stellen. Anderenfalls wäre jede vergleichende Werbung, die auf ein fremdes Kennzeichen Bezug nimmt, unzulässig gemäß § 6 Absatz 2 Ziffer 4 UWG. **Unlauter** ist eine werbende Bezugnahme auf ein fremdes Kennzeichen erst dann, wenn der Werbende **zielgerichtet die Bekanntheit** eines Markenproduktes ausnutzt, um den guten Ruf dieser Ware auf sein eigenes Erzeugnis zu übertragen, indem er etwa das Markenprodukt im Vergleich zu seinem eigenen Erzeugnis ohne sachlichen Grund **besonders herausstellt.** Soweit keines der Unlauterkeitsmerkmale des § 6 Abs. 2 UWG vorliegt, ist eine vergleichende Werbung auch **markenrechtlich** zulässig (BGH „**Staubsaugerbeutel im Internet**"). Allein die Bezugnahme auf die Bekanntheit und den guten Ruf der

Fremdmarke, macht den Werbevergleich noch nicht unzulässig. Nicht jeder **Eigenpreisvergleich,** in dem die unter einer Hausmarke vertriebenen Produkte den Markenprodukten anderer Hersteller gegenüber gestellt werden, ist unlauter im Sinne von § 6 Abs. 2 Nr. 4 UWG. Die Nennung fremder Marken in dem Eigenpreisvergleich reicht nicht aus, um eine unlautere Rufausnutzung oder Rufbeeinträchtigung anzunehmen (BGH **„Eigenpreisvergleich"**). Denn der Hinweis auf die **Herstellermarken** ist im Rahmen des Preisvergleichs erforderlich, um den Vergleich der eigenen Erzeugnisse mit Fremderzeugnissen zu ermöglichen. Daher kann dieser Vergleich für sich genommen keine unlautere Ausnutzung des guten Rufs der fremden Markenartikel begründen.

25   Nicht jede Übernahme eines fremden Kennzeichens durch den Anbieter von Konkurrenzprodukten stellt eine **Herabsetzung oder Verunglimpfung** des Kennzeichens dar. In einem vom BGH entschiedenen Fall hatte der Anbieter von Druckerpatronen Bildmotive verwendet, die den vom Originalhersteller verwendeten Bildmotiven entsprachen. Die speziellen Bildmotive des Originalherstellers wie Teddybär, Badeente oder Sonnenschirm dienten der Zuordnung der jeweiligen Druckerpatrone zum passenden Drucker. Auch wenn die Übernahme dieser Bildmotive die **Kennzeichen des Originalherstellers** beeinträchtigten, verneinte der BGH die tatbestandlichen Voraussetzungen der Herabsetzung oder Verunglimpfung des Rufs dieser Bildmotive. Folgendes stellt der BGH heraus:

Das Vorliegen der Voraussetzungen des § 6 Abs. 2 Nr. 4 Fall 1 UWG ist im Streitfall auf der Grundlage der vom Berufungsgericht getroffenen Feststellungen ebenfalls zu verneinen. Dabei kann zugunsten der Klägerin unterstellt werden, dass die Beklagten mit der (vorgenommenen oder beabsichtigten) Verwendung ihrer Bildmotive in ihrer Werbung den Ruf der entsprechenden Kennzeichen der Klägerin ausnutzen. Nach den Erwägungsgründen 14 und 15 der Richtlinie 2006/114/EG kann die Bezugnahme auf ein fremdes Kennzeichen für eine wirksame vergleichende Werbung unerlässlich sein; eine solche Bezugnahme verletzt das fremde Kennzeichenrecht dann nicht, wenn sie unter Beachtung der in der Richtlinie aufgestellten Bedingungen erfolgt und mit dem fremden Kennzeichen nur einer Abgrenzung der zu vergleichenden Produkte dient und damit die zwischen ihnen bestehenden Unterschiede objektiv herausstellt. … Entsprechendes gilt, wenn das fremde Zeichen verwendet wird, um auf den Bestimmungszweck des angebotenen Produkts zu verweisen. Daher ist der Vorwurf einer unlauteren Rufausnutzung nur dann begründet, wenn über die Nennung des Kennzeichens hinaus zusätzliche Umstände hinzukommen. …
Die Feststellung, ob die Benutzung eines Zeichens dessen Wertschätzung in unlauterer Weise ausnutzt, erfordert eine umfassende Beurteilung aller relevanten Umstände des Einzelfalls, wobei insbesondere das Ausmaß der Bekanntheit und des Grades der Unterscheidungskraft des Zeichens, der Grad der Ähnlichkeit der einander gegenüberstehenden Zeichen, die Art der betroffenen Produkte und der Grad ihrer Nähe sowie die möglicherweise bestehende Gefahr der Verwässerung oder Verunglimpfung des Zeichens zu berücksichtigen sind. … Die Verwendung eines Zeichens, das einem bekannten Zeichen ähnlich ist, nutzt dessen Ruf dann in unlauterer Weise aus, wenn dadurch versucht wird, sich in den Bereich der Sogwirkung des bekannten Zeichens zu begeben, um von seiner Anziehungskraft, seinem Ruf und seinem Ansehen zu profitieren und die wirtschaftlichen Anstrengungen des Inhabers dieses Zeichens zur Schaffung und Aufrechterhaltung des Images dieses Zeichens ohne finanzielle Gegenleistungen auszunutzen. … Die Feststellung einer solchen Unlauterkeit erfordert daher die Abwägung zwischen den Interessen des Werbenden, des betroffenen Mitbewerbers und der Verbraucher, bei der die legitime Funktion der vergleichenden Werbung, die Verbraucher objektiv zu informieren, und der Grundsatz der Verhältnismäßigkeit zu berücksichtigen sind (BGH in WRP 2012, S. 318 ff. [S. 320, 321, Rdnr. 22 und 23], **„Teddybär"**).

Der BGH verneinte das Vorliegen der besonderen Voraussetzungen für eine **unlautere** Rufausbeutung, da sich der beklagte Händler von Ersatzpatronen der Bildmotive des Originalherstellers nur bedient hat, um dem angesprochenen Verkehr die Möglichkeit zu geben, die von ihm angebotene Ware mit der Originalware zu vergleichen. Der Umstand, dass der beklagte Händler der Ersatzpatronen **statt der Bestellnummern** des Originalherstellers dessen Bildmotive übernommen hat, begründete nicht die Unlauterkeit. Denn im Rahmen der erforderlichen **Interessenabwägung** überwiegt das Interesse der Verbraucher, über die Gleichartigkeit der angebotenen Tintenpatronen mit den Originalpatronen informiert zu werden (so auch BGH **„Staubsaugerbeutel im Internet"**). Die Verwendung einer fremden Marke in einem **Internet-Verkaufsangebot,** um Kunden, die sich einer Suchmaschine bedienen, auf das eigene Angebot aufmerksam zu machen, stellt nach den Ausführungen des BGH noch keine unlautere Rufausbeutung dar.

Aus Sicht des EuGH wird der Ruf eines in Fachkreisen bekannten Unterschei- **26** dungszeichens eines Herstellers auch dann nicht in unlauterer Weise ausgenutzt, wenn ein konkurrierender Anbieter in seinen Katalogen den **Kernbestandteil dieses Unterscheidungszeichens** verwendet (EuGH **„Siemens/VIPA"**). Denn die Übernahme des Kernbestandteils eines Bestellnummernsystems eines Wettbewerbers dient in diesem Fall nur dazu, dem (Fach-)Verkehr die funktionalen Gleichwertigkeiten der verglichenen Produkte zu vermitteln. Daher liegt aus Sicht des EuGH ein Vergleich wesentlicher, relevanter, nachprüfbarer und typischer Eigenschaften der verglichenen Produkte vor (siehe Vorabentscheidungsersuchen BGH **„Bestellnummernübernahme"**).

6. Herabsetzung, Verunglimpfung

Unlauter ist eine vergleichende Werbung, die Waren, Dienstleistungen, Tätigkeiten **27** oder persönliche bzw. geschäftliche Verhältnisse eines Mitbewerbers **herabsetzt oder verunglimpft** (§ 6 Absatz 2 Ziffer 5 UWG). Während § 6 Absatz 2 Ziffer 4 UWG eine unlautere Rufausbeutung oder Verwässerung eines Kennzeichenrechts zum Gegenstand hat, regelt § 6 Absatz 2 Ziffer 5 UWG Fälle der Herabsetzung oder Verunglimpfung des Wettbewerbers. § 6 Absatz 2 Ziffer 5 UWG ergänzt damit § 4 Nr. 2 UWG, da diese Bestimmung alle herabsetzenden Äußerungen erfasst, unabhängig davon, ob sie erweislich wahr sind oder nicht.

Jedem Werbevergleich ist eine **gewisse negative Wirkung** für den betroffenen **28** Wettbewerber **immanent.** Daher kann der Umstand allein, dass ein Werbender im Rahmen eines Werbevergleichs auf Waren oder Dienstleistungen bzw. auf die geschäftlichen Verhältnisse des Wettbewerbers Bezug nimmt, nicht unzulässig im Sinne von § 6 Absatz 2 Ziffer 5 UWG sein. Für die Beurteilung der Zulässigkeit eines Werbevergleichs ist auf die **mutmaßliche Wahrnehmung** eines durchschnittlich informierten, aufmerksamen und verständigen Durchschnittsverbrauchers abzustellen. Da dieser Durchschnittsverbraucher zunehmend an pointierte Aussagen in der Werbung gewöhnt ist, macht ein durch **Humor und Ironie** geprägter Werbevergleich diesen noch nicht unlauter im Sinne von § 6 Abs. 2 Nr. 5 UWG. Zu den Voraussetzungen eines herabsetzenden Werbevergleichs führt der BGH wörtlich aus:

> Eine Herabsetzung im Sinne von § 6 Abs. 2 Nr. 5 UWG setzt mehr voraus, als die einem kritischen Werbevergleich immanente Gegenüberstellung der Vorteile und Nachteile der verglichenen Produkte. Maßgeblich ist, ob die angegriffene Werbeaussage sich noch in den Grenzen einer sachlichen Erörterung hält oder bereits eine pauschale Ab-

wertung der fremden Erzeugnisse darstellt. Herabsetzend im Sinne von § 6 Abs. 2 Nr. 5 UWG ist ein Vergleich daher nur, wenn zu den mit jedem Werbevergleich verbundenen (negativen) Wirkungen für die Konkurrenz besondere Umstände hinzutreten, die ihn als unangemessen abfällig, abwertend oder unsachlich erscheinen lassen (BGH in WRP 2010, Seite 252 ff. [S. 255, Rdnr. 16], **„Gib mal Zeitung"**).

Wenn ein Zeitungsverlag seine Tageszeitung im Rahmen eines TV-Spots mit der Tageszeitung eines anderen Verlegers vergleicht und mit Mitteln der Ironie die Unterschiede zwischen beiden Tageszeitungen besonders pointiert heraushebt, liegt kein per-se unlauterer Werbevergleich vor.

29 Solange der Werbende mit ironischen Anklängen lediglich **Aufmerksamkeit** und **Schmunzeln** erzielt, mit ihnen aber keine Abwertung des Mitbewerbers oder des konkurrierenden Angebots verbunden ist, liegt keine unzulässige Herabsetzung vor (BGH **„Lottoschein"**). Es bedarf in jedem Einzelfall einer besonderen Prüfung, bis zu welcher Grenze die Werbung noch als **ironische Übertreibung** erlaubt ist und ab wann sie zu einer nicht mehr hinnehmbaren Herabsetzung wird. Ein humorvoller oder ironischer Werbevergleich kann aus Sicht des BGH auch dann zulässig sein, wenn er sich nicht auf feinen Humor und leise Ironie beschränkt. Erst wenn die vergleichende Werbung den Mitbewerber dem **Spott** oder der **Lächerlichkeit** preisgibt, ist die Grenze zur unzulässigen Herabsetzung erreicht. Erkennt der verständige Durchschnittsverbraucher in der Gegenüberstellung die humorvolle Überspitzung und nimmt er daher auch die Werbung nicht ernst, liegt ein die Aufmerksamkeit heischender Werbevergleich vor, aber keine unlautere Werbung.

30 Nach der Überzeugung des BGH liegt es im Wesen eines Preisvergleichs, der die eigenen Erzeugnisse des Werbenden als preisgünstiger herausstellt, dass er zu Lasten derjenigen Mitbewerber geht, die ihre Produkte zu einem höheren Preis anbieten (BGH **„Preisgegenüberstellung im Schaufenster"**). Der verständige Durchschnittsverbraucher sieht in einem Preisvergleich allein noch keine Herabsetzung oder Verunglimpfung der Mitbewerber, die ihre Produkte teurer anbieten, sondern er empfindet den Werbevergleich als Ausdruck eines **funktionierenden Preiswettbewerbs.** Die Eröffnungswerbung eines Einzelhandelsgeschäftes mit Geräten der Unterhaltungselektronik mit der Aufforderung „Willy säht: bis 17.4. kein Computer kaufe jon." (BGH **„Eröffnungswerbung"**) erschöpft sich in dem **Appell an den verständigen Durchschnittsverbraucher,** mit dem Computereinkauf doch zu warten, bis das neue Ladenlokal eröffnet ist. Dieser Appell ist nicht ungewöhnlich, denn er gilt für jede Neueröffnung. Die in der Werbung dem legendären Volksschauspieler Willy Millowitsch in den Mund geschobene Aufforderung ist **ein ins Scherzhafte gezogener Appell,** kaum aber eine zu befolgende Anordnung an die angesprochenen Verkehrskreise.

31 Weist ein Saugeinlagenhersteller im Rahmen eines Vergleichs für die Verpackung von frischem Fleisch, Fisch und Geflügel auf die in den Saugeinlagen des Wettbewerbers enthaltenen Kunststoffanteile hin, liegt kein Verstoß gegen § 6 Abs. 2 Nr. 5 UWG vor. Wörtlich führt der BGH aus:

> Eine Herabsetzung oder Verunglimpfung i. S. von § 2 II Nr. 5 UWG a. F., § 6 II Nr. 5 UWG setzt mehr voraus als die einem kritischen Werbevergleich immanente Gegenüberstellung der Vorteile und Nachteile der verglichenen Produkte. Maßgeblich ist, ob die angegriffene Werbeaussage sich noch in den Grenzen einer sachlich gebotenen Erörterung hält oder bereits eine pauschale Abwertung der fremden Erzeugnisse darstellt. Herabsetzend i. S. von § 2 II Nr. 5 UWG a. F., § 6 II Nr. 5 UWG ist ein Vergleich daher nur, wenn zu den mit jedem Werbevergleich verbundenen (negativen) Wirkungen für die Konkurrenz besondere Umstände hinzutreten, die ihn als unangemessen abfällig, ab-

wertend oder unsachlich erscheinen lassen (BGH in GRUR 2008, Seite 443 ff. [Seite 444, Rdnr. 18] **„Saugeinlagen"**).

In diesem Zusammenhang darf die einzelne Aussage eines Werbevergleichs nicht isoliert betrachtet werden, sondern sie ist allein aufgrund des **Gesamtzusammenhangs der Angaben** zu beurteilen. Daher hat der BGH die streitgegenständliche Werbung nicht als unlauteren Werbevergleich bewertet.

7. Imitations- oder Nachahmungsvergleich

Ein Werbevergleich, der eine Ware oder Dienstleistung als Imitation oder Nachahmung einer unter einem geschützten Kennzeichen vertriebenen Ware oder Dienstleistung darstellt, ist unlauter gemäß § 6 Absatz 2 Ziffer 6 UWG. Das Verbot in § 6 Absatz 2 Ziffer 6 UWG erfasst nicht diejenigen Werbevergleiche, in denen das eigene Produkt zu einem Fremdprodukt als gleichwertig dargestellt wird, sondern ausschließlich den Vergleich des Werbenden, der sein eigenes Produkt **ausdrücklich als „Nachahmung" oder „Imitation" eines Markenprodukts bezeichnet** oder zumindest **implizit** behauptet (BGH **„Imitationswerbung"**). Sofern an dem Original-Produkt Patent-, Design- oder Gebrauchsmusterschutz besteht, entfällt von vornherein die Möglichkeit des Imitationsvergleichs, da in diesem Fall der Werbevergleich zugleich das Eingeständnis einer Sonderschutzrechtsverletzung enthält. Nicht betroffen ist das Ersatzteilgeschäft des Kfz-Handels, soweit zwar auf die Automarke Bezug genommen wird, die eigenen Ersatzteile jedoch nicht als Imitate oder Nachahmungen der Original-Ersatzteile bezeichnet werden. **32**

Zu den **Voraussetzungen** einer unlauteren Imitations- oder Nachahmungswerbung hebt der BGH im Zusammenhang mit der Werbung eines Herstellers von Imitaten bekannter Markenparfüms folgendes heraus: **33**

> Das Berufungsgericht ist zu Recht davon ausgegangen, dass der Anwendungsbereich der Vorschrift des § 6 Abs. 2 Nr. 6 UWG nicht auf eine explizite Bezeichnung der beworbenen Ware oder Dienstleistung als Imitation oder Nachahmung beschränkt ist, sondern auch eine implizite Behauptung einer Imitation oder Nachahmung den Tatbestand einer nach § 6 Abs. 2 Nr. 6 UWG unzulässigen vergleichenden Werbung erfüllt. … Die Darstellung als Imitation oder Nachahmung muss jedoch über eine bloße Gleichwertigkeitsbehauptung hinausgehen. Mit einer entsprechenden Deutlichkeit muss aus der Werbung selbst hervorgehen, dass das Produkt des Werbenden gerade als eine Imitation oder Nachahmung des Produkts eines Mitbewerbers beworben wird. Für das Erfordernis einer in diesem Sinne „offenen" oder deutlich erkennbaren Imitationsbehauptung spricht auch der Wortlaut der durch § 6 Abs. 2 Nr. 6 UWG umgesetzten Richtlinienbestimmung, die die Tathandlung in der deutschen Fassung mit „darstellt", in der französischen Fassung mit „présenté" und in der englischen Fassung mit „presents" umschreibt (BGH in WRP 2010, Seite 527 ff. [S. 530, Rdnr. 29], **„Oracle"**).

Bei der Frage, ob die werbliche Bezugnahme oder Bezeichnung als **offene Anlehnung** an ein fremdes Markenprodukt verstanden werden kann, ist auf das Verständnis der angesprochenen Verkehrskreise abzustellen. Richtet sich die Werbung an die **Allgemeinheit,** ist auf das Verständnis des Durchschnittsverbrauchers abzustellen. Werden durch die Werbung hingegen ausschließlich gewerbliche Wiederverkäufer angesprochen, kommt es darauf an, wie dieser **Fachkreis** die Werbung versteht. In diesem Fall ist also auf den durchschnittlichen Angehörigen des Kreises der Wiederverkäufer und Zwischenhändler abzustellen (BGH **„Creation Lamis"**).

Bei Anwendung von § 6 Absatz 2 Ziffer 6 UWG hat eine **sachgerechte Interessenabwägung** zu erfolgen. Wirbt ein Händler mit **sogenannten „Duftvergleichs-** **34**

listen", in denen die Duftnoten weltbekannter Markenkosmetika eigenen Nachahmerprodukten gegenübergestellt werden, ist einerseits die erhebliche Rufgefährdung der Markenprodukte, andererseits das Informationsinteresse der Endverbraucher zu berücksichtigen. Mag im Rahmen der staatlichen Gesundheitsvorsorge noch ein besonderes Interesse darin liegen, die allgemeinen Kosten gerade im Arzneimittelmarkt durch die Zulassung von Generika zu senken und insoweit auch vergleichende Werbung mit einem Nachahmungsvergleich zu erlauben, gilt dieses öffentliche Interesse bei der Herstellung nachgeahmter Parfümdüfte ganz gewiss nicht. Es ist auch kein über das **eigene Profitinteresse des Nachahmers** hinausgehendes allgemein anzuerkennendes Interesse ersichtlich, das ausnahmsweise die Bezugnahme auf die bekannten Marken rechtfertigen könnte. Aus Sicht des EuGH sind nicht nur Werbebotschaften verboten, die den Gedanken an eine Imitation oder Nachahmung ausdrücklich wecken, sondern auch solche Aussagen, die in Anbetracht ihrer Gesamtdarstellung und des wirtschaftlichen Kontextes im jeweiligen Fall geeignet sind, den betreffenden Verkehrskreisen diesen Gedanken **implizit** zu vermitteln (EuGH „L'Oréal/Bellure"). Wenn also ein Wettbewerber in Vergleichslisten das eigene Produkt einem fremden Markenprodukt gegenüber stellt, geht der Verkehr üblicherweise davon aus, dass es sich bei dem beworbenen Artikel um ein **Imitat des Originalparfüms** handelt. Der Vorwurf der unlauteren Imitationswerbung knüpft nicht am Nachahmungstatbestand an, sondern ausschließlich daran, dass das beworbene Parfum als **Imitat der Markenware** bezeichnet wird (EuGH „L'Oréal/Bellure").

35　In seiner Entscheidung **„Duftvergleich mit Markenparfüm"** hebt der BGH hervor, dass eine nach § 6 Abs. 2 Nr. 6 UWG unzulässige vergleichende Werbung nur vorliegt, wenn der Werbung die Darstellung einer Ware als Imitation oder Nachahmung eines Originalproduktes entnommen werden kann. Unter Berücksichtigung der Grundsätze des EuGH dürfen die Anforderungen an das Erkenntlichmachen des Originalproduktes nicht zu hoch angesetzt werden. Eine Imitations- und Nachahmungswerbung im Sinne von § 6 Abs. 2 Nr. 6 UWG erfordert keine explizite Bezeichnung als Imitation, sondern liegt bereits vor, wenn eine **implizite Bezugnahme** auf das Originalparfüm gegeben ist (BGH **„Darstellung als Imitation"**). Bei der Prüfung, ob für die Adressaten der Werbung die Originalmarkenware erkennbar gemacht wird, sind alle Umstände der betroffenen Werbemaßnahmen zu berücksichtigen, etwa die vom Werbenden verwendeten Produktbezeichnungen, die vom angesprochenen Verkehr als *„Übersetzungscode"* oder als *„Eselsbrücke"* zu den Originalprodukten verwendet werden können (BGH **„Imitationswerbung"**). Doch selbst die Verwendung derartiger bezugnehmender *„Eselsbrücken"* reicht aus Sicht des BGH nicht aus, um eine Imitations- oder Nachahmungswerbung zu bejahen. Vielmehr ist für eine derartige Werbung ein **höherer Grad an Deutlichkeit** der Bezugnahme auf die Produkte des Mitbewerbers erforderlich (BGH **„Imitationswerbung"**).

36　Im Zusammenhang mit der Bewerbung von Kinderhochstühlen im Internet durch einen Anbieter, der seine eigenen Stühle unter Bezugnahme auf die Markenprodukte des Wettbewerbers mit den Aussagen „wie Stokke" oder „ähnlich Tripp-Trapp" bewarb, stellt der BGH wörtlich fest:

> Die danach zu fordernden eindeutigen Verstöße gegen § 6 Abs. 2 Nr. 6 UWG hat das Berufungsgericht nicht festgestellt. Nach dieser Vorschrift handelt derjenige, der vergleichend wirbt, unlauter, wenn der Vergleich eine Ware oder Dienstleistung als Imitation oder Nachahmung einer mit einem geschützten Kennzeichen vertriebenen Ware oder Dienstleistung darstellt. Die Vorschrift enthält das Verbot, das eigene Produkt offen als „Imitation" oder „Nachahmung" zu bezeichnen. Das muss allerdings nicht explizit ge-

schehen; auch die implizite Behauptung einer Imitation oder Nachahmung kann den Tatbestand einer nach § 6 Abs. 2 Nr. 6 UWG unzulässigen vergleichenden Werbung erfüllen. … Die Darstellung als Imitation oder Nachahmung muss jedoch über eine bloße Gleichwertigkeitsbehauptung hinausgehen. Mit einer entsprechenden Deutlichkeit muss aus der Werbung selbst hervorgehen, dass das Produkt des Werbenden gerade als eine Imitation oder Nachahmung des Produkts eines Mitbewerbers beworben wird. … Das bloße Kenntlichmachen eines Mitbewerbers oder dessen Ware oder Dienstleistung oder die Behauptung, das beworbene Produkt sei demjenigen eines Mitbewerbers gleichwertig, genügt dagegen nicht (BGH in WRP 2011, Seite 223 ff. [S. 228, Rdnr. 49], „**Kinderhochstühle im Internet**").

Im Zusammenhang mit der Verwendung der Formulierung „**wie** …" oder „**ähnlich** …" weist der BGH darauf hin, dass im Rahmen einer Einzelfallprüfung festgestellt werden muss, ob es sich bei der Bezugnahme nur um eine **Gleichwertigkeitsbehauptung** handelt oder ob zugleich eine implizite Behauptung einer Nachahmung oder Imitation vorliegt. Nicht jede Bezugnahme auf ein Markenprodukt enthält implizit auch die Behauptung der Imitation oder der Nachahmung (BGH „**Staubsaugerbeutel im Internet**").

VII. Irreführende geschäftliche Handlungen (§ 5 UWG)

1. Irreführung durch unwahre Angabe

1   Nach § 5 Abs. 1 Satz 1 UWG handelt derjenige **unlauter,** der eine irreführende geschäftliche Handlung vornimmt, die geeignet ist, den Verbraucher oder sonstigen Marktteilnehmer zu einer geschäftlichen Entscheidung zu veranlassen, die er andernfalls nicht getroffen hätte. Weiter bestimmt § 5 Abs. 1 Satz 2 (1. Alternative) UWG, dass eine geschäftliche Handlung irreführend ist, wenn sie unwahre Angaben enthält. Als Rechtsfolge der Unlauterkeit bestimmt § 3 Abs. 1 UWG, dass eine unlautere, irreführende geschäftliche Handlung **unzulässig** ist. Jedes Verhalten einer Person zugunsten des eigenen oder eines fremden Unternehmens vor, bei oder nach einem Geschäftsabschluss, das mit der Förderung des Absatzes oder des Bezugs von Waren oder Dienstleistungen oder mit dem Abschluss oder der Durchführung eines Vertrages über Waren oder Dienstleistungen objektiv zusammenhängt, ist gemäß § 2 Abs. 1 UWG eine geschäftliche Handlung im Sinne von § 5 Abs. 1 Satz 1 UWG. Die irreführende geschäftliche Handlung muss geeignet sein, den Verbraucher oder sonstigen Marktteilnehmer zu einer geschäftlichen Entscheidung zu veranlassen, sie muss also von einer gewissen **Relevanz** sein. Damit werden **Bagatellverstöße,** die nicht geeignet sind, die geschäftliche Entscheidung von Verbrauchern oder sonstigen Marktteilnehmern zu beeinflussen, von dem Anwendungsbereich des § 5 UWG ausgenommen.

2   Ein Verstoß gegen die **unternehmerische Sorgfalt** ist nicht Voraussetzung einer irreführenden geschäftlichen Handlung (EuGH: **„CHS/Team4 Travel"**). Die Bestimmung in § 5 Abs. 1 UWG geht zurück auf Art. 6 UGP-RL. Gemäß Art. 6 Abs. 1 UGP-RL gilt eine Geschäftspraxis als irreführend, wenn sie falsche Angaben enthält und somit unwahr ist, oder wenn sie in irgendeiner Weise, einschließlich sämtlicher Umstände ihrer Präsentation, selbst mit sachlich richtigen Angaben den **Durchschnittsverbraucher** in Bezug auf einen oder mehrere der nachstehend aufgeführten Punkte **täuscht** oder ihn zu täuschen geeignet ist und ihn in jedem Fall tatsächlich oder voraussichtlich zu einer geschäftlichen Entscheidung veranlasst, die er ansonsten nicht getroffen hätte. Unter Berücksichtigung dieser Richtlinienvorgabe sind also irreführende Handlungen von § 5 Abs. 1 UWG stets unzulässig, wenn sie geeignet sind, eine **geschäftliche Entscheidung** zu beeinflussen. Dieses Relevanzerfordernis tritt an die Stelle der spürbaren Beeinträchtigung. Ist die **Entscheidungsfreiheit** beeinträchtigt, liegt auch stets eine spürbare Beeinträchtigung vor (s. Gesetzesbegründung, BTDrs. 18/4535, zu Nr. 5).

3   Eine geschäftliche Handlung ist im Sinne von § 5 Abs. 1 UWG **irreführend,** wenn das Verständnis, dass sie bei den Verkehrskreisen, an die sie sich richtet, erweckt, mit den tatsächlichen Verhältnissen nicht übereinstimmt (BGH **„Optiker-Qualität"**). Abzustellen ist auf die angesprochenen Verkehrskreise. Irreführung liegt vor, wenn der **Gesamteindruck** der fraglichen Werbung in den angesprochenen Verkehrskreisen mit den **tatsächlichen Verhältnissen** nicht übereinstimmt.

4   Ob es sich bei der fraglichen Werbeaussage um eine **Angabe** im Sinne von § 5 Abs. 1 Satz 2 UWG handelt, richtet sich danach, ob der Werbeaussage ein Informationsgehalt zukommt oder nicht. Wörtlich führt der BGH aus:

Anpreisungen, die in die äußere Form einer subjektiven Wertung gekleidet sind, können allerdings in verdeckter Form eine objektiv nachprüfbare Aussage enthalten. Eine Anpreisung mit einem nachprüfbaren Tatsachenkern liegt vor, wenn der angesprochene Verkehr eine Angabe ungeachtet ihrer subjektiven Einfärbung als Hinweis auf eine bestimmte Beschaffenheit des mit der Angabe beworbenen Produkts auffasst. Dafür kann es genügen, dass die Anpreisung die Vorstellung einer besseren als der durchschnittlichen Qualität hervorruft (BGH in WRP 2017, Seite 422 ff. [S. 424, 425, Rdnr. 22], „Optiker-Qualität").

Wenn ein Optiker Einstärken- und Gleitsichtbrillen über das Internet mit der Aussage „Hochwertige Gleitsichtbrillen" bewirbt, liegt in der Werbeaussage „hochwertig" keine objektiv nachprüfbare Angabe, sondern nur eine **werbliche Übertreibung ohne Informationsgehalt.** Zwar gelten bei der Gesundheitswerbung strengere Maßstäbe, weil der Verbraucher auf die Wirksamkeit des angebotenen Produkts hofft und geneigt ist, Werbeaussagen im Gesundheitsbereich einen Tatsachenkern zu entnehmen. Dennoch vertritt der BGH in dem genannten Verfahren die Auffassung, dass in dem werblichen Kontext der Internetbewerbung der Aussage „hochwertig" kein nachprüfbarer Tatsachenkern innewohnt.

Liegt eine unwahre Angabe vor, ist die entsprechende irreführende geschäftliche 5 Handlung nur dann unlauter, wenn sie geeignet ist, den Verbraucher oder sonstigen Marktteilnehmer zu einer geschäftlichen Entscheidung zu veranlassen, die er andernfalls nicht getroffen hätte. Dieses **Relevanzerfordernis** beschreibt der BGH wie folgt:

> Eine geschäftliche Handlung ist irreführend, wenn sie geeignet ist, bei einem erheblichen Teil der angesprochenen Verkehrskreise irrige Vorstellungen hervorzurufen und die zu treffende Marktentschließung in wettbewerblich relevanter Weise zu beeinflussen.... Eine Irreführung liegt vor, wenn das Verständnis, dass die geschäftliche Handlung bei den angesprochenen Verkehrskreisen erweckt, mit den tatsächlichen Verhältnissen nicht übereinstimmt (BGH in WRP 2016, Seite 958 ff. [S. 965, Rdnr. 71], **„Freunde finden"**).

Täuscht der Anbieter eines sozialen Netzwerks im Internet die Nutzer im Rahmen des Registrierungsvorgangs über Art und Umfang der mit dem Import von Kontaktdaten verbundenen Datennutzung, so handelt es sich aus Sicht des BGH um eine im Sinne des § 5 Abs. 1 Satz 1 UWG **wettbewerblich relevante Irreführung.** Denn der Verbraucher erkennt nicht, dass über die „Freunde finden"-Funktion des sozialen Netzwerks auch die E-Mail-Adressen von noch nicht bei „Facebook" registrierten Personen erfasst werden.

Nach den Ausführungen des Europäischen Gerichtshofs ist bei der Frage, ob eine 6 Angabe, eine Bezeichnung, eine Marke oder eine Werbung irreführend ist, darauf abzustellen, **wie die mutmaßliche Erwartung eines durchschnittlich informierten, aufmerksamen und verständigen Durchschnittsverbrauchers** ist (EuGH **„d'arbo naturrein"**). In der Entscheidung **„d'arbo naturrein"** vertrat die erste Kammer des EuGH die Auffassung, dass bei Lebensmitteln der so definierte Durchschnittsverbraucher zunächst das **Zutatenverzeichnis** der Ware liest. Der auf dem Etikett einer Konfitüre enthaltene Hinweis „naturrein" ist daher für einen durchschnittlich informierten, aufmerksamen und verständigen Durchschnittsverbraucher nicht allein deshalb irreführend, weil die Marmelade das – nicht naturreine – Geliermittel Pektin enthält, sofern auf dessen Präsenz im Zutatenverzeichnis der Marmelade ordnungsgemäß hingewiesen wird.

Dieses europäische Verbraucherleitbild ist der Prüfung der irreführenden Werbung 7 zugrunde zu legen. Bei der Frage der Irreführung ist auf die Aufmerksamkeit eines durchschnittlich informierten und verständigen Verbrauchers abzustellen. Wie der

verständige Durchschnittsverbraucher eine Angabe versteht, und insbesondere, ob er von der werblichen Aussage getäuscht wird, hängt unter anderem von folgenden Faktoren ab:

> Eine Werbung ist im Sinne von § 5 Abs. 1 UWG irreführend, wenn das Verständnis, das sie bei den Verkehrskreisen erweckt, an die sie sich richtet, mit den tatsächlichen Verhältnissen nicht übereinstimmt. … Für die Beurteilung, ob eine Werbung irreführend ist, kommt es darauf an, welchen Gesamteindruck sie bei den angesprochenen Verkehrskreisen hervorruft (BGH in WRP 2013, S. 1596 ff. [S. 1598, Rdnr. 15], **„Matratzen Factory Outlet“**).

Wesentliches Merkmal einer irreführenden Werbung ist daher, dass der angesprochene verständige Durchschnittsverbraucher bei **situationsadäquater Aufmerksamkeit** einer **relevanten Fehlvorstellung** unterliegt (zu einem TV-Spot siehe BGH **„Fußpilz“**). Dabei ist der Aufmerksamkeitsgrad des Durchschnittsverbrauchers nicht stets der gleiche, sondern er hängt vom Gegenstand der Betrachtung ab.

8   Wer generische Begriffe als **Domain-Namen** im Internet verwendet, täuscht den Verkehr nicht über die hinterlegten Inhalte. Während die Instanzgerichte in der Verwendung eines **generischen Begriffs** (z.B. „www.mitwohnzentrale.de" oder „www.rechtsanwaelte.de") noch eine Irreführung sahen, da der angesprochene Verkehr meinen könnte, hinter dieser Domain verberge sich ein umfassendes Informationsangebot zu dem im Domain-Namen enthaltenen Thema, **weiß der durchschnittlich informierte und verständige Verbraucher um die Nachteile** bei dem Aufrufen einer derart allgemeinen Domain. Dieser Verbraucher ist sich bewusst, dass es auf Zufälle ankommt (etwa auf die Schreibweise mit oder ohne Bindestrich), ob er bei Aufrufen der Domain das gesuchte Angebot findet (BGH **„Mitwohnzentrale.de“**). Dieser verständige Internet-Nutzer weiß daher auch, dass er mit der Eingabe eines **Gattungsbegriffs als Internet-Adresse** kein vollständiges Bild des Internet-Angebots erhält. Sofern dieser Verbraucher ein umfassendes Bild zu dem gewünschten Stichwort haben will, wird er die ihm bekannten **Suchmaschinen** benutzen. Das Leitbild eines durchschnittlich informierten und verständigen Verbrauchers ist sämtlichen Fallgruppen der irreführenden Werbung zugrunde zu legen. Dieses europäische Verbraucherleitbild ist auch in § 3 Abs. 4 UWG eingeflossen, wonach auf den **durchschnittlichen Verbraucher** oder, wenn sich die geschäftliche Handlung an eine bestimmte Gruppe von Verbrauchern wendet, auf **ein durchschnittliches Mitglied dieser Gruppe** abzustellen ist. Schließlich ist gemäß § 3 Abs. 4 Satz 2 UWG auf die Sicht eines durchschnittlichen Mitglieds einer aufgrund von geistigen oder körperlichen Beeinträchtigungen, Alter oder Leichtgläubigkeit besonders schutzbedürftigen und eindeutig identifizierbaren **Gruppe von Verbrauchern** abzustellen, wenn für den Unternehmer vorhersehbar ist, dass seine geschäftliche Handlung nur diese Gruppe betrifft.

9   Da der irreführende Charakter einer Geschäftspraxis allein davon abhängt, dass sie unwahr ist, weil sie falsche Angaben enthält (EuGH **„CHS Tour Services/Team4 Travel“**), kommt es nicht darauf an, ob tatsächlich die angesprochenen Verkehrskreise irregeführt werden. Das tatsächliche Vorliegen von Irreführungsfällen im angesprochenen Verkehr mag ein Indiz dafür sein, dass eine irreführende Angabe vorliegt. Der Nachweis tatsächlicher Irreführungsfälle im angesprochenen Verkehr führt jedoch nicht zu dem zwingenden Schluss, dass dann auch eine irreführende Angabe gegeben ist. Zur Beurteilung der **Sichtweise des Durchschnittsverbrauchers** bedarf es im Regelfall keiner Einholung eines Meinungsforschungsgutachtens (BGH **„Peek & Cloppenburg IV“**). Diese Bewertung schließt allerdings im Einzelfall nicht die Möglichkeit aus, dass das angerufene Gericht ein **Sachverständigengutachten** einholt

oder eine **Verbraucherbefragung** in Auftrag gibt, falls es dies für erforderlich hält, um beurteilen zu können, ob eine Werbeaussage irreführend sein kann (EuGH „**Lifting-Creme**"). Die Einholung eines Sachverständigengutachtens oder die Durchführung einer Verbraucherbefragung wird insbesondere in den Fällen in Betracht kommen, bei denen die Mitglieder des erkennenden Gerichts **selbst nicht zu den Abnehmerkreisen gehören** (BGH „**Marktführerschaft**").

Schließlich ist zu berücksichtigen, dass sich die Beurteilung, ob eine Werbung irreführend ist, maßgeblich danach richtet, wie der angesprochenen Verkehr die beanstandete Werbung auf Grund ihres **Gesamteindrucks** versteht. Handelt es sich bei der fraglichen Werbung um mehrere Äußerungen, so ist eine isolierte Beurteilung einer einzelnen Angabe nur dann geboten, wenn sie vom Verkehr ohne Zusammenhang mit den übrigen wahrgenommen und verwendet wird (BGH „**Epson-Tinte**"). Regelmäßig dürfen allerdings einzelne Angaben, die sich in einer geschlossenen Darstellung befinden, nicht aus ihrem Zusammenhang gerissen werden. Bei der Beurteilung, ob eine Werbung irreführend ist, sind **alle ihre Bestandteile** einschließlich der Besonderheiten des für die Werbung verwendeten **Kommunikationsmediums** zu berücksichtigen (BGH „**Fußpilz**"). **10**

Bei jeder geschäftlichen Handlung ist zu prüfen, ob die Angabe wahr oder unwahr ist. Selbst eine wahre Angabe kann irreführend sein, wenn es sich um eine **Selbstverständlichkeit** handelt und der Werbende beim angesprochenen Verkehr den unzutreffenden Eindruck hervorruft, es liege etwas Besonderes vor. Verneint hat der BGH eine wettbewerbsrechtlich unzulässige Werbung mit Selbstverständlichkeiten bei der – zutreffenden – Angabe auf dem Briefkopf eines Rechtsanwalts „auch zugelassen am OLG Frankfurt" (BGH „**auch zugelassen am OLG Frankfurt**"). Insbesondere wesensgemäße Eigenschaften der Ware und gesetzlich vorgeschriebene Angaben erfüllen den Tatbestand einer unlauteren Werbung mit Selbstverständlichkeiten, wenn sie werblich herausgestellt werden (BGH „**Edelmetallankauf**"). **11**

Ob eine **Blickfangwerbung** für eine Festgeldanlage mit dem Hinweis „Bis zu 150 % Zinsbonus" irreführend ist, ist davon abhängig, ob der angesprochene durchschnittlich informierte und verständige Verbraucher getäuscht wird, der der Werbung die der **Situation angemessene Aufmerksamkeit** entgegenbringt. In diesem Zusammenhang stellt der BGH fest: **12**

> Eine blickfangmäßig herausgestellte Angabe darf für sich genommen nicht unrichtig oder für den Verkehr missverständlich sein. … Eine irrtumsausschließende Aufklärung kann in solchen Fällen nur durch einen klaren und unmissverständlichen Hinweis erfolgen, wenn dieser am Blickfang teilhat und dadurch eine Zuordnung zu den herausgestellten Angaben gewahrt bleibt. … Dies ist dann anzunehmen, wenn davon auszugehen ist, dass der situationsadäquat aufmerksame Verbraucher die aufklärenden Hinweise wahrnimmt (BGH in WRP 2007, Seite 1337 ff. [S. 1339, Rdnr. 23], „**150 % Zinsbonus**").

In der beanstandeten Werbung befand sich an dem Wort „Zinsbonus" ein **Sternchen-Hinweis** mit dem Inhalt, dass sich der Bonus auf den garantierten Basiszinssatz bezieht. Aus Sicht des erkennenden Senats wird durch diesen Sternchen-Hinweis hinreichend klargestellt, dass sich die Zahl „150 %" auf den Basiszinssatz bezieht, der sich um maximal das Eineinhalbfache erhöht. In diesem Zusammenhang ist zu berücksichtigen, dass der Durchschnittsverbraucher, der sich für eine Geldanlage interessiert, der Werbung einen höheren Grad an Aufmerksamkeit entgegen bringt, sodass er auch die Fußnote wahrnimmt.

Besteht in einer Werbung die Gefahr, dass die herausgestellte Aussage missverstanden wird, entfällt eine mögliche Irreführung des Verkehrs, wenn der Werbende einen **13**

aufklärenden Hinweis in einer Größe anbringt, der vom verständigen Letztverbraucher zusammen mit dem herausgestellten Produkt oder dem im Vordergrund stehenden Preis erfasst wird (BGH **„Computerwerbung II"**). Dieser **klare** und **unmissverständliche** aufklärende Hinweis ist nur dann irrtumsausschließend, wenn er selbst am Blickfang teilhat (BGH **„All Net Flat"**). Abzustellen ist auf das Verständnis eines **situationsadäquat** aufmerksamen Durchschnittsverbrauchers. Dessen Aufmerksamkeit ist bei einer Plakat- oder Fernsehwerbung regelmäßig geringer als bei einer Anzeigen- oder Prospektwerbung (BGH **„Fußpilz"**). Sofern ein **geringer Teil** der Verbraucher dennoch einem Irrtum (zum Beispiel über die sofortige Mitnahme der beworbenen Ware) erliegt, bleibt dieser Irrtum unberücksichtigt. Fehlt es jedoch bei einer unklaren Werbung an einer irrtumsausschließenden Aufklärung oder ist diese **Aufklärung in einer Schriftgröße bzw. an einer Stelle** angebracht, dass sie selbst der durchschnittlich informierte und verständige Verbraucher, der die Werbung mit einer der Situation angemessenen Aufmerksamkeit betrachtet, nicht oder zu spät wahrnimmt, liegt eine irreführende Angabe vor (BGH **„Preis ohne Monitor"**; BGH **„Dauertiefpreis"**). Es ist daher immer eine Frage des Einzelfalls, ob ein im Zusammenhang mit der Werbeangabe angebrachter Sternchen-Hinweis eine irrtumsausschließende Wirkung hat oder nicht (zu Katalogwerbung: BGH **„Mobiltelefon"**). Im Zusammenhang mit der Bewerbung einer Schlafzimmereinrichtung in einer Zeitungsbeilage unter der **Überschrift** „Schlafzimmer komplett" **ohne hervorgehobenen Hinweis,** dass die abgebildeten Lattenroste, Matratzen und Beimöbel nicht zum Lieferumfang gehören, hat der BGH festgestellt:

> Entgegen der Annahme der Revision ist nicht in jedem Fall ein Sternchenhinweis oder ein anderer klarstellender Hinweis an den isoliert irreführenden blickfangmäßigen Angaben in einer Werbung erforderlich, um einen Irrtum der Verbraucher auszuschließen. Vielmehr kann es genügen, dass es sich um eine Werbung – etwa für langlebige und kostspielige Güter – handelt, mit der sich der Verbraucher eingehend und nicht nur flüchtig befasst und die er auf Grund einer kurzen und übersichtlichen Gestaltung insgesamt zur Kenntnis nehmen wird (vgl. *BGH,* GRUR 2003, 163 [164] = NJW 2003, 894 = WRP 2003, 273 – Computerwerbung II; *Bornkamm* in *Köhler/Bornkamm,* UWG, 33. Aufl., § 5 Rn. 2.98; Großkomm. UWG/*Lindacher,* 2. Aufl., § 5 Rn. 105; *Fezer/Peifer,* UWG, 2. Aufl., § 5 Rn. 226). So liegen die Dinge im Streitfall. Der Verbraucher wird ohne Weiteres auf die zwar erst am Ende der Texte und in nicht hervorgehobener Schrift gegebene, aber in den – jeweils kurzen und übersichtlich gestalteten – Texten nicht versteckte Informationen stoßen, das Angebot umfasse nicht die Lattenroste und Matratzen für die Betten. Diese Information ist unzweideutig und geeignet, den beim Verbraucher zuvor erweckten gegenteiligen Eindruck zu beseitigen und ihn von einer auf Irrtum beruhenden geschäftlichen Entscheidung abzuhalten. Unerheblich ist in diesem Zusammenhang, dass die – unrichtigen – Angaben im Blickfang geeignet sind, den Verbraucher zu veranlassen, sich überhaupt mit der Werbung näher zu befassen. Das reicht für eine Irreführung allein nicht aus. Nach Art. 6 I RL 2005/29/EG über unlautere Geschäftspraktiken ist eine Geschäftspraxis irreführend, wenn sie zum einen falsche Angaben enthält oder den Durchschnittsverbraucher zu täuschen geeignet ist und zum anderen den Verbraucher tatsächlich oder voraussichtlich zu einer geschäftlichen Entscheidung veranlasst, die er ansonsten nicht getroffen hätte. Eine geschäftliche Entscheidung ist gem. Art. 2 Buchst. k RL 2005/29/EG jede Entscheidung eines Verbrauchers darüber, ob, wie und unter welchen Bedingungen er einen Kauf tätigen will. Dieser Begriff erfasst außer der Entscheidung über den Erwerb oder Nichterwerb eines Produkts auch damit unmittelbar zusammenhängende Entscheidungen wie insbesondere das Betreten eines Geschäfts (*EuGH,* ECLI:EU:C:2013:859 En. 36–38 = GRUR 2014, 196 – Trento Sviluppo; vgl. dazu auch *Köhler,* WRP 2014, 259 [260]). Dagegen stellt die Entscheidung des Verbrauchers, sich mit einem beworbenen Angebot in einer Werbeanzeige

näher zu befassen, die durch eine blickfangmäßig herausgestellte irreführende Angabe veranlasst worden ist, für sich gesehen mangels eines unmittelbaren Zusammenhangs mit einem Erwerbsvorgang noch keine geschäftliche Entscheidung iSv Art. 2 Buchst. k und 6 RL 2005/29/EG dar. Die beanstandete Werbeanzeige wäre daher nur als irreführend anzusehen, wenn anzunehmen wäre, dass der Durchschnittsverbraucher nicht durch die weiteren in der Anzeige enthaltenen Angaben davon abgehalten wird, eine auf Irreführung beruhende geschäftliche Entscheidung zu treffen. Davon kann aber keine Rede sein (BGH in GRUR 2015, Seite 698 ff. [S. 700, Rdnr. 19, 20], **„Schlafzimmer komplett"**].

Es ist der Werbung eigen, dass sie den Betrachter „umgarnt" mit dem Ziel, dass dieser sich näher mit dem beworbenen Produkt befassen möge. Eine originelle Gestaltung einer Werbeanzeige oder einer Werbetafel führt mithin nicht automatisch zu einer irreführenden Blickfangwerbung. So wurde es z.B. als zulässig angesehen, mit dem blickfangmäßig herausgestellten Text **„Brillen-Chic zum Nulltarif"** für Brillen zu werben, wenn die so beworbenen Brillen vollständig von der Krankenkassenleistung umfasst wurden. Die Verwendung der Begriffe „Brillen-Chic" und „Nulltarif" haben in diesem Zusammenhang nicht den Inhalt, dass die Brillen gänzlich umsonst abgegeben, also verschenkt werden, sondern die angesprochenen Verkehrskreise (nämlich diejenigen, die eine Sehhilfe benötigen) erkennen sehr wohl, dass mit der Aussage allein die mögliche Zuzahlung neben der Krankenkassenleistung gemeint ist. **14**

Unlauter kann eine Werbung selbst dann sein, wenn das Unternehmen mit einer **objektiv richtigen Werbeangabe** wirbt, der angesprochene Verkehr sich unter dieser Angabe jedoch etwas anderes vorstellt. Die objektive Richtigkeit einer Angabe besagt nichts über die **Vorstellung des Verbrauchers** im Hinblick auf die beworbene Ware oder Dienstleistung. Ob der verständige Durchschnittsverbraucher durch eine objektiv richtige Werbung getäuscht wird, bestimmt sich nach den Umständen des Einzelfalls. Wörtlich führt der BGH aus: **15**

> Der Werbende darf grundsätzlich auf freiwillig erbrachte Leistungen wie einen niedrigen Preis oder die hohe Qualität seiner Ware hinweisen, auch wenn andere Mitbewerber keinen höheren Preis verlangen oder die gleiche Qualität bieten. … Nach der Rechtsprechung des Senats kann demgegenüber eine Werbung, die Selbstverständlichkeiten herausstellt, trotz objektiver Richtigkeit der Angaben gegen § 5 UWG verstoßen, sofern das angesprochene Publikum annimmt, dass mit der Werbung ein Vorzug gegenüber anderen Erzeugnissen der gleichen Gattung und den Angeboten von Mitbewerbern hervorgehoben wird. … Das ist insbesondere dann der Fall, wenn dem Publikum nicht bekannt ist, dass es sich bei der betonten Eigenschaft um einen gesetzlich vorgeschriebenen oder zum Wesen der Ware gehörenden Umstand handelt. … Wesensgemäße Eigenschaften der Ware und gesetzlich vorgeschriebene Angaben sind jedoch lediglich Beispiele einer unlauteren Werbung mit Selbstverständlichkeiten. … Entscheidend ist, dass der Verkehr in der herausgestellten Eigenschaft der beworbenen Ware oder Leistung irrtümlich einen Vorteil sieht, den er nicht ohne weiteres, insbesondere auch nicht bei Bezug der gleichen Ware oder Leistung bei der Konkurrenz, erwarten kann (BGH in WRP 2009, Seite 435 [Rdnr. 2], **„Edelmetallankauf"**).

Wer einen gebührenfreien Edelmetallankauf gegenüber Privatkunden bewirbt, wirbt irreführend, da diese Gebührenfreiheit **branchenüblich** ist. Durch den Hinweis, dass Ankaufsgebühren nicht anfallen, entsteht im allgemeinen Verkehr der unzutreffende Eindruck, es handele sich um einen besonderen Vorteil nur dieses Anbieters. Dagegen ist der Hinweis „kostenlose Schätzung" wettbewerbsrechtlich nicht zu beanstanden (BGH **„Kostenlose Schätzung"**).

2. Täuschung über wesentliche Merkmale der Ware oder Dienstleistung (§ 5 Abs. 1 Satz 2 Nr. 1 UWG)

16   Eine irreführende geschäftliche Handlung liegt insbesondere dann vor, wenn sie eine zur Täuschung geeignete Angabe über die wesentlichen Merkmale der Ware oder Dienstleistung enthält, z.B. über Verfügbarkeit, Art, Ausführung, Vorteile, Risiken, Zusammensetzung, Zubehör, Verfahren oder Zeitpunkt der Herstellung, Lieferung oder Erbringung, Zwecktauglichkeit, Verwendungsmöglichkeit, Menge, Beschaffenheit, Kundendienst und Beschwerdeverfahren, geografische oder betriebliche Herkunft, von der Verwendung zu erwartende Ergebnisse oder die Ergebnisse oder wesentliche Bestandteile von Tests der Waren oder Dienstleistungen. In diesem Zusammenhang ist zur Begründung der Irreführung ausreichend, wenn **über eine dieser Umstände** irregeführt wird, sofern die zur Täuschung geeignete Angabe ein **wesentliches Merkmal** der Ware oder Dienstleistungen betrifft.

a) Beschaffenheit

17   Unter Beschaffenheit der Waren oder Dienstleistungen sind ihre Art, ihre Zusammensetzung, ihre Ausführung, das Verfahren und der Zeitpunkt der Herstellung der Ware oder der Erbringung der Dienstleistung, die Zwecktauglichkeit und die Verwendungsmöglichkeit zu verstehen. Der Begriff der Beschaffenheit ist also weitestmöglich auszulegen. Zur Beschaffenheit gehört auch die Frage der **Zwecktauglichkeit der Ware,** ihre **Verwendungsmöglichkeit,** sowie ihre **Zusammensetzung.** Gleichermaßen vom Begriff der Beschaffenheit ist die Ausführung der Ware oder Dienstleistung umfasst. Jede irreführende Angabe über die Beschaffenheit der beworbenen Ware oder Dienstleistung, die bei dem durchschnittlich informierten und verständigen Verbraucher, der die Werbung mit einer der Situation angemessenen Aufmerksamkeit liest, einen unzutreffenden Eindruck hervorruft, ist gemäß § 5 Abs. 1 Satz 2 Nr. 1 UWG unlauter. Der irreführende Gebrauch einer **Marke** kann ebenfalls § 5 Abs. 1 Satz 2 Nr. 1 UWG verletzen (BGH **„Praxis Aktuell"**). Es ist stets eine Frage des Einzelfalls, ob die Werbung eine irreführende Angabe über die Beschaffenheit des beworbenen Produkts enthält. Wer eine Badetablette mit der Bezeichnung **„Thermal-Bad"** und den zusätzlichen Angaben bewirbt, dass es sich bei der Badetablette um die „Thermal Badekur für zu Hause" handelt, und dass sie „eine Mineral-Salz-Kombination, wie sie in Thermalquellen vorkommt" enthält, verstößt nicht gegen § 5 Abs. 1 Satz 2 Nr. 1 UWG. Wörtlich führt der BGH aus:

> Die Frage, in welchem Sinn eine Werbaussage zu verstehen ist, beurteilt sich nach dem Verständnis des durchschnittlich informierten, verständigen und der Situation, in der er mit der Aussage konfrontiert wird, entsprechend aufmerksamen Durchschnittsverbrauchers. ... Die Verkehrsanschauung orientiert sich dabei grundsätzlich am Wortsinn der Werbeaussage ..., das heißt am allgemeinen Sprachgebrauch und am allgemeinen Sprachverständnis. Die Beurteilung dieses Verständnisses obliegt dem Tatrichter. ... Nach der inzwischen geänderten Rechtsprechung des Senats ist für das Verkehrsverständnis die Vorstellung eines situationsadäquat aufmerksamen Durchschnittsverbrauchers maßgebend. Dementsprechend kommt es nicht auf die möglicherweise hiervon abweichenden Anschauungen einer Minderheit von Verbrauchern an und es macht deshalb grundsätzlich auch keinen Unterschied, ob der Tatrichter seine Sachkunde und Lebenserfahrung zur Bejahung oder zur Verneinung einer Irreführungsgefahr einsetzen möchte (BGH in WRP 2003, Seite 275 ff. [Seite 276, S 277], **„THERMAL BAD"**).

Da die beworbene Badetablette **wirkungsgleich** zu einer natürlichen Thermalquelle war, wurde der Verbraucher nicht irregeführt. Dieser ging davon aus, dass er mit der Badetablette sein „eigenes Thermal-Bad" herstellen konnte. Sofern der Durchschnittsverbraucher fehlerhaft annehmen sollte, die beworbene Badetablette enthielt Mineralstoffe einer natürlichen Thermalquelle, war dieser Irrtum aus Sicht des erkennenden Senats irrelevant. Denn der Durchschnittsverbraucher konnte anhand der **Erläuterung** auf der Verpackung ohne weiteres ersehen, dass es sich bei den Badetabletten um ein künstlich gewonnenes Erzeugnis handelte.

Der Bundesgerichtshof legt das europäische Verbraucherleitbild seiner Prüfung **18** zugrunde, ob eine irreführende geschäftliche Handlung gegeben ist. Der EuGH hatte in seiner Entscheidung **„d'arbo naturrein"** bereits darauf hingewiesen, dass bei Prüfung der Irreführung auf die mutmaßliche Erwartung eines durchschnittlich informierten, aufmerksamen und verständigen Durchschnittsverbrauchers abzustellen ist. In der Folgeentscheidung **„Verbraucherzentrale Bundesverband/Teekanne"** betont der EuGH allerdings, dass dieser Durchschnittsverbraucher trotz ordnungsgemäßem Zutatenverzeichnis getäuscht werden kann, wenn die **Etikettierung des Lebensmittels** irreführend ist. In diesem Zusammenhang weist der BGH, der dem EuGH die Vorlagefrage vorgelegt hatte (BGH **„Himbeer-Vanille-Abenteuer"**), auf Folgendes in:

> Nach diesen Maßstäben wird ein normal informierter und vernünftig aufmerksamer und kritischer Verbraucher, der sich in seiner Kaufentscheidung nach der Zusammensetzung des Erzeugnisses richtet, zwar das auf dessen Verpackung angebrachte Verzeichnis der Zutaten lesen. Dieser Umstand schließt es jedoch für sich allein nicht aus, dass die Etimettierung des Erzeugnisses und die Art und Weise, in der sie erfolgt, geeignet sind, den Verbraucher irrezuführen.
>
> Die Etikettierung umfasst alle Angaben, Kennzeichnungen, Hersteller und Handelsmarken, Abbildungen oder Zeichen, die sich auf ein Lebensmittel beziehen und auf dessen Verpackung angebracht sind. Wenn die Etikettierung eines Lebensmittels und die Art und Weise, in der sie erfolgt, insgesamt den Eindruck entstehen lassen, dass das Lebensmittel eine Zutat enthält, die tatsächlich nicht vorhanden ist, ist eine Etikettierung geeignet, den Käufer über die Eigenschaften des Lebensmittels irrezuführen. Danach sind die verschiedenen Bestandteile der Etikettierung des Früchtetees insgesamt darauf zu überprüfen, ob ein normal informierter und vernünftig aufmerksamer und kritischer Verbraucher über das Vorhandensein von Zutaten oder Aromen irregeführt werden kann (BGH in GRUR 2016, Seite 738 ff. [S. 739, Rdnr. 15, 16], **„Himbeer-Vanille-Abenteuer II"**).

Eine Irreführung des Verbrauchers über die **Beschaffenheit des Materials** kann dann vermieden werden, wenn eine Materialangabe adjektivisch gebraucht wird. In diesen Fällen wird nicht eine Angabe z.B. des **Textilkennzeichnungsgesetzes** zur Kennzeichnung eines davon verschiedenen Kunst-Materials eingesetzt, sondern eine Eigenschaft des Kunst-Materials wird durch einen entsprechenden Zusatz adjektivisch umschrieben (z.B. die Verwendung des Adjektivs „seidenweich" zur Beschreibung der Eigenschaft eines Kunstfaser-Hemdes, das sich besonders weich anfasst). In einem solchen Fall versteht der angesprochene Verkehr die Werbung dahin, dass der Artikel „weich wie Seide" ist, er verbindet mit dieser Aussage jedoch nicht die Materialangabe „Seide". Sofern tatsächlich eine vergleichbare Textilbeschaffenheit vorliegt, fehlt es an einer Irreführung. Die Vorschriften des **Gesetzes über den Feingehalt der Gold- und Silberwaren** (vom 16. Juli 1884) regeln im Einzelnen, mit welchen Feingehaltsangaben Schmuckstücke zu kennzeichnen sind. Irreführend ist danach die Bewerbung **vergoldeter** Schmuckwaren mit der Angabe **„Karat"**, da mit Karat nur Massiv-Goldwaren bezeichnet werden dürfen. Ebenfalls ist es unzulässig Edelstahlketten mit der Angabe **„nickelfrei"** zu bewerben, wenn sie tatsächlich einen Nickelanteil aufweisen. Denn die angesprochenen Verekehrskreise verstehen „nickelfrei" schon dem

reinen **Wortsinn** nach als „frei von Nickel" (BGH **„nickelfrei"**). Da 15% bis 20%
der Bevölkerung unter einer Nickelallergie leiden, war die täuschende Angabe **relevant.** Zum Relevanzerfordernis stellt der BGH fest:

> Nach § 5 I 1 UWG ist eine irreführende geschäftliche Handlung nur unlauter, wenn sie
> geeignet ist, den Verbraucher oder sonstigen Marktteilnehmer zu einer geschäftlichen
> Entscheidung zu veranlassen, die er andernfalls nicht getroffen hätte. Dabei kommt es auf
> die Vorstellung des verständigen und situationsadäquat aufmerksamen Durchschnittsver-
> brauchers an (*BGH,* GRUR 2002, 550 [552] = WRP 2002, 799 – Elternbriefe; *BGH,*
> GRUR 2016, 521 Rn. 10 = WRP 2016, 590 – Durchgestrichener Preis II). Erforderlich
> ist, dass die Werbung geeignet ist, bei einem erheblichen Teil der umworbenen Ver-
> kehrskreise irrige Vorstellungen über marktrelevante Umstände hervorzurufen und die zu
> treffende Marktentschließung in wettbewerblich relvanter Weise zu beeinflussen (*BGH,*
> GRUR 2009, 888 Rn. 18 = WRP 2009, 888 – Thermoroll; *BGH,* GRUR 2012, 1053
> Rn. 19 = WRP 2012, 1216 – Marktführer Sport) (BGH in GRUR 2016, Seite 1073 ff,
> [S. 1075, Rdnr. 27], **„Geo-Targeting"**).

19 Wenn ein Händler keine **Markenware** vertreibt, darf er auch nicht mit der Aussage
wie z.B. *„Starke Marken günstig!"* werben. Denn der Verkehr verbindet mit einer
„Markenware" ein Markenprodukt, das im Verkehr bekannt und wegen seiner gleich-
bleibenden oder verbesserten Qualität anerkannt ist. Wörtlich führt der BGH aus:

> Der Verkehr verbindet mit dem Begriff der „Markenware" vor allem die Vorstellung, dass
> die Ware im Gegensatz zu einem ohne Herkunftshinweis vertriebenen Erzeugnis durch
> die Kennzeichnung mit einer Marke ihrer Herkunft nach legitimiert ist. … Bei Verwen-
> dung der auf markenmäßig gekennzeichnete Ware hinweisenden Aussagen „Starke Mar-
> ken günstig!" und „Starke Marken günstig! aus eigener Herstellung" für in Wirklichkeit
> markenlose (anonyme) Ware wird daher mit einer Bezeichnung geworben, mit der der
> Verbraucher eine andere, günstigere Vorstellung verbindet als dies tatsächlich der Fall ist.
> Das steht mit § 5 Abs. 1 S. 2 Nr. 1 UWG nicht in Einklang. Die Revision zeigt keine
> Besonderheiten auf, die im Streitfall die Annahme eines abweichenden Verkehrsver-
> ständnisses rechtfertigen könnten (BGH in WRP 2013, S. 1596 ff. [S. 1600, Rdnr. 33],
> **„Matratzen Factory Outlet"**).

Die streitgegenständliche Werbung „Starke Marken günstig!" suggeriert nicht nur,
dass es sich bei den beworbenen Matratzen um Matratzen mit irgendeiner Marke handelt, sondern sie vermittelt den Eindruck, dass es sich bei den beworbenen Matratzen
um Markenware handelt, die aufgrund einer gesteigerten Bekanntheit eine herausge-
hobene Marktstellung hat. Die Aussage *„Markenqualität"* ist hingegen dem Begriff der
„Markenware" nicht gleichzusetzen. Markenqualität kann auch eine Ware haben, die
mit der **Eigenmarke eines werbenden Unternehmens** gekennzeichnet ist, der
jedoch im Verkehr keine einer „Markenware" vergleichbare Marktstellung zukommt.
Mit der Aussage „Markenqualität" bringt das werbende Unternehmen nur zum Ausdruck, dass diese Matratzen in qualitativer Hinsicht „Markenmatratzen" entsprechen.
Darüber hinaus kann auch die **irreführende Verwendung** einer eingetragenen Marke unlauter sein (BGH **„Praxis aktuell"**).

20 Irreführend ist Produktwerbung, die dem Verbraucher **Heilwirkungen** suggeriert
oder den Eindruck erweckt, dass die so beworbene Ware weniger gesundheitsgefähr-
dend als andere ist. Sofern ein Lebensmittelhersteller seine Ware mit einer **„Schlank-
heitsgarantie"** bewirbt, führt er den angesprochenen Verkehr über die Produkteigen-
schaft irre. Die Dickleibigkeit und die Gewichtsabnahme sind von so vielen unterschiedlichen Faktoren abhängig, dass es eine solche Garantie nicht gibt. Selbst der
durchschnittlich informierte und verständige Durchschnittsverbraucher, der sich für
schlank machende Produkte interessiert, wird die Garantie wörtlich nehmen, obgleich

die beworbene Wirkung im Regelfall nicht eintritt. Denn gerade dieser **interessierte Durchschnittsverbraucher** wird auf Grund seines Verlangens, den „Schlankmacher" schlechthin zu finden, eine nähere Befassung mit dem Artikel und seinen Bestandteilen unterlassen, und deshalb ein **besonders leichtes Opfer der Werbung** sein. Daher ist diese Angabe irreführend.

Eine Irreführung über die **Beschaffenheit der Ware** liegt in der Bewerbung eines **21** Wörterbuchs Russisch/Deutsch auf CD-Rom, das mit der Aussage beworben wird „Mit ca. 250000 Wörtern". Auch der durchschnittlich informierte, aufmerksame, verständige und kritisch prüfende Verbraucher erwartet bei dieser Wortzahlangabe eine entsprechende Menge der übersetzten Wörter. Setzt sich hingegen die in der Werbung genannte Zahl aus 130000 russischen und 120000 deutschen Wörtern zusammen, so wird ein wesentlicher Teil der Verbraucher über die Beschaffenheit des Wörterbuchs getäuscht. Irreführend ist die unzutreffende Angabe, dass sich ein Schachweltmeister geweigert hat, gegen das beworbene Schachprogramm anzutreten. Diese Werbebehauptung – sogar ein Schachweltmeister hat Angst vor diesem Schachprogramm – kann für den angesprochenen verständigen Durchschnittsverbraucher eine so große Bedeutung haben, dass eine Irreführung gegeben ist (BGH **„Schachcomputer-Katalog"**). Eine unlautere und zur Täuschung geeignete Angabe enthält der Kontoauszug einer Sparkasse, der eine **Gutschrift ausweist,** ohne dass die Wertstellung erfolgt ist. Aus Sicht des BGH verletzt die Sparkasse mit ihrer irreführenden Gestaltung der Kontoauszüge eine Vertragspflicht aus den Giroverträgen mit ihren Kunden (§§ 676 ff., 675 Abs. 1 i.V.m. § 666 BGB). Denn die vor Wertstellung gebuchte Gutschrift kann den Kunden der Sparkasse zu nicht beabsichtigten Kontoüberziehungen und damit zur Inanspruchnahme einer Dienstleistung veranlassen, die er sonst nicht in Anspruch genommen hätte (BGH **„Irreführender Kontoauszug"**). Selbst die objektiv zutreffende Angabe des Kontostandes kann irreführend sein, wenn der angesprochene Durchschnittsverbraucher damit eine **unrichtige Vorstellung** verbindet. Denn dieser Verbraucher kann anhand des Kontoauszuges mangels eines entsprechenden Hinweises bei dem Kontostand nicht erkennen, über welchen Betrag er zinsfrei verfügen kann. Solange die Sparkasse nicht darauf hinweist, dass in dem Kontostand auch Beträge mit späterer Wertstellung enthalten sind, über die erst ab Wertstellung ohne Belastung mit Sollzinsen verfügt werden kann, liegt eine zur Täuschung geeignete Angabe im Sinne von § 5 Abs. 1 Satz 2 Nr. 1 UWG vor.

b) Herkunft (geografisch, betrieblich)

Eine geschäftliche Handlung ist gemäß § 5 Abs. 1 Satz 2 Nr. 1 UWG irreführend, **22** wenn sie eine unwahre oder zur Täuschung geeignete Angabe über die geografische oder betriebliche Herkunft einer Ware oder Dienstleistung enthält und sie geeignet ist, den Verbraucher oder sonstigen Marktteilnehmer zu einer Entscheidung zu veranlassen, die er sonst nicht getroffen hätte. Eine Irreführung über den Warenursprung gibt es also in den Fallgruppen der Irreführung über die **örtliche Herkunft** oder über die **betriebliche Herkunft** der Ware. Zur Frage, wann eine solche Irreführung **relevant** ist, weist der BGH auf folgendes hin:

> Eine Irreführung ist wettbewerbsrechtlich relevant, wenn die Fehlvorstellung des angesprochenen Verkehrs für den Kaufentschluss irgendwie – im Sinne einer allgemeinen Wertschätzung – von Bedeutung ist, ohne dass es auf besondere Qualitätserwartungen ankommt (vgl. BGH, Urteil vom 29. April 1982 – I ZR 111/80, GRUR 1982, 564, 566 = WRP 1982, 570 – Elsässer Nudeln; Urteil vom 13. Oktober 1994 – I ZR 96/92, GRUR 1995, 65, 66 = WRP 1995, 11 – Produktionsstätte). Eine Irreführung durch

eine geographische Herkunftsangabe im Sinne von § 5 Abs. 1 S. 2 Nr. 1 UWG ist in der Regel wettbewerbsrechtlich relevant, weil es sich dabei um ein wesentliches werbliches Kennzeichnungsmittel handelt, das der Individualisierung der Ware sowie der Herstellung einer Beziehung zwischen der gekennzeichneten Ware einerseits und den Qualitäts- und Preisvorstellungen der Kunden andererseits dient und das deshalb ein für die Kaufentscheidung des Verbrauchers bedeutsamer Informationsträger ist. Es bedarf daher regelmäßig besonderer Gründe für die Annahme, dass eine irreführende geographische Herkunftsangabe für den Kaufentschluss des getäuschten Publikums ohne Bedeutung ist (vgl. BGH, GRUR 1982, 564, 566 [= WRP 1982, 570] − Elsässer Nudeln; Urteil vom 9. April 1987 − I ZR 201/84, GRUR 1987, 535, 537 = WRP 1987, 625 − Wodka Woronoff; BGH, GRUR 1995, 65, 66 [= WRP 1995, 11] − Produktionsstätte; Bornkamm in Köhler/Bornkamm, UWG 33. Aufl., § 5 Rn. 2.183 f.) (BGH in WRP 2016, Seite 331 ff. [S. 333, Rdnr. 22], „**Piadina − Rückruf**").

Danach ist eine Täuschung über eine **geographische** Herkunftsangabe regelmäßig wettbewerbsrechtlich relevant.

23 An die **örtliche** Herkunftsangabe einer Ware werden dann besondere Qualitätsvorstellungen geknüpft, wenn entweder der Ort wegen seiner besonderen Handwerkskunst bekannt ist (z.B. **Meißner Porzellan**) oder wenn der Verkehr den mit dem Ortsnamen gekennzeichneten Artikeln auf andere Weise eine besondere Wertschätzung entgegenbringt (z.B. **Dresdner Christstollen** oder **Nürnberger Lebkuchen**). Zum Teil hat der Gesetzgeber Bestimmungen geschaffen, in denen die Voraussetzungen festgelegt wurden, bei deren Vorliegen die örtliche Herkunftsangabe zur Bewerbung der Waren benutzt werden darf (z.B. die **VO zum Schutz des Namens Solingen** vom 16.12.1985 oder die **Wein-Verordnung** vom 14.5.2002 in der u.a. festgeschrieben ist, wie die bestimmten Anbaugebiete voneinander abgegrenzt sind). Unabhängig von § 5 Abs. 1 Satz 2 Nr. 1 UWG enthalten §§ 126 ff. Markengesetz sondergesetzliche Bestimmungen zu irreführenden geographischen Kennzeichen. Der markenrechtliche Unterlassungs- und Schadensersatzanspruch aus § 128 i.V.m. § 127 MarkenG greift dann ein, wenn der Werbende ein als geographische Herkunftsangabe gemäß § 126 MarkenG **geschütztes Kennzeichen** zur Kennzeichnung von Waren verwendet, ohne dass bei den beworbenen Waren oder Dienstleistungen die Schutzvoraussetzungen vorliegen. Diese Bestimmungen greifen allerdings nach § 126 Absatz 2 MarkenG dann nicht ein, wenn der Artikel zwar mit einer geographischen Bezeichnung versehen ist, diese jedoch in Verbindung mit der Ware die ursprüngliche Bedeutung verloren hat und im geschäftlichen Verkehr ausschließlich noch als **Gattungs- oder Beschaffenheitsangabe** dient. Dann entfällt auch eine Irreführung über die geographische Herkunft der Ware oder Dienstleistung, da der Verkehr mit der Angabe keine geographische Herkunft mehr verbindet.

24 Die Prüfung, ob eine Irreführung über eine geographische oder betriebliche Herkunftsangabe vorliegt, erfolgt in folgenden Schritten:

- Es wird eine Angabe im geschäftlichen Verkehr verwendet, die auf die geographische oder betriebliche Herkunft der Ware verweist,
- es kann bei dem durchschnittlich informierten und verständigen Verbraucher eine unrichtige Vorstellung über die örtliche oder betriebliche Herkunft der Ware entstehen und
- es liegen keine besonderen Gründe vor, die die Relevanz ausnahmsweise entfallen lassen.

Die Herkunftsangabe kann sich dem Durchschnittsverbraucher einerseits unmittelbar **25** erschließen (wie z. B. bei der Angabe „Lübecker Marzipan") oder seine Vorstellung ergibt sich mittelbar aus der Aufmachung der Ware (z. B. Abbildung des Holstentores von Lübeck auf einer Marzipanverpackung). Um eine **mittelbare geographische Herkunftsangabe** mit **Doppelbedeutung** handelt es sich bei der gebräuchlichen **Bocksbeutelflasche,** deren originelle Form die Herkunft des abgefüllten Weins aus Franken sowie aus vier bestimmten badischen Gemeinden kennzeichnet.

Sofern der Werbende **fremdsprachige Bezeichnungen** verwendet oder sein Pro- **26** dukt mit **Farben ausländischer Flaggen** schmückt, kann der verständige Durchschnittsverbraucher diese Kennzeichen mit der Herkunft der Ware in Verbindung bringen, wenn keine korrigierende Angabe erfolgt. Sofern daher eine mit den ungarischen Nationalfarben gekennzeichnete Salami tatsächlich nicht aus Ungarn stammt, liegt eine Irreführung über die geographische Herkunft der Ware vor, wenn nicht ein deutlicher klarstellender Hinweis (z. B. „Deutsche Salami nach ungarischem Rezept") erfolgt. Der Werbende kann, um eine Täuschung des Verkehrs zu vermeiden, durch **entlokalisierende Zusätze** unrichtige geographische Herkunftsangaben korrigieren. Verwendet ein Bierhersteller das Kennzeichen „Warsteiner", obgleich das so gekennzeichnete Bier nicht in Warstein selbst, sondern in einer Paderborner Brauerei gebraut wird, ist die Kennzeichnung des Biers als „Warsteiner" unschädlich, wenn zumindest auf dem **Rück-Etikett auf den Brauereiort „Paderborn"** hingewiesen wird. In diesem Zusammenhang stellt der Bundesgerichtshof in seiner Entscheidung **„Warsteiner III"** fest:

> Die Beklagte hat ... auf den Rück-Etiketten ... hinreichend deutlich angegeben, dass das in Rede stehende Bier „in unserer neuen PADERBORNER BRAUEREI" gebraut wird. Zwar hat der Senat diesen Hinweis im Vorlagebeschluss vom 2.7.1998 – bei seiner insoweit zunächst nur vorläufigen Prüfung – nicht genügen lassen. In der Folgezeit erfolgte jedoch in der Rechtsprechung verstärkt die Hinwendung zu einem gegenüber früher veränderten Verbraucherleitbild. ... Auch der Senat geht inzwischen sowohl im Wettbewerbs- als auch im Markenrecht von dem Leitbild des durchschnittlich informierten und verständigen Verbrauchers aus, der das fragliche Werbeverhalten mit einer der Situation angemessenen Aufmerksamkeit verfolgt. ... Der durchschnittlich informierte und verständige Verbraucher, der an zusätzlichen Informationen über ein bestimmtes Bier interessiert ist, weiß, dass er nähere Angaben auch auf den Rück-Etiketten findet. Macht er von dieser Informationsmöglichkeit Gebrauch, kann ihm der Hinweis auf die Braustätte in Paderborn nicht verborgen bleiben. Wie der Senat in seiner Entscheidung im Parallelverfahren betont hat, können verbleibende Fehlvorstellungen des Verkehrs, soweit sie für seine Kaufentscheidung relevant sein können, bei ausreichenden Hinweisen auf die Herkunft vernachlässigt werden. Der Senat ist dabei davon ausgegangen, dass die Relevanz jedenfalls im Rahmen der Interessenabwägung durchaus Bedeutung erlangen kann. ... Zwischen ihr und den Anforderungen an den entlokalisierenden Zusatz kann eine Wechselwirkung bestehen. Bei erheblicher Relevanz sind auch hohe Anforderungen an die Klarheit und Deutlichkeit aufklärender Hinweise zu stellen und umgekehrt (BGH in GRUR 2002, Seite 160 ff. [Seite 162, 163]).

Danach obliegt es dem Anbieter der entsprechend gekennzeichneten Ware, durch **einen aufklärenden Hinweis auf seiner Ware** auf den von dem Kennzeichen der Ware abweichenden Herstellungsort hinzuweisen. Da der durchschnittlich informierte und verständige Verbraucher, der an einem entsprechenden Bier interessiert ist, weiß, dass er zusätzliche Angaben auf dem Rück-Etikett der Bierflasche findet, reicht es in diesem Fall aus, wenn der Bierbrauer den **entlokalisierenden Zusatz auf dem Rück-Etikett** ausweist. Nur wenn der angesprochene Durchschnittsverbraucher der geographischen Herkunft der gekennzeichneten Ware eine besonders große Bedeutung beimisst, muss der entlokalisierende Hinweis ausnahmsweise im unmittelbaren Zusammenhang mit der geographischen Herkunftsangabe angebracht werden.

27 Der lauterkeitsrechtliche Schutz gem. § 5 Abs. 1 S. 2 Nr. 1 UWG besteht **neben** dem individualrechtlichen Schutz aus dem Markenrecht (BGH **„Hard Rock Cafe"**). Allerdings sind Wertungswidersprüche zwischen dem UWG und den markenrechtlichen Bestimmungen zu vermeiden. Liegt mangels Verwechslungsgefahr kein markenrechtlicher Unterlassungsanspruch vor, kann dieser Anspruch auch nicht aus dem Lauterkeitsrecht hergeleitet werden (BGH **„Baumann II"**).

c) Herstellung

28 Unlauter handelt, wer im geschäftlichen Verkehr eine zur Täuschung geeignete Angabe über die Herstellung einer Ware oder die Erbringung einer Dienstleistung macht. Danach liegt insbesondere dann eine unlautere, irreführende Werbung vor, wenn der Werbende über **die Art, die Ausführung, die Zusammensetzung und das Verfahren** der Warenherstellung oder der Erbringung der Dienstleistung irreführt und diese Irreführung von Relevanz ist. Abzustellen ist auf den durchschnittlich informierten und verständigen Verbraucher, der das fragliche Werbeverhalten mit einer der Situation angemessenen Aufmerksamkeit verfolgt (EuGH **„d'arbo naturrein"**). Der Bundesgerichtshof hatte sich mit der Werbung eines Teppicheinzelhändlers zu befassen, der in einer Beilage zu Berliner Tageszeitungen unter der Überschrift „Riesige Auswahl China-Teppiche" sowohl Original-Orientteppiche als auch minderwertige mechanisch hergestellte Waren bewarb. In diesem Zusammenhang stellt der Bundesgerichtshof fest:

> Wird – wie geboten – auf den Durchschnittsverbraucher abgestellt, der sich auf Grund eines vorhandenen Interesses mit der beanstandeten Werbebeilage mit normaler Aufmerksamkeit beschäftigt, so ist eine Irreführung zu verneinen. Der von der Werbung angesprochene Verbraucher wird zwar … die auf Seite 4 der Werbebeilage abgebildeten Teppiche auf Grund ihres für Orient-Teppiche typischen Musters und der orientalischen Herkunftsbezeichnungen auf den ersten Blick für original Orient-Teppiche halten, zumal solche Teppiche auch auf den vorangehenden ersten drei Seiten angeboten werden. Er wird sich jedoch nach der allgemeinen Lebenserfahrung bei vorhandenem Interesse auch mit den unter jeder Abbildung befindlichen kleingedruckten Erläuterungen befassen; dies schon allein deshalb, weil daraus zu entnehmen ist, in welchen Größen und mit welchen Preisen die jeweiligen Teppiche zu erwerben sind. Er wird auch bei nur durchschnittlicher Aufmerksamkeit wahrnehmen, dass es sich um Teppiche entweder aus „100% Polypropylen" oder Schurwolle handelt, die – wie sich aus dem Zusammenhang mit den ersten drei Seiten der Werbebeilage ergibt und was auch unstreitig ist – mechanisch hergestellt sind. Der durchschnittlich informierte und verständige Verbraucher wird daraus schließen können, dass es sich nicht um original Orient-Teppiche handelt (BGH in WRP 2000 Seite 517 ff. [Seite 520] **„Orient-Teppichmuster"**).

Das Leitbild des durchschnittlich informierten und verständigen Verbrauchers verlangt, dass sich der angesprochene Verbraucher jedenfalls bei höherwertigen Waren oder Dienstleistungen auch **klein gedruckte Hinweise und unauffällige Angaben in der Werbung zur Kenntnis nimmt.** Verlässt sich der Verbraucher allein auf den optischen Eindruck eines werblich herausgestellten Produktes, ohne den Begleittext zur Kenntnis zu nehmen, ist eine daraus resultierende Irreführung nur dann relevant, wenn ein **erheblicher Teil** des Verkehrs getäuscht wird.

29 Die Bewerbung von Schmuckstücken mit dem Hinweis **„von hoher handwerklicher Qualität"** ist irreführend, wenn die Artikel tatsächlich nahezu vollständig **industriell** gefertigt wurden, sie von nur durchschnittlicher Qualität sind und eine Auf-

klärung über die industrielle Fertigung nicht erfolgt. Eine hohe handwerkliche Qualität ist nur dann gegeben, wenn wesentliche Leistungen an den Schmuckstücken durch entsprechend qualifizierte Handwerker erbracht werden. Sofern eine im Immobiliengeschäft tätige Aktiengesellschaft ein Beteiligungsangebot mit der Angabe bewirbt „Eine Mindestverzinsung der zurzeit erbrachten Einlage im Jahresdurchschnitt von 6 % p. a. gilt für die Vertragslaufzeit als zugesichert", erweckt sie in den angesprochenen Verkehrskreisen den Eindruck, es handelt sich um eine Kapitalanlage mit sicherer Rendite. Sofern daher die Kapitalanlage nicht wie beworben verzinst wird, weil das werbende Unternehmen die danach in Aussicht gestellte Sicherheit nicht bieten kann, liegt eine irreführende Werbung gemäß § 5 Abs. 1 Satz 2 Nr. 1 UWG vor (BGH **„Mindestverzinsung"**). Auch wenn die Anleger bei einiger Überlegung erkennen können, dass die sogenannte „Mindestverzinsung" bei Verlusten der Gesellschaft kaum erfolgen wird, wirkt die beanstandete Werbeaussage dahin, dass Kapitalanleger eine sichere Rendite erwarten und durch diese irrige Vorstellung von dem Beteiligungsangebot angezogen werden und eine geschäftliche Entscheidung treffen, die sie andernfalls nicht getroffen hätten.

d) Neuheitswerbung

Eine Angabe über die Neuheit der beworbenen Ware (durch Verwendung z. B. der **30** Begriffe *„fabrikneu"*, *„neu"*, *„jetzt"* und ähnlichem) kann zur Täuschung geeignet sein, wenn der **Zeitpunkt der Herstellung** der Ware für den Käufer wesentlich ist. Neben der reinen Neuheitswerbung im engeren Sinne, also wenn ein Artikel als fabrikneu bezeichnet wird, obgleich er bereits in Gebrauch genommen wurde, kann der Werbende auch dann über die Neuheit einer Sache irreführen, wenn er **Auslaufmodelle,** z. B. im Sportbereich, nicht als solche kennzeichnet. Eine irreführende Neuheitswerbung verneinte der Bundesgerichtshof in einer Auseinandersetzung zweier Kraftfahrzeughändler. In dem entschiedenen Verfahren war der mit der **Angabe „Tageszulassung"** beworbene Pkw **nach fünf Tagen** wieder abgemeldet worden. Das Kfz war jedoch noch nicht im Straßenverkehr genutzt worden. Im Hinblick auf eine mögliche Irreführung der angesprochenen Verkehrskreise führt der erkennende Senat aus:

> Unter den im Streitfall angegebenen Umständen kann nicht angenommen werden, dass durch die beanstandete Werbeanzeige wettbewerbsrechtlich maßgebliche Interessen der Verbraucher verletzt werden. … Tageszulassungen sind – wovon auch das Berufungsgericht ausgegangen ist – eine besondere Form des Neuwagengeschäfts. Der Kunde erwirbt in diesen Fällen ein fabrikneues Fahrzeug. Die Zulassung dient, anders als bei sogenannten Vorführwagen, nicht der Nutzung des Fahrzeugs. Tageszulassungen erfolgen insbesondere im Absatzinteresse des Händlers, der durch die Steigerung der Abnahmemenge in den Genuss höherer Prämien kommt, die er … an den Endkunden weitergeben kann. … Das ist nach den Feststellungen des Berufungsgerichts auch dem mit der Werbung angesprochenen potentiellen Autokäufer bewusst, der weiß, dass eine „Tageszulassung" aus den genannten Gründen nur rein formal erfolgt, ohne dass sich die Beschaffenheit des Fahrzeugs als Neufahrzeug dadurch ändert, es insbesondere nicht benutzt worden ist. Dem Verkehr kommt es unter diesen Umständen nicht maßgeblich darauf an, ob das als Neuwagen beworbene Fahrzeug nur einen Tag oder für wenige Tage, also kurzfristig, zugelassen war (BGH in WRP 2000, Seite 1129 ff. [Seite 1130] – **„Tageszulassung II"**).

Aus Sicht des Bundesgerichtshofs ist es nicht Aufgabe des Wettbewerbsrechts, den Verbraucher vor jedweder Fehlvorstellung zu schützen. Nur die **wettbewerbsrechtlich relevante Irreführung** ist zu unterlassen, sofern ein erheblicher Teil des Verkehrs getäuscht wird. Für den durchschnittlich informierten und verständigen Verbraucher bezeichnete der Begriff der „Tageszulassung" jedoch nicht nur Kraftfahrzeuge, die tatsächlich nur 24 Stunden zugelassen waren, sondern auch Neufahrzeuge mit deutlich längerer Standzeit. Der geringe Teil der Verbraucher, der dennoch einem Irrtum unterlag, war wettbewerbsrechtlich unbeachtlich. Selbst wenn die Tageszulassung mehrere Monate zurückliegt, darf mit der Angabe „Tageszulassung" geworben werden (BGH **„Ford-Vertragspartner"**). Zu einer anderen Beurteilung kam der Bundesgerichtshof in den Fällen, in denen Kfz-Händler Neuwagen bewarben, ohne darauf hinzuweisen, dass die **Ausstattungsmerkmale** der beworbenen Kraftfahrzeuge wegen ihres Charakters als EU-Neuwagen von der Serienausstattung des entsprechenden deutschen Fahrzeugs abwichen. Diese Hinweispflicht der Kfz-Händler entfiel, wenn aus der Anzeige erkennbar wurde, dass es sich bei den beworbenen Fahrzeugen **um EU-Neuwagen** handelt, sofern nicht bei den beworbenen Fahrzeugen für die Kaufentscheidung des Verkehrs **bedeutsame Ausrüstungs- oder Ausstattungsmerkmale** fehlten (BGH **„EG-Neuwagen II"**) und das werbende Autohaus auf diesen Umstand nicht hinwies (siehe auch § 5a UWG). Ausstattungsmerkmale, die für den Kaufentschluss des angesprochenen Verkehrs hingegen nur von untergeordneter Bedeutung sind, müssen in der Zeitungsanzeige nicht ausdrücklich erwähnt werden, und bleiben unberücksichtigt.

31   Wird in der Werbung ein Auslaufmodell, z.B. eines TV-Gerätes, beworben, ohne dass der Händler ausdrücklich auf diesen Umstand hinweist, kommt es darauf an, ob sich aus dem Kontext der Werbung ergibt, dass es sich bei dem beworbenen Erzeugnis um ein **Auslaufmodell** handelt (z.B. Bewerbung als **„Ausstellungsstück"**). Lässt sich aus den Umständen des Einzelfalls nicht entnehmen, dass ein Auslaufmodell beworben wird, trifft den Werbenden ggf. eine **Aufklärungspflicht.** Eine solche Pflicht besteht, sofern sie nicht schon aus **Gesetz, Vertrag oder vorangegangenem Tun** begründet ist, im Wettbewerb dann, wenn anderenfalls der angesprochene Verkehr in einem **wesentlichen Punkt,** der den Kaufentschluss zu beeinflussen geeignet ist, getäuscht wird (BGH **„Auslaufmodelle III"**). Diese **Aufklärungspflicht** ist allerdings nur dann begründet, wenn dies zum Schutz des Verbrauchers auch unter Berücksichtigung der berechtigten Interessen des Werbenden unerlässlich ist (siehe nachfolgend § 5a UWG). Die Bewerbung von **Jogging-Anzügen,** die sich zum Zeitpunkt des Angebotes nicht mehr in der aktuellen Preisliste des Herstellers befanden, wurde auch **ohne aufklärenden Hinweis auf die Auslaufeigenschaft** als **zulässig** angesehen, da auf diesem Modesektor ein allmählich fließender Wandel stattfindet, sodass eine Irreführung des Verkehrs bei diesem gleitenden Modellwechsel nicht vorliegt. Das gilt insbesondere dann, wenn hinsichtlich der Stoffqualität, des Schnitts und des sonstigen Erscheinungsbildes des Jogginganzuges der Modellwechsel nicht so auffällig ist, dass er sofort erkannt und der Jogging-Anzug deshalb im Verkehr als veraltet angesehen werden kann. An einer zur Täuschung über die Neuheit der Ware geeigneten Angabe kann es auch dann **fehlen,** wenn es auf Grund der werblichen Gestaltung der Anzeige fernliegt, dass es sich bei dem angebotenen Modell um einen aktuellen Artikel handelt. Wenn das Angebot als **„radikal reduziert"** bezeichnet wird und der Preis deutlich unter dem regulären Preis des Artikels liegt, geht der verständige Durchschnittsverbraucher üblicherweise nicht von ganz aktueller Ware des Werbenden aus.

e) Test-Werbung

32   Eine geschäftliche Handlung ist gemäß § 5 Abs. 1 Satz 2 Nr. 1 UWG auch dann unlauter, wenn sie eine zur Täuschung geeignete Angabe über zu erwartende Ergebnisse, Ergebnisse oder wesentliche Bestandteile von Tests der Waren oder Dienstleis-

tungen enthält und die Test-Ergebnisse für die Kaufentscheidung **relevant** sind. Gerade die **Test-Urteile der Stiftung Warentest** sind als Verkaufsargument von Seiten des Herstellers oder des Handels ein beliebtes Mittel der Werbung. Da es sich insbesondere bei den Testurteilen der Stiftung Warentest um Ergebnisse von neutralen und sachkundigen Untersuchungen handelt, misst der angesprochene allgemeine Verkehr diesen Testergebnissen große Bedeutung bei. Das gilt vor allem dann, wenn nur wenige Produkte mit dem Test-Urteil „sehr gut" oder „gut" abgeschnitten haben. Jede Werbung mit einer unwahren Angabe über ein Test-Urteil ist irreführend, weil es sich bei dem Ergebnis eines Warentests um eine **wesentliche** Angabe handelt (BGH **„TIP der Woche"**). Irreführend ist jedoch nach dem Wortlaut von § 5 Abs. 1 Satz 2 Nr. 1 UWG auch die Werbung mit **wesentlichen Bestandteilen von Tests,** wenn sie nicht wahrheitsgemäß sind und etwa im Rahmen **vergleichender Werbung** (§ 5 Abs. 2 UWG) herausgestellt werden. In der **Entscheidung „Test gut"** hatte sich der **BGH** mit der Werbung eines Versandhandelsunternehmens zu befassen, das eine Kleinbildkamera mit dem Test-Qualitätsurteil „gut" der Stiftung Warentest bewarb ohne zugleich kenntlich zu machen, dass in dem zitierten Warentest **10 Kameras mit „sehr gut",** 11 Apparate mit „gut" und nur 1 Kamera mit „zufriedenstellend" bewertet wurden. Der erkennende Senat bestätigte die Entscheidung des Berufungsgerichts, das die Werbung der Beklagten als irreführend untersagt hatte:

> Dem Berufungsgericht ist auch darin zuzustimmen, dass die unterlassene Mitteilung, dass 10 weitere Apparate im Test mit „sehr gut" beurteilt worden seien, unter den festgestellten Umständen als eine (irreführende) Angabe im Sinne des § 3 UWG *(a. F.)* anzusehen ist. Zwar ist der Werbende regelmäßig nicht gehalten, in der Anzeige die sein Angebot betreffenden Umstände vollständig aufzuführen. Er darf sich in der Regel mit der Hervorhebung der als vorteilhaft angesehenen Umstände begnügen. Anders liegt es nach der Rechtsprechung des Bundesgerichtshofes dann, wenn den Werbenden eine Aufklärungspflicht trifft. … Sie besteht, wenn die verschwiegene Tatsache nach der Auffassung des Publikums wesentlich, also den Kaufentschluss zu beeinflussen geeignet ist. … Da das Berufungsgericht festgestellt hat, dass die Zugehörigkeit zur Spitzengruppe für einen rechtlich beachtlichen Teil des Publikums von Bedeutung ist, besteht für den Werbenden eine Aufklärungspflicht über die Zahl besser benoteter Erzeugnisse, wenn sich aus dieser ergibt, dass das beworbene Produkt nicht zur Spitzengruppe gehört (BGH in WRP 1982, Seite 413 f. [Seite 414]).

Ob eine irreführende Angabe über ein Urteil der Stiftung Warentest vorliegt, bestimmt sich demgemäß danach, ob das mit der Note „gut" beworbene Produkt **tatsächlich über dem Notendurchschnitt** liegt. Bei dem Sachverhalt, den der BGH zu bewerten hatte, betrug der Notendurchschnitt 1,59, sodass die Note „gut" tatsächlich unter dem Notendurchschnitt lag. In diesem Fall hätte der Werbende die Verbraucher darüber aufklären müssen, dass in dem zitierten Test 10 Kameras mit „sehr gut" bewertet worden waren. Denn auch der verständige Durchschnittsverbraucher erwartet bei Herausstellung der Note „gut", dass das getestete Erzeugnis zur Spitzengruppe der getesteten Produkte gehört.

In weiteren höchstrichterlichen Entscheidungen wurden die Voraussetzungen für **33** die Werbung mit Urteilen der Stiftung Warentest näher konkretisiert. Danach darf mit einem Stiftung Warentest-Urteil dann nicht mehr geworben werden, wenn der getestete Artikel technisch durch **neuere Entwicklungen** überholt ist (zu § 3 UWG a. F.: BGH **„Veralteter Test"**). Im Rahmen einer Nichtzulassungsbeschwerde betont der BGH allerdings, dass bei einer **Werbung für Lebensmittel** auch dann mit einem **Testurteil der Stiftung Warentest** geworben werden darf, wenn die beworbenen

Produkte ein anderes Mindesthaltbarkeitsdatum aufweisen als die getesteten. Wörtlich weist der BGH auf Folgendes hin:

> Der Rechtssache kommt auch insoweit keine grundsätzliche Bedeutung zu, als die Beklagte mit ihrer nach Ansicht des Klägers im entscheidenden Punkt unvollständigen Werbeangabe beim angesprochenen Verkehr den unrichtigen und damit irreführenden Eindruck erweckt, nach den Tests der Stiftung Warentest könne eine Aussage über sämtliche beworbenen Produkte dieser Marke gemacht werden, und einzelne Instanzgerichte sogar der Ansicht seien, dass im Lebensmittelbereich mit einem auf eine bestimmte Charge begrenzten Testergebnis der Stiftung Warentest nur geworben werden dürfe, wenn die zum Verkauf stehenden Produkte derselben Charge angehören oder jedenfalls das Mindesthaltbarkeitsdatum der untersuchten Charge (lesbar) angegeben werde. Im Blick auf die nach wie vor gültige höchst- und obergerichtliche Rechtsprechung sowie die damit übereinstimmende Kommentarliteratur, wonach eine Werbung mit älteren Testergebnissen grundsätzlich unbedenklich ist, wenn der Zeitpunkt ihrer Veröffentlichung erkennbar gemacht wird, für die Produkte keine neueren Prüfungsergebnisse vorliegen und die angebotenen Produkte mit den seinerzeit geprüften gleich und auch nicht durch neuere Entwicklungen technisch überholt sind …, können die vom Kläger in diesem Zusammenhang vorgelegten instanzgerichtlichen Urteile eine Grundsatzbedeutung nicht begründen. Es kann auch nicht davon ausgegangen werden, dass im Streitfall etwas anderes gilt. Von relevanten Qualitätsschwankungen – etwa aufgrund von Klimaschwankungen – kann bei Kaffee (-Pads) – anders als womöglich bei in verschiedenen Jahren erzeugtem Olivenöl … – nicht ausgegangen werden (BGH in WRP 2014, S. 67 f. [S. 68, Rdnr. 8], „**Testergebnis – Werbung für Kaffee-Pads**").

Handelt es sich bei den mit dem Urteil der Stiftung Warentest beworbenen Produkten also um Produkte, die zu den **getesteten Artikeln gleichartig** und nicht durch neuere Entwicklungen technisch überholt sind, liegt keine Täuschung des Verkehrs vor.

34 Ferner hat der Bundesgerichtshof festgeschrieben, dass bei Werbung mit einem Urteil der Stiftung Warentest der Werbende verpflichtet ist, die **Fundstelle** der Erstveröffentlichung, nämlich Monat und Jahr, deutlich lesbar anzugeben, um es dem Verbraucher zu ermöglichen, von dem Inhalt des Tests Kenntnis zu nehmen (BGH „**Fundstellenangabe**"). Die Prüfung, ob die Angabe über ein Test-Urteil wettbewerbsrechtlich zulässig ist, vollzieht sich demgemäß in folgenden Schritten:

> - Es wird mit einem neutralen Test-Urteil geworben,
> - das beworbene Produkt gehört zur Spitzengruppe,
> - sofern das getestete Produkt nicht zur Spitzengruppe gehört, ist zu prüfen, ob die Zahl und das Urteil der besser benoteten Erzeugnisse genannt wurden,
> - das beworbene Produkt ist technisch und von der Zusammensetzung unverändert zu dem getesteten,
> - das beworbene Produkt entspricht zum Zeitpunkt der Werbung dem Stand der Technik, ist also technisch nicht durch neuere Entwicklungen überholt,
> - und die Fundstelle ist nach Monat und Jahr der Erstveröffentlichung angegeben.

Unschädlich ist es mit dem **Testurteil „sehr gut"** zu werben, selbst wenn nicht das Produkt des Werbenden allein, sondern auch **mehrere Konkurrenzprodukte** mit diesem Urteil bewertet wurden. Bei Angabe eines Stiftung Warentest-Urteils „sehr gut" erwartet der verständige Durchschnittsverbraucher nicht, dass nur das so beworbene Produkt mit diesem Urteil bewertet wurde. Sofern der Werbende mit einem Stiftung Warentest-Urteil für ein Produkt wirbt, das mit dem getesteten Produkt **nicht identisch, sondern lediglich baugleich** ist, hat der Werbende in der Regel auf die **Baugleichheit** hinzuweisen. Andernfalls liegt eine zur Täuschung geeignete Angabe vor.

f) Umweltwerbung

Als irreführende Werbung über die Beschaffenheit der beworbenen Ware oder **35** Dienstleistung ist auch eine Werbemaßnahme zu beurteilen, die unrichtige oder unvollkommene Angaben über die **Umweltverträglichkeit des Angebots** enthält. Da der allgemeine Verkehr der Umweltverträglichkeit einer Ware oder Dienstleistung eine immer größere Bedeutung beimisst, liegt ein Wettbewerbsverstoß vor, wenn die beworbene Eigenschaft tatsächlich nicht zutrifft (BGH **„Umweltengel für Tragetasche"**). Irreführende Umweltangaben im Rahmen vergleichender Werbung sind gem. § 5 Abs. 2 UWG unlauter (BGH **„Energiekosten-Preisvergleich I"**). Der Bundesgerichtshof hat in seiner **Entscheidung „Umweltengel",** in der es um die Verwendung des Umweltzeichens „Umweltengel" in Form von Regalstoppern an Regaleinlageböden im Geschäftslokal eines Einzelhändlers ging, wörtlich festgestellt:

> Die Werbung mit Umweltschutzbegriffen und -zeichen ist ähnlich wie die Gesundheitswerbung … grundsätzlich nach strengen Maßstäben zu beurteilen. Mit der allgemeinen Anerkennung der Umwelt als eines wertvollen und schutzbedürftigen Gutes hat sich in den letzten Jahren zunehmend ein verstärktes Umweltbewusstsein entwickelt, das dazu geführt hat, dass der Verkehr vielfach Waren (Leistungen) bevorzugt, auf deren besondere Umweltverträglichkeit hingewiesen wird. Gefördert wird ein solches Kaufverhalten auch durch den Umstand, dass sich Werbemaßnahmen, die an den Umweltschutz anknüpfen, als besonders geeignet erweisen, emotionale Bereiche im Menschen anzusprechen, die von einer Besorgnis um die eigene Gesundheit bis zum Verantwortungsgefühl für spätere Generationen reicht. … Gleichwohl bestehen in Einzelheiten noch weitgehend Unklarheiten, insbesondere über Bedeutung und Inhalt der verwendeten Begriffe – wie etwa umweltfreundlich, umweltverträglich, umweltschonend oder bio – sowie der hierauf hindeutenden Zeichen. … Eine Irreführungsgefahr ist daher in diesem Bereich der umweltbezogenen Werbung besonders groß. Wie die angeführten Entscheidungen erkennen lassen, sind die beworbenen Produkte überdies regelmäßig nicht insgesamt und nicht in jeder Beziehung, sondern meist nur in Teilbereichen mehr oder weniger umweltschonender (weniger umweltstörender) als andere Waren. Unter diesen Umständen besteht ein gesteigertes Aufklärungsbedürfnis der angesprochenen Verkehrskreise über Bedeutung und Inhalt der verwendeten Begriffe und Zeichen. An die zur Vermeidung einer Irreführung erforderlichen aufklärenden Hinweise sind daher grundsätzlich strenge Anforderungen zu stellen, die sich im Einzelfall nach der Art des Produktes und dem Grad und Ausmaß seiner „Umweltfreundlichkeit" bestimmen. Fehlen die danach gebotenen aufklärenden Hinweise in der Werbung oder sind sie nicht deutlich sichtbar herausgestellt, besteht im besonders hohen Maße die Gefahr, dass bei den angesprochenen Verkehrskreisen irrige Vorstellungen über die Beschaffenheit der angebotenen Ware hervorgerufen werden und sie dadurch in ihrer Kaufentscheidung beeinflusst werden (BGH in NJW 1989, Seite 711 ff. [Seite 712]).

Der BGH untersagte die angegriffene Werbung, da der Einzelhändler pauschal mit dem Umweltzeichen „Umweltengel" geworben hatte, ohne konkret auf die beworbenen Produkte bezogen den **Grad und das Ausmaß der Umweltfreundlichkeit** der Waren darzustellen.

Verwendet der Hersteller eines WC-Reinigers den Namen **„bio-Fix",** ohne dass **36** durch den Reiniger ein biologischer Abbau des Schmutzes stattfindet, sondern wird ein rein chemischer Prozess in Gang gesetzt, fehlt es an dem im Vergleich zum Wettbewerb umweltfreundlicheren Charakter des Reinigungsmittels. Es ist daher auch irreführend, für diesen Reiniger mit dem Hinweis **„umweltfreundlich"** zu werben, da es an einer **entscheidenden Verbesserung** zu anderen vergleichbaren Produkten derselben Art im Bezug auf die Umweltverträglichkeit fehlt. Nur wenn tatsächlich dem beworbenen Reiniger ein wesentlicher Vorsprung im Umweltbereich zu vergleichbaren Herstellern zukommt, z. B. der gänzliche Verzicht auf umweltgefährliche Tenside, soweit sie nicht gesetzlich verboten sind, besteht die Irreführungsgefahr nicht. Irreführend ist es auch, wenn die Herstellerin eines Holzschutzmittels mit einem Umweltzeichen und der Aussage wirbt **„umweltfreundlich, weil schadstoffarm"**, sofern das beworbene Produkt tatsächlich nicht für Holz verwendet werden darf, das unmittelbar mit Futter- oder Lebensmitteln in Berührung kommt. Selbst wenn in diesem Fall das Produkt einen geringeren Anteil an Lösemitteln enthält und nicht mit Schwermetallen eingefärbt ist, ist die **verbleibende Umweltbelastung** so groß, dass der durchschnittlich informierte Verbraucher durch die Verwendung des Umweltzeichens mit dem Zusatz „umweltfreundlich, weil schadstoffarm" getäuscht wird. Allerdings liegt keine irreführende Umweltwerbung vor, wenn für Ziegel mit der Aussage **„Bausteine für eine gesunde Welt"** geworben wird, sofern die zur Ziegelherstellung umweltrelevanten Umstände, z. B. der Bedarf an Energie oder Wasser, im Vergleich zu konkurrierenden Herstellern nicht höher ist (BGH **„Unipor-Ziegel"**). Das gilt in gleicher Weise auch für die Aussage **„Die umweltschonende Energie Erdgas"**, da zwar der Verbrauch von Erdgas wie jede Energie die Umwelt belastet, die Energiequelle Erdgas jedoch im Vergleich zu anderen Energieträgern, wie z. B. Erdöl oder Kohle, zu einer geringeren Umweltbelastung führt. Dem verständigen Durchschnittsverbraucher ist durchaus bekannt, dass der Verbrauch jeder Energie in gewissem Umfang die Umwelt belastet, so dass von ihm die Aussage „Die umweltschonende Energie Erdgas" richtig dahingehend interpretiert werden wird, dass der **Grad der Umweltbelastung** im Vergleich zu anderen Energieträgern niedriger ist.

37　Keine Irreführung liegt vor, wenn ein CD-Hersteller CD-Doppel-Verpackungen mit der Aussage bewirbt **„Die umweltfreundlichere CD-Verpackung"**, da die beworbene CD-Doppelverpackung tatsächlich 55 % Materialersparnis bei der Doppelbox bzw. 28 % Materialersparnis bei der Einzel-CD-Box aufweist. Obgleich die CD-Verpackung aus dem grundsätzlich umweltbelastenden Material „Polystyrol" gefertigt ist, liegt eine Irreführung des Verkehrs nicht vor, da der Verbraucher in diesem Fall nur eine **relative Umweltfreundlichkeit** erwartet. Der verständige und informierte Verbraucher geht nicht davon aus, dass in einem solchen Fall die maximal mögliche Umweltverträglichkeit gegeben ist. Anders kann hingegen die für Büro- und Schreibartikel in Blister-Verpackungen aus Polypropylen und Polystyrol verwendete umweltpositive Aussage **„PVC-frei"** zu bewerten sein, wenn die anstelle von PVC eingesetzten Ersatzstoffe in der **ökobilanziellen Gesamtbetrachtung** tatsächlich höhere Umweltbelastungen hervorrufen als PVC. Zwar ist das werbende Unternehmen nicht verpflichtet, über die Nachteile des eigenen Produkts umfassend aufzuklären (siehe aber **Irreführung durch Unterlassen,** § 5a UWG). Werden allerdings die Umweltvorteile besonders herausgestellt, z. B. „umweltfreundlich, weil PVC-frei" (BGH **„PVC-frei"**), liegt irreführende Werbung vor, sofern von den verwendeten Alternativkunststoffen deutlich höhere Umweltbelastungen ausgehen als von PVC. Es besteht dann die Gefahr, dass der informierte und verständige Durchschnittsverbraucher dem Produkt irrtümlich einen Umweltvorteil beimisst, der ihm tatsächlich nicht zukommt. Schließlich enthält § 3 Abs. 3 i. V. m. dem Anhang zu § 3 Abs. 3 UWG (Nr. 2) die Bestimmung, dass eine geschäftliche Handlung immer unzulässig ist, wenn gegenüber

Verbrauchern ein Güte- oder Qualitätskennzeichen ohne die erforderliche Genehmigung verwendet wird. Handelt es sich bei dem Gütezeichen um ein umweltbezogenes Zeichen, findet dieses **Verbot ohne Wertungsvorbehalt** uneingeschränkt Anwendung.

g) Verfügbarkeit

Nach § 5 Abs. 1 Satz 2 Nr. 1 UWG ist eine zur Täuschung geeignete Angabe über **38** die Verfügbarkeit oder Menge einer Ware oder Dienstleistung irreführend. Diese irreführende geschäftliche Handlung in § 5 UWG kommt allerdings nur dann zum Tragen, wenn nicht bereits das absolute Verbot ohne Wertungsvorbehalt aus Nr. 5 des Anhangs zu § 3 Abs. 3 UWG **(Lockangebot)** Anwendung findet. Wird also gegenüber Verbrauchern mit einem Angebot geworben, das nicht für einen angemessenen Zeitraum in **angemessener Menge** zum beworbenen Preis zur Verfügung steht, liegt immer eine irreführende geschäftliche Handlung i.S. von § 3 Abs. 3 UWG vor. Außerdem kommt in einem solchen Fall auch die besondere Beweislastregelung in Nr. 5 (Anhang zu § 3 Abs 3 UWG) zum Tragen. Ist die **Bevorratungszeit kürzer als 2 Tage,** obliegt es danach dem Unternehmer, die Angemessenheit nachzuweisen. Es obliegt also dem Unternehmer, die Angemessenheit des Zeitraums der Bevorratung darzulegen und zu beweisen, wenn der Bevorratungszeitraum 2 Tage unterschreitet **(Beweislastumkehr).** Das absolute Verbot aus Nr. 5 des Anhangs zu § 3 Abs. 3 UWG geht der allgemeinen Bestimmung in § 5 Abs. 1 Satz 2 Nr. 1 UWG vor. Nach dieser Regelung ist nicht die unzulässige Bevorratung der beworbenen Ware, sondern die **unzureichende Aufklärung** über eine unzulängliche Bevorratung zu beanstanden (BGH **„Irische Butter"**). Für den Irreführungsfall des § 5 Abs. 1 Satz 2 Nr. 1 UWG verbleiben daher nur noch solche zur Täuschung geeigneten Angaben über die Verfügbarkeit und die Menge der Ware und Dienstleistung, die nicht unter Nr. 5 des Anhangs zu § 3 UWG fallen.

Im Rahmen von § 5 Abs 1 Satz 2 Nr. 1 UWG kommt es darauf an, ob die Angabe **39** über die Verfügbarkeit der Ware oder Dienstleistung zur Täuschung geeignet ist. Die Frage der **Angemessenheit des Warenvorrats** läßt sich nicht einheitlich beantworten. Vielmehr kommt es darauf an, welcher **Warengattung** der nicht bevorratete Artikel angehört. Bei Lebensmitteln erwartet der Durchschnittsverbraucher eine andere Warenbevorratung als bei Grillgeräten oder Staubsaugern. Auch eine **Aufklärung des Verbrauchers** über naheliegende Einschränkungen in der sofortigen Lieferfähigkeit des werbenden Unternehmens kann eine Irreführung des Verkehrs ausschließen (BGH **„Innerhalb 24 Stunden"**). Unvorhergesehene Lieferschwierigkeiten, die der Unternehmer nicht zu vertreten hat, können etwa gegeben sein, wenn die bestellte Ware – ohne Verschulden des Händlers – **vom Zoll beschlagnahmt wurde.** In diesem Fall muss der Händler nachweisen, dass er darauf vertrauen durfte, dass die bestellte Ware einfuhrfähig ist. Unvorhergesehene Lieferschwierigkeiten können auch **in den Fällen höherer Gewalt** auftreten, zum Beispiel ein Unfall des Spediteurs, bei dem die bestellte Ware vernichtet wurde. Ein Rechtfertigungsgrund für eine geringere Bevorratung kann auch darin liegen, dass es sich um ein Produkt handelt, welches der Werbende im Verhältnis zu seiner üblichen Produktpalette nicht gleichermaßen bevorraten konnte, bezieht sich etwa auf das **Angebot von verderblichen Lebensmitteln.** So hat der BGH herausgestellt, dass z.B. schnell verderbliche Lebensmittel andere Verbrauchererwartungen hinsichtlich des Verkaufszeitraums erwecken, als das Angebot wertvoller und langlebiger Ware (BGH **„adidas-Sportartikel"**). Jedenfalls erwartet der Mitbewerber, dass ein einzelner **besonders herausgestellter** Artikel sofort lieferfähig ist, selbst wenn es sich um einen hochwertigen EDV-Artikel handelt (BGH **„Computerwerbung"**). Es entspricht allerdings nicht der Lebenserfahrung, dass ein Marktteilnehmer erwartet, eine nach den Kundenwünschen jeweils individuell zu konfigurierende, wenig auffällig beworbene Computeranlage am Tag der Werbung im Ladengeschäft zur sofortigen Mitnahme vorzufinden (BGH **„Vorratslücken"**). Die **individuelle Konfiguration** schließt eine umfassende Bevorratung aller möglichen Kombinationen der beworbenen Computeranlage aus. Liegt eine irreführende Werbung über die Vorratsmenge vor, so kann der Unterlassungsanspruch bei der Werbung einer Verbrauchermarktkette nicht nur gegen den einzelnen lokalen Markt, sondern bundesweit durchsetzbar sein (BGH **„Filialleiterfehler"**). Neben dem Unterlassungsanspruch können in gleicher Weise Ansprüche auf **Auskunftserteilung** und auf **Schadensersatz,** Verschulden vorausgesetzt, gegeben sein. Sofern in einem „Möbelkatalog" für eine Vielzahl von Artikeln geworben wird, nimmt der Mitbewerber im Regelfall nicht an, dass er während der **Laufzeit des Kataloges** darüber informiert wird, welche der im Katalog angebotenen Artikel dauernd oder vorübergehend nicht mehr lieferbar sind. Hingegen hat der Werbende, sofern sich der Katalog noch in seinem Einflussbereich befindet, bei Abgabe des Kataloges über die Artikel aufzuklären, die nicht oder vorübergehend nicht lieferbar sind (z.B. durch einen entsprechenden Beilagezettel, BGH **„Möbelkatalog"**). Das gilt erst Recht bei Angeboten eines **Online-Händlers** im Internet. Der Verbraucher, der online einkauft, erwartet die **sofortige Verfügbarkeit** des beworbenen Artikels, oder einen aufklärenden Hinweis, falls das Angebot nicht – mehr – verfügbar ist. Andernfalls liegt eine Irreführung des Verkehrs vor (BGH **„Innerhalb 24 Stunden"**). Ferner hat der Werbende, sofern er in einem Werbefaltblatt von gewisser Geltungsdauer Schmuckstücke bewirbt, dafür Sorge zu tragen, dass während der Laufzeit des Werbeprospektes die Schmuckstücke tatsächlich vorrätig sind. Insoweit obliegen dem Händler Überwachungspflichten hinsichtlich der Nachfrage- und Vorratsentwicklung. Sofern der Händler nicht nachweisen kann, dass er diesen **Beobachtungs- und Aufsichtspflichten** ausreichend nachgekommen ist, ist ein Unterlassungsanspruch begründet. Der Händler muss während der gesamten Laufzeit des Prospekts lieferfähig sein.

40 Besonders zur Irreführung geeignet sind sogenannte **Lockvogel-Angebote** im Handel (siehe Nr. 5 des Anhangs zu § 3 UWG). Lockvogel-Angebote liegen insbesondere dann vor, wenn der Händler einen einzelnen Artikel besonders preisaggressiv bewirbt, um eine besondere Aufmerksamkeit im geschäftlichen Verkehr zu erregen. Bei Lockvogel-Angeboten ist die Sogwirkung der Werbung vorhersehbar, sodass die Nachfrage **kaum unerwartet außergewöhnlich hoch sein kann.** § 5 Abs. 1 Satz 2 Nr. 1 UWG gilt entsprechend bei einem Dienstleistungsangebot. Wer besonders **preisgünstige Flüge** anbietet, muss sicherstellen, dass ein gewisses Kontingent an Plätzen zum günstigsten Preis zur Verfügung steht.

h) Sonstige Täuschung über wesentliche Merkmale der Ware oder Dienstleistung

41 Nach § 5 Abs. 1 Satz 2 Nr. 1 UWG kann eine geschäftliche Handlung dann irreführend sein, wenn sie zur Täuschung geeignete Angaben über **Vorteile, Risiken, Zusammensetzung, Zubehör, Kundendienst** oder Beschwerdeverfahren enthält, und es sich bei diesen Angaben um **wesentliche Merkmale** der angebotenen Ware oder Dienstleistung handelt. Zu denken ist in diesem Zusammenhang etwa an eine täuschende Angabe über den vorteilhaften **Benzinverbrauch** eines Kfz, wenn die beworbene Angabe nicht zutrifft, oder das gänzliche Fehlen der Verbrauchs- bzw. der

CO_2-Emissionsangabe (BGH „**Gallardo Spyder**"). Irreführend ist die Werbung mit einer unwahren Angabe über die **Laufleistung** eines Kfz (verneint von BGH „**Falsche Suchrubrik**"). Es handelt sich bei der Laufleistung eines Fahrzeugs um eine **wesentliche Angabe** i.S.v. § 5 Abs. 1 Satz 2 Nr. 1 UWG. Zur Täuschung kann auch eine Angabe geeignet sein, die den Eindruck erweckt, eine im Angebot befindliche Digitalkamera enthalte als **Zubehörteil** den erforderlichen Chip, der tatsächlich jedoch gegen zusätzliches Entgelt erworben werden muss. Schließlich kann eine zur Täuschung geeignete Angabe über den **Kundendienst** oder mögliche Kundenbeschwerden vorliegen, wenn etwa im Versandhandel technische Markenprodukte angeboten werden, und der im Falle eines Produktmangels notwendige Kundendienst nicht über das Herstellerunternehmen, sondern über den Versandhändler erfolgt.

3. Irreführung über den Anlass des Verkaufs, den Preis oder Lieferbedingungen (§ 5 Abs. 1 Satz 2 Nr. 2 UWG)

Unlauter handelt gemäß § 5 Abs. 1 Satz 2 Nr. 2 UWG derjenige, der im Rahmen **42** seiner geschäftlichen Handlung eine zur Täuschung geeignete Angabe über den Anlass des Verkaufs wie das Vorhandensein eines besonderen Preisvorteils, den Preis oder die Art und Weise, in der er berechnet wird, oder die Bedingungen, unter denen die Ware geliefert oder die Dienstleistung erbracht wird (BGH „**Branchenbuch Berg**"), macht. Wann zur Täuschung geeignete **Angaben über den Preis** einer Ware oder Dienstleistung gegeben sind, richtet sich nach den Ausführungen des BGH nach folgenden Kriterien:

> Das Berufungsgericht ist zutreffend davon ausgegangen, dass sich die Beurteilung, ob eine Werbung irreführend ist, maßgeblich danach richtet, wie der angesprochene Verkehr diese Werbung aufgrund ihres Gesamteindrucks versteht (st. Rspr., vgl. nur BGH, Urteil vom 18. September 2013 – I ZR 65/12, GRUR 2014, 494 Rn. 14 = WRP 2014, 559 – Diplomierte Trainerin, mwN). In diesem Zusammenhang kommt es auf die Sichtweise eines durchschnittlich informierten und verständigen Verbrauchers an, der einer Werbung die der Situation angemessene Aufmerksamkeit entgegenbringt (vgl. BGH, Urteil vom 20. Oktober 1999 – I ZR 167/97, GRUR 2000, 619, 621 = WRP 2000, 517 – Orient-Teppichmuster; Urteil vom 30. Juni 2011 – I ZR 157/10, GRUR 2012, 184 Rn. 19 = WRP 2012, 194 – Branchenbuch Berg). Irreführend ist eine Werbung, wenn sie geeignet ist, bei einem erheblichen Teil der umworbenen Verkehrskreise irrige Vorstellungen über die Eigenschaften oder die Befähigung des Unternehmers oder die von ihm angebotene Leistung hervorzurufen und die zutreffende Marktentschließung in wettbewerblich relevanter Weise zu beeinflussen (vgl. BGH, Urteil vom 26. Februar 2009 – I ZR 219/06, GRUR 2009, 888 Rn. 18 = WRP 2009, 1080 – Thermoroll; Urteil vom 8. März 2012 – I ZR 202/10, GRUR 2012, 1053 Rn. 19 = WRP 2012, 1216 – Marktführer Sport) (BGH in WRP 2016, Seite 590ff. [S. 591, Rdnr. 10], „**Durchgestrichener Preis II**").

Die Bewerbung eines Telefonanschlusses zum Preis von 9,90 Euro monatlich und einer Internet-Flatrate zum Preis von 29,90 Euro monatlich ohne Hinweis darauf, dass daneben **Kosten für einen Kabelanschluss** in nicht unerheblicher Höhe anfallen, ist irreführend. Dieser Irreführung kann durch einen **Sternchen-Hinweis** nur dann begegnet werden, wenn der Sternchen-Hinweis zu den beworbenen Kosten des Telefonanschlusses bzw. der Internet-Flatrate in einer Weise zugeordnet wird, dass er an den **blickfangmäßig** herausgestellten Preisangaben teilhat (BGH „**Leistungspakete im Preisvergleich**").

Darüber hinaus werden von diesem Tatbestand sämtliche anderen Fälle erfasst, in **43** denen die angesprochenen Verkehrskreise etwa aus den Umständen, unter denen eine

Ware oder Dienstleistung angeboten wird, unzutreffenderweise auf das Vorhandensein eines **besonderen Preisvorteils** schließen (vgl. Begründung Änderungsgesetz B, zu § 5 Abs. 1 Satz 2 Nr. 2 UWG). Eine Werbung mit **Preisgegenüberstellungen** ist irreführend, wenn sich der Werbung nicht entnehmen läßt, welchen anderen – durchgestrichenen – Preisen die beworbenen Preise gegenübergestellt werden oder wenn ein um 5 % überhöhter Vergleichspreis angegeben wird (BGH „**Apothekenabgabepreis**"; BGH „**Original Kanchipur**"). Wer seinen eigenen Preis der **Herstellerempfehlung** gegenüberstellt, muss darauf hinweisen, dass es sich um eine **unverbindliche** Preisempfehlung handelt. Wurde der empfohlene Herstellerpreis nicht auf der Grundlage einer ernsthaften Kalkulation als angemessener Verbraucherpreis ermittelt oder war er im Zeitpunkt der Bezugnahme **nicht mehr gültig,** liegt eine Irreführung über den Preis vor (BGH **„Herstellerpreisempfehlung bei Amazon"**). Ein Händler, der aufgrund seines einjährigen Bestehens mit der Headline wirbt *„Wir feiern Geburtstag – Feiern Sie mit uns!"* erweckt im angesprochenen Verkehrskreis die Erwartung, dass es besonders günstige *„Geburtstagsangebote"* gibt. Wird das Sortiment des werbenden Händlers hingegen nicht preisreduziert abgegeben, liegt in der **Geburtstagswerbung** eine zur Täuschung geeignete Angabe, die regelmäßig nach § 5 Abs. 1 Satz 2 Nr. 2 UWG unlauter ist. Wer im geschäftlichen Verkehr mit einer Angabe zum **Räumungsverkauf, Insolvenzverkauf** oder sonstigen **Sonderverkauf** wirbt, erweckt im angesprochenen Verbraucherkreis regelmäßig den Eindruck, dass er **besonders günstige Preise** hat. Liegt dieser Preisvorteil nicht vor, ist die Angabe über den Sonderverkauf zur Täuschung geeignet. Für die Frage der Erheblichkeit kommt es nicht darauf an, ob der angesprochene verständige Durchschnittsverbraucher tatsächlich getäuscht wird. Das Hervorrufen des Eindrucks eines besonderen Preisvorteils bei einem **Kopplungsangebot** kann die Irreführungsgefahr begründen (verneint: BGH „**Xtra-Pac**"). Die Angabe eines geringeren als den **effektiven Jahreszins** bei Bewerbung eines Darlehens ist irreführend i. S. v. § 5 Abs. 1 Satz 2 Nr. 2 UWG (EuGH „**Pereničová u. a./SOS**").

44 Sofern ein Unternehmen mit dem Hinweis auf die Herkunft der beworbenen Waren aus einer Insolvenzmasse wirbt, hat er im Falle einer wettbewerbsrechtlichen Auseinandersetzung nachzuweisen, dass es sich bei der beworbenen Ware tatsächlich **um eine solche aus einem Insolvenzverfahren** handelt und die so beworbene Ware muss tatsächlich deutlich **preisgünstiger** sein, als gleichartige Ware anderer Herkunft. Denn der angesprochene durchschnittlich informierte und verständige Durchschnittsverbraucher, der die Werbung mit einer der Situation angemessenen Aufmerksamkeit verfolgt, erwartet von einem aus einer Insolvenzmasse stammenden Angebot eine besondere Preisgünstigkeit. Stammt hingegen die beworbene Ware zwar aus einer Insolvenzmasse, ist der Preis jedoch tatsächlich nicht erheblich niedriger als der Preis vergleichbarer Ware, die nicht aus einer Unternehmensinsolvenz stammt, liegt eine relevante Irreführung des Verkehrs vor, die unlauter ist. In gleicher Weise kann es auch irreführend sein, wenn das werbende Unternehmen auf eine **vermeintliche Hersteller- oder Großhändlereigenschaft** hinweist. Wird in der Werbung der Eindruck der Herstellereigenschaft des werbenden Unternehmens erweckt, erwartet der angesprochene Verkehr, dass die beworbene Ware besonders preisgünstig ist (BGH **„Matratzen Factory Outlet"**). Bei einem Verkauf **„direkt vom Lager"** oder **„Direkt ab Werk"** geht der durchschnittlich informierte und verständige Verbraucher davon aus, dass die Großhändler- und Einzelhändlerspannen entfallen und daher die beworbenen Angebote besonders preisgünstig sind. Liegt hingegen keine besondere Preisgünstigkeit des Angebots vor, weil der Werbende seine Gewinnspanne in die von ihm verlangten Preise eingerechnet hat, ist auch diese Werbung irreführend und wettbewerbswidrig (BGH **„Direkt ab Werk"**).

Eine besondere Irreführungsgefahr kann auch von **Rabattaktionen des Handels** 45 ausgehen. Werden in der Werbung für eine Rabattaktion von dem werbenden Unternehmen **feste zeitliche Grenzen** angegeben, muss sich das Unternehmen grundsätzlich hieran festhalten lassen. Wörtlich weist der BGH darauf hin:

> Eine irreführende Angabe liegt jedenfalls dann vor, wenn der Unternehmer bereits zum Zeitpunkt des Erscheinens der Werbung unabhängig vom Verlauf der beworbenen Aktion die Absicht hat, die Vergünstigung vor Erreichen der angegebenen zeitlichen Grenze nicht mehr zu gewähren, dies aber in der Werbung nicht hinreichend deutlich zum Ausdruck bringt. Denn ein angemessen gut unterrichteter und angemessen aufmerksamer und kritischer Durchschnittsverbraucher wird bei einem vorbehaltslosen Angebot eines Rabatts mit der Angabe eines Endtermins davon ausgehen, dass der Unternehmer den genannten Endtermin auch tatsächlich einhalten wird. … Wird die Rabattaktion dagegen aufgrund von Umständen verkürzt oder verlängert, die nach dem Erscheinen der Werbung eingetreten sind, ist danach zu unterscheiden, ob diese Umstände für den Unternehmer unter Berücksichtigung fachlicher Sorgfalt voraussehbar waren und deshalb bei der Planung der befristeten Aktion und der Gestaltung der ankündigenden Werbung hätten berücksichtigt werden können. Denn der Verkehr wird nach der Lebenserfahrung nur in Rechnung stellen, dass eine befristete Vergünstigung allein aus Gründen verkürzt oder verlängert wird, die zum Zeitpunkt der Schaltung der Werbung ersichtlich nicht zugrunde gelegt wurden und auch nicht berücksichtigt werden konnten. Mit einer Verkürzung oder Verlängerung aus Gründen, die bei Schaltung der Anzeige bereits absehbar waren, rechnet der Verkehr dagegen nicht. Dabei ist es Sache des Werbenden, die Umstände darzulegen, die für die Unvorhersehbarkeit der Verkürzungs- oder Verlängerungsgründe und für Einhaltung der fachlichen Sorgfalt sprechen. … Von erheblicher indizieller Bedeutung dafür, ob der Werbende die gebotene fachliche Sorgfalt angewandt hat, sind dabei die Erfahrungen, die er aus früheren vergleichbaren Verkaufsförderungsmaßnahmen gewonnen hat (BGH in GRUR 2014, S. 91 ff. [S. 93, Rdnr. 22, 23], **„Treuepunkte-Aktion"**).

Wenn also ein Händler eine Rabattaktion ankündigt und diese Rabattaktion mit einer festen zeitlichen Grenze bewirbt, liegt in der Regel eine Irreführung der mit der Werbung angesprochenen Verbraucher vor, wenn die Aktion **vor Ablauf der angegebenen Zeit** beendet wird. Auch ein Reiseveranstalter, der mit einem zeitlich befristeten **Frühbucherrabatt** wirbt, muss sich grundsätzlich an die gesetzte Frist halten, will er sich nicht dem Vorwurf der Irreführung aussetzen (BGH **„Frühlings-Spezial"**). Ausnahmsweise tritt die Irreführung des Verkehrs bei einer Verlängerung einer derart beworbenen Rabattaktion dann nicht ein, wenn besondere Umstände vorliegen, die für den werbenden Reiseunternehmer unter Berücksichtigung seiner fachlichen Sorgfalt nicht voraussehbar waren. Mit Verlängerung einer Rabattaktion rechnet der Verkehr dann jedoch nicht, wenn die Gründe, die zur Verlängerung geführt haben, bereits bei Schaltung der Werbeanzeige absehbar waren. Wird eine Werbeaktion ohne Vorliegen besonderer Umstände verlängert, deutet dies darauf hin, dass es dem Unternehmen darum geht, sich die **besondere Anlockwirkung** zu Nutze zu machen, die jeweils von einer solchen kurzen Fristsetzung ausgeht, so dass der Verkehr über die Dauer der angekündigten Sonderaktion getäuscht wird (BGH **„10% Geburtstagsrabatt"**).

Irreführend und damit wettbewerbswidrig können insbesondere auch sogenannte 46 **Preisvergleichslisten im Internet** sein. So hatte sich der BGH mit der Bewerbung von Elektro-Haushaltsgeräten in Internet-Preissuchmaschinen zu befassen. In diesem Zusammenhang stellt der BGH fest:

Das Berufungsgericht hat mit Recht angenommen, dass der durchschnittlich informierte Nutzer eines Preisvergleichsportals im Internet mit den ihm dort präsentierten Informationsangeboten vorbehaltlich gegenteiliger Hinweise regelmäßig die Erwartung einer höchstmöglichen Aktualität verbindet. Ein entsprechender Nutzer ist zwar mit den Besonderheiten des Internets und damit auch mit dessen technischen Grenzen vertraut. Er geht deshalb aber nicht davon aus, dass eine Preisänderung, die ein Anbieter zeitgleich an den Server seiner eigenen Angebotsseite und an den Betreiber einer Preissuchmaschine, über die er wirbt, gesendet hat, in der Preissuchmaschine anders als auf der Angebotsseite nicht sofort, sondern erst Stunden später erscheint (BGH in WRP 2010, Seite 1246 ff. [S. 1247, 1248, Rdnr. 10], **"Espressomaschine"**).

Die fehlerhafte Erstplatzierung einer Espressomaschine in einer Preissuchmaschine im Internet, obgleich der Preis zwischenzeitlich erhöht worden war, führt zu einer Irreführung des Durchschnittsverbrauchers. Denn der Durchschnittsverbraucher orientiert sich an der Platzierung des Produktes, wenn er eine entsprechende Preissuchmaschine zu Hilfe nimmt. Für diesen Verbraucher ist es jedoch von maßgeblicher Bedeutung, ob die an erster Stelle gelistete Espressomaschine tatsächlich den günstigsten Preis aufweist oder nicht. Selbst wenn der Verbraucher im zweiten Schritt über die **Angebotsplattform des Herstellers** mit dem tatsächlich höheren Preis konfrontiert wird, geht dieser Verbraucher in seiner Vorstellung davon aus, tatsächlich das preisgünstigste Angebot ausgewählt zu haben. Das Werbeverhalten des Anbieters der Espressomaschine ist auch von **wettbewerbsrechtlicher Relevanz,** da die täuschende Eingruppierung der Espressomaschine in den ersten Rang der Preisvergleichsliste die **irreführende Werbewirkung** auslöst. Entsprechendes gilt für die im Rahmen einer Preissuchmaschine auszuweisenden Liefer- und Versandkosten des Anbieters. Insoweit ist erforderlich, dass die zum Kaufpreis hinzukommenden **Versandkosten** nicht erst auf der eigenen Internetseite des Anbieters genannt werden, sondern sie sind bereits in der Preissuchmaschine aufzuführen (BGH **"Versandkosten bei Froogle II"**). Denn der Verbraucher erwartet auch bei einer Preissuchmaschine die Angabe des Endpreises sowie aller zusätzlichen Kosten, da er nur auf diese Weise den gewünschten schnellen Überblick über die Preise in der Preissuchmaschine erlangt. Die Nichtberücksichtigung der Versandkosten kann dazu führen, dass ein Angebot in der **Günstigkeitshierarchie der Suchmaschine** vor Angeboten von Mitbewerbern erscheint, obgleich diese hinsichtlich des Gesamtpreises preisgünstiger sind (BGH **"Versandkosten bei Froogle I"**). Unvollständige Preisangaben sind gemäß § 5 Abs. 1 Satz 2 Nr. 2 UWG irreführend, wenn es sich um einen **unvermeidbaren** und **vorhersehbaren** Bestandteil des Preises handelt (EuGH **"Canal Digital"**). Die Verwendung von **"ab"-Preisen** ist zulässig, wenn der Endpreis etwa aufgrund der Beschaffenheit und der Merkmale des Produkts oder der Dienstleistung, z.B. bei einem Flugreiseangebot, vernünftigerweise nicht im Vorraus berechnet werden kann (EuGH **"Konsumentombudsmannen/Ving Sverige AB"**).

4. Täuschung über geschäftliche Verhältnisse des Unternehmers (§ 5 Abs. 1 Satz 2 Nr. 3 UWG)

47 Eine irreführende geschäftliche Handlung liegt auch dann vor, wenn eine geschäftliche Handlung eine **zur Täuschung geeignete Angabe** über die Person, Eigenschaften oder Rechte des Unternehmers wie Identität, Vermögen einschließlich der Rechte des Geistigen Eigentums, den Umfang von Verpflichtungen, Befähigung, Status, Zulassung, Mitgliedschaften oder Beziehungen, Auszeichnungen oder Ehrungen, Beweggründe für die geschäftliche Handlung oder die Art des Vertriebs, enthält. Zur

Begründung der Wettbewerbswidrigkeit ist es erforderlich, aber auch ausreichend, wenn die geschäftliche Handlung über **eine** der genannten Eigenschaften eine zur Täuschung geeignete Angabe enthält.

a) Geschäftliche Verhältnisse

Die geschäftlichen Verhältnisse eines Unternehmens können das **Alter** eines Unter- **48** nehmens betreffen, den Erhalt von **Auszeichnungen** oder die gesellschaftsrechtliche Form des Unternehmens, aber auch sonstige Umstände, die für den Verkehr wichtig sein können. Ein Lohnsteuerhilfeverein, der in einer Werbeanzeige nur **auf sein Bestehen** hinweist, muß nicht zugleich erklären, dass eine Beratung die Mitgliedschaft voraussetzt (BGH **„Lohnsteuerhilfeverein Preußen"**). Ein Kfz-Händler, der das Logo und die Wortmarke eines bekannten Automobilherstellers an der Fassade seines Autohauses anbringt, handelt nicht irreführend, wenn er tatsächlich Kraftfahrzeuge der beworbenen Marke anbietet, selbst wenn er kein Vertragshändler des Markenautomobilherstellers ist. Wer als Kfz-Händler in einer Werbeanzeige die Marken verschiedener Markenhersteller von Kraftfahrzeugen abbildet unter gleichzeitiger Verwendung der Hinweise **„Vermittlung aller europäischen Marken"** bzw. **„EU-Vermittlung"** führt die angesprochenen Letztverbraucher nicht irre. Denn unter diesen Umständen wird der durchschnittlich informierte und verständige Verbraucher, der sich mit den Automobilangeboten näher befasst, aufgrund der gegebenen gleichzeitigen Bewerbung von Fahrzeugen verschiedener Hersteller, nicht annehmen, dass es sich bei dem Händler um den Vertragshändler aller oder auch nur eines Teils der beworbenen Markenautomobile handelt (BGH **„Mitsubishi"**). Bei Verwendung der Bezeichnung „Ford-Vertragspartner" nimmt der angesprochene Verkehr an, der Werbende sei **„Vertragshändler"** des Automobilherstellers. Trifft diese Annahme nicht zu, liegt eine zur Täuschung geeignete Angabe vor (BGH **„Ford-Vertragspartner"**). Wer allerdings eine Dienstleistung unter der **Eigenmarke** bewirbt und herausstellt, dass es diese Dienstleistung nur bei dem werbenden Unternehmen gibt, ohne zugleich über den Grund – nämlich die Eigenmarke – aufzuklären, handelt irreführend (BGH **„Nur bei Lotto"**). Eine unlautere, irreführende Angabe über die Identität des Unternehmens liegt vor, wenn das werbende Unternehmen innerhalb seines **Internet-Angebots mit dem Urhebervermerk „© 2003 tipp.ag"** wirbt, obgleich es sich nicht um eine Aktiengesellschaft handelt. Insbesondere ist nicht davon auszugehen, dass dem verständigen Durchschnittsverbraucher, der sich näher mit den Angeboten im Internet befasst, bekannt ist, dass die Top-Level-Domain „AG" für die Staaten Antigua und Barbuda steht. Die Bezeichnung als **„Factory-Outlet"** für einen Textilhändler, der Textilwaren in Lohnfertigung in Fernost produzieren lässt, ist keine zur Täuschung geeignete Angabe. Denn der verständige, durchschnittlich informierte und aufmerksame Verbraucher weiß, dass in Deutschland kaum mehr eine textile Fertigung stattfindet. Dieser Verbraucher erwartet daher bei Verwendung der Unternehmensbezeichnung „Factory-Outlet" auch nicht das Angebot eigener, vom werbenden Unternehmen in Deutschland selbst hergestellter textiler Erzeugnisse, sondern nur preiswerte Angebote. **Preiswerte Angebote,** nämlich Abgabepreise ohne die Gewinnspanne eines Wiederverkäufers, erwartet der Verbraucher auch bei der Werbung mit dem Hinweis „Direktbezug ab Werk". Irreführend ist dieser Hinweis dann, wenn der Werbende in diesen Preis **seine Gewinnspanne** eingerechnet hat (BGH **„Direkt ab Werk"**).

Eine Irreführung über die geistigen Eigentumsrechte liegt vor, wenn ein Unter- **49** nehmen mit dem Hinweis **„patentamtlich/patentrechtlich geschützt"** wirbt, obgleich kein Patentschutz, sondern allein ein Gebrauchsmusterschutz besteht. Hier sind die Voraussetzungen einer zur Täuschung geeigneten Angabe gegeben, weil es für den angesprochenen Verkehr kaufentscheidend sein kann, das neueste und innovativste Produkt zu erwerben. Benutzt ein Unternehmen seine Marke in einer Schreibweise, die **nicht registriert** ist, ist die Verwendung des Zusatzes ® irreführend und wettbewerbsrechtlich relevant (BGH **„Thermoroll"**). Der Gebrauch einer Geschäftsbezeichnung kann irreführend sein, wenn ein Bestandteil der Firmierung geeignet ist, im Verkehr unzutreffende Vorstellungen über die geschäftlichen Verhältnisse des Unternehmens hervorzurufen. Wer unter der Firma „B. Bundesdruckerei International GmbH" firmiert und unter der Domain www.bundesdruckerei.de im geschäftlichen Verkehr auftritt, erweckt im Verkehr die Vorstellung, die Bundesrepublik Deutschland sei zumindest Mehrheitsgesellschafter des Unternehmens. Wird diese Erwartung des Verkehrs enttäuscht, weil es sich um ein inzwischen **privatisiertes Unternehmen** handelt, an dem die Bundesrepublik Deutschland keine Anteile hält, liegt eine relevante Irreführung über geschäftliche Verhältnisse des Unternehmens vor (BGH **„Bundesdruckerei"**). Nur wenn der Gebrauch einer Berufsbezeichnung bei einem **nicht unerheblichen Teil** der Verbraucher zu einer Fehlvorstellung führt, liegt eine zur Täuschung geeignete Angabe vor (BGH **„Zertifizierter Testamentsvollstrecker;** BGH **„Steuerbüro";** BGH **„Diplomierte Trainerin";** BGH **„Mobiler Buchhaltungsservice"**).

b) Alleinstellungswerbung

50 Als sonstige zur Täuschung geeignete Angabe über die Eigenschaft eines Unternehmens kommt die Behauptung in Betracht, das Unternehmen nehme in einem Bereich eine **Spitzenstellung** am Markt ein. Die Alleinstellungswerbung ist dadurch gekennzeichnet, dass ein Unternehmen in seiner Werbung zum Beispiel unter Bezugnahme auf die Ware, das Alter des Unternehmens oder die Größe des Unternehmens behauptet, eine **Spitzenstellung am Markt** inne zu haben. Der Spitzenstellung am Markt kann in der Werbung dadurch Ausdruck verliehen werden, dass der Werbende mit einem **Superlativ** („Das größte Teppichhaus der Welt" oder „Größter Online-Dienst Europas"), durch einen **Komparativ** („Es gibt kein besseres Bier" bzw. „Der bessere Anschluss") oder durch eine **Rangangabe** („Weltweit Schlepperhersteller Nummer 1"), aber auch „Technologieführerschaft" (wegen dem darin enthaltenen, überprüfbaren Bezug auf ein überragendes Innovationspotential in technologischer Hinsicht) auf seine **Spitzenstellung** aufmerksam macht. Grundsätzlich ist es zulässig, dass der Werbetreibende auf seine Spitzenstellung hinweist, sofern sein Unternehmen tatsächlich eine solche Spitzenstellung einnimmt, der Werbende einen **deutlichen Vorsprung** gegenüber seinen Mitbewerbern vorzuweisen hat und der Vorsprung die Aussicht auf eine gewisse **Stetigkeit** bietet. Den Beweis für die Unrichtigkeit der Behauptung hat grundsätzlich der Kläger zu erbringen (BGH **„Hier spiegelt sich Erfahrung";** BGH **„Wir zahlen Höchstpreise"**). Im Einzelfall kann den Werbenden ausnahmsweise die **Darlegungs- und Beweislast** treffen, nämlich dann, wenn dem außerhalb des Geschehensablaufs stehenden Kläger eine genaue Kenntnis der rechtserheblichen Tatsachen fehlt und der Werbende die erforderliche Aufklärung dagegen unschwer erbringen kann.

51 Nachdem ein Warenhaus mit der Angabe „Karstadt ist **Marktführer** in den Sortimentsfeldern Mode und Sport" warb, befasste sich der BGH mit dem **Verständnis der angesprochenen Verkehrskreise.** Im Zusammenhang mit der möglichen Irreführung des durchschnittlich informierten und verständigen Verbrauchers, der dieser Werbung die der Situation angemessene Aufmerksamkeit entgegenbringt, stellt der BGH fest:

Eine für die breite Öffentlichkeit bestimmte Werbung, die nach ihrem Wortsinn eine Allein- oder Spitzenstellung beansprucht, wird dabei gewöhnlich auch von einem erheblichen Teil der angesprochenen Verkehrskreise entsprechend diesem Wortsinn verstanden. … Dabei ist der Gesamteindruck maßgeblich, den die werbliche Darstellung vermittelt. … Im Streitfall wird ein erheblicher Teil des Verkehrs die Berühmung als „Marktführer" im Sortimentsfeld Sport nach dem Wortsinn der Angabe so verstehen, dass die Bekl. unter allen Marktteilnehmern den größten Marktanteil einnimmt. Bezeichnet der Werbende sein Unternehmen als „führend" in der Branche, so erwartet der Verkehr zwar oftmals weniger eine quantitative als eine qualitative Alleinstellung. … Bei der hier in Rede stehenden Werbung wird der angesprochene Verkehr die behauptete Marktführerschaft allerdings nicht vorrangig in qualitativer Hinsicht − etwa im Hinblick auf das breiteste Warenangebot − verstehen. Der Verkehr wird − wie auch vom Berufungsgericht angenommen − darin vielmehr die quantitative Angabe sehen, dass die Bekl. den größten Umsatz auf dem Sportartikelmarkt erzielt (BGH in GRUR 2012, S. 1053 ff. [S. 1054, 1055, Rdnr. 22, 23], **„Marktführer Sport"**).

Der BGH geht davon aus, dass der angesprochene Verkehr die Werbebehauptung der Beklagten auf den von ihr im Sortimentsfeld Sport erwirtschafteten **Umsatz** beziehen wird. Bei dem Verständnis des für die Spitzenstellung maßgeblichen Vergleichsmarkts wird der verständige Durchschnittsverbraucher erfahrungsgemäß die übrigen Marktteilnehmer nur insoweit in Betracht ziehen, als sie in tatsächlicher Hinsicht mit dem beklagten Warenhausunternehmen vergleichbar erscheinen. Der BGH betont, dass eine **täuschende Spitzenstellungsberühmung** nur dann vorliegen kann, wenn ein erheblicher Teil des angesprochenen Verkehrs einer Fehlvorstellung unterliegt. Es genügt für eine wettbewerblich relevante Irreführung nicht, dass die Werbung nur von einem nicht ganz unbeachtlichen Teil des angesprochenen Verkehrs in unrichtiger Weise verstanden wird. Mehrere Komponenten sind im Zusammenhang mit der Prüfung einer Alleinstellungswerbung von Bedeutung, einerseits das **Vorliegen eines deutlichen Wettbewerbsvorsprungs und andererseits das Vorliegen einer gewissen Dauer** des behaupteten Vorsprungs. Außerdem liegt eine irreführende Alleinstellungsbehauptung nur dann vor, wenn bei einem **erheblichen Teil** der umworbenen Verkehrskreise eine irrige Vorstellung über die beworbene Unternehmenseigenschaft hervorgerufen wird und diese Fehlvorstellung tatsächlich geeignet ist, die **Entscheidung** des Verbrauchers in **wettbewerblich relevanter** Weise zu beeinflussen. Bezieht sich die Alleinstellungswerbung auf den **Preis,** kommt es darauf an, ob der beworbene Preis für die angebotene Ware oder Dienstleistung tatsächlich am günstigsten ist. Wer mit der Angabe wirbt **„konkurrenzlos"** erweckt im angesprochenen Verkehr die Erwartung, dass es sich bei dem herausgestellten Preis um den für die beworbene Dienstleistung günstigsten Preis handelt (BGH **„Sondernewsletter"**).

Ein Telekommunikationsunternehmen, das für einen Telefon-Tarif oder eine Internet-Flatrate unter Angaben von Preisen wirbt, hat nicht nur auf die **Kosten** des zur Inanspruchnahme der beworbenen Dienstleistungen **notwendigen Kabelanschlusses** hinzuweisen, sondern hat auch jeden Eindruck einer Alleinstellung zu vermeiden, sofern der beworbene Tarif unter Berücksichtigung der Kosten des Kabelanschlusses kaum unter den vergleichbaren Angebotspreisen der Wettbewerber liegt. Wenn ein Händler mit einer „Bester-Preis-der-Stadt-Garantie" für ein Notebook wirbt, kommt es für die wettbewerbsrechtliche Beurteilung darauf an, ob das werbende Unternehmen zum **Zeitpunkt der Schaltung der Anzeige** Kenntnis von einem günstigeren Angebot hatte. War der beworbene Preis zum Zeitpunkt der Anzeigenschaltung zutreffend, liegt keine irreführende Spitzenstellungsbehauptung vor (BGH **„Bester Preis der Stadt"**). Sofern das werbende Unternehmen die Werbeaussage **„Der**

zweitgrößte Onlinedienst der Welt" verwendet, geht der **durchschnittlich informierte und verständige Durchschnittsverbraucher** davon aus, dass der Werbende auch „überall" in der Welt einen Onlinedienst unterhält, der in diesen Ländern der zweitgrößte ist. Wenn dieser Online-Dienste-Anbieter tatsächlich nur in wenigen Ländern Europas mit einem eigenen Online-Dienst vertreten ist, liegt eine relevante Irreführung vor. Irreführend ist auch die Werbeaussage „T-Online ist Europas größter Onlinedienst", sofern das werbende Dienstleistungsunternehmen zwar die **größte Kundenanzahl** aufweist, aber nicht die **höchsten Nutzungszeiten** (BGH „**Größter Online-Dienst"**). Denn für das Verkehrsverständnis kommt es bei dieser Superlativwerbung eines Online-Dienstes maßgeblich auf den Umfang der in Anspruch genommenen Dienste an. Wenn ein Schuheinzelhandelsgeschäft mit der Aussage wirbt „Wir eröffnen eine weitere Filiale des größten Schuhmarktes Deutschlands", geht das angesprochene Publikum davon aus, dass das werbende Unternehmen in der Bundesrepublik Deutschland insbesondere **umsatzmäßig** das größte Schuheinzelhandelsgeschäft ist. Sofern der Umsatz hingegen nur durchschnittlich ist und die Spitzenstellung daher vom Werbenden nicht eingenommen wird, ist die Werbung unzulässig.

52   Wird hinsichtlich der **Beschaffenheit** der Ware mit der Behauptung geworben, es handle sich um das „beste Bier" oder um den „besten Brei" (BGH „**Fertigbrei"**), wird es in erster Linie darauf ankommen, ob der verständige Durchschnittsverbraucher diese Werbung als Werbung mit einem reinen **Werturteil** auffasst oder der Aussage selbst einen **in seinem Kern beweisbaren Tatsacheninhalt** beimisst. Dieser Durchschnittsverbraucher wird, wenn er sich mit der Werbeaussage befasst, erkennen, dass sich die Behauptung, das „Beste" zu bieten, weitgehend einer objektiven Feststellung entzieht (siehe aber BGH „**Simply the Best!"**). Es lässt sich nicht objektiv und generell für eine Vielzahl von Menschen feststellen, welche Mahlzeit am „besten" ist (BGH **„Das Beste jeden Morgen"**). Wird hingegen behauptet, das Fernsehgerät habe die „modernste Bildröhre der Welt", so handelt es sich um eine **nachprüfbare Qualitätsbehauptung,** die nur dann wahr ist, wenn der Werbende gegenüber seinen Mitbewerbern in qualitativer Hinsicht und über einen nicht unbeträchtlichen Zeitraum hinweg tatsächlich einen erheblichen Vorsprung innehat.

c) Alterswerbung

53   Die Fallgruppe der Alterswerbung gehört in die Gruppe der **Irreführung über Eigenschaften des Betriebs** des Werbenden. Ein Gewerbetreibender darf z.B. auf das **Gründungsjahr** seines Unternehmens hinweisen, sofern die Jahresangabe wahr ist. Selbst eine wahre Angabe kann dann irreführend sein, wenn der durchschnittlich informierte und verständige Durchschnittsverbraucher, auf dessen Sicht es maßgeblich ankommt, mit dieser Angabe eine Vorstellung verbindet, die von den tatsächlichen Verhältnissen abweicht (BGH **„Master of Science Kieferorthopädie"**). Eine irreführende Angabe über Eigenschaften oder Befähigung des Unternehmers liegt nicht vor, wenn ein Fachunternehmen auf dem Gebiet der Oberflächenbearbeitung in einem an Fachkreise gerichteten Prospekt mit der Aussage „Hier spiegelt sich Erfahrung" wirbt. Denn der situationsadäquat aufmerksame Vertreter des durch die Werbung ausschließlich angesprochenen Fachkreises kann aufgrund des Gesamtzusammenhangs des Prospekts hinreichend deutlich erkennen, dass sich die zunächst nicht näher spezifizierte Aussage der Titelseite „Hier spiegelt sich Erfahrung" nur auf die **Erfahrung** der bei dem neu gegründeten Unternehmen **beschäftigten Mitarbeiter** bezieht, nicht jedoch auf das Alter des Unternehmens (BGH **„Hier spiegelt sich Erfahrung"**). Der Bundesgerichtshof untersagte eine Werbung mit der Altersangabe

„seit 1811". Die angesprochenen Verbraucher verbinden mit dem Alter eines Unternehmens besondere Gütevorstellungen. Wenn die Angabe „seit 1811" für das beworbene Produkt nicht zutrifft, da dieses erst zu einem späteren Zeitpunkt bei dem Werbenden produziert wurde (BGH **„Gründerbildnis"**), liegt eine Irreführung des Verkehrs vor. Grundsätzlich misst der Verkehr der Altersangabe eines Unternehmens große Bedeutung bei. Ein langjährig eingeführtes Unternehmen hat gegenüber jüngeren Gewerbetreibenden einen erheblichen Vertrauensvorsprung. Der angesprochene Verbraucher verbindet mit der langjährigen Erfahrung eines Traditionsunternehmens eine **gewisse Qualitätsvorstellung** über die von dem Unternehmen vertriebenen Waren oder die angebotenen Dienstleistungen (BGH **„Klosterbrauerei"**). Aufgrund dieser besonderen Gütevorstellung führt derjenige Werbetreibende irre, der mit seinem Gründungsdatum wirbt, obgleich er etwa die Produktion für das beworbene Produkt erst später aufgenommen, oder er zum Beispiel die so beworbene Filialkette erst zu einem weitaus späteren Zeitpunkt von einem Wettbewerber aufgekauft hat. Maßgeblich sind die Gesamtumstände und die **Bedeutung der Altersangabe für die angesprochene Verkehrskreise** im Hinblick auf die beworbene Ware oder Dienstleistung. Wenn die Belange der Allgemeinheit und der Mitbewerber nicht in erheblichem Maße ernsthaft in Mitleidenschaft gezogen werden, weil die bewirkte Fehlvorstellung zwar von Bedeutung, gleichwohl aber **für die Verbraucherentscheidung** letztlich nur von **geringem Gewicht** ist und schutzwürdige Interessen des auf Unterlassung Inanspruchgenommenen bestehen, kann der **Grundsatz der Verhältnismäßigkeit** dem Unterlassungsanspruch entgegenstehen (BGH **„Über 400 Jahre Brautradition"**).

d) Auszeichnung

Der Werbende darf, um die besondere Qualität der beworbenen Waren zu unterstreichen, dann auf Auszeichnungen verweisen, wenn seinem Produkt diese **Auszeichnungen** tatsächlich **verliehen wurden.** Der Verkehr knüpft an die Werbung mit Auszeichnungen eine besondere Qualitätsvorstellung. Sofern der beworbenen Ware die Auszeichnung tatsächlich nicht zusteht, führt der Werbende über ein Merkmal der Ware irre. Zu den Auszeichnungen zählen sowohl **Medaillen, Preismünzen** u. ä. als auch **Gütesiegel,** die auf Grund eines neutralen Verfahrens vergeben werden. Aufgrund der Neutralität des Verfahrens, das zur Verleihung von Gütesiegeln führt, bringt der Verbraucher den so beworbenen Produkten ein besonderes Vertrauen entgegen, das allein an das Gütesiegel, nicht jedoch an das konkrete Produkt anknüpft. Die Verwendung eines Gütesiegels durch den Werbetreibenden ohne Vorliegen der für die Verleihung des Gütesiegels erforderlichen Voraussetzungen verstößt immer gegen Wettbewerbsrecht und ist gem. **§ 3 Abs. 3 UWG i. V. m. Nr. 2** des Anhangs **stets irreführend.**

Zulässig ist die Werbung eines Unternehmens, das mit der Angabe wirbt **„Europäischer Webhoster des Jahres",** selbst wenn die Auszeichnung ein Jahr zurückliegt. Der durchschnittlich informierte und verständige Verbraucher, der die Werbeaussage mit einer der Situation angemessenen Aufmerksamkeit wahrnimmt, erkennt, dass sich diese Angabe nur auf das Vorjahr beziehen kann. Denn in dem Jahr der Werbung konnte der „Europäische Webhoster des Jahres" noch nicht gekürt worden sein. Zu einer anderen Beurteilung besteht nur dann Anlass, wenn es bereits im Jahr der Werbung einen aktuelleren Titelträger gibt. Wirbt also ein Automobilhersteller mit der Angabe **„Auto des Jahres",** ohne darauf hinzuweisen, dass diese Auszeichnung ein Jahr zurückliegt, so liegt in dieser Werbeaussage eine irreführende Angabe, wenn zwischenzeitlich bereits eine aktuelle Auszeichnung an einen anderen Automobilhersteller verliehen wurde. Unschädlich ist es, wenn der Werbende das Jahr der Verleihung der Auszeichnung zusammen mit der Auszeichnung herausstellt. Hier erkennt der situativ aufmerksame Durchschnittsverbraucher, dass es sich nicht um eine aktuelle Auszeichnung handelt, sodass ein **erheblicher** Teil des angesprochenen Verkehrs nicht getäuscht wird.

e) Betriebsbezeichnung

56   Der Werbende kann über sein Unternehmen irreführen, sofern die gewählte Firma oder auch der Firmenzusatz nicht den tatsächlichen Verhältnissen entsprechen. Unlauter ist eine **unrichtige oder unvollständige Firmenangabe** jedoch erst dann, wenn sie geeignet ist, bei einem **erheblichen Teil** der angesprochenen Verkehrskreise irrige Vorstellungen über die Befähigung des Unternehmers hervorzurufen und die zu treffende (Kauf-)Entscheidung in **wettbewerblich relevanter Weise** zu beeinflussen. Da der Verkehr einem Unternehmen entsprechend seiner Firmierung ein unterschiedliches **Vertrauen entgegenbringt** und mit der Firma eines Unternehmens oder seiner im Verkehr eingesetzten Bezeichnung unterschiedliche Vorstellungen verbindet, ist eine Werbung mit einer Betriebsbezeichnung zu untersagen, sofern der tatsächliche Bedeutungsinhalt der Bezeichnung nicht den Geschäftsverhältnissen entspricht und die Unternehmensbezeichnung bei einem erheblichen Teil des angesprochenen Verkehrs zu einer Fehlvorstellung führt (BGH **„Unternehmenskennzeichnung"**). Führt ein Unternehmen den Bestandteil „Bundes-" in seiner Firma, erwartet der angesprochene Verkehr ein Unternehmen, bei dem zumindest ein Teil der Geschäftsanteile noch in Bundeshand liegt (BGH **„Firmenbestandteil ‚Bundes-'"**).

Da im Rahmen eines Meinungsforschungsgutachtens eine **Irreführungsquote von 66 %** festgestellt worden war, lag eine relevante wettbewerbsrechtliche Irreführung vor. Denn es ist für den potentiellen Kunden von erheblicher Bedeutung, ob er ein Unternehmen mit verlässlicher Bonität beauftragt und deshalb ein Bundesunternehmen wählt. Dieser Verbraucher wird getäuscht, wenn anstelle ausreichender **Bonität und Insolvenzfestigkeit** eine GmbH tritt, bei der die Bundesverwaltung noch nicht einmal Gesellschafterin ist (BGH **„Bundesdruckerei"**). Entsprechendes gilt bei Verwendung der Bezeichnung „Stadtwerke". Auch hier erwartet der durchschnittlich informierte Verbraucher, dass das Unternehmen **zumindest mehrheitlich** in kommunaler Hand ist (BGH **„Stadtwerke Wolfsburg"**). Der **durchschnittlich informierte und verständige Verbraucher,** auf dessen Sicht es maßgeblich ankommt (BGH **„Marktführer Sport"**), versteht unter einem mit **„Stadtwerke"** bezeichneten Unternehmen einen kommunalen oder gemeindenahen Versorgungsbetrieb, der mehrheitlich in kommunaler Hand ist. Liegt keine Mehrheitsbeteiligung der Gemeinde vor, ist die Angabe zur Täuschung geeignet.

57   Zulässig ist die Verwendung der Bezeichnung „Kfz-Sachverständiger" selbst ohne abgeschlossene Ausbildung, sofern der Betroffene entsprechende Sachkunde nachweisen kann (BGH **„Selbsternannter Sachverständiger"**). Sofern ein Hersteller seine Produkte nur an Fachhändler liefert, ist die Werbeaussage „K. liefert ausschließlich über den kompetenten Fachhändler" nicht zu beanstanden, da die Verwendung des Adjektivs „kompetent" vom Verkehr nicht als eigenständige, zusätzliche Aussage im Sinne einer Qualifikationssteigerung verstanden wird (BGH **„Kompetenter Fachhändler"**). Auch die Verwendung des Begriffs „Vorsorge- und Versicherungsberater" ist nicht als irreführende Bezeichnung zu beanstanden, da es sich aus Verbrauchersicht eher um eine **umgangssprachliche** Bezeichnung handelt (BGH **„Versicherungsbe-**

rater"). Wenn eine Zahnärztin den Titel „Master of Science Kieferorthopädie" führt, der ihr durch einen Studiengang an der österreichischen Donau-Universität Krems verliehen wurde, liegt selbst dann **keine Irreführung** über die Befähigung der Zahnärztin vor, wenn der Verkehr angesichts dieses Titels eine durch gewisse seriöse Standards gesicherte wissenschaftliche Vertiefung des Sachgebiets der Kieferorthopädie vermutet. In diesem Zusammenhang stellt der BGH im Hinblick auf die **Täuschung durch eine objektiv richtige Angabe** folgendes fest:

> Nach der ständigen Rechtsprechung des Senats kann auch eine objektiv richtige Angabe irreführend sein, wenn sie beim Verkehr, an den sie sich richtet, gleichwohl zu einer Fehlvorstellung führt, die geeignet ist, das Kaufverhalten oder die Entscheidung über die Inanspruchnahme einer Dienstleistung durch die angesprochenen Verkehrskreise zu beeinflussen. In einem solchen Fall, in dem die Täuschung des Verkehrs lediglich auf dem Verständnis einer an sich zutreffenden Angabe beruht, ist für die Anwendung des § 5 UWG grundsätzlich eine höhere Irreführungsquote als im Fall einer Täuschung mit objektiv unrichtigen Angaben erforderlich; außerdem ist eine Interessenabwägung vorzunehmen. … An diesen Grundsätzen hat sich durch die Richtlinie 2005/29/EG über unlautere Geschäftspraktiken nichts geändert. … Denn nach Art. 6 Abs. 1 der Richtlinie 2005/29/EG gilt eine Geschäftspraktik auch mit sachlich richtigen Angaben als irreführend, wenn sie zur Täuschung des Durchschnittsverbrauchers geeignet ist; gemäß Art. 13 S. 2 der Richtlinie 2005/29/EG müssen die vorgesehenen Sanktionen verhältnismäßig sein (BGH in WRP 2010, Seite 1390 ff. [S. 1392, Rdnr. 25], **„Master of Science Kieferorthopädie"**).

Stellt der Verkehr im Zusammenhang mit dem Titel „Master of Science Kieferorthopädie" nur Vermutungen an und ist den interessierten Patienten die **Einholung von Informationen zumutbar,** haben aus Sicht des BGH die durch die Führung der beanstandeten Bezeichnung berührten Verbraucherinteressen kein besonderes Gewicht und das Interesse der Zahnärztin an der Führung ihres Titels überwiegt. Demgegenüber erwarten die angesprochenen Verkehrskreise von einem „Neurologisch/Vaskuläres Zentrum" nicht nur einen Behandlungsschwerpunkt, sondern eine **überdurchschnittliche** Ausstattung oder Erfahrung auf dem Gebiet der Behandlung neurologischer Erkrankungen (BGH **„Neurologisch/Vaskuläres Zentrum"**). Liegt die besondere Qualifikation eines **neurologischen Zentrums** nicht vor, ist die Angabe irreführend und geeignet, das Marktverhalten der angesprochenen Verkehrskreise zu beeinflussen. Sofern ein Unternehmen im Internet auftritt und eine **missverständliche Angabe** als Domain-Namen wählt, kann eine Irreführung über den Betrieb entstehen, sofern der **registrierte Domain-Name** tatsächlich auf das registrierte Unternehmen nicht zutrifft. Wer mit der Domain „www.bmw-ersatzteile.com" im Internet auftritt, ohne von der Firma BMW AG selbst beliefert zu werden, führt über seinen Geschäftsbetrieb irre. Denn der angesprochene verständige Durchschnittsverbraucher geht bei diesem Domain-Namen nicht nur davon aus, dass es sich bei dem Inhaber der Registrierung um einen **Vertragspartner** der Firma BMW AG handelt, sondern dass der **registrierte Ersatzteilhändler auch bundesweit** tätig ist. Handelt es sich hingegen nur um eine in einer Stadt tätige und auf BMW-Fahrzeuge spezialisierte Werkstatt, die keine vertraglichen Beziehungen zur Firma BMW AG hat, liegt eine irreführende geschäftliche Handlung vor.

f) Sonstige geschäftliche Verhältnisse des Unternehmers

Eine geschäftliche Handlung kann auch dann irreführend sein, wenn sie eine zur **58** Täuschung geeignete Angabe über das **Vermögen** einschließlich der Rechte des Geistigen Eigentums, den Umfang von Verpflichtungen, **die Befähigung, den Status,** die Zulassung oder Mitgliedschaften bzw. Beziehungen **des Unternehmers** enthält. Bei Prüfung der Befähigung eines Unternehmers im Rahmen der wettbewerbsrechtlichen Zulässigkeit einer Werbung ist die Berufsausübungsfreiheit gemäß Art. 12 Abs. 1 GG zu berücksichtigen. Ob eine Irreführung gemäß § 5 Abs. 1 S. 2 Nr. 3 UWG gegeben ist, bestimmt sich nach den Umständen des Einzelfalls. Wörtlich führt der BGH aus:

> Nach der ständigen Rechtsprechung des Senats, an der sich durch die Richtlinie 2005/29/EG über unlautere Geschäftspraktiken nichts geändert hat, kann auch eine objektiv richtige Angabe irreführend sein, wenn sie beim Verkehr, an den sie sich richtet, gleichwohl zu einer Fehlvorstellung führt, die geeignet ist, das Kaufverhalten oder die Entscheidung für die Inanspruchnahme einer Dienstleistung durch die angesprochenen Verkehrskreise zu beeinflussen. In einem solchen Fall, in dem die Täuschung des Verkehrs lediglich auf dem Verständnis einer an sich zutreffenden Angabe beruht, ist für die Anwendung des § 5 UWG grundsätzlich eine höhere Irreführungsquote als im Fall einer Täuschung mit objektiv unrichtigen Angaben erforderlich; außerdem ist eine Interessenabwägung vorzunehmen. … Bei der Abwägung der maßgebenden Umstände, insbesondere der von einer Werbung mit objektiv richtigen Angaben ausgehenden Auswirkungen, der Bedeutung der Irreführung sowie dem Gewicht etwaiger Interessen der Verbraucher und der Allgemeinheit oder des Werbenden selbst sind auch Wertungen des Gesetzgebers … sowie das verfassungsrechtliche und auch in Erwägungsgrund 6 der Richtlinie 2005/29/EG zum Ausdruck kommende Verhältnismäßigkeitsgebot zu beachten. … Mit Blick auf die Berufsfreiheit nach Art. 12 Abs. 1 GG kann deshalb ein uneingeschränktes Verbot unverhältnismäßig sein, das auf die Untersagung eines Hinweises auf eine rechtlich erlaubte berufliche Tätigkeit gerichtet ist (BGH in WRP 2013, S. 1582 ff. [S. 1584, Rdnr. 17], **„Medizinische Fußpflege"**).

Der BGH stellt fest, dass die in § 1 PodG geregelte **Erlaubnispflicht** nur im Hinblick auf die Führung der Bezeichnung „Medizinische Fußpflegerin/Medizinischer Fußpfleger" gilt. Diese gesetzlich geregelte Erlaubnispflicht verbietet jedoch nicht die Werbung für die erlaubnisfreie Tätigkeit der medizinischen Fußpflege. Da das Podologengesetz allein die Berufsbezeichnung „Podologin/Podologe" bzw. „Medizinische Fußpflegerin/Medizinischer Fußpfleger" schützt, steht es einer Fußpflegerin frei, im örtlichen Telefonbuch ihren Namen mit dem Zusatz „Medizinische Fußpflege" zu bewerben. Auch die Verwendung der Bezeichnung „Diplomierte Legasthenie- und Dyskalkulie-Trainerin" ist **wettbewerbsrechtlich nicht unzulässig.** Denn der angesprochene allgemeine Verkehr verbindet mit der Verwendung des Begriffs „Diplom" oder – abgekürzt – „Dipl." nicht eine akademische Hochschulausbildung, sondern geht im Gegenteil davon aus, dass es sich bei dieser Bezeichnung lediglich um einen Hinweis darauf handelt, dass die werbende Trainerin den staatlich anerkannten Ausbildungsberuf erlernt und die vorgeschriebene Abschlussprüfung bestanden hat. Das gilt jedenfalls für solche Berufe, bei denen der Verkehr grundsätzlich keine entsprechende akademische Ausbildung erwartet (BGH **„Diplomierte Trainerin"**).

5. Täuschung über Sponsoring (§ 5 Abs. 1 Satz 2 Nr. 4 UWG)

59 Eine geschäftliche Handlung kann auch dann irreführend sein, wenn sie eine unwahre Angabe über Aussagen oder Symbole enthält, die im Zusammenhang mit **direktem oder indirektem Sponsoring** stehen oder sich auf eine Zulassung des Unternehmers oder der Waren oder Dienstleistungen beziehen. Dieser Irreführungstatbestand geht zurück auf Art. 6 Abs. 1c der Richtlinie über unlautere Geschäftspraktiken, wonach die **Aussagen oder Symbole** jeder Art, die im Zusammenhang mit direktem oder indirektem Sponsoring stehen oder sich auf eine Zulassung des Gewerbetreibenden oder des Produktes beziehen, irreführend sein können, wenn sie unwahr sind. Unter Sponsoring ist jede mittelbare oder unmittelbare Förderung von z. B. kulturellen oder sportlichen Veranstaltungen durch Wirtschaftsunternehmen zu verstehen. Sponsoring liegt also immer dann vor, wenn der Unternehmer den Produktabsatz mit der **Förderung sozialer, sportlicher, kultureller oder ökologischer Belange** verknüpft (BGH **„Regenwaldprojekt I"**). In diesem Zusammenhang geht der BGH davon aus, dass es **keine** allgemeine Verpflichtung des Unternehmens gibt, über die Art und Weise der Unterstützung oder die Höhe bzw. den Wert der Zuwendung aufzuklären. Wettbewerbsrechtlich entscheidend ist allein, dass der Unternehmer die Sponsoringleistung, hier die Förderung einer Regenwaldprojekts, **tatsächlich erbringt.** Denn in diesem Fall wird die berechtigte Erwartung der Verbraucher nicht in relevanter Weise enttäuscht und eine irreführende geschäftliche Handlung liegt nicht vor. Im Rahmen der Sponsoringwerbung von Unternehmern ist danach zu fragen, wie der Verkehr die Werbung im Hinblick auf die **Art und Weise und den Umfang der Förderleistung** auffasst und ob diese Vorstellung sich mit den tatsächlich erbrachten Unterstützungsleistungen des werbenden Unternehmers deckt. Wer als Unternehmer darauf hinweist, dass er die Aktionsgemeinschaft Artenschutz e. V. unterstützt, handelt nicht irreführend, wenn er tatsächlich eine Unterstützungsleistung erbringt (BGH **„Artenschutz"**).

6. Täuschung über die Notwendigkeit einer Ware oder Dienstleistung (§ 5 Abs. 1 Satz 2 Nr. 5 UWG)

Eine zur Täuschung geeignete Angabe liegt auch dann vor, wenn es in einer geschäftlichen Handlung gegenüber Verbrauchern oder sonstigen Marktteilnehmern heißt, dass eine Leistung, ein Ersatzteil, ein Austausch oder eine Reparatur notwendig ist, obwohl die **Notwendigkeit nicht besteht.** Kommt es bei einem **nicht unerheblichen Teil** des angesprochenen Verkehrs zu einer Fehlvorstellung über die Notwendigkeit einer Reparatur, liegt ein Verstoß gegen § 5 Abs. 1 Satz 2 Nr. 5 UWG vor. Auch dieses Irreführungsverbot geht auf die Richtlinie über unlautere Geschäftspraktiken zurück, in der es unter Art. 6 Abs. 1 heißt, dass eine Geschäftspraxis als irreführend gilt, wenn sie falsche Angaben über die Notwendigkeit einer Leistung, eines Ersatzteils, eines Austauschs oder einer Reparatur enthält. Mit diesem Irreführungsverbot will der Gesetzgeber den **Schutz vor unnötigen oder überteuerten Anschaffungen** erreichen (s. Begründung Änderungsgesetz, zu § 5 Abs. 1 Satz 2 Nr. 5). **60**

7. Einhaltung eines Verhaltenskodex (§ 5 Abs. 1 Satz 2 Nr. 6 UWG)

Unlauter handelt auch derjenige, der eine zur Täuschung geeignete Angaben über die Einhaltung eines Verhaltenskodex macht. Wie sich aus § 2 Abs. 1 Nr. 5 UWG ergibt, handelt es sich bei einem „Verhaltenskodex" um Vereinbarungen oder Vorschriften über das Verhalten von Unternehmern, zu welchem diese sich in Bezug auf **Wirtschaftszweige oder einzelne geschäftliche Handlungen** verpflichtet haben, ohne dass sich solche Verpflichtungen aus Gesetzes- oder Verwaltungsvorschriften ergeben. Irreführend ist das Verhalten des Unternehmers dann, wenn er sich im Rahmen der geschäftlichen Handlung auf einen derartigen Verhaltenskodex beruft und den **Verkehr täuscht.** Diese Bestimmung geht zurück auf die Richtlinie über unlautere Geschäftspraktiken, in der es unter Art. 6 Abs. 2b) heißt, dass eine Geschäftspraxis dann als irreführend gilt, wenn sie im konkreten Fall unter Berücksichtigung aller **61** tatsächlichen Umstände einen Durchschnittsverbraucher zu einer geschäftlichen Entscheidung veranlasst oder zu veranlassen geeignet ist, **die er ansonsten nicht getroffen hätte** und die die Nichteinhaltung von Verpflichtungen, die der Gewerbetreibende im Rahmen von Verhaltenskodices, auf die er sich verpflichtet hat, eingegangen ist, sofern der Gewerbetreibende darauf hinweist, dass er durch den Kodex gebunden ist. Denn in diesem Fall kann die Bezugnahme auf den Verhaltenskodex bewirken, dass der verständige Durchschnittsverbraucher eine geschäftliche Handlung des Unternehmers akzeptiert, weil er fehlerhaft davon ausgeht, dass der Unternehmer aufgrund eines Verhaltenskodex zu einer solchen geschäftlichen Handlung verpflichtet ist. Ein Verstoß gegen § 5 Abs. 1 S. 2 Nr. 6 UWG liegt allerdings nur vor, wenn sich das Unternehmen dem **Verhaltenskodex unterworfen hat** und auf diese Bindung an den Kodex ausdrücklich hinweist. Sofern ein Unternehmen gegen einen Verhaltenskodex verstößt, dem er sich nicht unterworfen hat, liegt grundsätzlich kein wettbewerbswidriges Verhalten vor. So weist der BGH ausdrücklich auf Folgendes hin:

> Für die Frage, ob ein bestimmtes Verhalten als unlauter im Sinne von § 3 UWG 2004 bzw. § 3 Abs. 1 UWG 2008 zu beurteilen ist, haben Regeln, die sich ein Verband oder ein sonstiger Zusammenschluss von Verkehrsbeteiligten gegeben hat, nur eine begrenzte Bedeutung. Ihnen kann zwar unter Umständen entnommen werden, ob innerhalb der in Rede stehenden Verkehrskreise eine bestimmte tatsächliche Übung herrscht. Aus dem Bestehen einer tatsächlichen Übung folgt aber noch nicht, dass ein von dieser Übung abweichendes Verhalten ohne weiteres als unlauter anzusehen ist. Der Wettbewerb würde in bedenklicher Weise beschränkt, wenn das Übliche zur Norm erhoben würde. Regelwerken von (Wettbewerbs-)Verbänden kann daher allenfalls eine indizielle Bedeutung für die Frage der Unlauterkeit zukommen, die aber eine abschließende Beurteilung anhand der sich aus den Bestimmungen des Gesetzes gegen den unlauteren Wettbewerb ergebenden Wertungen nicht ersetzen kann (BGH in WRP 2011, Seite 444 ff. [S. 445, Rdnr. 13], „**FSA-Kodex**").

Der BGH verneint daher ein wettbewerbswidriges Verhalten eines Herstellers von Generika, der entgegen dem **Kodex der freiwilligen Selbstkontrolle für die Arzneimittelindustrie** kostenlose „Arzt-Seminare" anbot. Auch einen Verstoß gegen den Anhang zu § 3 Abs. 3 Nr. 1 und Nr. 3 UWG verneinte der BGH.

8. Täuschende Angaben über Rechte bei Leistungsstörungen (§ 5 Abs. 1 Satz 2 Nr. 7 UWG)

62   Eine zur Täuschung geeignete Angabe liegt auch dann vor, wenn der Unternehmer eine unwahre Angabe über die Rechte des Verbrauchers, insbesondere solche aufgrund von **Garantieversprechen** oder **Gewährleistungsrechten** bei Leistungsstörungen verbreitet. Bereits in der Richtlinie über unlautere Geschäftspraktiken heißt es in Art. 6 Abs. 1g), dass eine unrichtige Angabe über die Rechte des Verbrauchers einschließlich des Rechts auf Ersatzlieferung oder Erstattung gemäß der Richtlinie zu bestimmten Aspekten des Verbrauchsgüterkaufs (199/44/EG) unlauter ist. Auch eine täuschende Angabe über Garantien für Verbrauchsgüter oder die Risiken, denen sich der Käufer möglicherweise aussetzt, und die den **Durchschnittsverbraucher tatsächlich oder voraussichtlich** zu einer geschäftlichen Entscheidung veranlasst, ist unlauter. Wenn eine **Betriebskrankenkasse** ihre Mitglieder vor einem Wechsel „warnt", weil sie im Falle der Erhebung eines Zusatzbeitrags durch eine andere Krankenkasse einen finanziellen Nachteil erleiden können, täuscht sie den Verkehr, wenn sie nicht über das bestehende **Sonderkündigungsrecht** aufklärt (BGH „**Betriebskrankenkasse II**").

9. Irreführende Verwechslungsgefahr (§ 5 Abs. 2 UWG)

§ 5 Abs. 2 UWG sieht vor, dass eine geschäftliche Handlung auch dann irreführend **63** ist, wenn sie im Zusammenhang mit der Vermarktung von Waren oder Dienstleistungen einschließlich vergleichender Werbung eine **Verwechslungsgefahr** mit einer anderen Ware oder Dienstleistung oder mit der Marke oder einem anderen Kennzeichen eines Mitbewerbers hervorruft. Die Bestimmung ist mit Inkrafttreten des Ersten Gesetzes zur Änderung des Gesetzes gegen den unlauteren Wettbewerb in das UWG 2008 eingefügt worden. Bis zum Inkrafttreten des Änderungsgesetzes hatte die höchstrichterliche Rechtsprechung das **Konkurrenzverhältnis** zwischen Wettbewerbsrecht und Markenrecht zugunsten des Markenrechts entschieden. Das lauterkeitsrechtliche Irreführungsverbot wurde danach im Regelfall durch den im Markengesetz vorgesehenen kennzeichenrechtlichen Schutz verdrängt (BGH **„shell.de"**). Gemäß Art. 6 Abs. 2a) UGP-RL ist jegliche Art der Vermarktung eines Produkts, einschließlich vergleichender Werbung, die eine Verwechslungsgefahr mit einem anderen Produkt, Warenzeichen, Warennamen oder anderen Kennzeichen eines Mitbewerbers begründet, unzulässig, wenn sie einen Durchschnittsverbraucher zu einer Geschäftsentscheidung veranlasst oder zu veranlassen geeignet ist, die er ansonsten nicht getroffen hätte. Danach besteht kein Vorrang des Markenrechts im Verhältnis zum Lauterkeitsrecht. Wie sich aus der Begründung zum Änderungsgesetz ergibt, bleibt es der Rechtsprechung überlassen, das **Verhältnis zwischen kennzeichenrechtlichen und lauterkeitsrechtlichen Ansprüchen** im Lichte der Neufassung des Gesetzes weiter zu konkretisieren (Begründung Änderungsgesetz A, IV. 6. b (1)). Das Konkurrenzverhältnis besteht einerseits im Hinblick auf die Regelung in § 4 Nr. 3 UWG und in § 5 Abs. 1 Satz 2 Nr. 1 UWG, andererseits im Hinblick auf §§ 14, 15 MarkenG. Dem markenrechtlichen Schutz kommt gegenüber dem harmonisierten Recht der vergleichenden Werbung grds. **kein Vorrang** zu (BGH **„Oracle"**). Es steht jedem Unternehmen grundsätzlich frei, im Rahmen von § 6 UWG vergleichend zu werben. In diesem Zusammenhang ist hervorzuheben, dass die vergleichende Werbung gerade auch eine **vergleichende Werbung mit Kennzeichen** betrifft (s. § 6 Abs. 2 Nr. 3 UWG). Aus Sicht des EuGH liegt bei vergleichender Werbung mit den Marken des Wettbewerbers regelmäßig keine kennzeichnende Handlung im Sinne des Markengesetzes vor. Denn im Rahmen der vergleichenden Werbung mit Marken wird die Hauptfunktion einer Marke, d.h. die Gewährleistung der Herkunft der Waren oder Dienstleistungen gegenüber den Verbrauchern, weder beeinträchtigt noch verletzt (EuGH **„O₂ und O₂ (UK)/H3G"**). Solange im Rahmen vergleichender Werbung die Marke des Wettbewerbers verwendet wird, **ohne** dass die Benutzung **Verwechslungsgefahr** hervorruft, ist die vergleichende Verwendung zulässig. Insbesondere fließt in die Prüfung von § 5 Abs. 2 UWG auch die **Wertung aus § 23 Nr. 2 MarkenG** ein. Sofern es sich bei dem vom Wettbewerber übernommenen Zeichenbestandteil um eine **beschreibende Beschaffenheitsangabe** gehandelt hat, kann keine – wettbewerbsrechtliche – Verwechslungsgefahr begründet sein (BGH **„AMARULA/Marulablu"**). Unzulässig wird gemäß § 5 Abs. 2 UWG die Verwendung der fremden Marke dann, wenn das werbende Unternehmen auf eine Marke (oder auf eine fremde Ware oder Dienstleistung) Bezug nimmt und die Bezugnahme geeignet ist, im angesprochenen Verkehr Verwechslungsgefahr mit dem fremden Produkt oder der Marke hervorzurufen. Das auf den Irreführungstatbestand gestützte Verbot setzt voraus, daß die **Fehlvorstellung** geeignet ist, das Marktverhalten der Gegenseite zu beeinflussen (BGH **„OSTSEE-POST"**). Darunter sind etwa diejenigen Fälle einzuordnen, die sich aus der Verwendung von sogenannten **Duftvergleichslisten im Parfümhandel** ergeben. Bei diesen Duftvergleichslisten wird der eigene Duft des Werbenden einem Markenprodukt gegenüber gestellt, der damit wirbt, dass der eigene Duft die gleichen Eigenschaften aufweist wie das Markenparfüm. Während eine derartige Werbung gegenüber „Beratern" vom BGH noch als zulässig erachtet wurde (BGH **„Genealogie der Düfte"**), liegt eine unlautere, weil irreführende, geschäftliche Handlung gegenüber Verbrauchern jedenfalls dann vor, wenn **Verwechslungsgefahr** gegeben ist (BGH **„Creation Lamis"**), etwa wegen Verwendung verwechselbar ähnlicher Kennzeichen. Denn das Vorliegen der Verwechslungsgefahr ist wesentliches Tatbestandsmerkmal einer Irreführung gemäß § 5 Abs. 2 UWG. Verwechselungsgefahr liegt nicht vor, wenn bei Eingabe des dem **Schlüsselwort entsprechenden Suchworts** in eine Suchmaschine die Anzeige des Wettbewerbers erscheint, auch wenn es sich bei dem Schlüsselwort um eine Marke eines Dritten handelt (BGH **„Bananabay II"**).

10. Werbevergleich (§ 5 Abs. 3 UWG)

64 Gemäß § 5 Abs. 3 UWG sind sämtliche Angaben im Sinne von Abs. 1 auch Angaben im Rahmen vergleichender Werbung sowie bildliche Darstellungen und sonstige Veranstaltungen, die darauf abzielen und geeignet sind, solche Angaben zu ersetzen. Mit diesem Absatz wird klargestellt, dass auch Angaben im Rahmen vergleichender Werbung irreführend und unzulässig sind, wenn sie unwahr sind, oder wenn die geschäftliche Handlung **zur Täuschung geeignete Angaben** über die Umstände gemäß § 5 Abs. 1 Nr. 1–7 UWG enthält. Unabhängig davon, ob der Werbevergleich aufgrund des Vorliegens eines Unlauterkeitstatbestandes gemäß § 6 Abs. 2 UWG unzulässig ist, ist eine vergleichende Werbung jedenfalls schon dann als irreführende Werbung angreifbar, wenn die verwendeten **Angaben selbst zur Täuschung geeignet** sind. Der Unternehmer, der es darauf anlegt, im Rahmen vergleichender Werbung mit unwahren oder zur Täuschung geeigneten Angaben oder Darstellungen einen wirtschaftlichen Vorteil zu erlangen, handelt unlauter. Eine derartige Werbung ist allein wegen Verletzung von § 5 Absatz 1 Satz 2 i. V. m. § 5 Abs. 3 UWG unzulässig.

Vergleichende Werbung ist irreführend, wenn sie entweder **über den Werbenden selbst** irreführt, also über seine **geschäftlichen Verhältnisse,** oder über ein **Merkmal der beworbenen Ware oder Dienstleistung.** Jede Irreführung im Rahmen des Werbevergleichs wirkt sich zu Lasten des Werbenden aus. Ein Leuchtenhersteller, der für Halogen-Speziallampen eines Wettbewerbers Leuchten produziert und seine Bestellnummern in einer Katalogauflistung den Bestellnummern des Originalherstellers gegenüberstellt, wirbt irreführend, wenn der verständige Durchschnittsverbraucher den Eindruck gewinnen kann, es würden **zwei Produkte desselben Herstellers** angeboten (BGH **„OP-Lampen"**). Irreführend ist auch der Energiekosten-Preisvergleich eines Brennstoffhandelsverbandes, der aufgrund **einer unvollständigen Preisgegenüberstellung** den unrichtigen Eindruck erweckt, die Heizkosten seien bei Einsatz von Heizöl immer preisgünstiger als bei der Verwendung von Erdgas. Nur ein Vollkostenvergleich oder ein Vergleich unter ausdrücklichem Hinweis darauf, dass es sich um einen reinen Heizkostenvergleich ohne sonstige Betriebskosten handelt, kann in diesem Fall eine Irreführung in den angesprochenen Verkehrskreisen verhindern (BGH **„Energiekosten-Preisvergleich"**). Eine entsprechend irreführende vergleichende Werbung liegt im **Einzelhandel** dann vor, wenn der werbende Händler das Ergebnis eines Preistests veröffentlicht, sofern der angesprochene Verkehrskreis die **Vollständigkeit und Richtigkeit des Preisvergleichs** nicht nachprüfen kann und dem Preisvergleich daher nur eine scheinbare Objektivität und Marktübersicht inne-wohnt (BGH „**Preisvergleich II**"). Ein **Vergleich, der eine repräsentative Marktübersicht vorspiegelt,** die er dem angesprochenen Verbraucher in Wirklich-keit aber nicht verschafft, ist regelmäßig irreführend (EuGH „**Lidl . /. Vierzon**"). Wenn ein Einzelhändler **Preise** vergleicht, indem er die Preisangaben gleicher Waren bei unterschiedlichen Handelsgruppen gegenüberstellt, liegt ein Verstoß gegen § 5 Abs. 1 Satz 2, Abs. 3 UWG vor, wenn die **Art** der Geschäfte und die **Größe** der Ge-schäfte unterschiedlich sind (EuGH „**ITM/Carrefour**"). Unlauter ist eine Werbung mit **Preisvergleichen,** die für den Leser nicht nachvollziehbar ist, die die Gefahr des Missbrauchs in sich trägt oder die die Auswahlkriterien offen lässt. Hinsichtlich Form und Inhalt des Vergleichs ist der **gemeinschaftsrechtliche Irreführungsmaßstab** anzuwenden. Liegen dem Vergleich extreme Bedingungen zugrunde, kann die Gefahr bestehen, dass der Verkehr über die getesteten Eigenschaften der verglichenen Produk-te **im Normalbetrieb** getäuscht wird (BGH „**Stresstest**"). Auch ein **sachlich zu-treffender** Vergleich kann irreführend sein, wenn z.B. auf Grund einseitiger Auswahl der verglichenen Eigenschaften im Verkehr ein irreführender Eindruck entsteht (BGH „**Kostenvergleich bei Honorarfactoring**"). Abzustellen ist dabei auf das maßgebli-che Verkehrsverständnis derjenigen Verkehrskreise, an die sich der Werbevergleich richtet. Im Zusammenhang mit einem **Preisvergleich eines Paketdienstes,** bei dem nur die dem Werbenden günstigen Lieferpreise mit denjenigen des Hauptwettbewer-bers verglichen wurden, heißt es in Bezug auf die damit verbundene Irreführung:

> Die Grenze zur Irreführung ist jedoch überschritten, wenn ein Werbevergleich den fal-schen Eindruck vermittelt, es seien im Wesentlichen alle relevanten Eigenschaften in den Vergleich einbezogen worden. … Dementsprechend ist ein im Rahmen vergleichender Werbung vorgenommener Preisvergleich als irreführend zu beurteilen, wenn sich die für den Preis maßgeblichen Konditionen der Wettbewerber nicht unwesentlich unterschei-den und der Werbende auf diese Unterschiede nicht deutlich und unmissverständlich hin-weist (BGH in WRP 2010, Seite 757 ff. [S. 758, 759, Rdnr. 16], „**Paketpreisvergleich**").

Der Durchschnittsverbraucher erkennt in jedem Werbevergleich die subjektive Be-wertung durch den werbenden Unternehmer. Dennoch ist ein derartiger Werbever-gleich dann zur Irreführung geeignet, wenn das werbende Unternehmen die für die **Entgeltbemessung maßgeblichen Umstände** nicht offenbart.

11. Irreführende Preissenkungswerbung (§ 5 Abs. 4 UWG)

§ 5 Abs. 4 UWG enthält die gesetzliche Vermutung, dass eine Werbung mit einer **65** Preisherabsetzung jedenfalls irreführend ist, wenn der Preis nur für eine **unangemes-sen kurze Zeit** gefordert worden ist. Die **Beweislast** für die Angemessenheit des Zeitraums der Preisherabsetzung trifft denjenigen, der mit der Preisherabsetzung ge-worben hat **(Beweislastumkehr).** Die Vermutung aus § 5 Abs. 4 UWG gilt auch für Fälle der Preisschaukelei. **Preisschaukelei** liegt vor, wenn das werbende Unterneh-men seine Preise willkürlich herauf- und herabsetzt, sodass der verständige Durch-schnittsverbraucher über den tatsächlich geforderten Preis verunsichert wird. Untersa-gen will § 5 Abs. 4 UWG nur eine solche Preissenkungswerbung, bei der durch ein **künstliches Heraufsetzen der Verkaufspreise** erst die Grundlage für die spätere Preissenkung geschaffen wird, ohne dass der Anbieter den höheren Verkaufspreis überhaupt eine gewisse Zeit ernsthaft verlangt hätte. In diesem Fall liegt ein besonde-res Irreführungspotential vor, vor dem der verständige Durchschnittsverbraucher ge-schützt werden soll. Die in § 5 Abs. 4 UWG enthaltene Beweislastumkehr soll es dem klagenden Mitbewerber oder Verband erleichtern, derartige Preissenkungswerbung zu verfolgen, selbst wenn zum Zeitpunkt der Abmahnung erst ein begründeter Verdacht gegeben ist. Im Zusammenhang mit der Bewerbung eines Bau- und Heimwerkermarktes mit dem Slogan „20% auf alles* (* ausgenommen Tiernahrung)" prüfte der BGH eine mögliche Irreführung des Verkehrs. In diesem Zusammenhang stellte der BGH fest, dass das werbende Unternehmen die geforderten Preise zum **Beginn der Rabattaktion erhöht** und dann den angekündigten Rabatt von 20% auf die heraufgesetzten Preise gewährt hatte. In diesem Zusammenhang führt der erkennende Senat zur Frage der Irreführung Folgendes aus:

> Nach der Gesetzesbegründung ist ursprünglicher Preis im Sinne des § 5 Abs. 4 S. 1 UWG der Preis, der unmittelbar vor der Ankündigung der Preissenkung verlangt wurde (vgl. die Begründung zum Regierungsentwurf eines Gesetzes gegen den unlauteren Wettbewerb, BT-Drucks. 15/1487, S. 20). Dieser Preis muss für eine angemessene Zeitdauer gefordert worden sein, damit die Vermutung des § 5 Abs. 4 UWG nicht eingreift. … Auf einen anderen Preis kommt es nach dem Wortlaut der Vorschrift nicht an.
>
> …
>
> Es kommt in diesem Zusammenhang nicht darauf an, dass ein gleich hoher Preis in der Vergangenheit über einen längeren Zeitraum gefordert wurde, weil Ursprungspreis im Sinne der Vorschrift des § 5 Abs. 4 S. 1 UWG nur der unmittelbar vor Ankündigung der Preissenkung verlangte Preis ist und es allein darauf ankommt, ob dieser Preis für eine hinreichende Dauer gegolten hat. … Besondere Umstände, die dazu führen, dass im Einzelfall nicht von einer Irreführung des Verkehrs auszugehen ist, können vom Werbenden im Rahmen der ihm möglichen Widerlegung der Irreführung nachgewiesen werden (BGH in WRP 2009, Seite 951 ff. [S. 952, Rdnr. 15, 17], **„20% auf alles"**).

Der Gesetzgeber wollte mit Schaffung von § 5 Abs. 4 S. 1 UWG **Missbräuchen bei der Preissenkungswerbung** begegnen. Daher liegt eine irreführende Preiswerbung nicht nur dann vor, wenn es sich bei dem früheren Preis um einen Fantasiepreis („Mondpreise") handelt, sondern auch bei Preisen, die tatsächlich, aber eben nicht in der Zeit unmittelbar vor der angekündigten Preissenkung, verlangt wurden. Umso mehr ist eine Preiswerbung unlauter im Sinne von § 5 Abs. 4 UWG, wenn der Preis unmittelbar vor der Rabattaktion **künstlich heraufgesetzt** wird (BGH **„Mondpreis"**). Zu der Frage, wann ein als herabgesetzt bezeichneter Preis nicht mehr als Vergleichswert herangezogen werden darf, stellt die höchstrichterliche Rechtsprechung auf die **Umstände des Einzelfalls,** beispielsweise die Art der Ware oder Dienstleistung und die Marktsituation, ab (BGH **„20% auf alles"**). Daher gilt für **langlebige Wirtschaftsgüter** wie Möbel oder Teppiche etwas anderes als für Waren des täglichen Bedarfs, wie zum Beispiel **verderbliche Lebensmittel.** Eine starre Fristbemessung scheidet jedenfalls aus. Jede Werbung ist gemäß § 5 Abs. 4 UWG dahin zu überprüfen, ob bei dem beworbenen Angebot der frühere, höhere Preis nur eine unangemessen kurze Zeit gefordert wurde. Wirbt ein Discount-Markt mit „45 000 Dauertiefpreisen" erwartet der Endverbraucher, dass der Händler zumindest lagerfähige Produkte mindestens einen Monat lang zu dem beworbenen „Dauertiefpreis" verkauft (BGH **„Dauertiefpreis"**). Andernfalls liegt eine irreführende Preiswerbung vor.

66 Selbst im Rahmen einer **Geschäftsneueröffnung** kann mit Preisgegenüberstellungen geworben werden, solange der durchschnittlich informierte und verständige Verbraucher nicht irregeführt wird. Wirbt der Geschäftsinhaber bei einer Geschäftsneueröffnung mit durchgestrichenen Preisen, so wird der verständige Durchschnittsverbraucher annehmen, dass es sich bei dem durchgestrichenen Preis um denjenigen Preis handelt, den der Werbende vor oder nach der besonderen Verkaufsveranstaltung aus Anlass der Neueröffnung verlangt (BGH in **„Neu in Bielefeld II"**). Bei der Frage, ob eine Preisgegenüberstellung nicht gegen § 5 Abs. 4 UWG verstößt, sind folgende Voraussetzungen zu überprüfen:

> – Der neue Verkaufspreis wird dem vorhergehenden eigenen gegenübergestellt,
> – der frühere Verkaufspreis wurde tatsächlich eine gewisse Zeit lang gefordert und die Preissenkung liegt nicht bereits eine längere Zeit zurück,
> – der frühere Preis wurde ernsthaft gefordert, was sich u. a. an dem Zeitraum, in dem der frühere Preis verlangt wurde, manifestiert hat,
> – der frühere Preis wurde nicht überhöht („Mondpreis") angesetzt, um eine Preissenkung vortäuschen zu können,
> – es wird auch nicht sonst über das Ausmaß der Preissenkung irregeführt.

Sofern der Werbende den Eindruck erweckt, bei dem früheren Preis handelt es sich um einen **eigenen Preis,** tatsächlich liegt jedoch die **unverbindliche Preisempfehlung** des Herstellers vor, ist jedenfalls eine Irreführung gemäß § 5 Abs. 1, Abs. 2 Nr. 2 UWG gegeben. Zulässig ist es jedoch, wenn der Händler auf eine Preisempfehlung des Herstellers – etwa „empfohlener Verkaufspreis", „empfohlener Verkaufspreis des Herstellers" oder „UVP" (BGH **„UVP")** – Bezug nimmt. Wurde zwischenzeitlich die unverbindliche Preisempfehlung des Markenherstellers **aufgehoben** oder liegt keine rechtswirksame Preisempfehlung des Herstellers vor, ist auch eine auf die Preisempfehlung bezugnehmende Werbung des Händlers unzulässig (BGH **„Einrichtungs-Pass";** BGH **„Fortfall einer Herstellerpreisempfehlung").** Zulässig ist es in diesem Fall jedoch, wenn das werbende Unternehmen im Rahmen der Preisgegenüberstellung kenntlich macht, dass es sich bei dem durchgestrichenen Preis um die **„ehemalige unverbindliche Preisempfehlung"** des Herstellers handelt (BGH **„Ehemalige Herstellerpreisempfehlung").** Denn entscheidend für die Zulässigkeit einer derartigen Preisgegenüberstellung ist allein, ob der durchgestrichene Preis noch als sachgerechte Orientierungshilfe für die Preisüberlegungen des angesprochenen Verbrauchers dienen kann (BGH **„Mondpreise").** Irreführend wird die Bezugnahme auf eine „ehemalige unverbindliche Preisempfehlung" des Herstellers erst dann, wenn diese Preisempfehlung nicht die zum Zeitpunkt der Werbung **zuletzt gültige Empfehlung** des Markenherstellers war. Bestand zum Zeitpunkt der Werbung bereits eine niedrigere Preisempfehlung, kann die frühere unverbindliche Preisempfehlung des Herstellers dem Verbraucher nicht mehr als **brauchbare Orientierungshilfe** dienen, sondern die durchgestrichene Preisangabe führt eher zu der Fehlvorstellung, dass der durchgestrichene Preis noch unmittelbar vor der Werbung tatsächlich bestand. Irreführend ist die Bezugnahme auf eine Herstellerpreisempfehlung auch dann, wenn in der Werbung die tatsächlich bestehende Herstellerpreisempfehlung unrichtig wiedergegeben wird (BGH **„Falsche Herstellerpreisempfehlung").** Schließlich besteht hohes Irreführungspotential auch dann, wenn zwar mit einer bestehenden, richtigen unverbindlichen Preisempfehlung des Herstellers geworben wird, der Werbende jedoch der **Alleinvertriebshändler** für das beworbene Markenprodukt ist. In diesem Fall stellt die Preisgegenüberstellung keine sinnvolle Orientierungshilfe für den verständigen Durchschnittsverbraucher dar, sondern sie suggeriert vielmehr eine Preisgünstigkeit im Marktvergleich, die nicht besteht (BGH **„Preisempfehlung bei Alleinvertrieb").** Das trifft auch für die unverbindliche Preisempfehlung bei Sondermodellen von Haushaltsgeräten zu, die nur einem beschränkten Kreis von Großabnehmern angeboten wurden (BGH **„Preisempfehlung für Sondermodelle").** Bei der vergleichenden

Bezugnahme auf den Angebotspreis eines Wettbewerbers müssen die Preisangaben gem. § 5 Abs. 3 UWG wahrheitsgemäß sein (BGH **„Preisgegenüberstellung im Schaufenster"**). Zulässig ist es hingegen, wenn ein Händler mit einem sogenannten **„Set-Preis"** mehrere Artikel zu einem Gesamtpreis zusammenfasst. Stellt der Händler in diesem Fall den Gesamtpreis den früheren Einzelpreisen der Artikel gegenüber und übersteigt der **Preis eines Einzelartikels** bereits den gebildeten Gesamtpreis, so ist selbst diese Art der Preisgegenüberstellung nicht zu beanstanden. Nur wenn die früheren Einzelpreise **nicht, nicht ernsthaft, nicht längere Zeit oder nicht in letzter Zeit** verlangt bzw. wenn **überhöhte Einzelpreise** angesetzt wurden, um eine Preissenkung vortäuschen zu können, kann eine Irreführung über das Ausmaß der Preissenkung vorliegen (BGH **„Set-Preis"**). Irreführend ist die Werbung mit Preisgegenüberstellungen, wenn der herabgesetzte Preis **keine Neuware** betrifft und der verständige Durchschnittsverbraucher über diesen Umstand nicht aufgeklärt wird. So ist es unzulässig, wenn der werbende Möbelhändler damit wirbt, seine Sofa-Garnituren seien um „bis zu 40 %" preisreduziert, wenn es sich bei den beworbenen Artikeln tatsächlich um **Ausstellungsstücke,** nicht jedoch um Neuware handelt. In diesem Fall hat der Werbende durch entsprechenden Zusatz kenntlich zu machen, dass es sich bei den beworbenen Artikeln um **preisherabgesetzte Ausstellungsstücke** handelt.

VIII. Irreführung durch Unterlassen (§ 5a UWG)

In Umsetzung von Art. 7 der UGP-RL hat der deutsche Gesetzgeber § 5a UWG **1** geschaffen. Dabei sind bei der Beurteilung, ob das Verschweigen einer Tatsache irreführend ist, insbesondere deren **Bedeutung** für die geschäftliche Entscheidung nach der Verkehrsauffassung sowie die **Eignung** des Verschweigens zur Beeinflussung der Entscheidung zu berücksichtigen. Unlauter handelt derjenige, der im konkreten Fall unter Berücksichtigung aller Umstände dem Verbraucher eine wesentliche Information vorenthält, die der Verbraucher je nach den Umständen benötigt, um eine informierte geschäftliche Entscheidung zu treffen und deren Vorenthalten geeignet ist, den Verbraucher zu einer geschäftlichen Entscheidung zu veranlassen, die er andernfalls nicht getroffen hätte. Zur näheren Erläuterung des Vorenthaltens heißt es in § 5a Abs. 2 UWG weiter, dass auch das Verheimlichen wesentlicher Informationen, die Bereitstellung wesentlicher Informationen in unklarer, unverständlicher oder zweideutiger Weise oder die nicht rechtzeitige Bereitstellung wesentlicher Informationen als **Vorenthalten** gilt. Die Frage, welche Informationen als **wesentlich** im Sinne von § 5a Abs. 2 UWG gelten, beantwortet § 5a Abs. 3 UWG. Danach sind alle wesentlichen Merkmale der Ware oder Dienstleistung, die Identität und Anschrift des Unternehmers, der Gesamtpreis oder in Fällen, in denen ein solcher Preis aufgrund der Beschaffenheit der Ware oder Dienstleistung nicht im Voraus berechnet werden kann, die Art der Preisberechnung und alle zusätzlichen Fracht-, Liefer- und Zustellkosten, die Zahlungs-, Liefer- und Leistungsbedingungen sowie das Bestehen eines Rechts zum Rücktritt oder Widerruf, anzugeben. Die Pflicht zur Angabe dieser wesentlichen Informationen trifft denjenigen Unternehmer, der Waren oder Dienstleistungen unter Hinweis auf deren **Merkmale und Preis** in einer dem verwendeten Kommunikationsmittel angemessenen Weise so anbietet, dass ein durchschnittlicher Verbraucher das Geschäft abschließen kann. Ferner sind gemäß § 5a Abs. 4 UWG auch solche Informationen wesentlich, die dem Verbraucher aufgrund unionsrechtlicher Verordnungen oder nach den Rechtsvorschriften zur Umsetzung unionsrechtlicher Richtlinien für kommerzielle Kommunikation einschließlich Werbung und Marketing nicht vorenthalten werden dürfen (s. Anhang II zur UGP-RL, abgedruckt in Anh. II Nr. 2). Bei der Beurteilung, ob Informationen vorenthalten wurden, sind die räumlichen oder zeitlichen Beschränkungen durch das für die geschäftliche Handlung gewählte **Kommunikationsmittel** sowie alle Maßnahmen des Unternehmens, um dem Verbraucher die Informationen auf andere Weise als durch das Kommunikationsmittel zur Verfügung zu stellen, zu berücksichtigen (§ 5a Abs. 5 UWG). Schließlich handelt auch derjenige unlauter, der den kommerziellen Zweck einer geschäftlichen Handlung nicht kenntlich macht, sofern sich dieser nicht unmittelbar aus den Umständen ergibt, und das Nichtkenntlichmachen geeignet ist, den Verbraucher zu einer geschäftlichen Entscheidung zu veranlassen, die er andernfalls nicht getroffen hätte (§ 5a Abs. 6 UWG).

Mit diesen Tatbestandsvoraussetzungen der Irreführung durch Unterlassen hat der **2** deutsche Gesetzgeber die Vorgaben aus Art. 7 UGP-RL weitgehend wortgleich in das UWG überführt. Es ist jede Handlung irreführend, bei der der Unternehmer dem Verbraucher wesentliche Informationen vorenthält, die der Verbraucher je nach den Umständen benötigt, um eine informierte geschäftliche Entscheidung zu treffen. Liegt also eine wesentliche Information im Sinne von § 5a Abs. 3, Abs. 4 UWG vor, hat eine Abwägung zu erfolgen, ob der Verbraucher diese Information auch tatsächlich benötigt. Unlauter handelt derjenige, der dem Verbraucher eine **wesentliche** Information vorenthält, die er je nach den Umständen benötigt, um eine informierte geschäftliche Entscheidung zu treffen, sofern deren **Vorenthalten** geeignet ist, den Verbraucher zu einer geschäftlichen Entscheidung zu veranlassen, die er andernfalls nicht getroffen hätte (§ 5a Abs. 2 Satz 1 UWG). Beide Bedingungen müssen kumulativ vorliegen, damit das Verhalten des Unternehmers als unlautere Handlung qualifiziert werden kann. Liegen diese beiden Voraussetzungen kumulativ vor, ist die Maßnahme **unlauter,** ohne dass ein Verstoß gegen die unternehmerische Sorgfalt geprüft werden muss. Die weitere Präzisierung des Begriffs des Vorenthaltens in § 5a Abs. 2 Satz 2 UWG dient der Klarstellung, dass nicht nur das Vorenthalten selbst Tatbestandsmerkmal ist, sondern dass selbst die **nicht rechtzeitige** Bereitstellung wesentlicher Informationen, deren **Verheimlichen** oder eine Bereitstellung der wesentlichen Informationen in **unklarer, unverständlicher** oder **zweideutiger** Weise den Tatbestand ebenfalls erfüllen können. Je nach Art des Kommunikationsmittels kann der Umfang der wesentlichen Informationen, die der Unternehmer dem Verbraucher zur Verfügung stellen muss, einen unterschiedlichen Umfang haben (BGH **„Mein Paket.de"**, EuGH **„VSW/DHL Paket"**).

3   Liegen die Voraussetzungen der Irreführung durch Unterlassen gemäß § 5a Abs. 2 UWG vor, führt die Unlauterkeit **zur Unzulässigkeit** der geschäftlichen Handlung gemäß § 3 Abs. 1 UWG. Es handelt sich bei dieser Bestimmung ebenfalls um einen Rechtsfolgeverweis. Wie es in Art. 7 Abs. 1 UGP-RL heißt, gilt eine Geschäftspraxis dann als irreführend, wenn sie im konkreten Fall unter Berücksichtigung aller tatsächlichen Umstände und der Beschränkungen des Kommunikationsmediums wesentliche Informationen vorenthält, die der durchschnittliche Verbraucher je nach den Umständen benötigt, um eine informierte geschäftliche Entscheidung zu treffen, und die somit einen **Durchschnittsverbraucher** zu einer geschäftlichen Entscheidung veranlasst oder zu veranlassen geeignet ist, die er sonst nicht getroffen hätte. Die fehlende Kenntlichmachung des kommerziellen Zwecks einer Maßnahme führt zur Unlauterkeit der geschäftlichen Handlung, wenn sich der kommerzielle Zweck nicht unmittelbar aus den Umständen ergibt (§ 5a Abs. 6 UWG). Der Verbraucher soll davor geschützt werden, sich mit einer Angelegenheit zu befassen, ohne zu wissen, dass es sich dabei um ein geschäftliches Angebot handelt. Damit sind insbesondere Fälle der **getarnten Werbung** gemeint, bei denen der Verbraucher zu spät erkennt, dass es sich dabei um Werbemaßnahmen handelt.

4   Während § 5a Abs. 1 UWG für sämtliche Marktteilnehmer gilt, sind die nachfolgenden Absätze § 5a Abs. 2–Abs. 4 UWG auf die geschäftlichen Handlungen gegenüber Verbrauchern beschränkt. Die Beschränkung der Regelung auf das Verschweigen von Tatsachen bei Waren- und Dienstleistungsangeboten **gegenüber Verbrauchern** ist geboten, um den kaufmännischen Verkehr nicht mit Informationsanforderungen zu belasten, die in erster Linie dem Verbraucherschutz dienen (Begründung Änderungsgesetz B, zu § 5a Abs. 2). Außerdem stellt § 5a Abs. 3 UWG ausdrücklich auf das verwendete Kommunikationsmittel ab. Je nach Art des **Kommunikationsmittels,** über das die Information vorenthalten wird, sind die Anforderungen an die Tatsachenübermittlung unterschiedlich. Entsprechend der Vorgabe aus der Richtlinie über unlautere Geschäftspraktiken erfasst § 5a Abs. 2 UWG Fälle des Verheimlichens wesentlicher Informationen. Ein Verschweigen durch Unterlassen liegt selbst dann vor, wenn die Information auf **unklare, unverständliche, zweideutige**

Weise oder nicht rechtzeitig erfolgt ist, oder wenn der kommerzielle Zweck einer geschäftlichen Handlung nicht kenntlich gemacht wird (s. Begründung Änderungsgesetz B, zu § 5a Abs. 2).

Die vorenthaltenen Informationen müssen geeignet sein, den Verbraucher zu einer **5** **geschäftlichen Entscheidung zu veranlassen,** die er sonst nicht getroffen hätte. Aus Verbrauchersicht wesentlich ist etwa die Endpreisangabe (BGH **„Preiswerbung ohne Umsatzsteuer"**). Werden zwei Produkte zusammen angeboten **(Kopplungsangebot),** ist die Angabe des **Gesamtpreises** wesentlich, nicht der Einzelpreis (EuGH **„Vincent Deroo-Blanquart/Sony Europe"**).

Aus Sicht des BGH müssen folgende Voraussetzungen vorliegen, damit ein **Ange- 5a bot** im Sinne von § 5a Abs. 3 UWG vorliegt:

> Hierfür ist es erforderlich, aber auch ausreichend, dass der Verbraucher hinreichend über das beworbene Produkt und dessen Preis informiert ist, um eine informationsgeleitete geschäftliche Entscheidung treffen zu können. … Das ist – unabhängig davon, ob das der Absatzförderung dienende Verhalten bereits ein Angebot im Sinne von § 145 BGB oder eine sogenannte invitatio ad offerendum beinhaltet – dann anzunehmen, wenn dem Verbraucher die wesentlichen Vertragsbestandteile bekannt sind. …
> (BGH in WRP 2014, S. 545 ff. [S. 546 Rdnr. 12], **„Alpenpanorama im Heißluftballon"**).

Wer Gutscheine für „Erlebnisse" (hier: Ballonfahrt in den Alpen) über das Internet anbietet, muss zwar seine eigene Firma und seine Anschrift angeben, nicht aber die Identität und Anschrift des die Ballonfahrt durchführenden Unternehmens. Denn der werbende Unternehmer bietet im Internet nur den Gutschein an und muss deshalb dem Verbraucher sämtliche für den Erwerb des Gutscheins erforderlichen wesentlichen Angaben offenbaren. Das **Transparenzgebot** gemäß § 5a Abs. 3 UWG trifft insoweit nur den Anbieter des Gutscheins, nicht jedoch den des die Ballonfahrt durchführenden Unternehmens. Wer in einer **Anzeige** in einer Sonntagszeitung 5 konkrete Produkte mit Preisangabe bewirbt, erfüllt die Voraussetzungen von § 5a Abs. 3 Satz 1, 1. Halbsatz UWG, auch wenn eine Bestellung nur über die angegebene Internetdomain möglich ist (BGH **„MeinPaket.de"**).

Die Liste der Informationen in § 5a Abs. 3 UWG, die jedenfalls als **wesentlich** im **6** Sinne des Abs. 2 gelten, ist nicht abschließend. Es handelt sich vielmehr um **Beispielsfälle,** deren Verschweigen immer wesentlich ist, sofern sich die betreffenden Tatsachen nicht bereits unmittelbar aus den Umständen ergeben. Ferner stellt § 5a Abs. 3 Nr. 1 UWG klar, dass der Irreführungstatbestand durch Unterlassen sowohl für Waren als auch für Dienstleistungen gilt (z. B. Angabe **effektiver Jahreszins**). Es kommt nicht darauf an, ob es bereits zu einem Geschäftsabschluss gekommen ist oder nicht. Zur Anwendung von § 5a Abs. 2 UWG ist es ausreichend, wenn der Durchschnittsverbraucher in einer dem verwendeten Mittel der kommerziellen Kommunikation **angemessenen Weise** über die angebotenen Waren oder Dienstleistungen so informiert wird, dass er in der Lage ist, einen Geschäftsabschluss zu tätigen. Bei richtlinienkonformer Auslegung kommt es für die Frage, ob ein Waren- oder Dienstleistungsangebot vorliegt, nur darauf an, ob der Verbraucher aufgrund der mitgeteilten Angaben über den **Preis** sowie die **Waren- oder Dienstleistungsmerkmale** die Möglichkeit hat, eine auf den Erwerb der Waren oder die Inanspruchnahme der Dienstleistung gerichtete Willenserklärung abzugeben (Begründung Änderungsgesetz, zu § 5a Abs. 3). Bei bloßer Aufmerksamkeitswerbung kommt § 5a UWG nicht zur Anwendung. Mit dem Katalog der wesentlichen Informationen in § 5a Abs. 3 Nr. 1 bis Nr. 5 UWG schafft der Gesetzgeber einen Maßstab für die Prüfung, welche sonstigen

Informationen wesentlich i. S. v. § 5a Abs. 2 UWG sein können. Welche Information **wesentlich** ist, beschreibt der BGH wie folgt:

> Eine Information ist wesentlich iSd § 5a II UWG, wenn ihre Angabe unter Berücksichtigung der beiderseitigen Interessen vom Unternehmer erwartet werden kann und ihr für die geschäftliche Entscheidung des Verbrauchers ein erhebliches Gewicht zukommt (vgl. *BGH*, GRUR 2012, 1275 Rn. 36 = WRP 2013, 57 – Zweigstellenbriefbogen; GRUR 2016, 1076 Rn. 31 – LGA tested). „Wesentliche Merkmale der Ware oder Dienstleistung" iSd § 5a III Nr. 1 UWG sind Eigenschaften des Produkts, hinsichtlich derer ein Durchschnittsverbraucher eine Information billigerweise erwarten darf, um eine informierte Entscheidung treffen zu können (*Köhler* in *Köhler/Bornkamm*, § 5a Rn. 4.24 f.) (BGH in GRUR 2017, Seite 295 ff. [S. 296, Rdnr. 17], „Entertain").

Ob der Unternehmer seiner Informationsverpflichtung nachgekommen ist, entscheidet sich danach, welche Information im konkreten Einzelfall so **wesentlich** ist, dass der Durchschnittsverbraucher hierüber aufzuklären ist (BGH „Typenbezeichnung"). Da der Katalog der Informationsanforderungen in § 5a Abs. 3 Nr. 1–Nr. 5 UWG nicht abschließend ist, kann es im Einzelfall für das werbende Unternehmen erforderlich sein, noch andere Umstände mitzuteilen, die für eine Beurteilung der Ware oder Dienstleistung wesentlich erscheinen, etwa die Angabe der **Fundstelle** bei Werbung mit einem **Prüfsiegel** (BGH „LGA tested").

7 Wenn gemäß § 5a Abs. 3 Nr. 1 UWG die wesentlichen Merkmale der Ware oder Dienstleistung in angemessenem Umfang aufzuführen sind, wobei etwa bei geringwertigen Gegenständen des täglichen Bedarfs die Informationspflichten **geringer** sind als bei höherwertigen Gebrauchsgütern, erfordert § 5a Abs. 3 Nr. 2 UWG die Angabe der Firma des anbietenden Unternehmens sowie dessen Anschrift bzw. **Identität und Anschrift des Unternehmers,** für den der Anbieter handelt. Zu den Angaben gemäß § 5a Abs. 3 Nr. 2 UWG führt der BGH wörtlich aus:

> Entgegen der Ansicht des BerGer erfordert die Pflicht zur Information über die Identität des Unternehmers i. S. von § 5a III Nr. 2 UWG auch die Angabe der Rechtsform des werbenden Unternehmens. … Dies ergibt sich aus der Bestimmung des Art. 7 IV lit. b Richtlinie 2005/29/EG über unlautere Geschäftspraktiken, die mit § 5a III Nr. 2 UWG ins deutsche Recht umgesetzt worden ist. Danach gilt als wesentliche Information die „Anschrift und Identität des Gewerbetreibenden, sowie sein Handelsname". Daraus folgt die Pflicht zur Identifizierung des Vertragspartners. Denn der Handelsname dient wie ein Firmenzeichen dazu, ein Geschäft und nicht Waren oder Dienstleistungen zu bezeichnen. … Der Rechtsformzusatz ist Bestandteil der Firma und des Namens eines Einzelkaufmanns (§ 19 I Nr. 1 HGB), einer Personengesellschaft (§ 19 I Nrn. 2 und 3 HGB) und einer Partnerschaftsgesellschaft (§ 2 I PartGG). Entsprechendes gilt für Kapitalgesellschaften (§§ 4, 279 AktG; § 4 GmbHG) und Genossenschaften (§ 3 GenG). Die grundsätzliche Pflicht zur Angabe der Rechtsform folgt ferner aus dem Sinn und Zweck der Vorschrift. Mit dem in Art. 7 IV RL 2005/29/EG geregelten Transparenzgebot geht es darum sicherzustellen, dass dem Verbraucher diejenigen Basisinformationen mitgeteilt werden, die er benötigt, um eine informationsgeleitete geschäftliche Entscheidung treffen zu können (vgl. Erwägungsgrund 14 der Richtlinie 2005/29/EG). Für eine solche informationsgeleitete Entscheidung muss der Verbraucher wissen, wer sein Vertragspartner wird …, und zwar auf klare und unmissverständliche Weise. … Diese Information ist zum einen erforderlich, damit der Verbraucher ohne Schwierigkeiten Kontakt mit dem anbietenden Unternehmen aufnehmen kann …; das ist aber nicht gewährleistet, wenn er im Falle der Auseinandersetzung mit dem Unternehmer erst dessen exakte Identität ermitteln muss. … Darüber hinaus ist die Mitteilung der Identität des Vertragspartners aber auch für die geschäftliche Entscheidung des Verbrauchers wesentlich, weil dieser dadurch

in die Lage versetzt wird, den Ruf des Unternehmers im Hinblick auf Qualität und Zuverlässigkeit der von ihm angebotenen Waren oder Dienstleistungen, aber auch dessen wirtschaftliche Potenz, Bonität und Haftung einzuschätzen. Insbesondere die letztgenannten Umstände können auch von der Rechtsform des Unternehmens abhängen. Dem entspricht es, dass nach § 19 I HGB die Handelsfirma Angaben zur Rechtsform eines Einzelkaufmanns und einer Personengesellschaft enthalten muss. Auch dies dient dem Schutz des Geschäftsverkehrs und dem Interesse der Marktteilnehmer an der Ersichtlichkeit der Kaufmannseigenschaft und der Gesellschafts- und Haftungsverhältnisse bei Personengesellschaften. … Nichts anderes gilt – wie dargelegt – für Kapitalgesellschaften und Genossenschaften (BGH in GRUR 2013, 1169f. [S. 1169, 1170 Rdnrn. 11, 12, 13], **„Brandneu von der IFA"**).

Das Transparenzgebot aus § 5a Abs. 2 Satz 2 Nr. 2 UWG verlangt eine **klare und unmissverständliche** Unterrichtung des Verbrauchers über die Identität seines Vertragspartners (BGH **„Fressnapf"**). Es will verhindern, dass der Verbraucher Schwierigkeiten bei der Einholung von Informationen über den Vertragspartner und bei der Kontaktaufnahme mit ihm hat. Die Bestimmung des § 5a Abs. 2 UWG begründet also **Informationspflichten,** die über das hinausreichen, was notwendig ist, um Fehlvorstellungen zu vermeiden, die sich andernfalls einstellen würden.

Diese Verpflichtung zwingt allerdings nur zur Offenlegung von Informationen, die **7a** für die geschäftliche Entscheidung des Verbrauchers erhebliches Gewicht haben und deren Angabe unter Berücksichtigung der beiderseitigen Interessen vom Unternehmer erwartet werden kann (BGH **„Zweigstellenbriefbogen"**). Danach ist ein Rechtsanwalt weder nach § 10 Abs. 1 BORA noch nach § 5a Abs. 2 UWG verpflichtet, auf den für seine anwaltliche Tätigkeit verwendeten Briefbögen sämtliche Standorte seiner Niederlassungen zu nennen, oder durch Verwendung der Begriffe „Kanzlei" und „Zweigstelle" kenntlich zu machen, wo er seine Kanzlei und wo er seine Zweigstellen unterhält. Verstöße gegen diese Informationspflichten können ggf. über § 3a UWG als **wettbewerbswidriger Rechtsbruchstatbestand** erfasst werden. In § 5a Abs. 3 Nr. 3 UWG werden Informationspflichten im Hinblick auf die Preisangabe festgeschrieben, die die entsprechenden Pflichten aus der Preisangabenverordnung ergänzen. Eine Verletzung der Preisangabenverordnung kann ggf. über § 3a UWG zusätzlich lauterkeitsrechtlich geahndet werden (BGH **„2 Flaschen GRATIS"**). Schließlich enthält § 5a Abs. 3 Nr. 4 UWG Informationspflichten über Zahlungs-, Liefer- und Leistungsbedingungen (dazu zählen nicht o. w. Garantiebedingungen, BGH **„Werbung mit Garantie"**) sowie über Bedingungen von Beschwerdeverfahren, und Nr. 5 schreibt Informationspflichten zum Bestehen eines Rechts zum Rücktritt oder Widerruf fest. Letztlich dienen die Informationspflichten aus § 5a Abs. 3 Nr. 4 und Nr. 5 UWG der Klarstellung, da bei einem bestehenden Widerrufsrecht bereits gemäß § 355 BGB aufgeklärt werden muss. Eine Verletzung von § 355 BGB führt jedoch ebenfalls zum Vorliegen eines Rechtsbruchstatbestandes, so dass dieses wettbewerbswidrige Verhalten auch über § 3a UWG verfolgt werden kann.

Darüber hinaus verweist § 5a Abs. 4 UWG auf weitere Informationspflichten, die **8** sich aus gemeinschaftsrechtlichen Rechtsakten und Richtlinien ergeben können (vgl. Anhang II zur UGP-RL). Gemeint sind insbesondere die Richtlinien über Verbraucherschutz bei Fernabschlüssen im Fernabsatz (Richtlinie 97/7/EG), über Pauschalreisen (Richtlinie 90/314/EWG), über den elektronischen Geschäftsverkehr (Richtlinie 2000/31/EG) sowie über Verbraucherkredit und Fernabsatz von Finanzdienstleistungen an den Verbraucher (Richtlinien 98/7/EG, 87/102/EWG und 2002/65/EG). In Umsetzung der Richtlinien hat der deutsche Gesetzgeber nationale Gesetze geschaffen, deren Verletzung als **Verletzung von Marktverhaltensregelungen** jedenfalls auch unter dem Gesichtspunkt des Rechtsbruchs gemäß § 3a UWG zu verfolgen sind, etwa Art. 246 EGBGB, TMG und PAngV.

9   Bei der Frage, ob das Verschweigen einer Information irreführend ist, ist einerseits die **Bedeutung der vorenthaltenen Information** für den Verbraucher, andererseits die **Eignung des Verschweigens zur Beeinflussung der geschäftlichen Entscheidung** des Verbrauchers zu berücksichtigen. Eine Information ist **wesentlich,** wenn sie nach den Umständen des Einzelfalls unter Berücksichtigung der beiderseitigen Interessen **erwartet werden kann** und ihr für die geschäftliche Entscheidung des Verbrauchers ein **erhebliches Gewicht** zukommt (BGH **„Bestattungspreisvergleich“**). Wenn etwa ein Händler von gebrauchten Kfz verschweigt, dass es sich bei dem angebotenen Fahrzeug um einen Unfallwagen handelt, ist diese verschwiegene Tatsache für den Kaufentschluss des Verbrauchers von grundlegender Bedeutung. Denn hätte der Verbraucher Kenntnis von dem Unfallschaden gehabt, hätte er im Zweifel das Fahrzeug nicht oder zumindest nicht zu dem beworbenen Verkaufspreis erworben. Selbst die gemäß §§ 1 Abs. 1, 5 Abs. 1 PKW-EnVKV anzugebenden Informationen über den **Kraftstoffverbrauch** und die über die **CO^2-Emissionen** sind als wesentliche Angaben im Sinne des § 5a Abs. 3 UWG anzusehen (BGH **„Gallardo Spyder“**). Der Verbraucher erwartet im Lebensmitteleinzelhandel Informationen darüber, ob etwa in den beworbenen Lebensmitteln **gentechnisch veränderte Zutaten** verwendet wurden, oder ob es sich bei den beworbenen Hühnereiern um Eier handelt, die aus Freilandhaltung oder Käfighaltung stammen. Wird in einer an die Allgemeinheit gerichteten Werbung für auf einem Kabelanschluss basierende Telefondienstleistungen damit geworben, dass „kein Telekom-Anschluss nötig“ oder „kein Telekom-Telefonanschluss mehr nötig!“ sei, muss ausdrücklich darauf hingewiesen werden, wenn bei einer Nutzung der beworbenen Telefondienstleistung keine Möglichkeit besteht, „Call-by-Call“-Telefonate zu führen. Denn der durchschnittlich informierte und verständige Abnehmer von Telefondienstleistungen erwartet, dass ein derart beworbener Kabelanschluss auch die „Call-by-Call“-Möglichkeit bietet. Weist das werbende Telekommunikationsunternehmen nicht auf die fehlende „Call-by-Call“-Möglichkeit hin, verschweigt es eine wesentliche Information (BGH **„Kein Telekom-Anschluss nötig“**). Entsprechendes gilt bei einem Telekommunikationsanbieter, der für Festnetzanschlüsse mit einem Flatrate-Tarif wirbt, ohne auf die fehlende Möglichkeit zur Nutzung der „Call-by-Call“ – Option hinzuweisen (BGH **„Call-by-Call“**). Wenn ein Anbieter Netzkartenverträge für Mobilfunktelefone vertreibt, muss er den allgemeinen Verkehr deutlich über wichtige Preisbestandteile, wie zum Beispiel Anschlusspreis, monatlicher Mindestgesprächsumsatz oder die Mindestvertragslaufzeit, informieren (BGH **„0,00 Grundgebühr“**). Bietet ein Telekommunikationsunternehmen Mobiltelefone mit einer Prepaid-Card an, kann das Unternehmen verpflichtet sein, den Verbraucher über die für das Startguthaben maßgeblichen Tarife sowie über die Kosten des Aufladens der Karte zu informieren (BGH **„Xtra-Pack“**).

10   Unabhängig von einer möglichen Irreführung gemäß § 5a UWG kann das Verschweigen der Lieferfähigkeit gemäß Nr. 5 des Anhangs zu § 3 Abs. 3 UWG unzulässig sein. Danach stellt es eine **stets irreführende geschäftliche Handlung** dar, wenn ein Unternehmer zum Kauf von Waren auffordert, ohne darüber aufzuklären, dass er hinreichende Gründe hat anzunehmen, er werde nicht in der Lage sein, diese oder gleichwertige Waren oder Dienstleistungen für einen angemessenen Zeitraum in angemessener Menge zu dem genannten Preis bereit zu stellen oder bereit stellen zu lassen (BGH **„Irische Butter“**). Danach verstößt die **unzureichende Aufklärung**

über eine mangelhafte Bevorratung immer gegen Nr. 5 des Anhangs zu § 3 Abs. 3 UWG.

Als eigenständigen Unlauterkeitstatbestand enthält § 5a Abs. 6 UWG die Bestim- **11** mung, dass jede **Verschleierung des Werbecharakters** einer Maßnahme unlauter ist. Wer den kommerziellen Zweck einer geschäftlichen Handlung nicht kenntlich macht und das Nichtkenntlichmachen geeignet ist, den Verbraucher zu einer geschäftlichen Entscheidung zu veranlassen, die er andernfalls nicht getroffen hätte, handelt unlauter. Diese Bestimmung geht zurück auf Art. 7 Abs. 2 UGP-RL, wonach es auch als irreführende Unterlassung gilt, wenn der Gewerbetreibende den kommerziellen Zweck der Geschäftspraxis nicht kenntlich macht. Dies betrifft etwa Fälle von Schleichwerbung im Bereich des Rundfunks und der Mediendienste, aber auch die Tarnung von Werbung in Zeitschriften. Solange die Werbemaßnahme als solche klar erkennbar ist, besteht auf Seiten der angesprochenen Verbraucher nicht die Gefahr, dass der Werbung eine weitergehende Bedeutung beigemessen wird als ihr tatsächlich als Produkt- oder Firmenanpreisung zukommt. Ist die Werbung klar erkennbar und unmissverständlich mit der Angabe „Anzeige" bezeichnet, wird der Verbraucher den Werbecharakter der Anzeige erkennen (BGH **„Peek & Cloppenburg IV"**). Erst wenn etwa Wirtschaftswerbung im redaktionellen Teil einer Zeitung veröffentlicht wird, ohne dass ihr Werbecharakter kenntlich gemacht wird, liegt ein Verstoß gegen § 5a Abs. 6 UWG vor (BGH **„Die Besten I"**; BGH **„Die Besten II"**).

Entsprechendes gilt für Werbung im Fernsehen. Sofern die Werbesendung im TV **12** nicht kenntlich gemacht wird, so dass sie geeignet ist, den Verbraucher zu einer geschäftlichen Entscheidung zu veranlassen, die er andernfalls nicht getroffen hätte, liegt eine unlautere Wettbewerbshandlung vor (EuGH **„ALTER CHANNEL"**). Der Verbraucher soll vor einer Täuschung über den kommerziellen Hintergrund geschäftlicher Maßnahmen geschützt werden. Neben dem ausdrücklichen Verbot getarnter Werbung **ohne Wertungsvorbehalt** in Nr. 11 des Anhangs zu § 3 Abs. 3 UWG ist gemäß § 5a Abs. 6 UWG redaktionelle Werbung verboten, sofern das Nichtkenntlichmachen geeignet ist, den Verbraucher zu einer geschäftlichen Entscheidung zu veranlassen, die er andernfalls nicht getroffen hätte (BGH **„Preisrätselgewinnauslobung V"**). Zulässig ist die Veranstaltung eines Gewinnspiels im Radio, soweit das Gewinnspiel zum Inhalt des Hörfunkprogramms gehört (BGH **„Gewinnspiel im Radio"**). Eine Werbemaßnahme verschleiert derjenige, der als Herausgeber eines **Branchenverzeichnisses** ein formularmäßig aufgemachtes Angebotsschreiben für einen Eintrag in dieses Verzeichnis verschickt, das den Eindruck erweckt, mit Unterzeichnung und Rücksendung des Schreibens werde lediglich eine Aktualisierung von Eintragungsdaten im Rahmen eines bereits bestehenden Vertragsverhältnisses vorgenommen (BGH **„Branchenbuch Berg"**). Eine Verschleierung des werblichen Charakters einer Anzeige kann bereits vorliegen, wenn die Anzeige nicht als „Anzeige" gekennzeichnet wird, sondern stattdessen ein **unscharfer Begriff** gewählt wird. Die Kennzeichnung eines werblichen Beitrags in einer Zeitung mit den Worten „*Sponsored by*" reicht nicht aus, den Anzeigencharakter der Veröffentlichung zu verdeutlichen (BGH **„GOOD NEWS II"**). Abzustellen ist stets auf einen durchschnittlich informierten und situationsadäquat aufmerksamen Leser, der bereits auf den ersten Blick ohne jeden Zweifel und nicht erst nach einer analysierenden Lektüre des Beitrags erkennen muss, dass es sich nicht um einen redaktionellen Artikel handelt.

IX. Unzumutbare Belästigungen (§ 7 UWG)

1. Belästigende geschäftliche Handlung (§ 7 Abs. 1 UWG)

1 Als eigenständiger Verbotstatbestand enthält § 7 Abs. 1 UWG eine Regelung zur unzumutbaren Belästigung. Danach ist eine geschäftliche Handlung, durch die ein **Marktteilnehmer in unzumutbarer Weise** belästigt wird, unzulässig. Eines Rückgriffs auf die Generalklausel des § 3 Abs. 1 UWG bedarf es nicht. Klarstellend heißt es in § 7 Abs. 1 Satz 2 UWG, dass eine unzumutbare Belästigung insbesondere bei einer Werbung gegenüber einem Marktteilnehmer vorliegt, obgleich erkennbar ist, dass der angesprochene Marktteilnehmer diese Werbung nicht wünscht. Ausnahmsweise erlaubt sind **Vertreterbesuche im häuslichen Bereich** insbesondere dann, wenn der Vertreter zuvor seinen Besuch schriftlich angemeldet hat (BGH **„Schriftliche Voranmeldung"**). Als unzumutbare Belästigung unlauter ist es allerdings, wenn der Vertreter seinen Besuchstermin telefonisch bei dem Verbraucher ankündigt oder mit ihm vereinbaren will (BGH **„Telefonwerbung VI"**). In dieser **telefonischen Voranmeldung** des Besuchstermins liegt stets eine unzumutbare Belästigung im Sinne von § 7 Abs. 2 Nr. 2 UWG, sofern sie gegenüber einem Verbraucher ohne dessen vorherige ausdrückliche Einwilligung erfolgt. Während die Prüfung einer unzumutbaren Belästigung gem. § 7 Abs. 1 UWG eine wertende Betrachtung erfordert, ob die Schwelle der Unzumutbarkeit überschritten wurde, sind die Fallgruppen der unzumutbaren Belästigung in § 7 Abs. 2 UWG **stets** unzulässig.

2 Wann im Einzelfall eine **unlautere Belästigung** im Sinne von § 7 Abs. 1 Satz 1 UWG vorliegt, beschreibt der BGH wie folgt:

> Belästigend in diesem Sinne ist eine geschäftliche Handlung, die dem Empfänger aufgedrängt wird und die bereits wegen ihrer Art und Weise unabhängig von ihrem Inhalt als störend empfunden wird. … Unzumutbar ist die Belästigung, wenn sie eine solche Intensität erreicht, dass sie von einem großen Teil der Verbraucher als unerträglich empfunden wird, wobei der Maßstab des durchschnittlich empfindlichen Adressaten zugrunde zu legen ist. … Dabei kommt es nicht einseitig auf die Perspektive des Adressaten der geschäftlichen Handlung an. Die Unzumutbarkeit ist vielmehr zu ermitteln durch eine Abwägung der auch verfassungsrechtlich geschützten Interessen des Adressaten, von der Werbung verschont zu bleiben (Art. 2 Abs. 1 GG), und des werbenden Unternehmers, der seine gewerblichen Leistungen durch Werbung zur Geltung bringen will (Art. 5 Abs. 1, Art. 12 GG) (BGH in WRP 2011, S. 1054ff. [S. 1055, Rdnr. 17], **„Kreditkartenübersendung"**).

Hinnehmen muss der Verbraucher danach die unaufgeforderte Übersendung einer personalisierten Kreditkarte, auch wenn er diese vor der Entsorgung zerstören muss. Das gilt jedenfalls dann, wenn das Werbeschreiben der Bank als solches vom Durchschnittsverbraucher sofort und unmissverständlich erkannt wird. Das **personale Selbstbestimmungsrecht** des Adressaten wird verletzt, sofern sich der Werbetreibende mit seinen Handzetteln über das am Hausbriefkasten angebrachte Einwurfverbot gegen den Willen des Eigentümers bzw. Besitzers hinwegsetzt. Dieses Individualinteresse des Verbrauchers geht dem Werberecht eines jeden Unternehmens vor, da es jedem Werbetreibenden zuzumuten ist, dafür Sorge zu tragen, dass die Handzettel nicht in die **Privatsphäre** von Verbrauchern eindringen, die durch entsprechenden Hinweis deutlich gemacht haben, dass sie an der Werbung kein Interesse haben. Nach § 7 Abs. 1 Satz 2 UWG liegt eine unzumutbar belästigende Werbung vor. Das **Zusenden unbestellter Ware** stellt regelmäßig ebenso wie die **entsprechende Ankündigung** eine unzumutbare Belästigung dar (BGH **„Auftragsbestätigung"**). Die Deutsche Post AG muß sog. **„Negativ-Aufkleber"** bei anschriftlosen Postwurfsendungen berücksichtigen und diese Briefkästen von der Zustellung ausnehmen (BGH **„Postwurfsendung"**). Es kommt in diesem Zusammenhang nicht darauf an, welchen konkreten Inhalt der „Negativ-Aufkleber" hat („keine Postwurfsendung", „keine Werbung" oder „Werbung unerwünscht"). Der Einwurf einer Postwurfsendung in einen derart gekennzeichneten Briefkasten löst regelmäßig einen Abwehranspruch des Betroffenen aus (§ 1004 BGB). Allerdings erfaßt ein derartiger „Negativ-Aufkleber" nicht **kostenlose Anzeigenblätter,** die einen redaktionellen Teil enthalten (BGH **„Aufkleber „Keine Werbung""**). Um den Einwurf des Anzeigenblatts mit redaktionellem Inhalt sicher auszuschließen, muß der Empfänger den Aufkleber entsprechend erweitern: **„und keine Anzeigenblätter einwerfen".** Was **„Werbung"** ist, beschreibt der BGH wie folgt:

> Nach der Rechtsprechung des Senats umfasst der Begriff der Werbung, der weder im Gesetz gegen den unlauteren Wettbewerb noch in der Richtlinie 2002/58/EG über den Datenschutz in der elektronischen Kommunikation definiert ist, schon nach dem allgemeinen Sprachgebrauch alle Maßnahmen eines Unternehmens, die auf die Förderung des Absatzes seiner Produkte oder Dienstleistungen gerichtet sind. Damit ist außer der umittelbar produktbezogenen Werbung auch die mittelbare Absatzförderung – beispielsweise in Form der Imagewerbung oder des Sponsoring – erfasst. Werbung ist deshalb in Übereinstimmung mit Art. 2 Buchst. a der Richtlinie 2006/114/EG über irreführende und vergleichende Werbung jede Äußerung bei der Ausübung eines Handels, Gewerbes, Handwerks oder freien Berufs mit dem Ziel, den Absatz von Waren oder die Erbringung von Dienstleistungen zu fördern (BGH, Urteil vom 20. Mai 2009 – I ZR 218/07, GRUR 2009, 980 Rn. 13 = WRP 2009, 1246 – E-Mail-Werbung II; Urteil vom 12. September 2013 – I ZR 208/12, GRUR 2013, 1259 Rn. 17 = WRP 2013, 1579 – Empfehlungs-E-Mail; vgl. auch BGH, GRUR 2008, 923 Rn. 11 ff. [= WRP 2008, 1328] – Faxanfrage im Autohandel) (BGH in WRP 2016, Seite 958 ff. [S. 961, Rdnr. 27], „Freunde finden").

Das Ansprechen in der Öffentlichkeit kann ebenso als unzumutbare Belästigung unlauter sein, wie die sogenannte **„Scheibenwischerwerbung",** d. h. das **massenhafte Verbreiten** von Werbezetteln auf Parkplätzen und deren Befestigung unter den Scheibenwischern der abgestellten Fahrzeuge. Die Fallgruppe des **Ansprechens in der Öffentlichkeit** umfasst Fallgestaltungen, bei denen Passanten an öffentlichen Orten zu Werbezwecken gezielt angesprochen werden. Diese gezielte **Direktansprache** in der Öffentlichkeit kann in gleicher Weise belästigend wirken wie ein überraschender Telefonanruf zu Werbezwecken. Die Ansprache in der Öffentlichkeit ist um so eher als unzumutbar zu beurteilen, je mehr sie nicht eine ungewollte oder nur gelegentliche Wirkung einer Werbemaßnahme darstellt, sondern mit der beanstandete Werbemethode notwendig und regelmäßig verbunden ist (BGH **„Ansprechen in der Öffentlichkeit II"**). Unzulässig ist daher das Ansprechen in der Öffentlichkeit zu Werbezwecken insbesondere in denjenigen Fällen, in denen der Verbraucher überraschend und unvorhergesehen angesprochen wird, oder wenn er sich der Werbeansprache wegen der örtlichen Gegebenheiten nicht entziehen kann (z.B. Ansprechen in einer Sackgasse, einer engen Straße, auf einem abgeschlossenen kleinen Platz). Eine unzumutbare Belästigung liegt insbesondere dann vor, wenn der Werbende den entgegenstehenden

3

Willen des Passanten bewusst missachtet, indem er ihn am Weitergehen hindert oder ihm folgt. Die Unlauterkeit der Werbemaßnahme wird nicht dadurch beseitigt, dass der angesprochene Verbraucher von seiner in § 312 Abs. 1 Nr. 3 BGB vorgesehenen Widerrufsmöglichkeit Gebrauch machen kann. Denn der nachträgliche Widerruf der Vertragserklärung beseitigt lediglich die zivilrechtlichen Folgen der **Überrumpelung** und nicht auch die wettbewerbsrechtliche Unlauterkeit wegen unzumutbarer Belästigung (BGH **„Ansprechen in der Öffentlichkeit I"**). Um eine unzumutbare Belästigung handelt es sich auch dann, wenn **Fahrgäste in öffentlichen Verkehrsmitteln** werblich angesprochen werden. Denn ein werbliches Ansprechen von Fahrgästen in öffentlichen Verkehrsmitteln ist weitaus belästigender als ein Ansprechen von Passanten im öffentlichen Straßenraum, da der Fahrgast sich nicht entfernen kann (BGH **„Ansprechen in der Öffentlichkeit II"**).

2. Belästigung durch kommerzielle Kommunikation (§ 7 Abs. 2 Nr. 1 UWG)

4   Gemäß § 7 Abs. 2 Nr. 1 UWG ist eine unzumutbare Belästigung **stets** anzunehmen, wenn ein Verbraucher durch ein für den Fernabsatz geeignetes Mittel der kommerziellen Kommunikation – außerhalb eines Telefonanrufs, einer automatischen Anrufmaschine, eines Faxgerätes oder der elektronischen Post – angesprochen wird, obwohl er dies erkennbar nicht wünscht. Durch die Verwendung des Wortes **„stets"** wird klargestellt, dass es sich bei diesem Verbotstatbestand immer um eine unzumutbare Belästigung handelt (BGH **„Verbotsantrag bei Telefonwerbung"**). Es handelt sich bei dem Verbot in § 7 Abs. 2 Nr. 1 UWG um einen **Unlauterkeitstatbestand ohne Wertungsmöglichkeit.** § 7 Abs. 2 UWG ist in seiner Gesamtheit Ausfluss von Anhang I der Richtlinie über unlautere Geschäftspraktiken. Während die meisten Geschäftspraktiken, die unter allen Umständen als unlauter gelten im Anhang zu § 3 Abs. 3 UWG enthalten sind (sogenannte **„Black List"**), hat der deutsche Gesetzgeber aus gesetzessystematischen Gründen Nr. 26 des Anhang I der Richtlinie über unlautere Geschäftspraktiken (UGP-RL) in § 7 Abs. 2 UWG umgesetzt. Daher sind sämtliche Beispielsfälle der unzumutbaren Belästigung in § 7 Abs. 2 UWG **Verbotstatbestände ohne Wertungsmöglichkeit.** Liegen die Voraussetzungen der umschriebenen unzumutbaren Belästigungen vor, ist das Verhalten immer unzulässig. Als unzumutbare Belästigung ohne Wertungsmöglichkeit verbietet Nr. 26 des Anhang I UGP-RL das **hartnäckige und unerwünschte** Ansprechen über Telefon, Fax, E-Mail oder sonstige für den Fernabsatz geeignete Medien, außer in den Fällen und in den Grenzen, in denen ein solches Verhalten nach den nationalen Rechtsvorschriften gerechtfertigt ist, um eine vertragliche Verpflichtung durchzusetzen. Sämtliche der genannten Maßnahmen sind stets unlauter. Da § 7 Abs. 2 Nr. 1 UWG Telefonwerbung, Telefax und E-Mailwerbung ausdrücklich vom Tatbestand ausnimmt, unterfällt diesem Belästigungstatbestand insbesondere die **hartnäckige** Werbung mit **Briefen, Prospekten** oder mit **Katalogen,** obgleich der Verbraucher dies **erkennbar nicht wünscht.** Sofern daher die Handzettelwerbung oder die Wurfsendung nicht bereits gemäß § 7 Abs. 1 UWG als unzumutbare Belästigung unzulässig sind, kommt in Fällen besonderer **Hartnäckigkeit** § 7 Abs. 2 Nr. 1 UWG zur Anwendung.

3. Belästigung durch Werbeanrufe (§ 7 Abs. 2 Nr. 2 UWG)

Eine unzumutbare Belästigung ohne Wertungsmöglichkeit ist jeder Werbeanruf ge- **5** genüber einem **Verbraucher** ohne dessen **vorherige ausdrückliche Einwilligung,** oder gegenüber einem sonstigen **Marktteilnehmer,** ohne dessen zumindest mutmaßliche Einwilligung gemäß § 7 Abs. 2 Nr. 2, 2. Alt. UWG. Während also Werbeanrufe gegenüber einem Verbraucher **immer einer besonderen Einwilligung** des Verbrauchers bedürfen mit der Folge, dass ein stillschweigendes Einverständnis, auf das wegen des sonstigen Verhaltens des Verbrauchers geschlossen werden könnte, nicht ausreicht, genügt für Werbeanrufe gegenüber sonstigen Marktteilnehmern eine zumindest **mutmaßliche Einwilligung.** Gegenüber **Verbrauchern** ist bereits der **erste** unerwünschte, d. h. ohne seine vorherige ausdrückliche Zustimmung erfolgte Werbeanruf, unzulässig **(cold calling).** Die **Beweislast** für die Einwilligungserklärung des Verbrauchers liegt bei dem werbenden Unternehmen (BGH **„Werbeanruf").** Diese Regelung geht auf die Datenschutzrichtlinie für elektronische Kommunikation (2002/58/EG) sowie auf das Gesetz zur Bekämpfung unerlaubter Telefonwerbung und zur Verbesserung des Verbraucherschutzes bei besonderen Vertriebsformen zurück. Danach ist **jeder Telefonanruf** gegenüber einem Verbraucher zu Werbezwecken ohne vorherige ausdrückliche Einwilligung des Verbrauchers als unzumutbare Belästigung unlauter und als **Ordnungswidrigkeit** mit einem Bußgeld von bis zu € 300 000,– bewehrt, § 20 UWG.

Der besondere **Schutz der Privatsphäre** erfordert es, dass private Telefonteilneh- **6** mer vor dieser Art der Werbemethode geschützt werden (BGH **„Lebens-Kost").** Der Verbraucher lässt sich den Telefonanschluss nicht legen, um Werbeanrufe zu empfangen, sondern der Anschluss dient dazu, von denjenigen Personen erreicht zu werden, zu denen der Anschlussinhaber in irgendeiner Beziehung steht und deren Anrufe er daher erwartet. Nach § 7 Abs. 2 Nr. 2 UWG ist grundsätzlich jegliche Telefonwerbung gegenüber privaten Anschlussinhabern unlauter, sofern der Verbraucher nicht zuvor ausdrücklich seine Einwilligung erklärt hat **(sog. Opt-In-Lösung).** Ob eine **Einwilligung des Verbrauchers** vorliegt, ist richtlinienkonform zu bestimmen. Einwilligung ist jede Willensbekundung, die ohne Zwang für den konkreten Fall und in Kenntnis der Sachlage erfolgt. Wörtlich führt der BGH aus:

> Eine Einwilligung wird „in Kenntnis der Sachlage" erteilt, wenn der Verbraucher weiß, dass seine Erklärung ein Einverständnis darstellt und worauf sie sich bezieht. … Die Einwilligung erfolgt für den konkreten Fall, wenn klar wird, welche Produkte und Dienstleistungen welcher Unternehmen sie konkret erfasst. … Eine wirksame Einwilligung kann danach auch durch Ankreuzen einer entsprechend konkret vorformulierten Erklärung erteilt werden, wenn sie in einem gesonderten Text oder Textabschnitt ohne anderen Inhalt enthalten ist. Liegt eine wirksame Einwilligung vor, ist unerheblich, ob das Unternehmen selbst oder von ihm eingeschaltete, Beauftragte den Werbeanruf ausführen (BGH in GRUR 2013, S. 531 ff. [S. 533, Rdnr. 24], **„Einwilligung in Werbeanrufe II").**

Nach den Ausführungen des BGH genügt es nicht, wenn eine **Teilnahmekarte für ein Gewinnspiel** unter der Rubrik „Telefonnummer" die ungenaue Angabe enthält: „Zur Gewinnbenachrichtigung und für weitere interessante telefonische Angebote der …". Selbst wenn der Verbraucher an dem Gewinnspiel teilnimmt und die Rubrik „Telefonnummer" ankreuzt, liegt kein Einverständnis mit werblichen Telefonanrufen vor. Denn diese Art der Darstellung verstößt gegen das **Transparenzgebot** und Werbeanrufe, die auf der Grundlage von intransparenten Teilnahmebedingungen eines Gewinnspiels erfolgen, stellen stets eine unzumutbare Beeinträchtigung dar (BGH **„Einwilligungserklärung für Werbeanrufe I"**). Für den **Nachweis** des Einverständnisses des Verbrauchers ist es erforderlich, dass der Werbende die konkrete Einverständniserklärung des Verbrauchers mit Werbeanrufen vollständig dokumentiert, was im Fall einer elektronisch übermittelten Einverständniserklärung deren Speicherung und die jederzeitige Möglichkeit eines Ausdrucks voraussetzt (BGH **„Double-Opt-In-Verfahren"**). Eine Bestätigungsmail im elektronischen Double-Opt-In-Verfahren beweist weder ein Einverständnis des Verbrauchers mit Werbeanrufen, noch führt sie für sich allein zu einer Beweiserleichterung zugunsten des Werbenden. Gegen das Transparenzgebot verstößt auch eine allgemeine Geschäftsbedingung in Stromlieferungsverträgen, in der sich der Verbraucher damit einverstanden erklärt, auch telefonisch zu den Produkten und Dienstleistungen sowie weiteren Angeboten im Zusammenhang mit Energie vom werbenden Energieversorgungsunternehmen informiert zu werden. Wegen der **Unbestimmtheit,** auf welche Art der Werbeanrufe – nur von dem werbenden Energieversorgungsunternehmen selbst oder auch durch Dritte – sich die Einverständniserklärung bezieht, genügt die Erklärung nicht dem Transparenzgebot und stellt keine wirksame Einwilligung des Verbrauchers dar (BGH **„AGB in Stromlieferungsverträgen"**). Sofern eine **telefonische Meinungsumfrage** von Verbrauchern durchgeführt wird, liegt in dem unaufgeforderten Anruf des Verbrauchers ebenfalls eine unzumutbare Belästigung (z.B. bei einer telefonischen **Kundenzufriedenheitsabfrage** durch ein Meinungsforschungsinstitut).

7   Wenn Telefonwerbung im **gewerblichen Bereich** erfolgt oder bei der Ausübung eines selbständigen Berufs, kommt es darauf an, ob gemäß § 7 Abs. 2 Nr. 2 UWG zumindest die **mutmaßliche Einwilligung des Angerufenen** angenommen werden kann. Sofern der Telefonanruf im konkreten Interessenbereich des angerufenen Mitbewerbers oder Selbständigen liegt, also sachlich begründet ist, ist der Vorwurf einer unzumutbaren Belästigung nicht berechtigt (BGH **„Telefonwerbung für Zusatzeintrag"**). Ob das Einverständnis des Angerufenen vermutet werden kann, entscheiden die Umstände des Einzelfalls (verneint bei Angebot von Kugelschreibern an Rechtsanwälte: BGH **„Telex-Werbung"**). Zur Frage der mutmaßlichen Einwilligung des anzurufenden Unternehmens führt der BGH aus:

> Die Vorschrift des § 7 Abs. 2 Nr. 2 UWG stellt bei der Frage, ob der Werbeanruf für den Anzurufenden eine unzumutbare Belästigung darstellt, auf dessen tatsächliche oder mutmaßliche Einwilligung ab. Entscheidend ist insoweit das Empfinden des Durchschnittsmarktteilnehmers. … Macht eine Vielzahl von werbenden Unternehmen in einer bestimmten Branche von wettbewerbswidriger Telefonwerbung Gebrauch, so besagt dieser Umstand nichts darüber, ob der Durchschnittsmarktteilnehmer mit dieser Werbemethode einverstanden ist. Das Gegenteil dürfte vielmehr anzunehmen sein. Zudem wird das Verbot gerade damit begründet, dass eine Nachahmung durch Wettbewerber verhindert werden soll BGH in WRP 2010, Seite 1249 ff. [S. 1252, Rdnr. 24], **„Telefonwerbung nach Unternehmenswechsel"**).

Insbesondere reicht es danach nicht aus, wenn nur ein **allgemeiner Sachbezug** zu den vom angerufenen Unternehmen angebotenen Waren oder Dienstleistungen vorliegt (BGH **„Telefonwerbung III"**). Eine unzumutbare Belästigung liegt demnach vor, wenn ein Unternehmer telefonisch Mitbewerbern gegen Entgelt anbietet, **den Unternehmensnamen in die Internetsuchmaschine** aufzunehmen. Auch in diesem Werbeanruf liegt eine unzumutbare Belästigung, weil eine mutmaßliche Einwilligung des Angerufenen vom Werbenden nicht vorausgesetzt werden kann. Der BGH führt wörtlich aus:

Bei Beurteilung der Frage, ob bei einer Telefonwerbung im gewerbliche Bereich von einer mutmaßlichen Einwilligung des Anzurufenden ausgegangen werden kann, ist auf die Umstände vor dem Anruf sowie auf die Art und den Inhalt der Werbung abzustellen. … Maßgebend ist, ob der Werbende bei verständiger Würdigung der Umstände davon ausgehen kann, der Anzurufende erwarte einen solchen Anruf oder werde ihm jedenfalls positiv gegenüberstehen. … Dabei muss sich die mutmaßliche Einwilligung des anzurufenden Gewerbetreibenden nicht nur auf den Inhalt, sondern auch auf die Art der Werbung erstrecken. Der anzurufende Gewerbetreibende muss dementsprechend mutmaßlich (gerade) auch mit einer telefonischen Werbung einverstanden sein (BGH in WRP 2008, Seite 224 ff. [Seite 225, Rdnr. 15], „Suchmaschineneintrag").

Danach kann eine mutmaßliche Einwilligung etwa dann anzunehmen sein, wenn die Werbung durch Telefonanruf gegenüber einer schriftlichen Werbung zwar keinen Vorzug aufweist oder sogar weniger vorteilhaft ist, den Interessen des Anzurufenden aber gleichwohl noch in einem Maß entspricht, dass die mit dem Anruf verbundenen Belästigungen hinnehmbar erscheinen. Diese Voraussetzungen lagen im entschiedenen Fall nicht vor. Ein **objektiv ungünstiges Angebot** kann ein Indiz für das Fehlen der mutmaßlichen Einwilligung sein. Wenn die Voraussetzungen der unzumutbaren Belästigung vorliegen, bleibt der Werbeanruf wettbewerbswidrig, auch wenn der Angerufene Interesse an dem Angebot zeigt, und es in der Folge möglicherweise sogar zu einem Abschluss kommt (BGH „**Telefonwerbung für ‚Individualverträge'** "). Fehlt die mutmaßliche Einwilligung des Angerufenen, ist der Anruf stets unlauter, ohne dass noch geprüft werden muss, ob eine unzumutbare Beeinträchtigung vorliegt. Geschützt wird die **Ungestörtheit** der Betriebsabläufe des sonstigen Marktteilnehmers; es soll verhindert werden, dass dem Mitbewerber Werbemaßnahmen gegen seinen erkennbaren oder mutmaßlichen Willen aufgedrängt werden (BGH „**Lebens-Kost**").

4. Telefax-, Handy- und E-Mail-Werbung (§ 7 Abs. 2 Nr. 3 i. V. m. Abs. 3 UWG)

Eine unzumutbare Belästigung eines **Marktteilnehmers** ist auch dann anzuneh- 8 men, wenn die Werbung unter Verwendung einer automatischen Anrufmaschine, eines Faxgerätes oder elektronischer Post erfolgt, ohne dass eine **vorherige ausdrückliche** Einwilligung des Adressaten vorliegt. Auch bei diesem Verstoß handelt es sich um einen Verbotstatbestand ohne Wertungsmöglichkeit. Liegt eine Werbung unter Verwendung einer automatischen Anrufmaschine oder eines Faxgerätes vor, ohne dass die Einwilligung des privaten oder gewerblichen Adressaten zuvor eingeholt wurde, ist sie stets unlauter (BGH „**Payback**"). Bei elektronischer Post ist die Ausnahme in § 7 Abs. 3 UWG zu beachten. Wie sich aus der Gesetzesbegründung ergibt, zählt auch die bei Mobiltelefonen bestehende Möglichkeit, durch SMS- und MMS-Dienste Texte und Bilder übertragen zu lassen (zu § 7 Abs. 2 Nr. 3 UWG, Begründung Änderungsgesetz B, zu § 7 Abs. 2 Nr. 2, 3 und 4), zur elektronischen Post.

Ohne vorherige **ausdrückliche Einwilligung** des Betroffenen liegt i. d. R. Unlau- 9 terkeit vor. Welche Voraussetzungen vorliegen müssen, damit von einem **Einverständnis** des Adressaten mit der Zusendung von Werbe-E-Mails ausgegangen werden kann, beantwortet der BGH im Zusammenhang mit dem elektronischen Teilnahmeantrag an einem Gewinnspiel:

> Geht ein Teilnahmeantrag elektronisch ein, so kann dessen Absender durch eine E-Mail um Bestätigung seines Teilnahmewunsches gebeten werden. Nach Eingang der erbetenen Bestätigung kann angenommen werden, dass der Antrag tatsächlich von der angegebenen E-Mail-Adresse stammt. Hat der Verbraucher durch Setzen eines Häkchens in dem Teil-

nahmeformular bestätigt, dass er mit der Übersendung von Werbung einverstanden ist, ist grundsätzlich hinreichend dokumentiert, dass er in E-Mail-Werbung an diese E-Mail-Adresse ausdrücklich eingewilligt hat. … Nach der Rechtsprechung des Senats hat der Werbende mit einem solchen Verfahren ausreichend sichergestellt, dass es nicht aufgrund von Falscheingaben zu einer Versendung von E-Mail-Werbung kommt. … Das schließt aber nicht aus, dass sich der Verbraucher auch nach Bestätigung seiner E-Mail-Adresse im Double-Opt-In-Verfahren noch darauf berufen kann, dass er die unter dieser Adresse abgesandte Einwilligung in E-Mail-Werbung nicht abgegeben hat – etwa mit der Begründung, bei der E-Mail-Adresse, unter der die Bestätigung versandt worden sei, handele es sich nicht um die seine; er habe auch keinen Zugang zu dieser Adresse. Dafür trägt er allerdings die Darlegungslast. Kann der Verbraucher darlegen, dass die Bestätigung nicht von ihm stammt, war die Werbezusendung auch dann wettbewerbswidrig, wenn die E-Mail-Adresse im Double-Opt-In-Verfahren gewonnen wurde (BGH in WRP 2011, S. 1153 ff. [S. 1156, Rdnrn. 37, 38], „**Double-Opt-In-Verfahren**").

Aus diesen Ausführungen des BGH folgt, dass durch eine **Bestätigungsmail** des Verbrauchers im elektronischen Double-Opt-In-Verfahren nur dann seine Einwilligung in E-Mail-Werbung nachgewiesen ist, wenn die Bestätigungsmail tatsächlich von ihm veranlasst wurde. Hinsichtlich der Werbung mittels Faxgeräten oder automatischen Anrufmaschinen ist eine unzumutbare Belästigung stets anzunehmen, wenn keine vorherige ausdrückliche Einwilligung des Adressaten vorliegt. Beide Werbeformen sind gerade auch wegen der damit verbundenen **Nachahmungsgefahr** stets unzulässig. Durch die Möglichkeit, über das Computerfax auch massenhaft Telefaxsendungen abzuschicken, wird die belästigende Wirkung einer per Telefax unaufgefordert übermittelten Werbung augenscheinlich (BGH „**Telefax-Werbung**"; BGH „**Telefax-Werbung II**").

10   **Ausnahmsweise** ist Werbung unter Verwendung **elektronischer Post** (E-Mail) auch ohne ausdrückliches Einverständnis des Adressaten zulässig, wenn der Werbende die elektronische Adresse des Kunden im Zusammenhang mit dem Verkauf einer Ware oder der Erbringung einer Dienstleistung gemäß § 7 Abs. 3 Nr. 1 UWG erhalten hat, der Unternehmer diese elektronische Adresse im Rahmen der Direktwerbung für eigene ähnliche Waren oder Dienstleistungen verwendet, der Kunde dieser Nutzung seiner elektronischen Adresse zuvor **nicht ausdrücklich widersprochen hat** (§ 7 Abs. 3 Nr. 2, 3 UWG) **und** wenn der Werbetreibende den Kunden bei Erhebung der Adresse (und bei jeder weiteren Nutzung) klar und deutlich darauf hingewiesen hat, dass der Kunde dieser werbliche Nutzung jederzeit widersprechen kann, ohne dass hierfür andere als die Übermittlungskosten nach den Basistarifen entrichtet werden müssen (§ 7 Abs. 3 Nr. 4 UWG). Nur wenn diese Voraussetzungen **kumulativ** vorliegen, entfällt ausnahmsweise das Erfordernis der vorherigen Einwilligung des Adressaten. Liegen die Voraussetzungen der Ausnahmebestimmung gem. § 7 Abs. 3 UWG nicht oder nur zum Teil vor, bedarf eine Werbung per E-Mail der vorherigen ausdrücklichen Einwilligung des Marktteilnehmers. Bei Verwendung einer **vorformulierten Einwilligungserklärung** kommt es darauf an, ob diese einer Inhaltskontrolle gem. § 305 ff. BGB standhält. Wörtlich führt der BGH aus:

Die vorformulierte Einwilligungserklärung ist nicht hinreichend konkret gefasst und erfüllt nicht die Voraussetzungen des hier maßgeblichen § 7 Abs. 2 Nr. 3 UWG. Sie verstößt gegen das Transparenzgebot gemäß § 307 Abs. 1 S. 2 BGB, das den Verwender Allgemeiner Geschäftsbedingungen verpflichtet, die Rechte und Pflichten seines Vertragspartners möglichst klar und durchschaubar darzustellen (BGH, Urteil vom 9. Dezember 2014 – X ZR 147/13, NJW-RR 2015, 618 Rn. 22; Urteil vom 3. Juni 1998 – VIII ZR 317/97, NJW 1998, 3114, 3116 mwN).

Mit § 7 Abs. 2 Nr. 2 Fall 1 UWG wurde die Bestimmung des Art. 13 der Richtlinie 2002/58/EG des Europäischen Parlaments und des Rates vom 12. Juli 2002 über die Verarbeitung personenbezogener Daten und den Schutz der Privatsphäre in der elektronischen Kommunikation (Datenschutzrichtlinie für elektronische Kommunikation) umgesetzt. Der Begriff der „Einwilligung" ist deshalb richtlinienkonform zu bestimmen. Art. 2 Abs. 2 Buchst. f der Richtlinie verweist für die Definition der Einwilligung auf Art. 2 Buchst. h der Richtlinie 95/46 EG des Europäischen Parlaments und des Rates vom 24. Oktober 1995 zum Schutz natürlicher Personen bei der Verarbeitung personenbezogener Daten und zum freien Datenverkehr. Einwilligung ist „jede Willensbekundung, die ohne Zwang für den konkreten Fall und in Kenntnis der Sachlage erfolgt". Sie wird in Kenntnis der Sachlage erteilt, wenn der Verbraucher weiß, dass seine Erklärung ein Einverständnis darstellt und worauf sie sich bezieht. Die Einwilligung erfolgt für den konkreten Fall, wenn klar ist, welche Produkte oder Dienstleistungen welcher Unternehmen sie konkret erfasst (vgl. BGH, Urteil vom 25. Oktober 2012 – I ZR 169/10, GRUR 2013, 531 Rn. 23, 24 [= WRP 2013, 767] mwN; vgl. zu § 7 Abs. 2 Nr. 2 Fall 1 UWG BGH, Urteil vom 18. Juli 2012 – VIII ZR 337/11, NJW 2013, 291 Rn. 57 [= WRP 2012, 1545] zu Werbeanrufen). Dies gilt entsprechend für die Werbung mittels elektronischer Post, für die § 7 Abs. 2 Nr. 3 UWG ebenfalls eine „vorherige ausdrückliche Einwilligung" des Adressaten fordert (BGH in WRP 2017, Seite 700 ff. [S. 702, 703, Rdnr. 23, 24], **„Einwilligung in E-Mail-Werbung"**).

Die unverlangte Zusendung einer Werbe-E-Mail ohne vorherige Einwilligung des Adressaten stellt dann eine unzumutbare Belästigung dar (BGH **„E-Mail-Werbung II"**). Selbst eine **automatisch generierte** Bestätigungs-E-Mail kann als unzumutbare Belästigung unzulässig sein, wenn sie nicht nur die Eingangsbestätigung in Bezug auf die zuvor versandte E-Mail des Adessaten enthält, sondern darüber hinaus **Werbung** des Unternehmers. Denn im Hinblick auf die billige, schnelle und durch **Automatisierungsmöglichkeit** arbeitssparende Versendungsmöglichkeit ist mit einem Umsichgreifen dieser Werbeart zu rechnen (BGH **„Persönlichkeitsrechtsverletzung durch Autoreply-E-Mail mit Werbung"**). Bei Verwendung einer automatischen **Anrufmaschine** gegenüber einem Verbraucher liegt außerdem eine **Ordnungswidrigkeit** gem. § 20 Abs. 1 Nr. 2 UWG vor, wenn seine ausdrückliche Einwilligung fehlt. Da § 7 Abs. 2 Nr. 3 UWG generalklauselartig **jegliche Werbung** unter Verwendung elektronischer Post ohne vorherige ausdrückliche Einwilligung des Empfängers verbietet, gilt dieses Verbot selbst dann, wenn ein Dritter auf Veranlassung des Werbenden eine Empfehlungs-E-Mail versendet. Denn schafft ein Unternehmen auf seiner Website die Möglichkeit für Nutzer, Dritten unverlangt eine sogenannte Empfehlungs-E-Mail zu schicken, die auf den Internet-Auftritt des werbenden Unternehmens hinweist, liegt zugleich eine unverlangt versandte Werbe-E-Mail des Unternehmens selbst vor (BGH **„Empfehlungs-E-Mail"**). Denn diese Empfehlungs-E-Mail weist wie eine normale Werbe-E-Mail einen unzumutbar belästigenden Charakter auf.

5. Verschleierung (§ 7 Abs. 2 Nr. 4 UWG)

Eine unzumutbare Belästigung stellt auch die Werbung mit einer Nachricht dar, bei **11** der die Identität des Absenders, in dessen Auftrag die Nachricht übermittelt wird, **verschleiert oder verheimlicht wird,** bei der gegen § 6 Abs. 1 TMG verstoßen wird oder bei der keine **gültige Adresse** vorhanden ist, an die der Empfänger eine Aufforderung zur Einstellung solcher Nachrichten richten kann, ohne dass hierfür andere als Übermittlungskosten nach den Basistarifen entstehen. Auch bei dieser Fallgruppe der unzumutbaren Belästigung liegt ein unlauteres Verhalten **ohne Wertungsmöglichkeit** vor.

12   Der Tatbestand des § 7 Abs. 2 Nr. 4a) UWG ist erfüllt, wenn eine Nachricht versandt wird, bei der die Identität des Absenders verschleiert oder verheimlicht wird. Danach ist jede **Nachricht,** die gemäß § 2 Abs. 1 Nr. 4 UWG über einen öffentlich zugänglichen elektronischen Kommunikationsdienst ausgetauscht oder weitergeleitet wird, **unzulässig,** wenn die Identität des Absenders **verschleiert oder verheimlicht** wird bzw. wenn keine gültige **Absenderadresse** vorhanden ist. Dieses **Transparenzgebot** geht auf Art. 13 Abs. 4 der Datenschutzrichtlinie für elektronische Kommunikation (Richtlinie 2002/58/EG) zurück und soll die Durchsetzung der Ansprüche gegen den Werbenden erleichtern. Der Adressat soll jederzeit die Möglichkeit haben, die Einstellung von Rundschreiben zu verlangen. Das gilt im Übrigen auch dann, wenn der Adressat einmal seine Einwilligung gemäß § 7 Abs. 2 Nr. 2 und Nr. 3 UWG erklärt hatte, diese aber widerrufen will. Unzulässig ist die Verbreitung derartiger werblicher Nachrichten auch dann, wenn zwar eine Absenderadresse angegeben ist, dem Adressaten jedoch auf Grund der angegebenen Mehrwertdienste-Rufnummer **höhere Kosten** entstehen, als die üblichen Übermittlungskosten nach den Basistarifen (§ 7 Abs. 2 Nr. 4c)).

13   Durch das am 9.10.2013 in Kraft getretene **Gesetz gegen unseriöse Geschäftspraktiken** (BGBl. 2013, 3714) wurde § 7 Abs. 2 Nr. 4b) UWG dahingehend neu gefasst, dass über die dort bisher genannten Fälle hinaus die Werbung mit einer Nachricht auch dann **stets eine unzumutbare Belästigung** darstellt, wenn dabei gegen die in § 6 Abs. 1 TMG genannten besonderen **Informationspflichten** verstoßen wird, oder der Empfänger aufgefordert wird, Websites aufzurufen, die gegen § 6 Abs. 1 TMG verstoßen. Diese Anpassung geht auf eine Änderung des Art. 13 Abs. 4 der Richtlinie über die Verarbeitung personenbezogener Daten und den Schutz der Privatsphäre in der elektronischen Kommunikation (2002/58/EG) zurück. Gemäß § 7 Abs. 2 Nr. 4b) UWG ist eine unzumutbare Belästigung **stets** bei einer Werbung mit einer Nachricht anzunehmen, bei der gegen § 6 Abs. 1 TMG verstoßen wird oder in der der Empfänger aufgefordert wird, eine **Website** aufzurufen, die gegen diese Vorschrift verstößt. Nach § 6 TMG haben Diensteanbieter bei kommerzieller Kommunikation, die Telemedien oder Bestandteile von Telemedien sind, dafür Sorge zu tragen, dass die **kommerzielle Kommunikation** als solche **klar zu erkennen** ist, dass die natürliche oder juristische Person, in deren Auftrag kommerzielle Kommunikation erfolgt, **klar identifizierbar ist,** dass Angebote zur Verkaufsförderung wie Preisnachlässe, Zugaben und Geschenke als solche **klar erkennbar** und die Bedingungen für ihre Inanspruchnahme **leicht zugänglich** sowie klar und unzweideutig angegeben sind, und dass Preisausschreiben oder Gewinnspiele mit Werbecharakter klar als solche erkennbar sowie deren Teilnahmebedingungen leicht zugänglich und unzweideutig angegeben sind. Die Begriffe der „Dienste der Informationsgesellschaft" und der „kommerziellen Kommunikation" gehen auf Art. 2 Buchst. a und f der Richtlinie 2000/31/EG (Richtlinie über den elektronischen Rechtsverkehr) zurück. Danach ist „**kommerzielle Kommunikation**" jede Form der Kommunikation, die der unmittelbaren oder mittelbaren Förderung des Absatzes von Waren und Dienstleistungen oder des Erscheinungsbildes eines Unternehmens, einer Organisation oder einer natürlichen Person dient, die eine Tätigkeit in Handel, Gewerbe oder Handwerk oder einen reglementierten Beruf ausübt. Der Begriff der „**Websites**" wurde wörtlich aus der Richtlinie über die Verarbeitung personenbezogener Daten und den Schutz der Privatsphäre in der elektronischen Kommunikation (RL 2002/58/EG) übernommen. Unter „**Website**" ist dabei die gesamte Internetpräsenz eines Anbieters zu verstehen, die aus einer **Vielzahl einzelner Internetseiten** bestehen kann. Nach der Gesetzesbegründung werden nicht nur „klassische" Internetpräsenzen, sondern auch Angebote im mobilen Internet von Smartphones oder Angebote in Verkaufsportalen, in denen z.B. **Apps für Smartphones** vertrieben werden, erfasst (Gesetzesbegründung zu Nr. 1 § 7 UWG, S. 40 der Begründung).

Die **Bußgeldvorschriften** in § 20 UWG können in den Fällen der unzumutbaren **14** Belästigung gem. § 7 Abs. 2 Nr. 2, Nr. 3 UWG ergänzend herangezogen werden. Das Bußgeld kann bis zu **€ 300 000,–** betragen. Die bußgeldrechtliche Verfolgung der Verstöße gegen § 7 Abs. 2 Nr. 2, Nr. 3 UWG ist der **Bundesnetzagentur** zugewiesen (§ 20 Abs. 3 UWG).

X. Progressive Kundenwerbung, „Schneeballsystem",
§ 16 UWG

1   Das UWG enthält überwiegend deliktsrechtliche Ansprüche. Nur ausnahmsweise sollen Wettbewerbsverstöße auch **strafrechtlich** sanktioniert sein. So sind in Kapitel 4 des Gesetzes gegen den unlauteren Wettbewerb als Strafvorschriften die §§ 16, 17, 18 und 19 UWG ausgestaltet. In der Gesetzesbegründung heißt es zu der Notwendigkeit strafrechtlicher Bestimmungen im UWG wörtlich wie folgt:

> Es gibt indes besonders gefährliche Verhaltensweisen, die nicht zuletzt aus Gründen der Spezial- und Generalprävention eine strafrechtliche Sanktion erfordern. …
> § 16 regelt besonders gefährliche Formen der Werbung. Die Gefährlichkeit ergibt sich insbesondere daraus, dass eine Vielzahl von Abnehmern betroffen ist (Gesetzesbegründung zu § 16).

Der Gesetzgeber weist darüber hinaus darauf hin, dass einzelne Wettbewerbsverstöße sowohl zivilrechtlich als auch strafrechtlich verfolgt werden können. Die strafrechtliche Verfolgung von unlauterem Wettbewerbshandeln ist aus Sicht des Gesetzgebers immer dann angezeigt, wenn sich die **Gefährlichkeit des Wettbewerbsverstoßes in seiner Auswirkung gegenüber einer Vielzahl von Abnehmern** manifestiert. Daher macht sich gemäß § 16 Abs. 1 UWG derjenige strafbar, der in der Absicht, den **Anschein eines besonders günstigen Angebots** hervorzurufen, in öffentlichen Bekanntmachungen oder in Mitteilungen, die für einen größeren Kreis von Personen bestimmt sind, durch unwahre Angaben irreführend wirbt. Diese Bestimmung umfasst sämtliche Fälle der irreführenden Werbung gemäß § 5 UWG. Allerdings ist Voraussetzung, dass **eine wissentlich unwahre Werbeangabe vorliegt, die sich an einen großen Kreis von Personen** richtet.

2   Darüber hinaus macht sich gemäß § 16 Abs. 2 UWG derjenige strafbar, der Verbraucher zur Abnahme von Waren, Dienstleistungen oder Rechten durch das Versprechen veranlasst, sie würden entweder vom Veranstalter selbst oder von einem Dritten besondere Vorteile erlangen, wenn sie andere zum **Abschluss gleichartiger Geschäfte** veranlassen, die ihrerseits nach der Art dieser Werbung derartige Vorteile für eine entsprechende Werbung weiterer Abnehmer erlangen sollen (**„Schneeballsystem"**). Der Tatbestand des § 16 Abs. 2 UWG ist auf die Fälle beschränkt, in denen **Verbraucher** in dieser Form angesprochen werden, weil nur insofern ein erhebliches **Gefährdungspotential** besteht (BGH **„Verbraucherbegriff bei progressiver Kundenwerbung"**). Dieser Straftatbestand ergänzt Nr. 14 des Anhangs zu § 3 Abs. 3 UWG.

3   Die Strafvorschrift des § 16 Abs. 1 UWG setzt im subjektiven Tatbestand **neben dem Vorsatz die Absicht voraus, den Anschein eines besonders günstigen Angebots hervorzurufen.** Die Werbung muss sich an einen größeren Kreis von Personen richten (z.B. Zeitungswerbung, TV- und Rundfunkwerbung). Wann eine strafbare Werbung im Sinne von § 16 Abs. 1 UWG vorliegt, ist nach den Umständen des Einzelfalls zu prüfen. Der BGH hat sich im Zusammenhang mit der Werbung für eine sogenannte Kaffeefahrt zur Strafbarkeit der Werbemaßnahme wie folgt geäußert:

Das Landgericht hat in der Werbeangabe, die Reisegäste erhielten ein „leckeres, reichhaltiges Mittagsmenü", bzw. ein „leckeres, schmackhaftes Mittagessen", obgleich sie lediglich eine verschlossene Konservendose mit einer Suppe oder mit Brechbohnen zum Mitnehmen ausgehändigt bekommen sollten, mit Recht eine wissentlich unwahre, zur Irreführung geeignete Angabe gesehen, die auch die übrigen tatbestandlichen Voraussetzungen des § 4 Abs. 1 UWG *(a. F.)* erfüllt (BGH in WRP 2002, Seite 1432 f. [Seite 1433], **„Strafbare Werbung für Kaffeefahrten"**).

Der Bundesgerichtshof nimmt eine zur Irreführung geeignete Angabe immer dann an, wenn sie einen nicht ganz unbeachtlichen Teil der durch die Werbung angesprochenen Verkehrskreise veranlassen kann, sie für wahr zu halten und die deshalb getäuscht werden. Die **Gefahr der Irreführung** reicht aus, um den Straftatbestand des § 16 Abs. 1 UWG zu erfüllen. Der Eintritt einer Irreführung ist nicht Tatbestandsvoraussetzung (BGH **„Srafbare Werbung mit Gewinnmitteilungen"**). Der Tatbestand erfordert ebenfalls nicht, dass ein Vermögensschaden eintritt.

Gemäß § 16 Abs. 2 UWG wird die Veranstaltung von „Schneeballsystemen" gegenüber Letztverbrauchern ebenfalls unter **Strafe** gestellt (Freiheitsstrafe bis zu zwei Jahren oder Geldstrafe). Kerntatbestand des „Schneeballsystems" ist die kontinuierliche Erweiterung des Mitspielerkreises durch bereits vorhandene Teilnehmer eines Gewinnspiels gegen Entgelt. Dabei ist ein solches Spielsystem darauf angelegt, dass die ersten Mitspieler einen meist sicheren Gewinn erzielen, während die große Masse der späteren Teilnehmer ihren Einsatz verlieren muss, weil angesichts des Vervielfältigungsfaktors in absehbarer Zeit keine neuen Mitspieler mehr geworben werden können (BGH **„Schneeballprinzip"**). **4**

In einem vom BGH entschiedenen Verfahren sollten neue Vertriebsmitarbeiter für den **Verkauf von Seminaren** geworben werden. Voraussetzung dafür, dass die Vertriebsmitarbeiter selbst Seminare **gegen Provision** vertreiben durften, war die Buchung der **entgeltlichen Teilnahme** an einem derartigen Motivations- und Ausbildungsseminar durch den neuen Vertriebsmitarbeiter. Darin lag das **Kettenelement** dieser Vertriebsform. Die für typische **Kettenverträge** geworbenen Mitarbeiter sind als Verbraucher im Sinne von § 16 Abs. 2 UWG anzusehen. **Verbraucher** ist gemäß § 2 Abs. 2 UWG in Verbindung mit § 13 BGB jede natürliche Person, die ein Rechtsgeschäft zu einem Zweck abschließt, der weder ihrer gewerblichen noch ihrer selbständigen beruflichen Tätigkeit zugerechnet werden kann. Wörtlich führt der BGH aus: **5**

> Für die Abgrenzung ist nicht der innere Wille des Handelnden entscheidend, sondern es gilt ein objektivierter Maßstab. Ob eine Tätigkeit als selbständige zu qualifizieren ist, bestimmt sich nach dem durch Auslegung zu ermittelnden Inhalt des Rechtsgeschäfts, in die erforderlichenfalls die Begleitumstände einzubeziehen sind. … Ausgeschlossen vom Verbraucherbegriff ist nur jedwedes selbständiges berufliches oder gewerbliches Handeln. Auch ein Arbeitnehmer wird bei Rechtsgeschäften in Beziehung auf sein Arbeitsverhältnis als Verbraucher angesehen. … Unternehmer- und nicht Verbraucherhandeln liegt allerdings vor, wenn das maßgebliche Geschäft im Zuge der Aufnahme einer gewerblichen oder selbständigen beruflichen Tätigkeit (sog. Existenzgründung) geschlossen wird. … Dies gilt indes nicht, solange die getroffene Maßnahme noch nicht Bestandteil der Existenzgründung selbst ist, sondern sich im Vorfeld einer solchen bewegt und die Entscheidung, ob es überhaupt zu einer Existenzgründung kommen soll, erst vorbereitet. … Bewegt sich das rechtsgeschäftliche Handeln im Vorfeld einer Existenzgründung, über die noch nicht definitiv entschieden ist, ist es noch nicht dem unternehmerischen Bereich zuzuordnen. Solche Aktivitäten in der Sondierungsphase betreffen daher Verbraucherhandeln (BGH in WRP 2011, Seite 572 ff. [S. 574, Rdnr. 24], **„Verbraucherbegriff bei progressiver Kundenwerbung"**).

Entscheidend für die Verbrauchereigenschaft ist nicht der Zeitpunkt des Vertragsabschlusses, sondern der Zeitpunkt, in welchem der Geworbene erstmals durch das Absatzkonzept des Veranstalters angesprochen wird. Danach lagen die Voraussetzungen von § 16 Abs. 2 UWG vor.

6   Bei § 16 Abs. 2 UWG handelt es sich um ein **abstraktes Gefährdungsdelikt** mit dem Ziel, geschäftlich unerfahrene Personen vor unlauteren Vertriebsmethoden zu bewahren. Der Abnehmer soll vor Täuschung, glücksspielartiger Willensbeeinflussung und Vermögensgefährdung geschützt werden (s. Gesetzesbegründung). Aus seinem Charakter als abstraktes Gefährdungsdelikt folgt, dass die Tat bereits vollendet ist, sobald der Täter einen Verbraucher auf das unlautere Absatzkonzept angesprochen hat.

7   Selbst wenn es jedoch nicht zu einer strafrechtlichen Verurteilung des Veranstalters kommt, wird ein Gewinnspielvertrag, der eine Gewinnchance im Sinne des „Schneeballsystems" zum Gegenstand hat, regelmäßig gemäß **§§ 138, 812 Absatz 1 Satz 1 BGB sittenwidrig** sein. Denn statt das hohe Risiko eines derartigen „Schneeballsystems" zu verdeutlichen, stellt der Veranstalter des Gewinnspiels üblicher Weise groß heraus, welche enorme Gewinnsumme den Gewinner erwartet. Diese Art der Werbung, die auf die **Leichtgläubigkeit, Spielleidenschaft und Unerfahrenheit** der Teilnehmer abzielt, um diese zur Zahlung des Spieleinsatzes zu bewegen, macht ein derartiges Gewinnspiel regelmäßig sittenwidrig (BGH **„Schneeballprinzip"**).

8   In einem vom BGH entschiedenen Verfahren hatte der Angeklagte eine Werbesendung an mehr als 60 000 Empfänger gerichtet, in der er in bewusst undurchsichtig gehaltenen Formulierungen den Empfängern einen Gewinn versprach und sie zugleich aufforderte, den Absender *in diesem Zusammenhang auch wieder einmal mit einer kleinen Bestellung* zu beauftragen. Der BGH hob in seiner Entscheidung hervor:

> Aus der Unwahrheit der für die Werbeaussage zentralen Angaben ergab sich hier, dass diese aufgrund ihres – insoweit maßgeblichen … – Gesamteindrucks zur Irreführung geeignet waren. Darauf, ob die Empfänger tatsächlich einem Irrtum unterlegen waren, kommt es hingegen nicht an. … Hinzu kommt, dass der Kundenstamm, an den sich die Werbesendungen richtete, vorwiegend aus älteren Personen mit geringem Bildungsniveau bestand, die für die bezeichneten, Großzügigkeit und Kundenfreundlichkeit vortäuschenden Werbeaussagen besonders empfänglich waren. … Die Werbesendungen waren darauf angelegt, diesen Personen den Eindruck zu vermitteln, der jeweilige Empfänger sei gegenüber anderen Warenbestellern privilegiert (BGH WRP 2008, Seite 1071 ff. [Seite 1075, Rdnr. 48], **„Strafbare Werbung mit Gewinnmitteilungen"**).

Als **ungeschriebenes Tatbestandsmerkmal** erfordert § 16 Abs. 1 UWG, dass ein **Zusammenhang** zwischen dem in der Werbung versprochenen Vorteil **(Geschenkversprechen)** und dem beabsichtigten Erwerbsgeschäft besteht. Ein solcher Zusammenhang liegt aus Sicht des BGH immer dann vor, wenn der in der Werbeaussage versprochene Vorteil vom beabsichtigten Erwerbsgeschäft abhängig gemacht wird, so dass eine **Kopplung** der – vermeintlichen – Vorteilserlangung an die Bestellung der beworbenen Ware bzw. an die Inanspruchnahme der beworbenen Leistung vorliegt. Allerdings ist ein **rechtlicher** Zusammenhang zur Bejahung der tatbestandlichen Voraussetzungen aus § 16 Abs. 1 UWG **nicht erforderlich.** Ausgehend von dem Schutzzweck von § 16 Abs. 1 UWG, dem Verbraucherschutz zu dienen, kommt es zur Annahme eines **wirtschaftlichen Zusammenhangs** entscheidend darauf an, dass nach den **Vorstellungen des Täters („Absicht")** die Entscheidung des Adressaten für das Erwerbsgeschäft unter wirtschaftlichen Gesichtspunkten von dem angepriesenen geldwerten Vorteil beeinflusst wird, weil der Interessent einen Gewinnvorteil oder ein Geschenkversprechen zusammen mit dem Warenangebot sieht und deshalb insgesamt von einem günstigen Angebot ausgeht (BGH **„Strafbare Werbung mit Gewinnmitteilungen"**).

XI. Verrat von Geschäfts- oder Betriebsgeheimnissen, Verwertung von Vorlagen, Verleiten und Erbieten zum Verrat, Bußgeldvorschriften §§ 17, 18, 19, 20 UWG

1   Der **Straftatbestand** des § 17 UWG betrifft den **wettbewerbsrechtlichen Geheimnisschutz** für Mitarbeiter eines Unternehmens, demgegenüber erfasst § 18 UWG die sogenannte **„Vorlagenfreibeuterei"** im geschäftlichen Verkehr und § 19 UWG enthält ergänzend den **Anstiftungstatbestand** zu §§ 17, 18 UWG. Nicht nur der vollendete **Verrat von Geschäfts- und Betriebsgeheimnissen** oder von **Vorlagen** ist strafbar, sondern in §§ 17 Abs. 2, 18 Abs. 2 UWG wird auch der **Versuch unter Strafe** gestellt.

2   Wesentliche Tatbestandsvoraussetzung der **strafbaren Verwertung von Vorlagen** gem. § 18 Abs. 1 UWG ist das Anvertrautsein der Vorlagen oder Vorschriften. Anvertraut ist eine Vorlage dem Täter nur dann, wenn sie **nicht offenkundig** ist. Der BGH führt zum **Vertrauenstatbestand der Vorlagenfreibeuterei** wörtlich aus:

> Die Rechtsfrage, ob die Bejahung des Tatbestandsmerkmals des Anvertrauens über den erklärten Willen des Erteilers der Information, der Empfänger solle das mitgeteilte Wissen nicht frei verwenden dürfen, hinaus weiter voraussetzt, dass es sich um geheimes oder jedenfalls nicht offenkundiges Wissen handelt, ist in der Rechtsprechung des BGH bisher nicht entschieden worden ... § 18 UWG *(a. F.)* verbietet das Streben nach Wettbewerbsvorsprung durch Vertrauensbruch. Sind auch andere Mitbewerber im Besitz der Information, dann unterscheidet sich die wettbewerbliche Ausgangslage des Informationsempfängers nicht von der seiner Mitbewerber; durch die Ausnutzung der Information kann er keinen Vorsprung erlangen, den nicht auch die Mitbewerber zu erzielen in der Lage sind. Es würde damit an einer Ursächlichkeit für den Vertrauensbruch für den Wettbewerbsvorsprung fehlen. Jedenfalls in denjenigen Fällen, in denen die Information mit dem Willen des Informanten auch anderen Personen zugänglich gemacht wird, denen jedoch keine Verwendungsbindung auferlegt wird, kann dem Empfänger der Mitteilung deren freie Verwendung nicht untersagt werden, wenn sie anderen Mitbewerbern offensteht. Dem Mitteilungsempfänger würden damit Beschränkungen im Wettbewerb auferlegt, denen seine Mitbewerber nicht unterworfen sind (BGH in GRUR 1982, Seite 225 ff. [Seite 226], **„Straßendecke II"**).

Aus diesen Ausführungen des Bundesgerichtshofs folgt, dass zumindest bei denjenigen Informationen, die ersichtlich auch **Dritten zugänglich** sind, **ohne** dass diese einer **Vertraulichkeitsbindung** unterliegen, ein Anvertrauen im Sinne von § 18 UWG nicht (mehr) vorliegt. Vertrauliche Unterlagen können nur dann gegeben sein, wenn der Mitteilende tatsächlich Wert darauf legt, dass die mitgeteilte Information vertraulich behandelt wird. Anderenfalls scheitert die Anwendung von § 18 UWG allein schon an dem **Tatbestandsmerkmal des Anvertrauens.**

3   Täter eines **Geheimnisverrats** nach § 17 Abs. 1 UWG kann nur eine Person sein, die bei dem Unternehmen beschäftigt ist, dem das Geschäfts- oder Betriebsgeheimnis zusteht (BGH **„Versicherungsuntervertreter"**). Auch wenn der Begriff des bei einem Unternehmen Beschäftigten gemäß § 17 Abs. 1 UWG weit auszulegen ist, fallen selbständige Gewerbetreibende nicht darunter. Auch der Handelsvertreter, der als Untervertreter für einen anderen Handelsvertreter selbständig Geschäfte vermittelt oder in dessen Namen abschließt, übt eine selbständige Tätigkeit aus. Als Täter eines Geheimnisverrats nach § 17 Abs. 1 UWG kommt nur der **nicht selbständig** tätige Handelsvertreter in Betracht (BGH **„Versicherungsuntervertreter"**). Allerdings kann der selbständig tätige Handelsvertreter nach § 17 Abs. 2 UWG bestraft werden, wenn er ihm bekannt gewordene **Kundendaten** verwertet. Wörtlich führt der BGH aus:

> Der Umstand, dass der Beklagte – unstreitig – schon während der Zeit seiner Tätigkeit für die Agentur seines Vaters Kenntnis von den in Rede stehenden Kundendaten erlangt hat, schließt nicht aus, dass er sich das in diesen Daten verkörperte Geschäftsgeheimnis der Klägerin unbefugt verschafft hat. Ein ausgeschiedener Mitarbeiter darf zwar die während der Beschäftigungszeit erworbenen Kenntnisse auch später unbeschränkt verwenden, wenn er keinem Wettbewerbsverbot unterliegt. … Dies gilt allerdings nur für Informationen, die er in seinem Gedächtnis bewahrt. … oder auf die er aufgrund anderer Quellen zugreifen kann, zu denen er befugtermaßen Zugang hat. Die Berechtigung, erworbene Kenntnisse nach Beendigung des Dienstverhältnisses auch zum Nachteil des früheren Dienstherrn einzusetzen, bezieht sich dagegen nicht auf Informationen, die dem ausgeschiedenen Mitarbeiter nur deswegen noch bekannt sind, weil er auf schriftliche Unterlagen zurückgreifen kann, die er während der Beschäftigungszeit angefertigt hat. … Liegen dem ausgeschiedenen Mitarbeiter derartige schriftliche Unterlagen – beispielsweise in Form privater Aufzeichnungen oder in Form einer auf dem privaten Notebook abgespeicherten Datei – vor und entnimmt er ihnen ein Geschäftsgeheimnis seines früheren Arbeitgebers, verschafft er sich damit dieses Geschäftsgeheimnis unbefugt i. S. von § 17 Abs. 2 Nr. 2 UWG (BGH in WRP 2009, Seite 613 ff. [S. 615, Rdnr. 15], **„Versicherungsuntervertreter"**).

Dem **Verwertungsverbot** aus § 17 Abs. 2 Nr. 2 UWG unterliegen Kundendaten, soweit sie schriftlich erfasst oder in einer Datei abgespeichert wurden. Grundsätzlich ist der Handelsvertreter verpflichtet, nach Beendigung des Vertragsverhältnisses **alle Kundenanschriften** an den Unternehmer herauszugeben (§ 667 BGB).

Nur wenn es sich tatsächlich um ein **Geschäfts- oder Betriebsgeheimnis** handelt, kann der Straftatbestand des § 17 UWG verwirklicht sein (BGH **„Präzisionsmessgeräte"**). Geschäftsgeheimnis sind die **Kundennamen und Kundenanschriften,** die einem Handelsvertreter während seiner nicht selbständigen Tätigkeit bekannt werden (BGH **„Verwertung von Kundenlisten"**). Der Handelsvertreter verstößt gegen § 17 UWG, wenn er die Kundennamen und -anschriften außerhalb des Unternehmens verwertet, für das er bei Erlangung dieser Informationen tätig war. Strafbar macht sich jedoch auch der neue Arbeitgeber, der diese „mitgebrachten Kunden" verwertet (§ 17 Abs. 2 UWG). Streitig kann im Einzelfall sein, ob die verwendeten Unterlagen als **Geschäfts- oder Betriebsgeheimnis** Schutz gemäß § 17 UWG genießen. Hierzu hat der BGH festgestellt:

> Ein Geschäfts- oder Betriebsgeheimnis ist jede im Zusammenhang mit einem Betrieb stehende Tatsache, die nicht offenkundig, sondern nur einem eng begrenzten Personenkreis bekannt ist und nach dem bekundeten, auf wirtschaftlichen Interessen beruhenden Willen des Betriebsinhabers geheim gehalten werden soll (BGH in WRP 2006, Seite 1511 ff. [Seite 1513, Rdnr. 19], **„Kundendatenprogramm"**).

Entwendet daher ein Geschäftsführer von dem Unternehmen, bei dem er vorher tätig war, Kundenlisten, sind diese Kundenlisten ein Betriebsgeheimnis, da sie ein wichtiger Bestandteil des **„Goodwill"** des Betriebs sind, auf dessen Geheimhaltung der Betriebsinhaber großen Wert legt. Zur Qualifizierung als Geschäftsgeheimnis kommt es nicht darauf an, dass die Kundenlisten **keinen bestimmten Vermögenswert** besitzen. Entscheidend ist, dass sich ihre Wegnahme für den Betriebsinhaber nachteilig auswirken kann. Anders als bei Kundenlisten, handelt es sich bei bloßen **Adressenlis-**

ten, die jederzeit ohne großen Aufwand aus allgemein zugänglichen Quellen erstellt werden können, nicht um ein Betriebsgeheimnis. Ein **Sichern** eines Geschäfts- oder Betriebsgeheimnisses i. S. v. § 17 Abs. 2 Nr. 1 UWG liegt noch nicht vor, wenn ein Mitarbeiter beim Ausscheiden aus einem Dienstverhältnis die **Kopie** eines ein Betriebsgeheimnis des bisherigen Dienstherrn enthaltenden Dokuments mitnimmt, die er im Rahmen des Dienstverhältnisses **befugt** angefertigt oder erhalten hat (BGH **„MOVICOL–Zulassungsantrag"**).

5   Ob tatsächlich ein **Betriebsgeheimnis verletzt** wurde, ist im Rahmen einer Einzelfallprüfung festzustellen. Ist Gegenstand der Auseinandersetzung eine technische Einrichtung, reicht es aus, dass ein **bestimmter Teil** der Schaltpläne, die der technischen Einrichtung zugrunde liegen, ein Betriebsgeheimnis enthält. Nicht erforderlich ist, dass sämtliche Schaltpläne und Layouts, deren Verletzung behauptet werden, als Betriebsgeheimnis bewertet werden können (BGH **„Schweißmodulgenerator"**). Sofern der Mitarbeiter denjenigen Teil des Schaltplans verrät, der Betriebsgeheimnis des Geschäftsinhabers ist, liegt eine strafbare Handlung im Sinne von § 17 UWG vor. In diesem Zusammenhang macht der BGH auch deutlich, dass nicht jede **im Patentrecht neuheitsschädliche Tatsache** den Geheimnisschutz nach § 17 UWG ausschließt. Vielmehr kommt es für den Schutz als Betriebsgeheimnis darauf an, ob die fragliche Information allgemein, d. h. ohne großen Zeit- und Kostenaufwand, zugänglich ist (BGH **„Schweißmodulgenerator"**). Bei Verletzung von Betriebsgeheimnissen ist grundsätzlich der gesamte unter Einsatz des geheimen Know-hows erzielte Gewinn herauszugeben (BGH **„Entwendete Datensätze mit Konstruktionszeichnungen"**). Der **Anstifter** zum Verrat von Geschäfts- und Betriebsgeheimnissen gemäß § 17 UWG oder zur Verwertung von Vorlagen gemäß § 18 UWG macht sich ebenfalls strafbar. So ist das Verleiten oder Erbieten zum Verrat gemäß § 19 Abs. 1 UWG mit einer Freiheitsstrafe bis zu 2 Jahren oder mit Geldstrafe strafbewehrt. Das Verleiten und Erbieten zum Verrat wird in der Regel nur auf Antrag verfolgt (§ 19 Abs. 4 UWG).

XII. Anspruchsberechtigung, Anspruchsdurchsetzung, Beseitigung, Unterlassung, Schadensersatz und Gewinnabschöpfung, §§ 8, 9, 10, 12 UWG

Wer eine gem. § 3 UWG (Verbot unlauterer geschäftlicher Handlungen) oder gem. **1** § 7 UWG (unzumutbare Belästigungen) unzulässige geschäftliche Handlung vornimmt, kann gem. § 8 Abs. 1 UWG auf **Beseitigung** und **Unterlassung** in Anspruch genommen werden. Während § 8 UWG die **verschuldensunabhängigen** Ansprüche auf Beseitigung und Unterlassung regelt, schafft § 9 UWG für den Verletzten die Möglichkeit, bei vorsätzlichem oder fahrlässigem Handeln des Verletzers **Schadensersatz** zu verlangen. Eine besondere Anspruchsgrundlage stellt der Gewinnabschöpfungsanspruch in § 10 UWG dar. Die Verfahrensvorschriften in § 12 UWG bestimmen, dass der Berechtigte zunächst den Mitbewerber abmahnen soll, bevor er gerichtliche Schritte einleitet. Die **Abmahnung** als außergerichtliches Instrument, gegen wettbewerbswidrige Verhaltensweisen vorzugehen, wurde in der Praxis entwickelt und hat sich als wesentliches Instrument herausgebildet, um mit hoher Effizienz bei geringen Kosten wettbewerbswidriges Verhalten erfolgreich zu unterbinden. In § 13 UWG werden die **Landgerichte als sachlich ausschließlich zuständige Gerichte** bestimmt. Rechtsstreitigkeiten auf Grund des UWG sind immer **Handelssachen,** sodass bei dem Landgericht die Kammer für Handelssachen zuständig ist (§ 13 Abs. 1 Satz 2 UWG i.V.m. § 95 Abs. 1 Nr. 5 GVG). **Örtlich** zuständig ist gem. § 14 UWG das Gericht, in dessen Bezirk der Beklagte seine gewerbliche oder selbständige berufliche Niederlassung bzw. seinen Wohnsitz hat. Im Übrigen gilt der sogenannte „fliegende Gerichtsstand" des Begehungsortes gemäß § 14 Abs. 2 UWG. Örtlich zuständig ist das Gericht, in dessen Bezirk die Handlung begangen wurde (bei einer deutschlandweit geschalteten Werbung ist also jedes Landgericht örtlich zuständig). Schließlich sind gem. § 15 UWG bei den Industrie- und Handelskammern **Einigungsstellen** eingerichtet, in denen ein Anspruch aus dem UWG geltend gemacht werden kann. Kommt keine Einigung zustande, steht dem Anspruchsteller weiterhin der Weg zu den ordentlichen Gerichten offen. Als besonders kostengünstiges Verfahren zur gütlichen Beilegung einer wettbewerbsrechtlichen Auseinandersetzung haben sich die Einigungsstellenverfahren in der Praxis bewährt.

Der Abgemahnte hat gem. § 8 Abs. 4 Satz 2 UWG einen eigenständigen Gegenanspruch **2** auf Ersatz seiner Aufwendungen zur Rechtsverteidigung, wenn die Abmahnung **missbräuchlich** erfolgt ist. Mit dieser Bestimmung schafft der Gesetzgeber **Waffengleichheit** zwischen dem Abmahnenden und dem Abgemahnten. Nach der Gesetzesbegründung ist Auslöser dieses besonderen Aufwendungsersatzanspruchs des Abgemahnten der Umstand, dass in der Praxis häufig die Initiative für missbräuchliche Abmahnungen von Rechtsanwälten ausgeht, die ihrerseits von ihrem Mandanten kein Honorar verlangen, wenn dieses nicht als Aufwendungsersatz von dem Abgemahnten erstattet wird. In den Missbrauchsfällen trägt der Abmahnende kein Kostenrisiko, solange er es nicht auf einen Prozess ankommen lässt. Der **Gegenanspruch auf Aufwendungsersatz** schafft bei missbräuchlichen Abmahnungen für den Abmahnenden ein Kostenrisiko, das das wirtschaftliche Interesse an missbräuchlichen Abmahnungen senkt (S. 41 der Gesetzesbegründung). Als Vorbild der Bestimmung in § 8 Abs. 4 UWG diente der zivilprozessuale Schadensersatzanspruch aus § 945 ZPO im einstweiligen Verfügungsverfahren.

1. Beseitigungs- und Unterlassungsanspruch

3   Als zentrale Anspruchsnorm bestimmt § 8 UWG, dass derjenige, der gegen § 3 oder § 7 UWG verstößt, auf **Beseitigung und bei Bestehen von Wiederholungsgefahr auf Unterlassung** in Anspruch genommen werden kann. Der Unterlassungsanspruch besteht bereits dann, wenn eine Zuwiderhandlung **droht.** Neben dem **Täter** haftet ggf. der **Mittäter** oder **Teilnehmer.** Mittäterschaft setzt eine gemeinschaftliche Begehung der Rechtsverletzung voraus. Als Teilnehmer haftet nur derjenige, der die rechtswidrige Verhaltensweise zumindest mit bedingtem Vorsatz gefördert oder dazu angestiftet hat. Wer nicht Täter oder Teilnehmer ist, kann allenfalls aus dem Gesichtspunkt eines **gefahrerhöhenden Verhaltens** in Anspruch genommen werden (BGH **„Haftung für Hyperlink"**). Eine solche Haftung kann sich aus der Verletzung von **Prüfungspflichten** ergeben. Deren Umfang bestimmt sich danach, ob und inwieweit dem Inanspruchgenommenen nach den Umständen eine Prüfung zuzumuten ist (BGH **„ambiente.de"**). Diese Prüfungspflicht beschränkt sich auf grobe und eindeutige, unschwer erkennbare Wettbewerbsverstöße (BGH **„Schlank-Kapseln"**). Es gibt **keine generelle** Prüfungspflicht (BGH **„Ausschreibung von Ingenieurleistungen"**). Zur Abgrenzung von **Täter, Mittäter, Anstifter** oder **Gehilfe,** führt der BGH wörtlich was folgt aus:

> Die Frage, ob sich jemand als Täter, Mittäter, Anstifter oder Gehilfe in einer seine zivilrechtliche Haftung begründenden Weise an einer deliktischen Handlung beteiligt hat, beurteilt sich nach den im Strafrecht entwickelten Grundsätzen. Täter ist danach, wer die Zuwiderhandlung selbst oder in mittelbarer Täterschaft begeht (§ 25 Abs. 1 StGB). Mittäterschaft (vgl. § 830 Abs. 1 S. 1 BGB) erfordert eine gemeinschaftliche Begehung, also ein bewusstes und gewolltes Zusammenwirken (st. Rspr.; vgl. nur BGH, Urteil vom 25. April 2012 – I ZR 105/10, GRUR 2012, 1279 Rn. 38 = WRP 2012, 1517 – DAS GROSSE RÄTSELHEFT; Urteil vom 5. Februar 2015 – I ZR 240/12, GRUR 2015, 485 Rn. 35 = WRP 2015, 577 – Kinderhochstühle III). Als Täter einer unzulässigen geschäftlichen Handlung im Sinne von § 2 Abs. 1 Nr. 1, § 7 Abs. 1 S. 1 und 2 sowie Abs. 2 Nr. 3 UWG kommt hiernach zunächst derjenige in Betracht, der den objektiven Tatbestand der Norm selbst adäquat kausal verwirklicht hat (vgl. BGH, Urteil vom 10. Februar 2011 – ZR 183/09, GRUR 2011, 340 Rn. 30 = WRP 2011, 459 – Irische Butter) (BGH in WRP 2016, Seite 958 ff. [S. 962, Rdnr. 40], **„Freunde finden"**).

Wer sein Mitgliedskonto bei Ebay nicht hinreichend sichert, weil ein Dritter Zugriff auf das Konto hat, begeht aus Sicht des BGH eine Pflichtverletzung und haftet deshalb **selbst als Täter** (BGH **„Internet-Versteigerung III"**). Entsprechendes gilt bei der Verbreitung jugendgefährdender Inhalte bei einer Internet-Auktionsplattform, ohne dass es des Zurechnungsgrundes der Verletzung allgemeiner Verkehrspflichten (BGH **„Jugendgefährdende Medien bei Ebay"**) bedarf. Der Plattformbetreiber haftet als Täter. Als Anstifter haftet nur, wer tatsächlich zum Wettbewerbsverstoß angestiftet hat, nicht derjenige, dem nur eine Versuchshandlung vorgeworfen wird (BGH **„TV-Wartezimmer"**).

4   § 8 UWG ist die Grundnorm für sämtliche Unterlassungs- und Beseitigungsansprüche, die aus einem Wettbewerbsverstoß gem. § 3 UWG oder § 7 UWG resultieren. Zum Umfang des **Beseitigungsanspruchs** heißt es in der Gesetzesbegründung wörtlich:

Voraussetzung ist demnach die Herbeiführung eines fortdauernden Störungszustandes, wobei die von dem Zustand ausgehenden Störungen rechtswidrig sein müssen. Inhaltlich ist der Anspruch entsprechend der Regelung in § 1004 BGB durch den Grundsatz der Verhältnismäßigkeit begrenzt. Es sind nur solche Maßnahmen geschuldet, die geeignet und erforderlich sind, die noch vorhandene Störung zu beseitigen, und die dem Schuldner zumutbar sind (Gesetzesbegründung zu § 8 Abs. 1).

Ausdrücklich ist in § 8 Abs. 1 UWG die Bestimmung enthalten, dass der **Unterlassungsanspruch** selbst dann besteht, wenn erst eine **Zuwiderhandlung** droht. Durch diese gesetzliche Bestimmung wird sichergestellt, dass auch **bei Vorliegen einer Erstbegehungsgefahr** Unterlassungsansprüche gegeben sein können.

Unterlassungsansprüche sind immer dann gegeben, wenn eine unlautere Handlung im **5** Sinne von §§ 3, 7 UWG bereits erfolgt ist **(Wiederholungsgefahr)**. Darüberhinaus besteht ein **vorbeugender Unterlassungsanspruch,** wenn **Erstbegehungsgefahr** droht. Aus Sicht des Bundesgerichtshofs bedarf das Vorliegen einer Erstbegehungsgefahr einer sorgfältigen Überprüfung im Einzelfall. Wörtlich führt der Bundesgerichtshof aus:

> Ein auf Erstbegehungsgefahr gestützter vorbeugender Unterlassungsanspruch besteht nur, soweit ernsthafte und greifbare tatsächliche Anhaltspunkte dafür vorhanden sind, der Anspruchsgegner werde sich in naher Zukunft in der näher bezeichneten Weise rechtswidrig verhalten. Eine Erstbegehungsgefahr kann auch begründen, wer sich des Rechts berühmt, bestimmte Handlungen vornehmen zu dürfen. Die Tatsache allein, dass sich ein Beklagter gegen die Klage verteidigt und dabei die Auffassung äußert, zu dem beanstandeten Verhalten berechtigt zu sein, ist jedoch nicht als eine Berühmung zu werten, die eine Erstbegehungsgefahr begründet (BGH in WRP 2001, Seite 1076 ff. [Seite 1078, 1079], „**Berühmungsaufgabe**").

Das Vorliegen der Erstbegehungsgefahr ist daher zu verneinen, wenn es an einer derartigen vorprozessualen **Berühmung** fehlt. Wenn in einem einstweiligen Verfügungsverfahren der Betroffene nur aus **Gründen der Rechtsverteidigung** sein beanstandetes Verhalten verteidigt, begründet diese prozesstaktische Maßnahme nicht die Erstbegehungsgefahr (BGH „**Schlank-Kapseln**"). Das gilt erst recht, wenn der Beklagte in dem Prozess eindeutig klarstellt, dass es ihm nur um seine Rechtsverteidigung geht. Mit Abgabe einer **strafbewehrten** Unterlassungserklärung entfällt die Wiederholungs- bzw. Erstbegehungsgefahr. Wurde der Unterlassungsschuldner mehrfach abgemahnt, räumt i. d. R. die gegenüber einem Dritten abgegebene, ernsthafte Unterlassungserklärung **(Drittunterwerfung)** die Wiederholungsgefahr endgültig aus.

Darüber hinaus ist höchstrichterlich anerkannt, dass an die **Beseitigung der Erst-** **6** **begehungsgefahr** grundsätzlich weniger strenge Anforderungen zu stellen sind als an die bei einem Wettbewerbsverstoß vermutete Wiederholungsgefahr (BGH „**Wiederholungsgefahr bei Unternehmensverschmelzung**"). Insbesondere darf bei Prüfung der Erstbegehungsgefahr **ihr Fortbestehen nicht vermutet werden**. Höchstrichterlich anerkannt ist das Entfallen der Erstbegehungsgefahr, sobald der Betroffene die beanstandete Berühmung aufgibt. Die **Aufgabe der Berühmung** liegt jedenfalls in der uneingeschränkten und eindeutigen Erklärung, dass die beanstandete Handlung in der Zukunft nicht erneut vorgenommen wird.

Während sich der Unterlassungsanspruch im endgültigen Verbot erschöpft, dass der **7** Beklagte das wettbewerbswidrige Tun zukünftig unterlässt, verlangt der gegen den Beklagten durchgesetzte **Beseitigungsanspruch ein Handeln vom Beklagten.** Die Beseitigung des wettbewerbswidrigen Zustandes kann etwa beinhalten, dass ein Verlag Zeitschriften vom Groß- und Einzelhandel zurückruft, die eine wettbewerbswidrige

Anzeige enthalten, deren Veröffentlichung dem Verlag zuvor untersagt worden war. Voraussetzung eines Beseitigungsanspruches ist also das **Fortbestehen des wettbewerbswidrigen Zustands.** Nur wenn der Störungszustand fortbesteht, kann unter Wahrung des **Grundsatzes der Verhältnismäßigkeit** im Einzelfall die erstrebte Beseitigungsmaßnahme noch geboten sein.

8 Während der Unterlassungsanspruch bei einem Wettbewerbsverstoß gegen jeden Täter durchsetzbar ist, kommt ein Beseitigungsanspruch nur ausnahmsweise in Betracht, nämlich dann, wenn ein rechtswidriger Störungszustand **weiter besteht.** Ein wettbewerbsrechtlicher Anspruch auf Beseitigung von Fehlvorstellungen, die durch eine irreführende Werbung hervorgerufen worden sind, besteht grds. nicht, weil die Fehlvorstellungen als solche nur **Folge** des wettbewerbswidrigen Handelns, nicht selbst ein rechtswidriger Störungszustand sind (BGH **„Wirtschaftsregister"**).

9 Die Regelung in § 8 Abs. 2 UWG stellt klar, dass bei Zuwiderhandlungen in einem Unternehmen die Ansprüche auf Unterlassung und Beseitigung nicht nur gegenüber dem betroffenen Mitarbeiter oder Beauftragten gegeben sind, sondern dass sie auch gegenüber dem **Inhaber des Unternehmens** begründet sind. Diese Zurechnung des Verhaltens eines Mitarbeiters oder Beauftragten kommt nur dann nicht in Betracht, wenn der Mitarbeiter **rein privat** handelt, selbst wenn er den Namen des Betriebsinhabers missbraucht. In diesem Fall ist der Betriebsinhaber für einen etwaigen Wettbewerbsverstoß nicht verantwortlich, da er für private Handlungen seiner Mitarbeiter wettbewerbsrechtlich nicht einzustehen hat (BGH **„Gefälligkeit"**). Denn dem Betriebsinhaber werden gemäß § 8 Abs. 2 UWG Zuwiderhandlungen seiner Angestellten oder Beauftragten wie eigene Handlungen nur deshalb zugerechnet, weil die arbeitsteilige Organisation des Unternehmens die Verantwortung für das Verhalten im Wettbewerb nicht beseitigen soll. Die Zurechnungsregelung in § 8 Abs. 2 UWG findet auch dann keine Anwendung, wenn Wettbewerbsverstöße in Frage stehen, die Mitarbeiter im Unternehmen unter der **Verantwortung des früheren Rechtsinhabers** begangen haben. Diese Wettbewerbsverstöße können nicht dem neuen Rechtsinhaber zugerechnet werden, da der Rechtsnachfolger grundsätzlich nicht auf Unterlassung für Wettbewerbsverstöße haftet, die der frühere Betriebsinhaber selbst oder durch seine Mitarbeiter verwirklicht hat (BGH **„Schuldnachfolge"**). Die Wiederholungsgefahr entfällt auch dann, wenn ein neues Unternehmen die **Rechtsnachfolge** von dem wettbewerbswidrig handelnden Unternehmen angetreten hat. Der neue Unternehmensinhaber tritt nicht im Wege der (Gesamt-)Rechtsnachfolge in die gesetzliche Unterlassungspflicht ein (BGH **„Wiederholungsgefahr bei Unternehmensverschmelzung"**). Der **Geschäftsführer** haftet für einen Wettbewerbsverstoß der von ihm vertretenen Gesellschaft, wenn er die Rechtsverletzung **selbst begangen** oder in **Auftrag gegeben** hat (BGH **„Geschäftsführerhaftung"**). Maßnahmen, über die **typischerweise** auf Geschäftsführungsebene entschieden werden, werden dem Geschäftsführer als eigene Handlung zugerechnet (BGH **„World of Warcraft II"**).

2. Anspruchsberechtigung der Mitbewerber

10 Die Ansprüche auf Beseitigung und Unterlassung gemäß § 8 Abs. 1 UWG stehen zunächst gemäß § 8 Abs. 3 Nr. 1 UWG **jedem Mitbewerber** zu. Jeder Mitbewerber ist auch berechtigt, einen **Schadensersatzanspruch** geltend zu machen, wenn die Voraussetzungen von § 9 UWG gegeben sind. Es sind die **unmittelbar verletzten** Mitbewerber anspruchsberechtigt. Die nur **abstrakt** betroffenen Mitbewerber sind nicht anspruchsberechtigt, da ihnen die Möglichkeit offensteht, einen anspruchsbe-

rechtigten **Wirtschafts- und Verbraucherverband** zur Bekämpfung des Wettbewerbsverstoßes einzuschalten (Gesetzesbegründung zu § 8 Abs. 3 Nr. 1). Soweit Auskunftsansprüche über den **Namen** und die zustellfähige **Anschrift** eines Beteiligten im Streit stehen, ist der **verletzte Mitbewerber** neben dem Verband anspruchsberechtigt. Der Auskunftsanspruch gemäß § 13a UKlaG besteht also neben dem entsprechenden Auskunftsanspruch der anspruchsberechtigten Stellen aus § 13 UKlaG (BGH **„SMS-Werbung"**).

Mitbewerber im Sinne von § 8 Abs. 3 Nr. 1 UWG ist jedes Unternehmen, das **11** gleichartige Waren oder Dienstleistungen innerhalb desselben Endverbraucherkreises abzusetzen versucht. Nach der Legaldefinition in § 2 Abs. 1 Nr. 3 UWG ist **Mitbewerber** jeder Unternehmer, der mit einem oder mehreren Unternehmen als Anbieter oder Nachfrager von Waren oder Dienstleistungen in einem **konkreten Wettbewerbsverhältnis** steht. Wird **fremder Wettbewerb** gefördert, kommt es auf das Wettbewerbsverhältnis zwischen dem geförderten und dem benachteiligten Unternehmen an (BGH **„Flughaften Berlin-Schönefeld"**).

Zu der Frage, wann ein **konkretes Wettbewerbsverhältnis** vorliegt, mit der Fol- **12** ge, dass der abmahnende Mitbewerber gemäß § 8 Abs. 3 Nr. 1 UWG aktivlegitimiert ist, führt der BGH aus:

> Ein für die Mitbewerbereigenschaft gemäß § 2 Abs. 1 Nr. 3 UWG erforderliches konkretes Wettbewerbsverhältnis ist gegeben, wenn beide Parteien gleichartige Waren oder Dienstleistungen innerhalb desselben Endverbraucherkreises abzusetzen versuchen und daher das Wettbewerbsverhalten des einen den anderen beeinträchtigen, das heißt im Absatz behindern oder stören kann (BGH, Urteil vom 13. Juli 2006 – I ZR 241/03, BGHZ 168, 314 Rn. 14 [= WRP 2006, 1502] – Kontaktanzeigen; Urteil vom 28. September 2011 – I ZR 92/09, GRUR 2012, 193 = WRP 2012, 201 Rn. 17 – Sportwetten im Internet II). Da im Interesse eines wirksamen lauterkeitsrechtlichen Individualschutzes grundsätzlich keine hohen Anforderungen an das Vorliegen eines konkreten Wettbewerbsverhältnisses zu stellen sind, reicht es hierfür aus, dass sich der Verletzer durch seine Verletzungshandlung im konkreten Fall in irgendeiner Weise in Wettbewerb zu dem Betroffenen stellt (BGH, Urteil vom 29. November 1984 – I ZR 158/82, BGHZ 93, 96 97 f. [= WRP 1985, 399] – DIMPLE, mwN; Urteil vom 10. April 2014 – I ZR 43/13, GRUR 2014, 1114 = WRP 2014, 1307 Rn. 32 – nickelfrei). Daher ist ein konkretes Wettbewerbsverhältnis anzunehmen, wenn zwischen den Vorteilen, die die eine Partei durch eine Maßnahme für ihr Unternehmen oder das eines Dritten zu erreichen sucht, und den Nachteilen, die die andere Partei dadurch erleidet, eine Wechselwirkung in dem Sinne besteht, dass der eigene Wettbewerb gefördert und der fremde Wettbewerb beeinträchtigt werden kann (BGH, GRUR 2014, 1114 Rn. 32 [= WRP 2014, 1307] – nickelfrei; BGH, Urteil vom 19. März 2015 – I ZR 94/13, GRUR 2015, 1129 Rn. 19 = WRP 2015, 1326 – Hotelbewertungsportal) (BGH in WRP 2016, Seite 1354 ff. [S. 1355, Rdnr. 15], **„Ansprechpartner"**).

Eine Verletzung des Mitbewerbers liegt also immer dann vor, wenn der Mitbewerber durch das wettbewerbswidrige Handeln in seinem Absatz behindert oder gestört wird. Es genügt die **hinreichende Wahrscheinlichkeit,** dass sich beide Wettbewerber mit ihrem Leistungs- oder Warenangebot im Markt unmittelbar begegnen. Insoweit ist der Kreis der konkret betroffenen Mitbewerber eher **weit** zu ziehen. Für die Eigenschaft als Mitbewerber kommt es allein auf das tatsächliche Bestehen eines konkreten Wettbewerbsverhältnisses an, selbst wenn die eigene Tätigkeit des Anspruchstellers, die das Wettbewerbsverhältnis begründet, **gesetzwidrig oder wettbewerbswidrig** ist (BGH **„Vitamin-Zell-Komplex"**). Auch ein Mitbewerber, der sich im geschäftlichen Verkehr unlauter verhält, verliert daher grundsätzlich nicht den Schutz gegen wettbewerbswidriges Verhalten Dritter, da das Recht des unlauteren

Wettbewerbs auch das Interesse der Allgemeinheit an einem unverfälschten Wettbewerb schützt (§ 1 UWG).

3. Anspruchsberechtigung von Wirtschafts- und Verbraucherverbänden, Industrie- und Handelskammern sowie Handwerkskammern

13   Der Beseitigungs- und Unterlassungsanspruch aus § 8 Abs. 1 UWG steht gemäß § 8 Abs. 3 Nr. 2 UWG **rechtsfähigen Verbänden** zur Förderung gewerblicher oder selbständiger beruflicher Interessen zu, soweit ihnen eine erhebliche Zahl von Unternehmern angehört, die Waren oder Dienstleistungen in gleicher oder verwandter Art auf demselben Markt vertreiben, soweit sie insbesondere nach ihrer personellen, sachlichen und finanziellen Ausstattung imstande sind, ihren satzungsmäßigen Aufgaben zur Verfolgung gewerblicher oder selbständiger beruflicher Interessen tatsächlich nachzukommen, und soweit die Zuwiderhandlung die Interessen ihrer Mitglieder berührt. Das gilt ausnahmsweise nicht für Ansprüche aus § 4 Nr. 4 UWG. Bei dem Vorwurf einer **gezielten Mitbewerberbehinderung** ist ein Verband **nicht anspruchsberechtigt** (BGH „**Änderung der Voreinstellung III**"). Verstöße gegen § 7 Abs. 2 Nrn. 2–4 UWG können auch von Verbänden verfolgt werden (BGH „**Werbeanruf**"). Darüber hinaus sind gemäß § 8 Abs. 3 Nr. 3 UWG **qualifizierte Einrichtungen** i. S. v. § 4 UKlaG (i. V. m. der Unterlassungsklageverordnung) und gemäß § 8 Abs. 3 Nr. 4 UWG **Industrie- und Handelskammern sowie Handwerkskammern** aktivlegitimiert. Über die **qualifizierten Einrichtungen** gemäß § 4 UKlaG wird bei dem Bundesamt für Justiz eine **Liste** geführt. Diese Liste wird mit dem Stand zum 1. Januar eines jeden Jahres im Bundesanzeiger bekannt gemacht und kann unter der Domain www.bundesjustizamt.de (Link: Liste qualifizierter Einrichtungen gemäß § 4 des UKlaG) im Internet abgerufen werden. Ergeben sich in einem Rechtsstreit **begründete Zweifel** an dem Vorliegen der Voraussetzungen einer qualifizierten Einrichtung, kann gemäß § 4 Abs. 4 UKlaG das Gericht das **Bundesamt für Justiz** zur Überprüfung der Eintragung auffordern und die Verhandlung bis zu dessen Entscheidung aussetzen. An das Vorliegen begründeter Zweifel im Sinne des § 4 Abs. 4 UKlaG sind allerdings **strenge Anforderungen** zu stellen (BGH „**Gallardo Spyder**"). Die Anspruchsberechtigung der **Verbraucherverbände** ergibt sich ebenfalls aus § 8 Abs. 3 Nr. 3 UWG. Sonstige **öffentlich-rechtliche Berufskammern** können ihre Aktivlegitimation aus § 8 Abs. 3 Nr. 2 UWG ableiten. Im Übrigen gilt § 8 Abs. 3 Nr. 2 UWG für sämtliche **Wirtschaftsverbände,** ohne dass sie, wie die Verbraucherverbände im Sinne von § 8 Abs. 3 Nr. 3 UWG, gelistet sein müssen.

14   Zur Frage, wann ein **Wirtschaftsverband** im Sinne von § 8 Abs. 3 Nr. 2 UWG aktivlegitimiert ist, führt der Gesetzgeber in der Gesetzesbegründung aus:

> Bei Verbänden zum Schutz gewerblicher oder selbständiger beruflicher Interessen hängt die Klagebefugnis aber vor allem davon ab, dass ihnen eine erhebliche Zahl von Unternehmern angehören, die Waren oder Dienstleistungen gleicher oder verwandter Art auf demselben Markt vertreiben. Der Begriff der erheblichen Zahl ist nach allgemeiner Ansicht nicht wörtlich zu verstehen. Es kommt vielmehr darauf an, dass dem Verband Unternehmer angehören, die auf dem in Rede stehenden sachlichen und räumlichen Markt nach Anzahl und Gewicht ein gemeinsames Interesse der Angehörigen der betreffenden Branche repräsentieren (Gesetzesbegründung zu § 8 Abs. 3 Nr. 2).

Ob eine in diesem Sinne verstandene erhebliche Zahl von Unternehmern dem Wirtschaftsverband angehören, ist regelmäßig nach einer **Gesamtbeurteilung sämtlicher Umstände des Einzelfalls** zu bestimmen. Rechtsfähige Verbände i. S. v. § 8 Abs. 3 Nr. 2 UWG sind auch Verbände zur Förderung **selbständiger** beruflicher

Interessen (BVerfG **„Werbung von Steuerberatungsgesellschaften"**). Die Möglichkeit, auf dem **Zivilrechtsweg** gegen berufswidrige Werbung von Kammerangehörigen vorzugehen, besteht grundsätzlich neben den Befugnissen, die der berufsständischen Vertretung gegenüber ihren Kammerangehörigen zustehen, soweit die berufsständische Kammer nicht unverhältnismäßig in die Berufsausübungsfreiheit des betroffenen Kammerangehörigen eingreift (BGH **„Zahnarztbriefbogen"**).

Neben dem Interesse, Wettbewerbsverstöße zu verfolgen, muss der Verband gem. **15** § 8 Abs. 3 Nr. 2 UWG in einer Weise **finanziell ausgestattet** sein, dass tatsächlich die Satzungsziele auch verfolgt werden können. Dem Verband ist die Klagebefugnis abzuerkennen, wenn die **sachlichen, personellen und finanziellen** Mittel zur Erfüllung seiner Verbandszwecke fehlen (BGH **„Fachverband"**). Es reicht nicht aus, dass der Verband nur auf Grund der durch die **Abmahntätigkeit** erzielten pauschalen Kostenerstattungen finanzielle Mittel zur Verfolgung seiner Ziele erlangt. Vielmehr müssen Mitgliedsbeiträge und -spenden in einer Höhe geleistet werden, die es dem Verband ermöglichen, den satzungsmäßigen Aufgaben nachzugehen. Finanziert sich der Verband hingegen überwiegend aus **Vertragsstrafen und Abmahnpauschalen,** ist dem Verband die Aktivlegitimation abzusprechen. Weitere Voraussetzung für die Aktivlegitimation von Fachverbänden und Wettbewerbsvereinen ist ferner, dass ihnen eine **erhebliche Anzahl** von Unternehmern angehört, die auf **demselben Markt** Waren oder Dienstleistungen **gleicher oder verwandter Art** vertreiben. Mit diesen weiteren Voraussetzungen will der Gesetzgeber dem Missbrauch der Klagebefugnis begegnen. Bei einem **ordnungsgemäß gegründeten** und **aktiv tätigen Verband** spricht eine tatsächliche Vermutung für die tatsächliche Zweckverfolgung, die **der Gegner** zu widerlegen hat (BGH **„Fachverband"**). Als Unternehmer, deren Interessen von dem Verband wahrgenommen werden, kommen auch solche Unternehmer in Betracht, die Mitglied in einem Verband sind, der seinerseits Mitglied des klagenden Verbandes ist; es reicht aus, **wenn der vermittelnde Verband** von seinen Mitgliedern mit der Wahrnehmung ihrer gewerblichen Interessen beauftragt ist (BGH **„Sammelmitgliedschaft II"**; BGH **„Sammelmitgliedschaft III"**; BGH **„Sammelmitgliedschaft IV"**). Für die Klagebefugnis eines Verbandes kommt es daher grundsätzlich nicht darauf an, über welche mitgliedschaftlichen Rechte dessen mittelbaren oder unmittelbaren Mitglieder verfügen, solange der Verband, der dem klagenden Verband Wettbewerber des Beklagten als (mittelbare) Mitglieder vermittelt, von diesen mit der Wahrnehmung ihrer gewerblichen Interessen beauftragt worden ist und seinerseits den klagenden Verband durch seinen Beitritt mit der Wahrnehmung der gewerblichen Interessen seiner Mitglieder beauftragen durfte (BGH **„Sammelmitgliedschaft V"**). Bei der Prüfung, ob ein Verband zur Förderung gewerblicher Interessen gem. § 8 Absatz 3 Nr. 2 UWG aktivlegitimiert ist, sind daher folgende Voraussetzungen zu prüfen:

> – Dem Verband muss eine erhebliche Anzahl von Unternehmern – mittelbar oder unmittelbar – angehören, die Waren oder Dienstleistungen gleicher oder verwandter Art auf demselben örtlichen Markt vertreiben,
> – er muss nach seiner personellen, sachlichen und finanziellen Ausstattung in der Lage sein, seine satzungsmäßigen Aufgaben zu verfolgen,
> – der Verstoß ist geeignet, die Mitgliederinteressen zu berühren,
> – der Geltendmachung des Unterlassungsanspruchs steht nicht der Einwand der missbräuchlichen Rechtsverfolgung entgegen.

Der Gesetzgeber verzichtete darauf, die **„Erheblichkeit"** der Mitgliederanzahl näher zu definieren. Dennoch liegt dem Begriff der „Erheblichkeit" die Vorstellung zugrunde, dass eine für das Wettbewerbsgeschehen auf dem Markt **repräsentative Anzahl** von Mitbewerbern aus der betroffenen Branche dem Verband angehören muss (BGH **„Hamburger Auktionatoren"**). Daher gilt keine **bestimmte Mindestanzahl,** da es manche Branchen oder Tätigkeitsbereiche gibt, auf denen es überhaupt nur eine geringe Anzahl von Wettbewerbern gibt, sodass bereits wenige Unternehmer den Markt repräsentieren können (BGH **„Gesetzeswiederholende Unterlassungsanträge"**).

16   Zur Frage der **Erheblichkeit der Mitgliederzahl** eines Verbandes gemäß § 8 Abs. 3 Nr. 2 UWG führt der BGH aus:

> Erheblich i. S. des § 8 Abs. 3 Nr. 2 UWG … ist die Zahl der Mitglieder des Verbands auf dem einschlägigen Markt dann, wenn diese Mitglieder als Unternehmen – bezogen auf den maßgeblichen Markt – in der Weise repräsentativ sind, dass ein missbräuchliches Vorgehen des Verbands ausgeschlossen werden kann. Wie der Senat nach Erlass des zweiten Berufungsurteils klargestellt hat, kann dies auch schon bei einer geringen Zahl auf dem betreffenden Markt tätiger Mitglieder anzunehmen sein. … Darauf, ob diese Verbandsmitglieder nach ihrer Zahl und ihrem wirtschaftlichen Gewicht im Verhältnis zu allen anderen auf dem Markt tätigen Unternehmen repräsentativ sind, kommt es nicht entscheidend an. … Dies ergibt sich schon daraus, dass andernfalls die Klagebefugnis von Verbänden auf oligopolistischen Märkten unangemessen eingeschränkt würde. Anders als das Berufungsgericht meint, ist die Gesamtzahl der in der Branche tätigen Unternehmen und deren Marktbedeutung daher nicht von entscheidender Bedeutung. Ebenso wenig brauchte der Kläger zu Bedeutung und Umsatz seiner (mittelbaren oder unmittelbaren) Mitglieder vorzutragen. Dem Zweck des Gesetzes, die Klagebefugnis der Verbände auf Fälle zu beschränken, die die Interessen einer erheblichen Zahl von verbandsangehörigen Wettbewerbern berühren, wird schon dann hinreichend Rechnung getragen, wenn im Wege des Freibeweises festgestellt werden kann, dass es dem Verband bei der betreffenden Rechtsverfolgung nach der Struktur seiner Mitglieder um die ernsthafte kollektive Wahrnehmung der Mitgliederinteressen geht (BGH in WRP 2009, Seite 811 ff. [S. 812, 813, Rdnr. 12], **„Sammelmitgliedschaft VI"**).

Danach liegt die für die Klagebefugnis ausreichende Zahl von Mitgliedern vor, wenn dem klagenden Verband **acht oder neun** auf dem sachlich und räumlich relevanten Markt tätige Mitglieder angehören. Die Verbandsklagebefugnis muss sowohl im Zeitpunkt der beanstandeten Wettbewerbshandlung als auch noch bei der **letzten mündlichen Verhandlung** gegeben sein. Der **Nachweis** einer für die Klagebefugnis ausreichenden Zahl von Mitgliedern obliegt dem klagenden Verband. Die Vorlage einer anonymisierten Mitgliederliste reicht zum Nachweis der Mitgliedschaften allerdings nicht aus (BGH **„Anonymisierte Mitgliederliste"**). Ein Verband muss **die Unternehmen benennen,** deren Interessen er wahrzunehmen beansprucht, wenn streitig ist, ob er die Interessen einer erheblichen Zahl auf dem fraglichen Markt tätiger Unternehmen wahrnimmt (BGH **„Sammelmitgliedschaft II"**). Die Prozessführungsbefugnis eines Verbandes i. S. v. § 8 Abs. 3 Nr. 2 UWG ist selbst dann gegeben, wenn ihm zwar nicht Unternehmer derselben Branche, aber stattdessen Industrie- und Handelskammern oder Handwerkskammern angehören, die selbst zur Verfolgung von Wettbewerbsverstößen der gegebenen Art prozessführungsbefugt wären.

Danach ist der Verein **Zentrale zur Bekämpfung unlauteren Wettbewerbs e. V.** (Wettbewerbszentrale) aktivlegitimiert, da ihm alle Industrie- und Handelskammern, der Deutsche Handwerkskammertag und zahlreiche Handwerkskammern angehören. Insoweit ist von einer uneingeschränkten Prozessführungsbefugnis der Wettbewerbszentrale auszugehen (BGH **„Laienwerbung für Augenoptiker"**).

Aktivlegitimiert ist nur ein Verband i.S.v. § 8 Abs. 3 Nr. 2 UWG, dessen Mit- **17** gliedsunternehmen **gleiche oder verwandte** Waren oder Dienstleistungen auf **demselben Markt** vertreiben wie der Verletzer. Dabei ist der Begriff der gleichen oder verwandten Art **weit** auszulegen, solange überhaupt ein Bezug gegeben ist (BGH **„Haustürgeschäft II"**). Der Begriff des „Marktes" ist als **örtlicher Markt** zu verstehen.

Wird ein Wettbewerbsverstoß **mehrfach abgemahnt,** kommt es auf die Umstände **18** des Einzelfalls an, ob der Verband noch den Anspruch gegen den Verletzer auf Abgabe einer strafbewehrten Unterlassungserklärung durchsetzen kann. Durch Abgabe einer Unterlassungserklärung kann die **Wiederholungsgefahr** entfallen sein. Der BGH weist im Zusammenhang mit **Mehrfachabmahnungen** auf Folgendes hin:

> Es ist vielmehr stets eine Frage des Einzelfalls, ob durch eine allein im Verhältnis zu dem Vertragspartner wirksame Strafverpflichtung die Wiederholungsgefahr entfällt. … Wie bei jedem Vertragsstrafeversprechen kommt es auch hier entscheidend darauf an, dass die versprochene Verpflichtung geeignet erscheint, den Versprechenden wirklich und ernsthaft von Wiederholungen der Verletzungshandlung abzuhalten. Ob dies der Fall ist, muss in umfassender Würdigung aller hierfür in Betracht kommenden Umstände des Einzelfalls sorgfältig und unter Anlegung der gebotenen strengen Maßstäbe geprüft werden. Der Unterschied zum Fall einer gegenüber dem verletzten Angreifer selbst abgegebenen Verpflichtungserklärung besteht allein darin, dass in Fällen der vorliegenden Art im Rahmen der Gesamtwürdigung zusätzlich und im besonderen Maße auch auf die Person und die Eigenschaften des mit dem Angreifer nicht identischen Vertragsstrafegläubigers und auf die Art der Beziehung des Schuldners zu diesem abzustellen ist. Denn das Fehlen eigener Sanktions- und Durchsetzungsmöglichkeiten Dritter begründet zwar … für sich genommen keine Wiederholungsgefahr. Es nötigt jedoch zu der Prüfung, ob der in Frage stehende Vertragsstrafegläubiger bereit und geeignet erscheint, seinerseits die nur ihm zustehenden Sanktionsmöglichkeiten auszuschöpfen, und ob dies insbesondere vom Schuldner als so wahrscheinlich befürchtet werden muss, dass deswegen keine Zweifel an der Ernsthaftigkeit seiner Unterlassungsverpflichtung aufkommen können (BGH in WRP 1983, Seite 264 f. [Seite 265]).

Sofern daher der Vertragsstrafeschuldner ernsthaft das Unterlassungsversprechen abgegeben hat, die Höhe der vereinbarten Vertragsstrafe für den konkreten Vorgang angemessen erscheint und der Vertragsstrafegläubiger gewillt und in der Lage ist, die Vertragsstrafe auch durchzusetzen, fehlt es an der **Wiederholungsgefahr** und der Anspruch des Zweitabmahners auf Abgabe einer strafbewehrten Unterlassungserklärung ist nicht (mehr) durchsetzbar. Ausgenommen sind demnach diejenigen Fälle, in denen der Vertragsstrafeschuldner im Einvernehmen mit dem Gläubiger und aus **Gefälligkeit** das Vertragsstrafeversprechen gegenüber dem Vertragsstrafegläubiger abgibt und von vornherein feststeht, dass der Vertragsstrafegläubiger zu keinem Zeitpunkt gewillt ist, die Vertragsstrafe tatsächlich gegenüber dem Vertragsstrafeschuldner durchzusetzen.

4. Missbrauch der Anspruchsberechtigung

Ansprüche auf Beseitigung und Unterlassung aus § 8 Abs. 1 UWG können Mitbe- **19** werber, Verbände, qualifizierte Einrichtungen nach dem Unterlassungsklagengesetz, Industrie- und Handelskammern und Handwerkskammern nur dann geltend machen, wenn die Geltendmachung **nicht rechtsmissbräuchlich** ist. Unzulässig ist die Geltendmachung der in § 8 Abs. 1 UWG bezeichneten Ansprüche dann, wenn sie gemäß § 8 Abs. 4 S. 1 UWG unter Berücksichtigung der gesamten Umstände missbräuchlich ist, insbesondere **wenn sie dazu dient, gegen den Zuwiderhandelnden einen Anspruch auf Ersatz von Aufwendungen oder Kosten der Rechtsverfolgung**

entstehen zu lassen (BGH „**Bauheizgerät**"). Geht ein Verband, der die Frage eines wettbewerbswidrigen Verhaltens höchstrichterlich klären lassen will, gegen einen Dritten und nicht gegen ein eigenes Mitglied vor, kann dies ggf. noch zulässig sein (BGH „**Glücksspielverband**"). Bei der **Missbrauchskontrolle** handelt es sich um eine die Zulässigkeit des Anspruchs betreffende Überprüfung und nicht um die Frage der Anspruchsbegründung. Die Missbrauchskontrolle erfolgt sowohl bei gerichtlicher wie bei außergerichtlicher Geltendmachung von Ansprüchen aus § 8 Abs. 1 UWG. Wesentliche Funktion des § 8 Abs. 4 S. 1 UWG ist es, **als Korrektiv** der weit gefassten Anspruchsberechtigung nach § 8 Abs. 3 UWG zu wirken (BGH „**Missbräuchliche Vertragsstrafe**"). In der Entscheidung „**Mißbräuchliche Mehrfachabmahnung**", in der es um die Abmahnung desselben Wettbewerbsverstoßes durch mehrer Unternehmen eines einheitlichen Konzerns ging, nahm der BGH eine rechtsmißbräuchliche Mehrfachverfolgung durch diese **Konzernunternehmen** an (BGH „**Mißbräuchliche Mehrfachabmahnung**"). In den nachfolgenden Entscheidungen hat der BGH die **Voraussetzungen einer missbräuchlichen Mehrfachabmahnung** weiter konkretisiert. Wörtlich heißt es:

> Nach § 8 IV UWG ist die Geltendmachung der in § 8 I UWG bezeichneten Ansprüche auf Beseitigung und Unterlassung wegen einer nach § 3 UWG oder § 7 UWG unzulässigen geschäftlichen Handlung unzulässig, wenn sie unter Berücksichtigung aller relevanten Umstände missbräuchlich ist, insbesondere wenn sie vorwiegend dazu dient, gegen den Zuwiderhandelnden einen Anspruch auf Ersatz von Aufwendungen oder Kosten der Rechtsverfolgung entstehen zu lassen. Ist eine vorgerichtliche Abmahnung rechtsmissbräuchlich iSd § 8 IV UWG erfolgt, so sind nachfolgende gerichtliche Anträge unzulässig (vgl. *BGH,* GRUR 2012, 730 Rn. 47 = WRP 2012, 930 – Bauheizgerät, mwN). Von einem Missbrauch iSv § 8 IV UWG ist auszugehen, wenn das beherrschende Motiv des Gläubigers bei der Geltendmachung des Unterlassungsanspruchs sachfremde, für sich genommen nicht schutzwürdige Interessen und Ziele sind (vgl. *BGHZ* 144, 165 [170] = GRUR 2000, 1089 – Missbräuchliche Mehrfachverfolgung). Diese müssen allerdings nicht das alleinige Motiv des Gläubigers sein. Es reicht aus, dass die sachfremden Ziele überwiegen (*BGH,* GRUR 2001, 84 = WRP 2000, 1266 [1267] – Neu in Bielefeld II; *BGH,* GRUR 2006, 243 Rn. 16 = NJW-RR 2006, 474 = WRP 2006, 354 – MEGA SALE). Die Annahme eines derartigen Rechtsmissbrauchs erfordert eine sorgfältige Prüfung und Abwägung der maßgeblichen Einzelumstäde (vgl. *BGH,* GRUR 2012, 730 Rn. 15 – Bauheizgerät). Ein Anhaltspunkt für eine missbräuchliche Rechtsverfolgung kann sich daraus ergeben, dass die Abmahntätigkeit in keinem vernünftigen wirtschaftlichen Verhältnis zur gewerblichen Tätigkeit des Abmahnenden steht, der Anspruchsberechtigte die Belastung des Gegners mit möglichst hohen Prozesskosten bezweckt oder der Abmahnende systematisch überhöhte Abmahngebühren oder Vertragsstrafen verlangt (vgl. *BGHZ* 144, 165 [170] = GRUR 2000, 1089 – Missbräuchliche Mehrfachvefolgung; *BGH,* GRUR 2001, 260 [261] = NJW 2001, 371 = WRP 2001, 148 – Vielfachabmahner; *BGH,* GRUR 2012, 286 Rn. 13 = NJW-RR 2012, 499 = WRP 2012, 464 – Falsche Suchrubrik, jew. mwN) (BGH in GRUR 2016, Seite 961 ff. [S. 962, Rdnr. 15], „**Herstellerpreisempfehlung bei Amazon**").

Auch wenn der Maßstab für die missbräuchliche Geltendmachung von Abwehransprüchen auf die Verfolgung **gleichartiger oder ähnlich gelagerter Wettbewerbsverstöße** zwischen denselben Parteien übertragbar ist, können ausnahmsweise **berechtigte Gründe** für die Mehrfachabmahnung vorliegen (BGH „**0,00 Grundgebühr**"). Diese Mehrfachabmahnungen sind berechtigt, wenn das abmahnende Unternehmen bei den Abmahnungen von **unterschiedlichen Beweissituationen** ausgeht (unterschiedliche Werbemittel, abweichende Lesbarkeit notwendiger Tarifhinweise). Die mehrfache Abmahnung ist auch dann gerechtfertigt, wenn die angegriffene Werbeaussage **in unterschiedlichen Medien** verwendet wird, etwa in einem Spielplan bzw. Internetauftritt einerseits und im Rahmen von Telefon- und Postmarketingmaßnahmen andererseits (BGH **„Klassenlotterie"**). Fehlt es hingegen an einem berechtigten Grund für die mehrfache Abmahnung desselben Wettbewerbsverstoßes, liegt ein missbräuchliches Verhalten vor. Denn die Vervielfachung des mit der Rechtsverteidigung verbundenen Kostenrisikos sowie die Bindung personeller und finanzieller Kräfte hat eine unangemessene Belastung des angegriffenen Wettbewerbers zur Folge, die die Annahme eines Rechtsmissbrauchs rechtfertigt (BGH **„Neu in Bielefeld I"** und **„Neu in Bielefeld II"**). Für die Annahme eines Verstoßes gegen § 8 Abs. 4 UWG spricht auch das systematische Verlangen **überhöhter** Abmahngebühren oder Vertragsstrafen durch den Abmahnenden (BGH **„Falsche Suchrubrik"**). Ein missbräuchliches Verhalten liegt allerdings nicht allein deswegen vor, weil der Abmahner eine **Vielzahl gleichgelagerter Wettbewerbsverstöße** unterschiedlicher Unternehmen parallel abmahnt (BGH **„Verbandsklage gegen Vielfachabmahner"**). Auf **Vertragsstrafenansprüche** ist § 8 Abs. 4 UWG weder direkt noch analog anwendbar (BGH **„Missbräuchliche Vertragsstrafe"**).

Auch die Abmahnung **mehrerer Filialen desselben Unternehmens** durch mehrere Konzernunternehmen eines Mitbewerbers an mehreren Orten ist dann nicht rechtsmissbräuchlich im Sinne von § 8 Abs. 4 S. 1 UWG, wenn Gegenstand der Abmahnungen der unzureichende Warenvorrat in der jeweiligen Filiale ist (BGH **„Preisbrecher"**). Wörtlich stellt der Bundesgerichtshof in dieser Entscheidung heraus:

> Das Berufungsgericht hat jedoch nicht berücksichtigt, dass der Streitfall Besonderheiten aufweist, die ein getrenntes Vorgehen mehrerer Konzernunternehmen an verschiedenen Orten als gerechtfertigt erscheinen lassen. Denn immer dann, wenn die Klagepartei und ihre Konzernschwestern eine Werbung wegen mangelnder Verfügbarkeit der beworbenen Waren als irreführend beanstanden und einen unzureichenden Warenvorrat in verschiedenen Filialen der Beklagten behaupten, geht es ... nicht um die Verfolgung desselben (identischen) Wettbewerbsverstoßes, sondern lediglich um gleichartige, ähnliche Verstöße. Jedenfalls bei Fällen wie dem hier in Rede stehenden, die sich durch einen zweigliedrigen Sachverhalt (Anzeigenwerbung, tatsächliche Vorratsmenge in der jeweiligen Filiale) auszeichnen, kann grundsätzlich nicht von einem missbräuchlichen Vorgehen ausgegangen werden, wenn verschiedene Konzernunternehmen das werbende Unternehmen an verschiedenen Standorten in Anspruch nehmen, ohne ihr prozessuales Vorgehen zu bündeln. Denn bei dieser Fallkonstellation hat grundsätzlich jedes Konzernunternehmen ein berechtigtes Interesse daran, den Wettbewerber jeweils an dem Ort, an dem dieser eine Filiale mit unzureichendem Warenvorrat betreibt, in Anspruch zu nehmen (BGH in GRUR 2004, Seite 70 ff. [Seite 71], **„Preisbrecher"**).

Bei einer Irreführung über die Verfügbarkeit der Ware besteht die Besonderheit, dass eine **überregional geschaltete Werbeanzeige regional unterschiedliche Auswirkungen** haben kann. Denn der Warenvorrat kann durchaus bei einer Filiale ausreichend sein, wohingegen eine andere Filiale bereits nach wenigen Stunden ausverkauft ist. Daher kann die überregional verbreitete Werbeanzeige hinsichtlich bestimmter Filialen des werbenden Unternehmens zulässig und hinsichtlich anderer Filialen irreführend sein. In diesem besonderen Fall darf der angreifende Mitbewerber oder Wirtschaftsverband mehrere Filialen desselben Unternehmens nebeneinander in Anspruch nehmen, ohne dass ein missbräuchliches Verhalten im Sinne von § 8 Abs. 4 S. 1 UWG gegeben ist.

Dagegen kann das systematische Durchforsten von gewerblichen Anzeigen in Tageszeitungen oder Zeitschriften und die daraufhin erfolgte **massenhafte Abmahnung**

von Inserenten im Einzelfall den Missbrauchsvorwurf begründen (BGH „**Viel-fachabmahner**"). Von einem Missbrauch ist immer dann auszugehen, wenn das beherrschende Motiv des Gläubigers bei der Geltendmachung des Unterlassungsanspruchs sachfremde Ziele sind. Diese **sachfremden Ziele** müssen nicht das alleinige Motiv des Gläubigers sein. Missbrauch liegt vor, wenn die sachfremden Ziele bei der Vorgehensweise des Gläubigers überwiegen. Wenn ein Gläubiger in drei getrennten Verfügungsverfahren gegen drei Gesellschaften desselben Konzerns vorgeht, der für seine Konzerngesellschaften eine wettbewerbswidrige Gemeinschaftswerbung vorgegeben hat, liegt jedenfalls dann ein missbräuchliches Verhalten vor, wenn die drei Gesellschaften bei demselben Landgericht nebeneinander in Anspruch genommen werden (BGH „**MEGA SALE**"). Gemäß § 8 Abs. 4 S. 2 UWG kann in den Fällen der missbräuchlichen Abmahnung der Anspruchsgegner Ersatz der für seine Rechtsverteidigung erforderlichen **Aufwendungen vom Antragsteller** verlangen. Der Anspruch in Satz 2 entspricht dem Umfang nach dem Aufwendungsersatzanspruch des berechtigt Abmahnenden nach § 12 Abs. 1 S. 2 UWG (Gesetzesbegründung zu Nr. 2, zu S. 2, S. 41). Nach den Ausführungen des Gesetzgebers sollen Abgemahnte mit dieser Bestimmung ermuntert werden, bei dem Verdacht einer missbräuchlichen Abmahnung anwaltliche Hilfe in Anspruch zu nehmen und so für mehr **Waffengleichheit** zwischen dem Abmahnenden und dem Abgemahnten sorgen. Durch diesen **Gegenanspruch auf Aufwendungsersatz** entsteht bei missbräuchlichen Abmahnungen für den Abmahnenden ein Kostenrisiko, das sein wirtschaftliches Interesse an einer Abmahnung senkt. Darüber hinaus bestimmt § 8 Abs. 4 S. 3 UWG, dass weitergehende Ansprüche, insbesondere aus **unerlaubter Handlung,** unberührt bleiben.

5. Schadensersatzanspruch

22   Die schuldhafte Verletzung von § 3 UWG oder § 7 UWG kann zu einem **Schadensersatzanspruch von Mitbewerbern** führen. Gemäß § 9 UWG kann jeder Mitbewerber Schadensersatzansprüche gegenüber demjenigen geltend machen, der **vorsätzlich oder fahrlässig** (BGH „**Saugeinlagen**") eine unzulässige geschäftliche Handlung vornimmt. Gegen die verantwortlichen Personen von periodischen Druckschriften ist der Schadensersatzanspruch gemäß § 9 S. 2 UWG allerdings auf **vorsätzliches** Handeln beschränkt (das betrifft also alle **Presseunternehmen**). Der Verletzte kann auf **jeder Handelsstufe** seinen Schadensersatzanspruch geltend machen. Der Gesetzgeber führt zur **Frage des Verschuldens** Folgendes aus:

> Ein vorsätzliches Handeln liegt nicht schon dann vor, wenn der Zuwiderhandelnde sämtliche Tatsachen, aus denen sich die Unlauterkeit seines Verhaltens ergibt, kennt. Vielmehr setzt Vorsatz auch das Bewusstsein der Unlauterkeit voraus. Die Haftung für Dritte folgt den allgemeinen Vorschriften, insbesondere den §§ 31, 831 BGB. Der Umfang des Schadensersatzanspruchs richtet sich nach den §§ 249 ff. BGB (Gesetzesbegründung zu § 9).

Der in seinen Rechten verletzte Mitbewerber hat insbesondere in den Nachahmungsfällen (§ 4 Nr. 3 UWG) die Möglichkeit, vom Verletzer Schadensersatz zu verlangen. Nach ständiger Rechtsprechung des BGH kann der Mitbewerber seinen **Schaden auf dreifache Weise** berechnen. Wörtlich heißt es in der Entscheidung „**Kollektion Holiday**", in der es um die Nachahmung von Herrenoberbekleidungsstücken ging:

> Dem Schadensersatzgläubiger steht es vielmehr frei, zur Berechnung seines Schadensersatzanspruchs auf die verschiedenen Liquidationsformen des Ersatzes des entgangenen

Gewinns, der Herausgabe des Verletzergewinns oder der Zahlung einer angemessenen Lizenzgebühr im Verlauf des Verfahrens nach seiner Wahl zurückzugreifen und diese eventualiter als Berechnungsgrundlage heranzuziehen. … Dem Schadensersatzkläger ist es lediglich verwehrt, die Elemente verschiedener Berechnungsarten miteinander zu verquicken, weil dies zu einer unzulässigen Berechnung des Schadensbetrags führen würde (BGH in GRUR 1993, S. 757 ff. [S. 758]).

Sofern der Nachschaffende also schuldhaft gehandelt hat, kann der Verletzte von diesem **alternativ**

> – den entgangenen Gewinn ersetzt verlangen,
> – den Verletzergewinn herausverlangen oder
> – eine angemessene Lizenzgebühr fordern.

In der Praxis wird häufig Schadensersatz im Wege der **Analoglizenz** geleistet, die sich danach bestimmt, was ein vertraglicher Lizenznehmer vernünftigerweise für die Einräumung der verletzten Rechte gezahlt hätte. Im Rahmen der Schätzung einer Analoglizenz ist von einer Lizenzhöhe von bis zu 10 % des Einkaufspreises auszugehen. Bei Vorliegen besonderer Umstände, also insbesondere bei der Übernahme bekannter Produkte, die ein besonders hohes Ansehen am Markt haben, kann die Lizenzhöhe auch 12,5 % bis 20 % des Einkaufspreises betragen (entschieden für sklavisch nachgeahmte Rolex-Armbanduhren).

Statt eine Analoglizenz zu verlangen, kann der Mitbewerber den Verletzergewinn **23** herausverlangen. Bei Berechnung des **Verletzergewinns** sind von den erzielten Erlösen nur die variablen (d. h. vom Beschäftigungsgrad abhängigen) Kosten für die Herstellung und den Vertrieb der schutzrechtsverletzenden Gegenstände abzuziehen, nicht auch die Fixkosten (z. B. Mieten, Abschreibungen für Anlagevermögen etc., BGH „Gemeinkostenanteil"). Wörtlich führt der BGH aus:

> Der von der Rechtsprechung für die Immaterialgüterrechte entwickelte Anspruch auf den sogenannten Verletzergewinn ist kein Anspruch auf Ersatz des konkret entstandenen Schadens; er zielt vielmehr in anderer Weise auf einen billigen Ausgleich des Vermögensnachteils, den der Verletzte erlitten hat. Wegen der besonderen Schutzbedürftigkeit soll der Verletzte auch schon bei fahrlässigem Verhalten wie der Geschäftsherr bei der angemaßten Geschäftsführung nach § 687 II BGB gestellt werden. … Um dem Ausgleichsgedanken Rechnung zu tragen, wird dabei fingiert, dass der Verletzte ohne die Rechtsverletzung unter Ausnutzung der ihm ausschließlich zugewiesenen Rechtsposition in gleicher Weise Gewinn erzielt hätte wie der Verletzer. (BGH in GRUR 2007, Seiten 431 ff. [Seite 433 Rdnr. 21], „Steckverbindergehäuse").

Nach diesen Ausführungen des BGH ist in den Fällen des ergänzenden wettbewerbsrechtlichen Leistungsschutzes der Verletzergewinn insoweit herauszugeben, als er auf der Rechtsverletzung beruht. Maßgeblich ist dabei, inwieweit beim Vertrieb der nachgeahmten Produkte die **Gestaltung als Imitat** für den Kaufentschluss ursächlich gewesen ist, oder ob andere Umstände eine wesentliche Rolle gespielt haben (BGH „Steckverbindergehäuse").

Auch wenn § 9 UWG Auskunftsansprüche nicht ausdrücklich erwähnt, ist nach all- **24** gemeiner Auffassung der verletzte Mitbewerber zur Vorbereitung seiner Schadensersatzansprüche berechtigt, **Ansprüche auf Auskunft und Rechnungslegung aus § 242 BGB** geltend zu machen. Danach kann der in seinen Rechten verletzte Mitbewerber Ansprüche auf Auskunftserteilung und Rechnungslegung für den Zeitraum gegen den Verletzer durchsetzen, für den eine Verletzungshandlung erstmalig schlüssig vorgetragen und noch nicht verjährt ist (BGH „Pharao"; BGH „Alt Luxemburg").

Dem Anspruchsberechtigten ist dann ein Auskunftsspruch zuzubilligen, wenn es die zwischen den Parteien bestehenden Rechtsbeziehungen mit sich bringen, dass der Anspruchsberechtigte in entschuldbarer Weise über das Bestehen oder den Umfang seines Rechts **im Ungewissen ist,** und wenn der Verpflichtete in der Lage ist, unschwer die zur Beseitigung dieser Ungewissheit erforderliche Auskunft zu erteilen. Zu der Frage, wann die Auskunft vom Auskunftsschuldner **unschwer** zu erteilen ist, führt der BGH wörtlich aus:

> Der Auskunftsanspruch wird nicht dadurch ausgeschlossen, dass die Erteilung der Auskunft dem Schuldner Mühe bereitet und ihn Zeit und Geld kostet. „Unschwer" kann die Auskunft vielmehr immer dann erteilt werden, wenn die mit der Vorbereitung und Erteilung der Auskunft verbundenen Belastungen entweder nicht ins Gewicht fallen oder aber, obwohl sie beträchtlich sind, dem Schuldner in Anbetracht der Darlegungs- und Beweisnot des Gläubigers und der Bedeutung zumutbar sind, die die verlangte Auskunft für die Darlegung derjenigen Umstände hat, die für die Beurteilung des Grundes oder der Höhe des in Frage stehenden Hauptanspruchs wesentlich sind. In der höchstrichterlichen Rechtsprechung wird „unschwer" dementsprechend auch im Sinne von „ohne unbillig belastet zu sein" erläutert (BGH in WRP 2007, Seite 550 ff. [Seite 552, Rdnr. 18], **„Meistbegünstigungsvereinbarung"**).

Was im Einzelfall als unbillig anzusehen ist, ist danach aufgrund einer Abwägung aller Umstände des Einzelfalles zu ermitteln. Im Rahmen der **Interessenabwägung** ist ggf. auch ein Geheimhaltungsinteresse des Auskunftsschuldners zu berücksichtigen.

6. Gewinnabschöpfung

25 Als an sich systemfremde Vorschrift bestimmt § 10 UWG, dass Verbände und Einrichtungen im Sinne von § 8 Abs. 3 Nr. 2–4 UWG bei vorsätzlichem Verstoß gegen § 3 oder § 7 UWG vom Verletzer den **Gewinn an den Bundeshaushalt** herausverlangen können. Voraussetzung des Gewinnabschöpfungsanspruchs ist einerseits ein **vorsätzliches** Handeln des Wettbewerbers, andererseits ein auf Grund dieses Wettbewerbsverstoßes erzielter Gewinn auf Kosten einer Vielzahl von Abnehmern. Dieser gesetzliche Gewinnabschöpfungsanspruch von Verbänden soll sicherstellen, dass sich eine unzulässige geschäftliche Handlung, die den Verbraucher übervorteilt, nicht lohnt. Der Gesetzgeber weist in seiner Gesetzesbegründung auf Folgendes hin:

> Im Gegensatz zum Schadensersatzanspruch dient der Gewinnabschöpfungsanspruch nicht dem individuellen Schadensausgleich. Der Abnehmer, der durch das wettbewerbswidrige Verhalten Nachteile erlitten hat, erhält den Anspruch gerade nicht. Vielmehr sollen die Fälle erfasst werden, in denen die Geschädigten den Anspruch nicht geltend machen. Der Anspruch dient demnach weniger dem Interessenausgleich, sondern vielmehr einer wirksamen Abschreckung. … Durch die wettbewerbswidrige Handlung muss der Zuwiderhandelnde zudem einen Gewinn auf Kosten einer Vielzahl von Abnehmern erzielt haben, wobei unter den Begriff des Abnehmers nicht nur die Verbraucher, sondern alle Marktteilnehmer fallen. Dadurch wird deutlich, dass sich die Sanktionswirkung des Gewinnabschöpfungsanspruchs nur gegen besonders gefährliche unlautere Handlungen richtet, nämlich solche mit Breitenwirkung, die tendenziell eine größere Anzahl von Abnehmern betreffen können. Zugleich werden individuelle Wettbewerbsverstöße von dem Abschöpfungsanspruch ausgenommen, etwa die Irreführung anlässlich eines einzelnen Verkaufsgesprächs (Gesetzesbegründung zu § 10 Abs. 1).

Der Zuwiderhandelnde soll nicht in den Genuss eines Gewinns kommen, der ihm auf Grund **einer vorsätzlich wettbewerbswidrigen Handlung** zugewachsen ist. Die Bestimmung in § 10 UWG betrifft wettbewerbswidrige Werbemethoden, bei denen

eine **Vielzahl von Abnehmern** geringfügig geschädigt werden, diese „**Streuschä-
den**" jedoch in ihrer Summe so erheblich sind, dass der Gewinn nicht bei dem Verletzer verbleiben soll. Wirtschaftsverbände, qualifizierte Einrichtungen nach dem Unter-
lassungsklagegesetz sowie Industrie- und Handelskammern und Handwerkskammern
können von dem vorsätzlich Zuwiderhandelnden den Gewinn zu Gunsten des Bun-
deshaushalts herausverlangen. Allerdings stellt § 10 Abs. 2 UWG klar, dass auf den
Gewinn alle diejenigen **Leistungen anzurechnen sind, die der Schuldner bereits
an Dritte oder den Staat erbracht hat.** Vorrangig ist das Individualinteresse des
Verletzten. Erst nach Abgeltung der individuellen Schadensersatzansprüche kommt ein
Gewinnabschöpfungsanspruch gemäß § 10 UWG in Betracht. Schadensersatzleistun-
gen gemäß § 9 UWG und Ansprüche der Abnehmer, die auf Grund der Zuwiderhandlung entstanden sind, sind bei der Berechnung des Gewinns abzuziehen. Die Kosten der Rechtsverfolgung, also **Rechtsanwaltskosten und Gerichtskosten** im Falle
eines Rechtsstreits, sind allerdings nicht abzugsfähig.

Wie der Gewinn berechnet wird, der gemäß § 10 UWG abgeschöpft werden kann, **26**
lässt die gesetzliche Formulierung offen. In der Gesetzesbegründung heißt es hierzu
wörtlich:

> Der Gewinn errechnet sich aus den Umsatzerlösen abzüglich der Herstellungskosten der
> erbrachten Leistungen sowie abzüglich eventuell angefallener Betriebskosten. Gemein-
> kosten und sonstige betriebliche Aufwendungen, die auch ohne das wettbewerbswidrige
> Verhalten angefallen wären, sind nicht abzugsfähig. Ist die Höhe des Gewinns streitig, so
> gilt die Vorschrift des § 287 ZPO (Gesetzesbegründung zu § 10 Abs. 1).

Ein Anspruch auf Gewinnabschöpfung besteht nicht, wenn es an einem **Vermö-
gensnachteil auf Seiten der Abnehmer (Verbraucher und sonstige Marktteilnehmer) fehlt.** War also der vom Zuwiderhandelnden erzielte Preis völlig angemessen und hat der Abnehmer trotz des Wettbewerbsverstoßes keine sonstigen Nachteile
erlitten, kann ein Anspruch aus § 10 UWG nicht begründet werden. Schließlich ist zu
berücksichtigen, dass der Gewinnabschöpfungsanspruch ausschließlich bei **vorsätzlichem Verhalten** des Zuwiderhandelnden besteht. Liegt nur eine fahrlässige Zuwiderhandlung vor, greift § 10 UWG nicht. Anderenfalls wäre es dem risikofreudigen
und kreativen Unternehmer untersagt, den innerhalb der EU wünschenswerten Leis-
tungswettbewerb auszuschöpfen. Das ist jedoch nicht Ziel von § 10 UWG. Machen
mehrere Berechtigte einen Gewinnabschöpfungsanspruch geltend, finden die allgemeinen Vorschriften des BGB zur Gesamtgläubigerschaft Anwendung (§ 10 Abs. 3
UWG). Zur Vorbereitung des Gewinnabschöpfungsanspruchs, kann dem klagenden
Verband auch ein **Recht auf Auskunft und Rechnungslegung** zustehen.

7. Abmahnung, einstweilige Verfügung und Klage

Vor Einleitung gerichtlicher Schritte ist es empfehlenswert, zunächst den Unterlas- **27**
sungsschuldner abzumahnen und ihn aufzufordern, durch Abgabe einer mit einer angemessenen Vertragsstrafe bewehrten Unterlassungsverpflichtung den Konflikt außergerichtlich beizulegen (§ 12 Abs. 1 UWG). **Gegenstand der Abmahnung** ist die
Aufforderung des Verletzten an den Zuwiderhandelnden, ein als wettbewerbswidrig
erkanntes Handeln zukünftig zu unterlassen. Lässt sich der Unterlassungsgläubiger
durch einen Rechtsanwalt vertreten, ist die **Vorlage einer Vertretungsvollmacht**
durch den Rechtsanwalt zur Wirksamkeit der Abmahnung nicht erforderlich. Die
Abmahnung dient dazu, dem Schuldner die Möglichkeit einzuräumen, den Gläubiger
ohne Inanspruchnahme der Gerichte klaglos zu stellen (BGH „**Vollmachtsnach-**

weis"). Gibt der Schuldner die geforderte Unterlassungserklärung ab, wird die **Wiederholungsgefahr** ausgeräumt und das Rechtsschutzbedürfnis für ein gerichtliches Verfahren entfällt. Eine notarielle Unterlassungserklärung beseitigt nicht das Rechtsschutzbedürfnis des Gläubigers (BGH **„Notarielle Unterlassungserklärung"**). Kommt der Abgemahnte innerhalb der vom Abmahnenden gesetzten angemessenen Frist dieser Aufforderung auf Unterlassung des wettbewerbswidrigen Verhaltens nicht nach, ist die Inanspruchnahme gerichtlicher Hilfe geboten. Die Abmahnung ist **keine zwingende Voraussetzung,** um einen Unterlassungsanspruch durchzusetzen. Jedoch hat der Unterlassungsgläubiger, der ohne vorherige Abmahnung das Gericht bemüht, ggf. die **Prozesskosten** gemäß § 93 ZPO zu tragen, sofern der Zuwiderhandelnde im gerichtlichen Verfahren den geltend gemachten Anspruch **sofort anerkennt.** Zur Vermeidung dieses **Kostenrisikos** ist daher eine Abmahnung vor Einleitung gerichtlicher Schritte immer empfehlenswert. Der **Streitwert** der Abmahnung und des gerichtlichen Verfahrens bestimmt sich nach dem **wirtschaftlichen Interesse der Verletzten.** Der **durchschnittliche** Streitwert in Wettbewerbssachen beträgt 50 000,– €, bei Verbandsklagen eher bis zu 30 000,– € (siehe aber § 51 GKG: es gibt keinen Regelstreitwert, BGH **„Kein Regelstreitwert in Wettbewerbssachen"**). Darüber hinaus verschafft § 12 Abs. 1 UWG dem Gläubiger die Möglichkeit, bei einer berechtigten Abmahnung die erforderlichen Aufwendungen vom Zuwiderhandelnden ersetzt zu verlangen. Zum **Aufwendungsersatzanspruch** heißt es in der Gesetzesbegründung wörtlich:

> Durch die Normierung der Kostentragungspflicht des Zuwiderhandelnden wird die Rechtsprechung nachvollzogen, die über die Regeln der Geschäftsführung ohne Auftrag einen Aufwendungsersatzanspruch des Abmahnenden hergeleitet hat. Der Aufwendungsersatzanspruch besteht indes nur bei berechtigten Abmahnungen. Er umfasst nur die erforderlichen Aufwendungen, wozu nicht in jedem Fall die Kosten der Einschaltung eines Rechtsanwalts gehören. Gerade bei den gemäß § 8 Abs. 3 Nr. 2 bis 4 zur Geltendmachung eines Unterlassungsanspruchs Berechtigten ist regelmäßig von einer Personal- und Sachausstattung auszugehen, die es ermöglicht, bei Fällen mittleren Schwierigkeitsgrades ohne einen Rechtsanwalt die Ansprüche außergerichtlich geltend zu machen (Gesetzesbegründung zu § 12 Abs. 1).

Mit dieser Begründung wird klargestellt, dass insbesondere Wirtschaftsverbände im Sinne von § 8 Abs. 3 Nr. 2 UWG ohne Einschaltung eines Rechtsanwalts abmahnen sollen. Beauftragt der Verband dessen ungeachtet einen Rechtsanwalt mit der Abmahnung, hat er selbst die Kosten des von ihm eingeschalteten Rechtsanwalts zu tragen. Das **Kriterium der „Angemessenheit"** macht deutlich, dass der Abmahnende auch Sorge dafür zu tragen hat, dass möglichst geringe Kosten entstehen.

28   Gibt der Abgemahnte die geforderte Unterlassungserklärung nicht, nicht vollständig oder nicht strafbewehrt ab, kann der Verletzte zur Sicherung seiner Ansprüche **Antrag auf Erlass einer einstweiligen Verfügung** gemäß § 12 Abs. 2 UWG i. V. m. §§ 935, 940 ZPO stellen. Die einstweilige Verfügung ergeht, sofern der auf ihren Erlaß gerichtete Antrag begründet ist, i. d. R. **ohne mündliche Verhandlung** als sog. Beschlußverfügung. Die Unterlassungsverfügung wird erst durch **Zustellung im Parteibetrieb** wirksam vollzogen. Mit Zustellung des Unterlassungstitels ist der Schuldner nicht nur zur Unterlassung, also zum **Nichtstun,** verpflichtet, sondern die Unterlassungsverpflichtung umfasst die Vornahme von Handlungen zur **Beseitigung** eines zuvor geschaffenen Störungszustands, wenn allein dadurch dem Unterlassungsgebot entsprochen werden kann (BGH **„Rückruf von RESCUE-Produkten"**). Gegen den Erlaß der einstweiligen Verfügung kann der Antragsgegner **Widerspruch**

einlegen (§ 924 ZPO). Der Widerspruch hat **keine aufschiebende Wirkung.** Der Widerspruch ist an keine Frist gebunden. Verstößt der Antragsgegner gegen eine vom Antragsteller erwirkte und wirksam vollzogene einstweilige Verfügung, kann der Antragsteller im **Ordnungsmittelverfahren (§ 890 ZPO)** ein **Ordnungsgeld** gerichtlich festsetzen lassen. Die Höhe des Ordnungsgeldes ist bei Wahrung des **Grundsatzes der Verhältnismäßigkeit** insbesondere nach Art, Umfang und Dauer des Verstoßes, des Verschuldensgrades, nach dem Vorteil des Verletzers und der Gefährlichkeit der Verletzungshandlung für den Verletzten zu bemessen (BGH **„Euro-Einführungsrabatt").** Die **Eilbedürftigkeit** (Dringlichkeit) zum Erlaß einer einstweiligen Verfügung wird gem. § 12 Abs. 2 UWG in Wettbewerbssachen regelmäßig **vermutet,** sodass es der Darlegung und Glaubhaftmachung des Verfügungsgrundes im Regelfall nicht bedarf. Bei Vorliegen eines berechtigten Interesses räumt § 12 Abs. 3 UWG dem Unterlassungsgläubiger das Recht ein, das erstrittene **Urteil** auf Kosten der unterliegenden Partei **veröffentlichen** zu lassen.

Den fehlenden **Zugang** eines Abmahnschreibens hat regelmäßig der Verletzer zu **29** beweisen. Denn nach den allgemeinen Beweislastregeln muss diejenige Partei, die sich auf einen Ausnahmetatbestand zu ihren Gunsten beruft – hier: § 93 ZPO – dessen Tatbestandsvoraussetzungen darlegen und ggf. beweisen (BGH **„Zugang des Abmahnschreibens").** Da es sich bei dem Zugang der Abmahnung um eine negative Tatsache handelt, trifft den Unterlassungsgläubiger jedoch eine **sekundäre Darlegungslast.** Denn nach dem Grundsatz von Treu und Glauben (§ 242 BGB), der auch im Prozessrecht gilt, kann sich der Verletzer zunächst auf die Behauptung beschränken, ihm sei die Abmahnung nicht zugegangen. In diesem Fall muss der Unterlassungsgläubiger die genauen Umstände der Absendung der Abmahnung darlegen und sie ggf. unter Beweis stellen. Sofern das Abmahnschreiben sowohl mit einfacher Post als auch parallel per Telefax oder Email übermittelt wurde, ist das Bestreiten des Zugangs durch den Verletzer von vornherein wenig glaubhaft (§ 286 ZPO).

Befürchtet ein Mitbewerber, dass gegen ihn eine einstweilige Verfügung ergehen **30** könnte, kann er eine **Schutzschrift** hinterlegen (§ 945a ZPO). Die Schutzschrift bezweckt, dass die Kammer des angerufenen Landgerichts bereits bei Eingang eines Antrags auf Erlass einer einstweiligen Verfügung die Argumente des Abgemahnten kennenlernt. Wegen des „fliegenden Gerichtsstandes" (siehe oben) kann der Antrag auf Erlass einer einstweiligen Verfügung bei jedem zuständigen Landgericht eingereicht werden. Um nicht in ganz Deutschland eine Schutzschrift hinterlegen zu müssen, hat die Landesjustizverwaltung Hessen ein **zentrales,** länderübergreifendes **Schutzschriftenregister** geschaffen (www.zssr.justiz.de/). Die hinterlegten Schutzschriften werden 6 Monate nach Einstellung in das Register gelöscht. Die Kosten einer Schutzschrift zur Verteidigung gegen einen Antrag auf Erlass einer einstweiligen Verfügung sind grundsätzlich erstattungsfähig, wenn ein entsprechender Antrag gestellt wird; dies gilt auch dann, wenn der Antrag nach Einreichung der Schutzschrift abgelehnt oder zurückgenommen wird (BGH **„Kosten der Schutzschrift II").** Auch in diesem Fall sind also die Kosten der Schutzschrift vom Antragsteller zu übernehmen.

Die Kosten einer berechtigten Abmahnung hat grundsätzlich der Abgemahnte ge- **31** mäß § 12 Abs. 1 Satz 2 UWG zu tragen. Der Anspruch auf Erstattung der Abmahnkosten bleibt dem Gläubiger selbst dann erhalten, wenn er seinen Unterlassungsanspruch im einstweiligen Verfügungsverfahrens nur teilweise durchsetzen kann (BGH **„Geltendmachung der Abmahnkosten"** und **„Sondernewsletter").** Gibt der Abgemahnte die geforderte Unterlassungserklärung nicht ab und verfolgt der Gläubiger daraufhin seinen Anspruch nicht weiter, kann der Abgemahnte im Rahmen einer

negativen Feststellungsklage gerichtlich klären lassen, dass der geltend gemachte Anspruch nicht besteht. Eine Obliegenheit des zu unrecht Abgemahnten, seinerseits vor der Erhebung einer negativen Feststellungsklage eine Gegenabmahnung auszusprechen, besteht grundsätzlich nicht (BGH **„Unberechtigte Abmahnung"**). Verteidigt sich der Abgemahnte außergerichtlich gegen die Abmahnung und verzichtet der Abmahnende daraufhin, den geltend gemachten Anspruch durchzusetzen, besteht kein Erstattungsanspruch hinsichtlich der vorgerichtlichen Kosten. Denn die Kosten, die zur Abwendung eines drohenden Rechtsstreit aufgewendet werden, stellen keine Kosten der Prozessvorbereitung dar und sind daher nicht erstattungsfähig (BGH **„Kosten eines Abwehrschreibens"**). Nur bei einer **missbräuchlichen** Abmahnung besteht ein Kostenerstattungsanspruch des Abgemahnten gem. § 8 Abs. 4 S. 2 UWG. Wird der Unterlassungsschuldner **mehrfach in Anspruch** genommen, kommt ein Kostenerstattungsanspruch im Allgemeinen nur hinsichtlich der **ersten Abmahnung** in Betracht, weil nur die erste Abmahnung dem Interesse und mutmaßlichen Willen des Schuldners entspricht (BGH **„Kräutertee"**). Der Aufwendungsersatzanspruch nach § 12 Abs. 1 S. 2 UWG entsteht nur für eine Abmahnung, die **vor Einleitung** eines gerichtlichen Verfahrens ausgesprochen wird. Für eine Abmahnung, die erst nach Erlass einer Verbotsverfügung ausgesprochen wird, ergibt sich ein Aufwendungsersatzanspruch weder aus § 12 Abs. 1 S. 2 UWG noch aus dem Gesichtspunkt der Geschäftsführung ohne Auftrag gemäß § 683 S. 1, §§ 677, 667 BGB (BGH **„Schubladenverfügung"**).

32   Zur Vermeidung der Hauptsacheklage ist es empfehlenswert, dass der Antragsgegner (Schuldner) nach Abschluss des vorläufigen Verfahrens der einstweiligen Verfügung eine sogenannte **Abschlusserklärung** abgibt (BGH **„Mescher weis"**). Mit Abgabe der Abschlußerklärung wird das **Rechtsschutzinteresse** für die Hauptsacheklage beseitigt (BGH **„Folienrollos"**). Da die einstweilige Verfügung der Sicherung eines Individualanspruchs sowie der einstweiligen Regelung eines streitigen Rechtsverhältnisses dient (§§ 935, 940 ZPO), stellt sie nur eine **vorläufige Regelung** dar. Will der Antragsgegner keine Abschlußerklärung abgeben, um das gerichtliche Verfahren endgültig zu beenden, kann er statt dessen dem Antragsteller (Gläubiger) eine **Frist zur Klageerhebung** setzen lassen, sofern die Hauptsache noch nicht anhängig ist (§ 926 ZPO). Führt der Hauptprozess zur rechtskräftigen Abweisung der Klage, ist die einstweilige Verfügung auf Antrag des Antragsgegners wegen veränderter Umstände aufzuheben. Sofern der Antragsgegner nicht innerhalb einer angemessenen Frist (i. d. R. 2–3 Wochen, BGH **„Kosten für Abschlussschreiben II"**) nach Zustellung der einstweiligen Verfügung **(Wartefrist)** selbst die Abschlusserklärung abgibt, kann ihn der Gläubiger vor Einleitung des Hauptsacheverfahrens in einem **Abschlussschreiben** auffordern, die Abschlusserklärung abzugeben. Die für das Abschlussschreiben aufgewendeten Kosten hat der Antragsgegner dem Gläubiger zu erstatten, sofern er die **Abschlußerklärung** innerhalb der ihm gesetzten angemessenen Frist **(Antwortfrist)** tatsächlich abgibt (BGH **„Abschlussschreiben eines Rechtsanwalts"**; BGH **„Kosten für Abschlussschreiben II"**; BGH **„Geschäftsgebühr für Abschlussschreiben"**).

33   Wird die einstweilige Verfügung nach mündlicher Verhandlung vom Landgericht oder in der Berufungsinstanz vom Oberlandesgericht aufgehoben, ist der Gläubiger ggf. für den aus der **Vollziehung** der einstweiligen Verfügung entstandenen **Schaden** gemäß § 945 ZPO ersatzpflichtig. Ein nach § 945 ZPO ersatzfähiger Vollziehungsschaden kann bereits eintreten, wenn der Verfügungskläger mit der Vollziehung lediglich begonnen hat, also wenn der Unterlassungsgläubiger den **Titel** mit den gemäß

§ 890 Abs. 1 ZPO vorgesehenen Ordnungsmitteln dem Schuldner **zustellen lässt.** Der durch die Anordnung von Ordnungsmitteln durch den Verfügungskläger aufgebaute **Vollstreckungsdruck** stellt die innere Rechtsfertigung für dessen scharfe, verschuldensunabhängige Haftung dar, wenn sich die einstweilige Verfügung als von Anfang an ungerechtfertigt erweist (BGH **„Rechtsberatungs-Hotline"**).

Hat der Unterlassungsschuldner eine strafbewehrte Unterlassungserklärung abgege- **34** ben und verstößt er gegen seine Unterlassungsverpflichtung, kann der Unterlassungsgläubiger die versprochene **Vertragsstrafe** geltend machen. Ist streitig, ob der Unterlassungsschuldner eine einzige Zuwiderhandlung begangen hat oder ob von einem **Mehrfachverstoß** auszugehen ist, sind die Umstände des Einzelfalls zu ermitteln. Auch bei Annahme mehrfacher Verstöße muss die verwirkte Vertragsstrafe noch **verhältnismäßig** sein (§ 343 BGB bzw. § 348 HGB i.V.m. § 242 BGB, BGH **„Kinderwärmekissen"**). Zu einer **natürlichen Handlungseinheit** und damit zu einem Verstoß können mehrere – auch fahrlässige – Verhaltensweisen zusammengefasst werden, die aufgrund ihres räumlich-zeitlichen Zusammenhangs so eng miteinander verbunden sind, dass sie bei natürlicher Betrachtungsweise als ein einheitliches, zusammengehörendes Tun erscheinen (BGH **„Mehrfachverstoß gegen Unterlassungstitel"**). Macht der Gläubiger die Vertragsstrafe aus dem Unterlassungsvertrag gegen den Schuldner gerichtlich geltend, ist das **Landgericht** ungeachtet der Höhe der Vertragsstrafe ausschließlich zuständig (BGH **„Ausschließliche Zuständigkeit der Landgerichte für Vertragsstrafeansprüche aus Unterlassungsvertrag"**).

Eine nach **mündlicher Verhandlung** durch **Urteil erlassene Verbotsverfügung 35** (im Verfahren der einstweiligen Verfügung) ist mit der Verkündung des Urteils wirksam und kann Grundlage einer Ordnungsmittelfestsetzung sein, wenn eine Ordnungsmittelandrohung im Urteil enthalten ist (BGH **„Urteilsverfügung"**). Die **erneute Vollziehung** der Urteilsverfügung im Parteibetrieb ist nur erforderlich, wenn die zuvor ergangene einstweilige Verfügung **inhaltlich erweitert** oder **wesentlich verändert** wurde. Betreibt der Vollstreckungsgläubiger aus einem noch nicht endgültigen Titel die Vollstreckung, trägt er das Risiko, dass sich sein Vorgehen nachträglich als unberechtigt erweist. Erwirkt der Unterlassungsgläubiger **vor Zugang und Annahme** der vom Schuldner zur Vermeidung eines Rechtsstreits abgegebenen strafbewehrten Unterlassungserklärung eine einstweilige Verfügung und stellt sie zu, kann er im Falle der Verletzung des Titels sowohl aus der einstweiligen Verfügung als auch aus dem Unterlassungsvertrag gegen den Unterlassungsschuldner vorgehen (BGH **„Testfundstelle"**). Bedient sich eine Partei im Rahmen einer gerichtlichen Auseinandersetzung eines nicht am angerufenen Gericht selbst tätigen **auswärtigen Rechtsanwalts,** sind dessen Kosten von der unterliegenden Partei nur dann zu tragen, wenn diese **Kosten notwendig** sind. Die Notwendigkeit der Beiziehung eines auswärtigen Anwalts ist dann zu bejahen, wenn zum Zeitpunkt der Beauftragung des Anwalts eine **persönliche Kontaktaufnahme** unverzichtbar erschien (BGH **„Auswärtiger Rechtsanwalt VII"**). Die Beiziehung eines auswärtigen Rechtsanwalts ist dann nicht notwendig, wenn eine am Sitz des Prozessgerichts oder in dessen Nähe ansässige Partei einen auswärtigen Rechtsanwalt nur deshalb wählt, weil sie mit ihm durch eine langjährige vertrauensvolle Zusammenarbeit verbunden ist (BGH **„Auswärtiger Rechtsanwalt VIII"**). Ausnahmsweise kann diejenige Partei, die glaubhaft macht, dass die Belastung mit den Prozesskosten nach dem vollen Streitwert ihre **wirtschaftliche Lage erheblich gefährden** würde, beantragen, dass sich ihre Verpflichtung zur Zahlung von Gerichtskosten nach einem ihrer Wirtschaftslage angepassten Teil des Streitwerts bemisst (§ 12 Abs. 4 UWG). Ordnet das Gericht daraufhin eine Herabsetzung des Streitwerts für diese Partei an, bemessen sich auch die Gebühren des Rechtsanwalts der begünstigten Partei nach dem herabgesetzten Streitwert. Unterliegt die begünstigte Partei, hat sie die Gerichtskosten und die Kosten des gegnerischen Rechtsanwalts auch nur nach dem **niedrigeren Streitwert** zu erstatten. Allerdings kann im Falle des Obsiegens der begünstigten Partei deren Anwalt von der Gegenseite die Erstattung der ungekürzten Gebühren verlangen.

XIII. Verjährung, § 11 UWG

Die Ansprüche auf Beseitigung und Unterlassung (§ 8 UWG), Schadensersatz (§ 9 **1**
UWG) und Ersatz der erforderlichen Aufwendungen für eine Abmahnung (§ 12
Abs. 1 S. 2 UWG) verjähren gemäß § 11 Abs. 1 UWG in **sechs Monaten.** Diese
kurze Verjährungsfrist beginnt gemäß § 11 Abs. 2 UWG, sobald der **Anspruch entstanden** ist, der Gläubiger von dem Schuldner und den die Verletzung begründenden Umständen **Kenntnis hat** bzw. ohne grobe Fahrlässigkeit hätte Kenntnis erlangen müssen (BGH **„dentalästhetika II"**). **Schadensersatzansprüche** gemäß § 9
UWG verjähren ohne Rücksicht auf die Kenntnis oder die grob fahrlässige Unkenntnis gemäß § 11 Abs. 3 UWG in **zehn Jahren ab ihrer Entstehung, spätestens in dreißig Jahren** nach Vorliegen der Verletzungshandlung. **Grob fahrlässige
Unkenntnis** liegt vor, wenn dem Gläubiger die Kenntnis fehlt, weil er **naheliegende** Überlegungen nicht angestellt oder naheliegende Erkenntnis- oder Informations-
quellen nicht genutzt hat (BGH **„DAS GROSSE RÄTSELHEFT"**). Für alle anderen Ansprüche bestimmt § 11 Abs. 4 UWG, dass diese ohne Rücksicht auf die
Kenntnis oder die grob fahrlässige Unkenntnis **in drei Jahren** ab Anspruchsentste-
hung verjähren.

Die Regelungen in § 11 UWG lehnen sich an die Verjährungsbestimmungen in **2**
§ 199 BGB an. Die Frage, wann der Gläubiger die **erforderliche Kenntnis** von den
den Anspruch begründenden Umständen hat, beantwortet der BGH im Zusammenhang mit einem Wettbewerbsverstoß gem. § 4 Nr. 2 UWG wie folgt:

> Die Vorschrift des § 11 Abs. 2 UWG ist an die allgemeine Verjährungsregelung des § 199
> Abs. 2 BGB angepasst worden. … Da zur Frage, wann der Gläubiger die nach § 199
> Abs. 2 Nr. 2 BGB erforderliche Kenntnis von den anspruchsbegründenden Umständen
> besitzt, weitgehend auf die Rechtsprechung zu § 852 Abs. 1 BGB a. F. zurückgegriffen
> werden kann. … ist diese auch zur Auslegung des § 11 Abs. 2 Nr. 2 UWG heranzuzie-
> hen. Allgemein ist die für den Verjährungsbeginn erforderliche Kenntnis danach dann
> gegeben, wenn dem Gläubiger die Erhebung einer erfolgversprechenden, wenn auch
> nicht risikolosen, (gegebenenfalls zumindest auf Feststellung gerichteten) Klage zuzumu-
> ten ist. … Als anspruchsbegründende Tatsachen werden allerdings grundsätzlich solche
> Umstände nicht angesehen, die unter die Behauptungs- und Beweislast des Beklagten
> fallen; insbesondere schließt die unbekannte Möglichkeit von Einwendungen gegen den
> Klageanspruch die für den Verjährungsbeginn notwendige Kenntnis nicht aus. … Eine
> andere Beurteilung ist dagegen geboten, wenn konkrete Anhaltspunkte für den Anspruch
> ausschließende Einwendungen des Beklagten bestehen und es daher naheliegt, dass der
> Beklagte sich darauf berufen wird. … Hat der Gläubiger trotz Vorliegens solcher konkre-
> ter Anhaltspunkte für eine mögliche Einwendung des Schuldners keine hinreichende
> Kenntnis über die diese Einwendung begründenden Umstände und bleiben deswegen
> konkrete Zweifel am Bestehen seines Anspruchs, wird der Beginn der Verjährungsfrist
> hinausgeschoben (BGH in WRP 2009, Seite 1505 ff. [S. 1507, Rdnr. 22], **„Mecklen-
> burger Obstbrände"**).

Wer über Waren eines Mitbewerbers Tatsachen behauptet oder verbreitet, die geeignet sind, den Betrieb des Unternehmens des Mitbewerbers zu schädigen, handelt
gemäß §§ 3, 4 Nr. 2 UWG unlauter, sofern die Tatsachen nicht erweislich wahr sind.
Die Wahrheit oder Unwahrheit der behaupteten Tatsache gehört zu den **anspruchs-**

begründenden Umständen im Sinne des § 11 Abs. 2 Nr. 2 UWG. Erst mit deren Kenntnis läuft die **sechsmonatige** Verjährungsfrist.

3   Bei Kenntnis des Gläubigers ist auch die Frist für die regelmäßige Verjährung von **Schadensersatzansprüchen im UWG** kurz. Denn die wettbewerbsrechtlichen Schadensersatzansprüche verjähren regelmäßig nach § 11 Abs. 1 und 2 UWG innerhalb von **sechs Monaten** (BGH „POST/RegioPost"). Soweit der Gläubiger ersatzweise **Bereicherungsansprüche** gemäß § 812 BGB geltend macht, gilt die **dreijährige** Verjährungsfrist gemäß § 195 BGB. Diese Verjährungsfrist beginnt mit dem Schluss des Jahres, in dem der Anspruch entstanden ist und der Gläubiger von den den Anspruch begründenden Umständen und der Person des Schuldners Kenntnis erlangt hat oder ohne grobe Fahrlässigkeit hätte erlangen müssen. Ausnahmsweise kann etwas anderes gelten, wenn es sich um eine **unübersichtliche oder zweifelhafte Rechtslage** handelt, sodass sie selbst ein rechtskundiger Dritter nicht zuverlässig einzuschätzen vermag (BGH „**Verjährungsbeginn bei Schenkkreis-Zahlung**").

4   Ausgenommen von der kurzen sechsmonatigen Verjährung ist der **Anspruch auf Gewinnabschöpfung** gemäß § 10 UWG. Diese Ausnahme erfolgte auf Intervention des Bundesrats, der in seiner Stellungnahme ausdrücklich auf Folgendes hinwies:

> Für den Anspruch auf Gewinnabschöpfung besteht bei einer derart kurzen Verjährungsfrist vielmehr die Gefahr, dass die Effektivität dieses Instituts leidet, da es für die Gläubiger zum Teil außerordentlich schwierig wäre, die für die Geltendmachung des Anspruchs notwendigen Tatsachen innerhalb der kurzen Fristen zu ermitteln. Eine Gewinnabschöpfung ist aber nur dann sinnvoll, wenn der gesamte Verletzungstatbestand bekannt und abgeschlossen ist (Stellungnahme des Bundesrates Nr. 24 zu § 11 UWG).

Neben dem Anspruch auf Gewinnabschöpfung, für den danach die **dreijährige** Verjährungsfrist gilt, fallen auch **konkurrierende Ansprüche** aus den §§ 823, 824, 826 BGB oder aus **Vertragsstrafeversprechen** nicht unter die kurze Verjährung des § 11 Abs. 1 UWG (BGH „**Flughafen Frankfurt-Hahn**"). Während die Ansprüche aus §§ 824, 826 BGB der dreijährigen Verjährungsfrist aus § 195 BGB unterfallen, findet auf Ansprüche aus Vertragsstrafeversprechen § 11 Abs. 4 UWG i. V.m. §§ 195, 199 BGB Anwendung (drei Jahre ab Entstehung des Anspruchs). Ausdrücklich von der dreijährigen Verjährungsfrist ausgenommen sind **Ansprüche auf Erstattung der Abmahnkosten,** die der kurzen Verjährungsfrist des § 11 Abs. 1 UWG unterliegen. Ansprüche auf Erstattung der Abmahnkosten verjähren innerhalb der kurzen **Frist von sechs Monaten** (BGH „**Abmahnkostenverjährung**").

5   Die Verjährung wird **gehemmt,** wenn der Antrag auf Erlass einer einstweiligen Verfügung bei Gericht eingereicht wird (BGH „**MeinPaket.de**"), sofern die Zustellung der einstweiligen Verfügung **demnächst** erfolgt (§ 167 ZPO). Wird Hauptsacheklage erhoben, tritt ebenfalls Verjährungshemmung ein. Diese **Verjährungshemmung endet 6 Monate** nach der rechtskräftigen Entscheidung oder anderweitigen Beendigung des eingeleiteten Verfahrens (§ 204 Abs. 1 Nr. 9 i. V.m. § 204 Abs. 2 BGB). Die Hemmung der Verjährung endet bei der Erwirkung und Vollziehung einer einstweiligen Verfügung 6 Monate nach Rechtskraft. Wenn der Unterlassungsschuldner auf die **Einrede der Verjährung verzichtet,** die einstweilige Verfügung **als endgültige Regelung anerkennt** oder wenn der Unterlassungsgläubiger **während des Laufs der Verjährungsfrist Klage erhebt,** tritt Verjährung nicht ein (BGH „**Gewährungsleistungsausschluss im Internet**"). Die **Hemmung der Verjährung** tritt gemäß § 203 S. 1 BGB auch dann ein, wenn **Verhandlungen** zwischen Gläubiger und Schuldner über den Anspruch oder die ihn begründenden Umstände

geführt werden. An Verhandlungen im Sinne von § 203 S. 1 BGB sind geringe Anforderungen zu stellen. Wörtlich führt der BGH aus:

> Es genügt jeder Meinungsaustausch zwischen dem Berechtigten und dem Verpflichteten über den Anspruch und seine tatsächlichen Grundlagen, sofern nicht sofort und eindeutig jede Verpflichtung abgelehnt wird. … Verhandlungen schweben schon dann, wenn der Schuldner Erklärungen abgibt, die den Gläubiger zu der Annahme berechtigen, der Schuldner lasse sich jedenfalls auf Erörterungen über die Berechtigung von Ansprüchen ein. Es ist nicht erforderlich, dass der Verpflichtete dabei eine Bereitschaft zum Vergleich oder zu einem sonstigen Entgegenkommen erkennen lässt (BGH in WRP 2009, Seite 1505 ff. [S. 1508, Rdnr. 27], „Mecklenburger Obstbrände").

In dem vom BGH entschiedenen Verfahren wurde eine Hemmung der Verjährungsfrist angenommen, weil die Parteien mögliche Unterlassungs- und Schadensersatzansprüche von einer **Aufklärung des Sachverhalts** abhängig gemacht haben. Die Hemmung endet, sobald der eine oder andere Teil die Fortsetzung der Verhandlungen endgültig verweigert. Der **Abbruch der Verhandlungen** muss wegen seiner Bedeutung für die Durchsetzbarkeit der geltend gemachten Ansprüche durch ein **klares und eindeutiges Verhalten** zum Ausdruck gebracht werden.

Die Berechnung der Verjährungsfrist, insbesondere der kurzen Verjährung von 6 Monaten, hängt u. a. davon ab, ob der betreffende Verstoß eine **Einzelhandlung** oder eine **Dauerhandlung** ist. Bei einer **Dauerhandlung** geht von dem Verletzer eine fortwährende, pflichtwidrig aufrecht erhaltende Störung aus, so dass der Lauf der kurzen Verjährungsfrist erst mit vollständiger Beendigung des Eingriffs beginnt. Solange die Dauerhandlung wirkt, beginnt der Lauf der Verjährungsfrist **nicht.** Bei Vorliegen von mehreren **gleichgelagerten Rechtsverstößen** wird mit jeder dieser Handlungen eine eigenständige Verjährungsfrist in Lauf gesetzt (BGH **„Freunde finden"**). Demgegenüber beginnt die Verjährung einer **Einzelhandlung** mit deren Abschluss (OLG Köln **„Verjährungsfrist bei Unterlassungsansprüchen"**). Während die Zusendung eines Rundschreibens als Einzelhandlung gewertet wird, sind etwa die Führung einer irreführenden Firmenbezeichnung, die unlautere Werbung auf einem Ladenschild oder auch die **Internetwerbung** Dauerhandlungen. **6**

Schließlich stellt die Verjährungsregelung in § 11 UWG auf die Kenntnis des jeweiligen Gläubigers ab. Selbst wenn daher gegenüber einem Mitbewerber Verjährung bereits eingetreten ist, kann die **Aktivlegitimation eines Verbandes** aus § 8 Abs. 3 Nr. 2 bis Nr. 4 UWG noch fortbestehen. Denn eine Wissenszurechnung zwischen Beschwerdeführer und Verband findet grundsätzlich nicht statt. Entsprechendes gilt für die Zurechnung der Kenntnis einer Behörde (BGH **„BIO TABAK"**). Der klagende Bundesverband der Verbraucherzentralen und Verbraucherverbände muß sich die Kenntnis vom Werbeverstoß durch das Bezirksamt nicht entsprechend § 166 Abs. 2 BGB zurechnen lassen. **7**

Bezeichnung	Datum	Aktenzeichen (sonstige Bezeichnung, falls nicht BGH)	WRP	GRUR	NJW	NJW-RR/ GRUR-RR	Der Betrieb	Betriebs-Berater
Abmahnaktion	23.11.2006	I ZR 276/03	07/783	–	–	–	–	–
Abmahnkostenersatz	8.5.2008	I ZR 83/06	08/1188	08/928	–	–	–	–
Abmahnkostenverjährung	26.9.1991	I ZR 149/89	92/93	92/176	92/429	–	–	92/728
Abnehmerverwarnung	23.2.1995	I ZR 15/93	–	95/424	–	–	–	–
Abschleppkosten-Inkasso	26.1.2006	I ZR 83/03	06/741	–	06/1804	–	–	–
Abschlussschreiben	5.12.1980	I ZR 179/78	81/319	81/447	81/1955	–	–	–
„Abschlussschreiben eines Rechts- anwalts"	4.3.2008	VI ZR 176/07	08/805	–	–	–	–	–
Abschlussstück	5.12.2002	I ZR 91/00	03/521	03/332	–	03/620	–	–
adidas-Sportartikel	15.3.1984	I ZR 74/82	84/394	84/593	–	–	84/1520	–
Änderung der Voreinstellung	29.3.2007	I ZR 164/04	07/1341	07/987	–	–	–	–
Änderung der Voreinstellung II	5.2.2009	I ZR 119/06	09/1086	09/876	–	09/1493	–	–
Änderung der Voreinstellung III	28.10.2010	I ZR 174/08	11/749	11/543	–	–	–	–
AGB in Stromlieferungsverträgen	18.7.2012	VIII ZR 337/11	12/1545	–	–	–	–	–
ahd.de	19.2.2009	I ZR 135/06	09/803	09/685	–	–	–	–
AKADEMIKS	10.1.2008	I ZR 38/05	08/785	08/621	–	–	–	–
Aktivierungskosten II	2.6.2005	I ZR 252/02	06/84	06/164	–	06/257	–	–
All Net Flat	15.10.2015	I ZR 260/14	16/184	16/207	16/814	–	–	–
Alpenpanorama im Heißluftballon	9.10.2013	I ZR 24/12	14/545	14/580	–	14/817	–	–
Altautoverwertung	26.9.2002	I ZR 293/99	03/262	03/164	–	–	–	–
ALTER CHANNEL	9.6.2011	EuGH C-52/10	11/1052	–	–	–	–	–
Altkleider-Wertgutscheine	28.1.1999	I ZR 192/96	99/828	99/755	–	00/117	–	–
Alt-Luxemburg	15.5.2003	I ZR 214/00	03/1220	03/892	–	03/1482	–	–

Bezeichnung	Datum	Aktenzeichen (sonstige Bezeichnung, falls nicht BGH)	WRP	GRUR	NJW	NJW-RR/GRUR-RR	Der Betrieb	Betriebs-Berater
Aluminiumräder	15.7.2004	I ZR 37/01	05/219	05/163	–	–	–	–
AMARULA/Marulablu	27.3.2013	I ZR 100/11	13/778	13/631	–	–	–	–
ambiente.de	17.5.2001	I ZR 251/99	01/1305	01/1038	01/3265	–	–	–
Anbieterkennzeichnung im Internet	20.7.2006	I ZR 228/03	06/1507	07/159	06/3633	–	–	–
Anonymisierte Mitgliederliste	18.10.1995	I ZR 126/93	96/197	96/217	96/391	–	96/978	–
Ansprechen in der Öffentlichkeit I	1.4.2004	I ZR 227/01	04/1160	04/699	04/2593	–	–	–
Ansprechen in der Öffentlichkeit II	9.9.2004	I ZR 93/02	05/485	–	05/1050	–	–	–
Ansprechpartner	21.4.2016	I ZR 151/15	16/1354	16/1193	–	17/234	–	–
Anzeigen-Einführungspreis	20.1.1994	I ZR 250/91	94/310	94/390	94/1224	–	–	–
Apothekenabgabepreis	31.3.2016	I ZR 31/15	16/1217	16/1070	–	16/1185	–	–
Arbeitsplätze bei uns	9.2.1995	I ZR 44/93	95/487	95/742	95/1964	–	95/1124	–
ARD-Buffet	26.1.2017	I ZR 207/14	17/426	17/422	–	–	–	–
Artenschutz	22.9.2005	I ZR 55/02	06/67	06/75	06/149	–	–	–
ARTROSTAR	15.3.2012	I ZR 44/11	12/1386	12/1164	–	–	–	–
Arzneimitteldatenbank	17.8.2011	I ZR 13/10	11/1590	11/1163	–	11/1606	–	–
Arzneimittelwerbung im Internet	30.3.2006	I ZR 24/03	06/736	06/513	06/2631	–	–	–
Atemtest II	24.9.2013	I ZR 73/12	14/429	14/405	–	–	–	–
Auch zugelassen am OLG Frankfurt	20.2.2013	I ZR 146/12	13/1332	13/950	13/2671	–	–	–
Aufkleber „Keine Werbung"	16.5.2012	I ZR 158/11	12/938	–	–	–	–	–
Aufruf zur Kontokündigung	6.2.2014	I ZR 75/13	14/1067	14/904	–	14/1508	–	–
Auftragsbestätigung	17.8.2011	I ZR 134/10	12/198	12/82	–	–	11/2913	–
Ausbeinmesser	2.4.2009	I ZR 199/06	09/1372	09/1073	–	–	–	–
Auskunft der IHK	22.4.2009	I ZR 176/06	09/1369	09/1080	–	10/53	09/2150	–
Auslaufmodelle I	3.12.1998	I ZR 63/96	99/839	99/757	99/2190	–	99/1493	–
Auslaufmodelle II	3.12.1998	I ZR 74/96	99/842	99/760	99/2193	–	99/1495	–
Auslaufmodelle III	6.10.1999	I ZR 92/97	00/514	00/616	–	–	–	–
Ausschreibung in Bulgarien	11.2.2010	I ZR 85/08	10/1146	10/847	–	–	–	–

Bezeichnung	Datum	Aktenzeichen (sonstige Bezeichnung, falls nicht BGH)	WRP	GRUR	NJW	NJW-RR/ GRUR-RR	Der Betrieb	Betriebs-Berater
Ausschreibung von Ingenieurleistungen	11.11.2004	I ZR 156/02	05/205	05/171	–	–	–	–
Ausschreibung von Vermessungsleistungen	15.5.2003	I ZR 292/00	03/1350	–	–	–	–	–
Aussehen mit Brille	7.11.1996	I ZR 183/94	97/182	97/227	–	97/423	–	97/283
Außendienstmitarbeiter	11.1.2007	I ZR 96/04	07/951	07/800	–	–	–	–
Außenseiteranspruch I	15.7.1999	I ZR 130/96	99/1022	99/1113	–	NJWE-WettbR 99/217	99/2625	–
Außenseiteranspruch II	1.12.1999	I ZR 130/96	00/734	00/724	00/2504	–	–	00/1259
Auswärtiger Rechtsanwalt VII	2.10.2008	I ZB 96/07	09/67	09/191	–	–	–	–
Auswärtiger Rechtsanwalt VIII	12.11.2009	I ZB 101/08	10/657	10/367	10/1882	–	–	–
Auto '94	23.10.1997	I ZR 123/95	98/169	–	–	–	–	98/236
Bananabay II	13.1.2011	I ZR 123/07	11/1160	11/828	11/3032	–	–	–
Basisinsulin mit Gewichtsvorteil	6.2.2013	I ZR 62/11	13/772	13/649	–	–	–	–
Baugruppe	10.1.2008	I ZR 67/05	08/1234	08/790	–	–	–	–
Bauheizgerät	15.12.2011	I ZR 174/10	12/930	12/730	–	–	–	–
Bekleidungswerk	6.3.1986	I ZR 14/84	86/467	86/676	–	86/972	–	86/1393
Benetton	12.12.2000	BVerfG 1 BvR 1762/95	01/129	01/170	01/591	–	01/37	–
Benetton-Werbung II	11.3.2003	BVerfG 1 BvR 426/02	03/633	03/442	–	–	–	–
Berühmungsaufgabe	31.5.2001	I ZR 106/99	01/1076	–	–	–	–	–
Beschädigte Verpackung I	20.2.1992	I ZR 32/90	92/469	92/406	–	92/804	–	–
Bestattungspreisvergleich	27.4.2017	I ZR 55/16	–	–	–	–	–	–
Bestellnummernübernahme	2.12.2004	I ZR 273/01	05/336	05/348	–	–	05/773	–
BEST/Visys	11.7.2013	EuGH C-657/11	13/1161	13/1049	–	–	–	–
Bester Preis der Stadt	19.4.2012	I ZR 173/11	12/1233	–	–	–	–	–

Bezeichnung	Datum	Aktenzeichen (sonstige Bezeichnung, falls nicht BGH)	WRP	GRUR	NJW	NJW-RR/ GRUR-RR	Der Betrieb	Betriebs-Berater
Beta Layout	22.1.2009	I ZR 30/07	09/435	09/500	09/2382	–	–	–
Beteiligungsverbot für Schilderpräger	28.9.1999	K ZR 18/98	00/89	00/344	–	–	–	–
Betonstahl	20.10.2005	I ZR 10/03	06/79	06/82	–	–	–	–
Betriebsbeobachtung	16.7.2009	I ZR 56/07	09/1377	09/1075	–	09/1633	09/1075	–
Betriebskrankenkasse	18.1.2012	I ZR 170/10	12/309	12/288	–	–	–	–
Betriebskrankenkasse II	30.4.2014	I ZR 170/10	14/1304	14/1120	–	–	14/2469	–
Bezugsquellen für Bachblüten	11.12.2014	I ZR 113/13	15/856	15/694	–	–	–	–
Biomineralwasser	13.9.2012	I ZR 230/11	13/472	13/401	–	–	–	–
Biowerbung mit Fahrpreiserstattung	18.10.1990	I ZR 113/89	91/219	91/542	91/701	–	–	91/88
BKK/Wettbewerbszentrale	3.10.2013	EuGH C-59/12	–	13/1159	14/244	–	–	–
Blendsegel	21.22.2002	I ZR 265/99	02/1058	02/629	–	02/1261	–	–
Blutdruckmessungen	23.2.2006	I ZR 164/03	06/747	06/517	–	06/1046	–	–
Bonuspunkte	9.9.2010	I ZR 98/08	10/1471	10/1133	–	–	–	–
Bonusring	26.10.1989	I ZR 13/88	90/286	93/63	–	90/424	–	–
Branchenbuch Berg	30.6.2011	I ZR 157/10	12/194	12/184	12/1449	–	–	–
Brandneu von der IFA	18.4.2013	I ZR 180/12	13/1459	13/1169	–	–	–	–
Bremszangen	7.2.2002	I ZR 289/99	02/1054	02/820	–	02/1332	–	–
Brillenwerbung	18.5.2006	I ZR116/03	06/1118	06/873	–	–	–	–
Brillenversorgung	24.6.2010	I ZR 182/08	10/1139	10/850	–	11/260	–	–
Brockhaus-Enzyklopädie	10.3.1971	I ZR 73/69	71/264	71/516	–	–	–	–
Brombeermuster	27.1.1983	I ZR 177/80	83/484	83/377	–	–	–	–
BSW I	2.12.1966	I b ZR 147/64	67/96	67/371	67/391	–	–	67/92
Buchclub-Kopplungsangebot	10.4.2003	I ZR 291/00	03/1217	03/890	03/3197	–	–	–
Buchgeschenke vom Standesamt	26.2.2009	I ZR 106/06	09/611	09/606	–	–	09/1067	09/691
Buchungssystem	18.9.2013	I ZR 29/12	13/1593	13/1247	–	–	–	–
Buchungssystem II	30.7.2015	I ZR 29/12	16/467	16/392	16/1015	–	–	–
Bundesdruckerei	29.3.2007	I ZR 122/4	07/1346	07/1079	–	–	–	–

Bezeichnung	Datum	Aktenzeichen (sonstige Bezeichnung, falls nicht BGH)	WRP	GRUR	NJW	NJW-RR/ GRUR-RR	Der Betrieb	Betriebs-Berater
bundesligakarten.de	11.9.2008	I ZR 74/06	09/177	09/173	09/1504	–	–	–
Busengrapscher	18.5.1995	I ZR 91/93	95/688	95/592	95/2486	–	95/2064	–
Call-by-Call	9.2.2012	I ZR 178/10	12/1083	12/943	–	12/1246	–	–
Canal Digital	26.10.2016	EuGH C-611/14	17/31	16/1307	–	–	–	–
Carrefour/ITM	8.2.2017	EuGH C-562/15	17/405	17/280	17/1657	–	–	–
Cartier-Uhren	13.1.1994	EuGH C-376/92	–	94/300	94/643	–	–	–
Cartierschmuck	27.7.2004	OLG Frankfurt 6 W 54/04	–	04/1042	–	–	–	–
CE-Kennzeichnung	9.7.2009	I ZR 193/06	10/247	10/169	–	–	–	–
Champagnebier	19.4.2007	EuGH C-381/05	–	07/511	–	–	–	–
Chargennummer	21.4.1994	I ZR 271/91	94/527	94/642	–	94/1067	–	–
CHS/Team 4 Travel	19.9.2013	EuGH C-435/11	14/38	13/1157	–	–	–	–
Citroën Commerce/ZLW	7.7.2016	EuGH C-476/14	16/1096	16/945	–	–	–	–
Clinique	2.2.1994	EuGH C-315/92	94/380	94/303	94/1207	–	94/424	–
Coaching-Newsletter	19.5.2011	I ZR 147/09	12/77	12/74	–	–	–	–
Cola-Test	22.5.1986	I ZR 11/85	87/166	87/49	87/437	–	87/330	–
Computer-Bild	9.6.2011	I ZR 17/10	12/975	12/188	–	–	–	–
Computerwerbung I	17.2.2000	I ZR 254/97	00/1248	00/911	00/3001	–	00/2062	00/1429
Computerwerbung II	24.10.2002	I ZR 50/00	03/273	03/163	03/894	–	–	–
Costa del Sol	29.4.2010	I ZR 23/08	10/872	10/652	10/2521	–	–	–
Cotonelle	26.11.1996	EuGH C-313/94	97/546	–	–	–	–	–
Creation Lamis	5.5.2011	I ZR 157/09	11/1593	11/1153	–	–	–	–
„Dankes-Prämien-Abruf"	23.6.2005	III ZR 4/04	05/1167	–	–	–	–	–
d'arbo naturrein	4.4.2000	EuGH C-465/98	00/489	–	–	–	–	–
„Darstellung als Imitation"	11.3.2010	I ZR 203/08	10/761	–	–	–	–	–
DAS GROSSE RÄTSELHEFT	25.4.2012	I ZR 105/10	12/1517	12/1279	–	–	–	–
Dauertiefpreise	11.12.2003	I ZR 50/01	04/735	04/605	04/2235	–	–	–
Das Beste jeden Morgen	3.5.2001	I ZR 318/98	02/74	–	–	02/329	–	–

Bezeichnung	Datum	Aktenzeichen (sonstige Bezeichnung, falls nicht BGH)	WRP	GRUR	NJW	NJW-RR/ GRUR-RR	Der Betrieb	Betriebs-Berater
DAX	30.4.2009	I ZR 42/07	09/1526	09/1162	–	10/960	09/2316	09/2612
De Agostini	9.7.1997	EuGH C–34/95 C–35/95 C–36/95	98/145	GRUR Int. 97/913	–	–	–	–
dentalästhetika II	13.7.2006	I ZR 222/03	07/66	07/161	–	07/337	–	–
Dentallaborleistungen	23.2.2012	I ZR 231/10	12/1226	12/1050	–	–	–	14/1039
DER NEUE	12.9.2013	I ZR 123/12	14/435	14/403	–	–	–	–
Der Zauber des Nordens	7.5.2015	I ZR 158/14	15/1464	15/1240	–	–	–	–
Designerbrille	5.12.2002	OLG Hamburg 5 U 26/02	–	–	–	–	–	–
„deutlich gestaltete Widerrufsbelehrung"	1.12.2010	VIII ZR 82/10	11/236	–	–	–	11/295	–
Deutsche Parkinson Vereinigung/ Zentrale	19.10.2016	EuGH C-148/15	17/36	16/1312	16/3771	–		–
Deutscher Apotheker-verband/DocMorris	11.12.2003	EuGH C-322/01	04/205	04/174	–	–		–
Die Besten I	30.4.1997	I ZR 196/94	97/1048	97/912	97/2679	–	–	97/1867
Die Besten II	30.4.1997	I ZR 154/95	97/1051	97/914	97/2681	–	–	–
Die clevere Alternative	14.5.2009	I ZR 179/07	09/1513	09/886	09/3368	–	–	–
Die große deutsche Tages- und Wirtschaftszeitung	12.2.1998	I ZR 110/96	98/861	98/951	98/3349	–	–	–
Die „Steinzeit" ist vorbei	25.4.2002	I ZR 272/99	02/1138	02/982	02/3399	–	–	–
Diplomierte Trainerin	18.9.2013	I ZR 65/12	14/559	14/494	–	–	–	–
Direktansprache am Arbeitsplatz	4.3.2004	I ZR 221/01	04/1017	–	04/2080	–	–	04/1464
Direktansprache am Arbeitsplatz II	29.22.2006	I ZR 73/02	06/577	06/426	06/1665	–	06/1895	–
Direktansprache am Arbeitsplatz III	22.11.2007	I ZR 183/04	08/219	08/262	08/855	–	08/180	–
Direkt ab Werk	20.1.2005	I ZR 96/02	05/474	05/442	–	–	–	05/797
Discount-Geschäft	13.11.1970	I ZR 49/69	–	71/164	71/378	–	–	71/144
Double-Opt-In-Verfahren	10.2.2011	I ZR 164/09	11/1153	11/936	11/2657	–	11/1857	–
Dr. Clauder's Hufpflege	26.2.2009	I ZR 163/06	09/1247	09/982	09/3095	–	–	–

Bezeichnung	Datum	Aktenzeichen (sonstige Bezeichnung, falls nicht BGH)	WRP	GRUR	NJW	NJW-RR/GRUR-RR	Der Betrieb	Betriebs-Berater
Dr. Estrich	17.12.2015	I ZR 219/13	–	–	–	16/410	–	–
Dufvergleich mit Markenparfüm	6.12.2007	I ZR 184/05	08/936	08/726	–	–	–	–
Durchgestrichener Preis II	5.11.2015	I ZR 182/14	16/590	16/521	–	–	16/1072	16/849
150% Zinsbonus	19.4.2007	I ZR 57/05	07/1337	07/981	08/231	–	–	–
Echt versilbert	18.9.1986	I ZR 82/84	87/168	87/124	–	87/226	–	–
„Edelmetallankauf"	23.10.2008	I ZR 121/07	09/435	–	–	–	–	–
EDV-Geräte	9.5.1996	I ZR 107/94	96/899	96/800	96/2729	–	–	–
EG-Neuwagen I	15.7.1999	I ZR 44/97	99/1151	99/1122	99/3267	–	–	99/2044
EG-Neuwagen II	19.8.1999	I ZR 225/97	99/1155	99/1125	99/3491	–	–	99/2047
Ehemalige Herstellerpreisempfehlung	15.9.1999	I ZR 131/97	00/383	00/436	00/1417	–	–	–
Eigenpreisvergleich	21.3.2007	I ZR 184/03	07/1181	07/896	–	–	–	–
Einkauf Aktuell	15.12.2011	I ZR 129/10	12/935	12/728	–	–	–	–
Einkaufsgutschein I	22.5.2003	I ZR 8/01	03/1428	–	03/3632	–	–	–
Einkaufsgutschein II	18.12.2003	I ZR 84/01	04/496	04/349	04/1665	–	–	04/574
Einkaufswagen III	17.7.2013	I ZR 21/12	13/1339	13/1052	–	13/1377	–	–
Einrichtungs-Pass	15.1.1987	I ZR 112/84	87/455	87/367	87/1084	–	–	–
Einwilligung in E-Mail-Werbung	14.3.2017	VI ZR 721/15	17/700	17/748	17/2119	–	–	–
Einwilligung in Werbeanrufe II	25.10.2012	I ZR 160/10	13/767	13/531	13/2683	–	13/1171	–
Einwilligungserklärung für Werbeanrufe	14.4.2011	I ZR 50/09	11/863	11/629	–	–	–	–
EKW-Steuerberater	29.7.2009	I ZR 77/07	10/518	10/349	–	–	–	–
Elektroarbeiten	25.4.2002	I ZR 250/00	02/943	02/825	–	–	–	–
E-Mail-Werbung	11.3.2004	I ZR 81/01	04/731	04/517	04/1655	–	04/980	04/964
E-Mail-Werbung II	20.5.2009	I ZR 218/07	09/1246	09/980	09/2958	–	09/1984	–
Emilio Adani II	27.5.1993	I ZR 115/91	93/752	93/920	–	93/1263	–	–
Empfehlung-E-Mail	12.9.2013	I ZR 208/12	13/1579	13/1259	–	–	–	13/3028
Energieeffizienzklasse	4.2.2016	I ZR 181/14	16/1100	16/954	–	16/1379	–	–

Anhang I. Fundstellenverzeichnis

Bezeichnung	Datum	Aktenzeichen (sonstige Bezeichnung, falls nicht BGH)	WRP	GRUR	NJW	NJW-RR/ GRUR-RR	Der Betrieb	Betriebs-Berater
Energiekosten-Preisvergleich I	21.22.1996	I ZR 50/94	96/721	96/502	–	96/1190	–	–
Energiekosten-Preisvergleich II	19.9.1996	I ZR 72/94	97/179	97/304	–	97/424	97/1076	–
Englischsprachige Pressemitteilung	12.12.2013	I ZR 131/12	14/548	14/601	–	–	–	–
Entertain	15.12.2016	I ZR 241/15	17/303	17/295	–	–	–	–
Entfernung der Herstellungsnummer I	15.7.1999	I ZR 14/97	99/1026	99/1109	99/3043	–	99/2628	99/2155
Entfernung der Herstellungsnummer II	17.5.2001	I ZR 291/98	01/918	01/841	–	–	–	–
Entfernung der Herstellungsnummer III	21.2.2002	I ZR 140/99	02/947	02/709	–	02/1119	–	–
„entwendete Datensätze mit Konstruktionszeichnungen"	19.3.2008	I ZR 225/06	08/938	–	–	–	–	–
Epson-Tinte	16.12.2004	I ZR 222/02	05/480	05/438	–	–	–	–
Erinnerungswerbung im Internet	29.4.2010	I ZR 202/07	10/1030	10/749	–	10/1343	10/1641	–
Eröffnungswerbung	14.12.2000	I ZR 147/98	01/688	01/752	–	–	01/2345	–
„Ersetzt"	2.10.2002	I ZR 90/00	03/637	03/444	03/2680	–	–	–
Espressomaschine	11.3.2010	I ZR 123/08	10/1246	10/936	–	–	10/2104	–
Euminz	18.1.2012	I ZR 83/11	12/1091	12/1058	–	–	–	–
Euro-Apotheke Budapest	12.1.2012	I ZR 211/10	12/1101	12/954	–	–	–	–
Euro-Einführungsrabatt	23.10.2003	I ZB 45/02	04/235	–	–	–	–	–
EURO und Schwarzgeld	8.11.2007	I ZR 172/05	08/249	08/360	08/1001	–	–	–
Euromint	16.1.1997	I ZR 225/94	97/731	97/669	97/2817	–	–	–
Euroscheck-Differenzzahlung	28.10.1993	I ZR 246/91	94/108	94/230	94/388	–	–	94/676
Exzenterzähne	22.1.2015	I ZR 107/13	15/1090	15/909	–	–	–	–
Fachanwälte	29.3.2007	I ZR 152/04	07/955	–	–	–	07/1584	–
Fachliche Empfehlung	16.5.1991	I ZR 207/89	93/465	91/701	–	–	–	–
Fachverband	27.4.2000	I ZR 287/97	00/1275	00/1093	–	–	–	–
Fahrdienst zur Augenklinik	12.2.2015	I ZR 213/13	15/966	15/813	–	–	–	–

Bezeichnung	Datum	Aktenzeichen (sonstige Bezeichnung, falls nicht BGH)	WRP	GRUR	NJW	NJW-RR/ GRUR-RR	Der Betrieb	Betriebs-Berater
Fahrtkostenerstattung II	27.24.1995	I ZR 77/93	95/699	95/616	95/2561	–	95/1461	–
Falsche Herstellerreis-empfehlung	24.5.2000	I ZR 222/97	00/1402	01/78	01/73	–	–	–
Falsche Suchrubrik	6.10.2011	I ZR 42/10	12/464	12/286	–	12/499	–	–
Family-Karte	22.11.1990	I ZR 50/89	91/225	91/329	–	91/560	–	91/376
Faxanfrage im Autohandel	17.7.2008	I ZR 75/06	08/1328	08/923	08/2997	–	08/1967	–
FC Troschenreuth	17.7.2008	I ZR 197/05	08/1330	08/925	08/2999	–	08/2134	–
Fehlende Planmäßigkeit	7.10.1993	I ZR 284/91	94/31	94/638	94/53	–	–	–
Fehlerhafte Preisauszeichnung	4.10.2007	I ZR 182/05	08/659	08/442	08/1388	–	08/756	–
Femur-Teil	15.4.2010	I ZR 145/08	10/1465	10/1125	–	11/45	–	–
Ferienluxuswohnung	31.5.2012	I ZR 106/10	13/336	–	13/787	–	–	–
Fernflugpreise	5.7.2001	I ZR 104/99	01/1301	01/1166	–	–	–	–
Fernsehinterview	9.10.1963	I b ZR 28/62	64/237	64/208	64/818	–	63/1533	63/1274
Fertigbrei	15.1.1965	I b ZR 46/63	–	65/363	–	–	–	65/560
Feuchtigkeitsspendendes Gel-Reservoir	28.1.2016	I ZR 36/14	16/463	16/418	–	–	–	–
FIFA-WM-Gewinnspiel	9.7.2009	I ZR 64/07	10/238	10/158	10/616	–	–	–
Filialleiterfehler	29.6.2000	I ZR 29/98	00/1258	00/907	–	–	00/2061	–
Fischdosendeckel	10.12.2009	I ZR 46/07	10/241	10/253	–	–	–	–
Flappe	1.7.2010	I ZR 161/09	11/210	11/163	–	–	–	–
Flaschenpfand	14.10.1993	I ZR 218/91	94/101	94/222	–	94/301	94/213	–
Flaschenpfand II	30.4.1998	I ZR 40/96	98/867	98/955	–	98/1574	–	98/1813
Flughafen Berlin-Schönefeld	21.7.2011	I ZR 209/09	–	–	–	GRUR-RR 12/157	–	–
Flughafen Frankfurt-Hahn	10.2.2011	I ZR 136/09	11/596	11/444	–	–	–	–
Flugpreise	21.4.2016	I ZR 220/14	16/834	16/716	–	–	–	–
Flugermittlung im Internet	30.4.2014	I ZR 224/12	14/839	14/785	14/3307	–	–	–
Förderverein	21.7.2016	I ZR 127/15	17/169	17/199	–	–	–	–
Folienrollos	19.5.2010	I ZR 177/07	10/1035	10/855	–	–	–	–
Ford-Vertragspartner	17.3.2011	I ZR 170/08	11/1444	11/1050	–	11/1408	–	–

Bezeichnung	Datum	Aktenzeichen (sonstige Bezeichnung, falls nicht BGH)	WRP	GRUR	NJW	NJW-RR/ GRUR–RR	Der Betrieb	Betriebs-Berater
Fortfall einer Herstellerpreisempfehlung	29.1.2004	I ZR 132/01	04/606	04/437	–	04/980	–	–
Foto–Aktion	22.5.2003	I ZR 185/00	03/1101	03/804	03/2988	–	–	–
Fotovergrößerungen	5.3.1998	I ZR 229/95	98/973	98/1039	98/3203	–	–	–
Fräsautomat	15.1.2009	I ZR 123/06	09/1082	09/878	–	09/1496	–	–
Freier Architekt	25.3.2010	I ZR 68/09	10/1489	10/1115	–	11/43	–	–
Fremdcoupon-Einlösung	23.6.2016	I ZR 137/15	17/46	17/92	–	17/294	–	–
Fressnapf	4.2.2016	I ZR 194/14	16/450	16/403	–	16/1439	–	–
Freunde finden	14.1.2016	I ZR 65/14	16/958	16/946	16/3445	–	16/1807	–
Freunde werben Freunde	24.11.2016	I ZR 163/15	17/694	17/635	–	–	–	–
Freundschaftswerbung im Internet	29.5.2008	I ZR 189/05	08/1560	08/1121	08/3711	–	–	–
Fruchtextrakt	22.11.2007	I ZR 77/05	08/924	08/625	–	–	–	–
Frühlingsgeflüge	15.1.2004	I ZR 180/01	04/490	04/435	–	–	–	–
Frühlings-Special	7.7.2011	I ZR 181/10	12/316	12/213	–	–	–	–
FSA-Kodex	9.9.2010	I ZR 157/08	11/444	11/431	–	–	–	–
500 DM-Gutschein für Autokauf	9.6.2004	I ZR 187/02	04/1359	04/960	–	04/1557	–	–
... 50% Sonder-AfA	30.4.1997	I ZR 30/95	97/1179	97/934	–	–	–	–
Fundstellenangabe	21.23.1991	I ZR 151/89	91/573	91/679	–	91/1135	–	91/1210
Fußpilz	11.9.2008	I ZR 58/06	09/304	09/418	–	09/470	–	–
Gallardo Spyder	4.2.2010	I ZR 66/09	10/1143	10/852	–	10/1560	–	–
Gartenliege	24.5.2007	I ZR 104/04	07/1455	07/984	–	–	–	–
Gas–Heizkessel	9.9.2010	I ZR 26/08	10/1491	10/1122	–	–	–	–
Gebäckpresse	9.10.2008	I ZR 126/06	09/76	09/79	–	–	–	–
Geballtes Bunt	13.6.1973	I ZR 65/72	74/23	74/345	74/46	–	73/2391	74/10
Geburtstagswerbung II	14.11.1996	I ZR 164/94	97/439	97/476	–	97/800	–	–
Geburtstagswerbung III	25.6.1998	I ZR 75/96	98/982	98/1046	–	98/1573	–	98/1762
Gefälligkeit	19.4.2007	I ZR 92/04	07/1356	07/994	–	–	–	–
Geld-Zurück-Garantie	14.7.1993	I ZR 189/91	93/749	94/54	–	–	93/1973	–
Geld-Zurück-Garantie II	11.3.2009	I ZR 194/06	09/1229	09/1064	10/612	–	09/2146	–

Anhang I. Fundstellenverzeichnis

Bezeichnung	Datum	Aktenzeichen (sonstige Bezeichnung, falls nicht BGH)	WRP	GRUR	NJW	NJW-RR/ GRUR–RR	Der Betrieb	Betriebs-Berater
Geld-Zurück-Garantie III	19.3.2014	I ZR 185/12	14/1054	14/1007	14/3095	–	14/2165	–
Gelenk-Nahrung	4.12.1997	I ZR 125/95	98/505	98/493	–	98/691	–	–
Gelenknahrung II	15.7.2010	I ZR 99/09	11/220	11/355	–	–	–	–
Gemeinkostenanteil	2.11.2000	I ZR 246/98	01/276	–	–	–	–	–
Genealogie der Düfte	5.2.2004	I ZR 171/01	04/739	04/607	04/1951	–	04/1827	–
Generika-Werbung	25.3.1999	I ZR 77/97	99/1141	99/1100	–	00/631	–	–
Georg Köck/ Schutzverband	17.1.2013	EuGH C-206/11	–	GRUR Int. 13/267	–	–	–	–
Geo-Targeting	28.4.2016	I ZR 23/15	16/1228	16/1073	16/3310	–	–	–
Gesamtpreisangebot	27.2.2003	I ZR 253/00	03/743	03/538	03/1671	–	–	–
Gesamtzufriedenheit	9.11.2006	I ZB 28/06	07/641	–	–	–	–	–
Geschäftsfortführung nach Ausverkauf I	2.3.1989	I ZR 234/86	89/500	89/447	–	89/943	–	–
Geschäftsfortführung nach Ausverkauf II	7.10.1993	I ZR 317/91	94/34	–	94/194	–	–	94/100
Geschäftsführerhaftung	18.6.2016	I ZR 242/12	14/1050	14/883	–	14/1382	14/1799	14/2126
„Geschäftsgebühr für Abschluss- schreiben"	4.2.2010	I ZR 30/08	10/1169	10/1038	–	–	–	–
Gesetzeswiederholende Unterlassungs- anträge	24.11.1999	I ZR 189/97	00/389	–	–	–	–	–
Gesunder Genuss	22.2.1967	I b ZR 32/65	67/271	67/592	67/1509	–	–	67/557
Getarnte Werbung	10.7.1981	I ZR 96/79	81/642	81/835	81/2573	–	–	82/68
Gewährleistungsausschluss im In- ternet	31.3.2010	I ZR 34/08	10/1475	10/1117	11/76	–	–	10/2777
Gewinnabschöpfung	2.11.2006	OLG Stuttgart 2 U 58/06	07/350	–	–	–	–	–
Gewinn-Mitteilung	19.2.2004	III ZR 226/03	04/617	–	–	–	–	–
Gewinnspiel	21.22.1975	I ZR 46/74	76/100	–	–	–	–	–
Gewinnspiel im Radio	11.4.2002	I ZR 225/99	02/1136	02/1003	–	02/1466	–	–
Gewinnzertifikat	26.4.2001	I ZR 314/98	01/1073	01/1178	–	–	01/2243	–

Bezeichnung	Datum	Aktenzeichen (sonstige Bezeichnung, falls nicht BGH)	WRP	GRUR	NJW	NJW-RR/ GRUR-RR	Der Betrieb	Betriebs-Berater
Gib mal Zeitung	1.10.2009	I ZR 134/07	10/252	10/161	–	–	10/387	–
Giftnotruf-Box	6.10.1999	I ZR 46/97	00/170	00/237	–	–	–	–
Glockenpackung	22.12.1961	I ZR 58/60	62/200	62/415	–	–	62/403	62/315
Glücksbon-Tage	21.7.2005	I ZR 172/04	05/1251	05/886	–	–	–	–
Glückspäckchen im Osternest	24.1.2013	I ZR 51/11	–	13/956	–	13/1197	–	–
Glücksspielverband	17.8.2011	I ZR 148/10	12/453	12/411	12/1514	–	–	–
Goldbärenbarren	12.12.2013	I ZR 192/12	14/831	14/686	–	–	14/1371	–
GOOD NEWS	19.7.2012	I ZR 2/11	12/1219	12/1056	–	–	–	–
GOOD NEWS	17.10.2013	EuGH C–391/12	13/1575	13/1245	–	–	13/2445	–
GOOD NEWS II	6.2.2014	I ZR 2/11	14/1058	14/879	–	–	–	–
Golly Telly	10.12.2009	I ZR 189/07	10/869	10/754	–	–	–	–
Google und Google France	23.3.2010	C–236/08 – C–238/08	–	10/445	10/2029	–	–	–
Grabmalwerbung	22.4.2010	I ZR 29/09	10/1502	10/1113	11/79	–	–	–
Grand Marnier	3.2.1994	I ZR 282/91	94/533	94/519	94/2030	–	–	–
grau/magenta	20.3.1997	I ZR 246/94	97/748	97/754	97/2379	–	–	–
Grippewelle	17.1.1984	5 U 56 75/82 (KG Berlin)	84/686	–	–	–	–	–
Größter Online-Dienst	17.6.2004	I ZR 284/01	04/1165	04/786	–	04/1487	–	–
Grundeintrag Online	8.7.2004	I ZR 142/02	04/1479	04/961	05/67	–	–	–
Grundpreisangabe im Supermarkt	7.3.2013	I ZR 30/12	13/1022	13/850	–	–	13/1663	–
Gründerbildnis	22.12.1961	I ZR 152/59	62/331	62/310	62/1103	–	62/403	62/316
Güllepumpen	14.1.1999	I ZR 203/96	99/816	99/751	–	99/984	–	–
Gummistrümpfe	26.10.1961	KZR 1/61	62/60	62/263	62/196	–	–	–
Gurktaler Kräuterlikör	13.1.2011	I ZR 22/09	–	11/246	–	–	–	–
Gutscheinübersendung	9.4.1992	I ZR 173/90	92/692	92/855	92/3040	–	–	92/2248
Haftung für Hyperlink	18.6.2015	I ZR 74/14	16/187	16/209	–	–	–	16/206
„Hagelschaden"	8.11.2007	I ZR 192/06	08/780	–	–	–	–	–

Bezeichnung	Datum	Aktenzeichen (sonstige Bezeichnung, falls nicht BGH)	WRP	GRUR	NJW	NJW-RR/ GRUR-RR	Der Betrieb	Betriebs-Berater
Halzband	11.3.2003	I ZR 114/06	09/730	09/597	–	–	–	–
Hamburger Auktionatoren	13.11.2003	I ZR 141/02	04/348	04/251	04/854	–	07/2366	–
Handtaschen	11.1.2007	I ZR 198/04	07/1076	07/795	–	08/124	–	–
Handtuchklemmen	24.3.2005	I ZR 131/02	05/878	05/600	–	05/1126	–	–
Handy „fast geschenkt" für 0,49 DM	26.10.1999	I ZR 242/97			–	NJWE-WettbR 00/232	–	–
Hardrock Café	15.8.2013	I ZR 188/11		13/1161	–	14/479	–	–
Hartplatzhelden.de	28.10.2010	I ZR 60/09	11/561	11/436	11/1811	–	–	–
Haustürgeschäft II	27.2.1997	I ZR 217/94	97/441	97/478	–	97/801	97/1710	–
HBV-Familien- und Wohnungs-rechtsschutz	25.1.1990	I ZR 19/87	90/672	90/522	–	–	–	–
Hemdblusenkleid	10.11.1983	I ZR 158/81	84/259	84/453	–	–	84/1295	16/1410
Herrnhuter Stern	2.12.2015	I ZR 176/14	16/966	16/730	–	–	16/1932	–
Herstellerpreisempfehlung bei Amazon	3.3.2016	I ZR 110/15	16/1103	16/961	16/3306	–	–	–
Herstellgarantie II	5.12.2012	I ZR 146/11	13/1029	13/851	–	–	–	–
Herz-Kreislauf-Studie	9.11.2000	I ZR 167/98	01/531	01/529	–	–	–	–
„heute gratis!"	20.5.2010	OLG Frankfurt a. M. 6 U 33/09			–	GRUR–RR 10/482	–	–
Hier spiegelt sich Erfahrung	22.10.2009	I ZR 73/07	10/636	10/352	–	10/921	10/1289	–
Himbeer-Vanille-Abenteuer	26.2.2014	I ZR 45/13	14/694	14/588	–	–	–	–
Himbeer-Vanille-Abenteuer II	2.12.2015	I ZR 45/13	16/838	16/738	–	–	–	–
Holzhocker	29.4.2010	I ZR 66/08	10/1517	10/1142	–	–	–	–
Holland-Preise	26.2.2014	I ZR 77/09	14/566		–	–	–	–
Hörgeräteausstellung	10.11.2016	I ZR 29/15	17/296	17/286	–	17/615	–	17/211
Hörgeräteversorgung II	13.1.2011	I ZR 111/08	11/451	11/345	–	–	–	–
Hormonpräparate	3.12.1998	I ZR 119/96	99/643	99/1128	99/2737	–	–	–
Hotelbewertungsportal	19.3.2015	I ZR 94/13	15/1326	15/1129	15/3443	–	15/2262	15/2443
Hot Sox	19.11.2015	I ZR 109/14	16/854	16/720	–	–	–	–

Bezeichnung	Datum	Aktenzeichen (sonstige Bezeichnung, falls nicht BGH)	WRP	GRUR	NJW	NJW-RR/ GRUR-RR	Der Betrieb	Betriebs-Berater
ICON	26.6.2008	I ZR 170/05	08/1510	08/1115	–	–	08/2529	–
Im Immobiliensumpf	31.3.2016	I ZR 160/14	16/843	16/710	16/3373	–	16/2348	–
Imitationswerbung	6.12.2007	I ZR 169/04	08/930	08/628	–	–		–
Immobilienpreisangaben	5.10.2000	I ZR 247/98	01/146	01/258	–	–		–
Importwerbung	28.10.1993	I ZR 247/91	94/106	94/228		94/362		–
incl. MwSt. II	22.2.1990	I ZR 201/88	90/819	90/1028		90/1255		–
„inhaltsgleiches Unterlassungsbegehren"	15.4.2008	X ZB 12/06	08/952	–	–	–		–
Innerhalb 24 Stunden	12.5.2011	I ZR 119/10	12/962	–	–	–		–
Internet-Reservierungssystem	3.4.2003	I ZR 222/00	03/1222	03/889	03/3055	–		–
Internet-Versandhandel	7.4.2005	I ZR 314/02	05/886	05/690	05/2229	–		05/1353
Internetvertrieb von Kontaktlinsen	2.12.2010	EuGH C-108/09	–	11/243	–	–		–
Irische Butter	10.2.2011	I ZR 183/09	11/459	11/340	–	11/398	11/470	–
Irreführender Kontoauszug	11.1.2007	I ZR 87/04	07/1085	07/805	07/3002	–		–
Irrtum vorbehalten	7.11.1996	I ZR 138/94	97/429	97/472	97/1780	–		–
ITM/Carrefour	8.2.2017	EuGH C-562/15	17/405	17/280	17/1657	–		–
jameda.de II	1.3.2016	VI ZR 34/15	16/731	16/855	16/2106	06/45		16/1484
Jeans	15.9.2005	I ZR 151/02	06/75	06/79	–			–
Jeans II	19.21.2006	I ZR 151/02	06/467	06/346	06/1978			–
Jeder 100. Einkauf gratis	22.1.2009	I ZR 31/06	09/950	09/875	09/2749			–
Jubiläumsschnäppchen	7.6.2001	I ZR 115/99	01/1182	02/177	01/3710			–
Jugendgefährdende Medien bei eBay	12.7.2007	I ZR 18/04	07/1173	07/890	08/758			–
Kaffeekauf	11.4.1991	I ZR 175/89	91/579	91/682	–	–	–	91/2255
Kaffeepreise	20.4.1989	I ZR 26/88	89/519	89/848	–	89/1124	–	89/1777
Kamerakauf im Internet	16.7.2009	I ZR 50/07	10/370	10/248	–	10/915	10/443	–
Karenzzeit (= Sonderangebot in der Karenzzeit)	4.12.1981	I ZR 9/80	82/218	82/241	82/1393	–	82/894	–
Karner	25.3.2004	EuGH C-71/02	04/599	–	–	–	–	–

Bezeichnung	Datum	Aktenzeichen (sonstige Bezeichnung, falls nicht BGH)	WRP	GRUR	NJW	NJW-RR/ GRUR-RR	Der Betrieb	Betriebs-Berater
Keck und Mithouard	24.11.1993	C-267/91 u. -268/91 (EuGH)	–	94/296	94/121	–	–	–
Kein Regelstreitwert in Wettbewerbssachen	22.1.2015	I ZR 95/14	15/454	–	–	–	–	–
Kfz-Waschanlagen	5.12.1996	I ZR 203/94	97/709	97/539	–	97/1130	97/1712	–
Kinderarbeit	6.7.1995	I ZR 110/93	95/682	95/595	95/2490	–	95/2063	95/1974
Kindergarten-Malwettbewerb	3.11.1978	I ZR 90/77	79/117	79/157	–	–	79/492	–
Kinderhochstühle im Internet	22.7.2010	I ZR 139/08	11/223	–	–	–	–	–
Kindersekt	17.7.2013	I ZR 211/12	–	–	–	14/129	–	–
Klage aus einer Gewinnzusage	1.12.2005	III ZR 191/03	06/257	–	–	–	–	–
Klassenlotterie	22.10.2009	I ZR 58/07	–	10/454	–	–	–	–
Kleidersack	30.21.2003	I ZR 142/00	03/886	03/624	–	–	–	–
Kleidung wie nach Maß	26.10.1966	I b ZR 126/64	67/184	67/360	–	–	67/421	67/261
Klemmbausteine III	2.12.2004	I ZR 30/02	05/476	05/349	–	–	–	–
Klosterbrauerei	7.11.2002	I ZR 276/99	03/747	03/628	–	–	–	–
Knoblauchwürste	2.4.2009	I ZR 144/06	09/1374	09/1069	–	09/1703	09/2431	–
Köck/Schutzverband gegen unlauteren Wettbewerb	17.1.2013	EuGH C-206/11	13/460	GRUR-Int 13/267	–	–	–	–
Königl.-Bayerische Weiße	21.2.1991	I ZR 106/89	91/473	92/66	–	91/1061	–	–
Kollektion Holiday	22.4.1993	I ZR 52/91	93/625	93/757	–	–	93/1466	–
Kommanditistenbrief	13.11.2013	I ZR 15/12	14/55	14/86	14/554	–	13/2855	–
Kompetenter Fachhändler	19.9.1996	I ZR 76/95	97/83	97/141	97/588	–	97/373	–
Komplettpreis	24.11.1988	I ZR 200/87	89/304	93/60	–	89/425	–	89/648
Konkursvermerk	11.5.1989	I ZR 141/87	89/2065	–	–	–	–	89/206
Konsumentombudsmannen/Ving	12.5.2011	EuGH C-122/10	–	11/930	–	–	–	–
Kontaktanzeigen	13.7.2006	I ZR 241/03	06/1502	06/1042	06/3490	–	–	–
Kontinentmöbel	6.4.1979	I ZR 35/77	79/639	79/716	–	–	–	79/1212
Kontrollnummernbeseitigung II	5.10.2000	I ZR 1/98	01/539	01/448	–	–	01/977	–
Kooperation mit Wirtschaftsprüfer	6.11.2013	I ZR 147/12	14/557	14/496	–	14/611	14/890	14/1106

Bezeichnung	Datum	Aktenzeichen (sonstige Bezeichnung, falls nicht BGH)	WRP	GRUR	NJW	NJW-RR/ GRUR–RR	Der Betrieb	Betriebs-Berater
Kopfhörer-Kennzeichnung	9.7.2015	I ZR 224/13	15/1214	15/1021	–	16/155	–	–
Klassenlotterie	22.10.2009	I ZR 58/07	–	10/454	–	–	–	–
Kopplungsangebot I	13.6.2002	I ZR 173/01	02/1256	02/976	02/3403	–	–	–
Kopplungsangebot II	13.6.2002	I ZR 71/01	02/1259	02/979	02/3405	–	–	–
Kosmetikset	17.11.1994	I ZR 193/92	95/192	95/165	–	95/428	–	–
Kosten der Schutzschrift III	13.3.2008	I ZB 20/07	08/951	08/640	–	08/1093	–	–
Kosten eines Abwehrschreibens	6.12.2007	I ZB 16/07	08/947	08/639	08/2040	–	–	–
Kostenlose Kleinanzeigen – Annoncen-Avis	12.10.1989	I ZR 155/87	90/266	90/44	90/296	–	–	–
Kostenlose Schätzung	28.11.2013	I ZR 34/13	14/556	14/498	–	–	–	–
Kräutertee	21.1.2010	I ZR 47/09	10/525	10/354	–	–	10/501	–
Kraftfahrzeuganhänger mit Werbeschildern	11.5.2006	I ZR 250/03	06/1117	06/872	–	–	–	–
Krankenhauswerbung	1.3.2007	I ZR 51/04	07/1088	07/809	07/1338	–	–	–
Krankenkassenzulassung	2.10.2003	I ZR 117/01	04/337	04/247	–	–	–	–
Krankenzusatzversicherungen	18.9.2013	I ZR 183/12	13/1585	13/1250	–	–	–	–
Kreditkartenübersendung	3.3.2011	I ZR 167/09	11/1054	11/747	11/3159	–	11/2432	–
Kreditkontrolle	6.10.2011	I ZR 54/10	12/461	12/405	89/383	–	12/458	–
Kristallfiguren	14.4.1988	I ZR 99/86	–	88/690	89/383	–	–	–
„Kritische Äußerungen über ein Unternehmen"	22.9.2009	VI ZR 19/08	09/1540	–	–	–	–	–
Küchentiefstpreis-Garantie	2.10.2008	I ZR 48/06	09/432	09/416	–	–	–	–
Kündigungshilfe	7.4.2005	I ZR 140/02	05/874	05/603	–	–	–	–
Kundenbewertung im Internet	21.1.2016	I ZR 252/14	16/974	16/828	–	16/1010	16/1495	16/1615
Kundendatenprogramm	27.4.2006	I ZR 126/03	06/1511	06/1044	06/3424	–	06/2459	–
Kunden werben Kunden	6.7.2006	I ZR 145/03	06/1370	06/949	06/3203	–	–	–
Kupferberg	10.11.1965	I b ZR 101/63	66/30	66/623	66/343	–	65/1904	66/7
Kurze Verjährungsfrist	12.7.1995	I ZR 176/93	95/820	95/678	95/2788	–	–	95/2284

Bezeichnung	Datum	Aktenzeichen (sonstige Bezeichnung, falls nicht BGH)	WRP	GRUR	NJW	NJW-RR/ GRUR–RR	Der Betrieb	Betriebs-Berater
Laienwerbung für Augenoptiker	29.9.1994	I ZR 138/92	95/104	95/122	95/724	–	–	–
Laienwerbung für Kreditkarten	27.9.1990	I ZR 213/89	91/154	91/150	–	91/426	–	90/2430
Last-Minute-Reise	17.6.1999	I ZR 149/97	00/92	00/239	00/588	–	–	–
Lavamat II	5.2.1965	I b ZR 30/63	65/146	65/365	65/967	–	–	65/301
Lebens-Kost	21.4.2016	I ZR 276/14	16/866	16/831	–	–	16/1372	–
Leistungspakete im Preisvergleich	7.4.2011	I ZR 34/09	11/873	11/742	11/2787	–		
Lernspiele	1.6.2011	I ZR 140/09	11/1070	–	–	–		
Lernstark	10.12.2015	I ZR 222/13	16/471	16/412	–	–		
LGA tested	21.7.2016	I ZR 26/15	16/1221	16/1076	–	–		
Lesezirkel II	11.10.2006	KZR 45/05	07/81	07/172	07/83	–		
Lidl Belgium GmbH & Co. KG	19.9.2006	EuGH C-356/04	06/1348	07/69	–	–		
Lidl ./. Vierzon Distribution	18.11.2010	EuGH C-159/09	11/195	11/159	–	–		
Lieferstörung	16.3.2000	I ZR 229/97	00/1131	02/187	–	–		
Lifting-Creme	13.1.2000	EuGH Rs. C-220/98	00/289	–	00/1173	–		
LIKEaBIKE	28.5.2009	I ZR 124/06	10/94	10/80	–	10/339	10/667	–
Lohnsteuerhilfeverein Preußen	14.10.2010	I ZR 5/09	11/747	11/535	–	–		
Lorch Premium II	30.4.2009	I ZR 45/07	09/1235	09/972	–	–		
L'Oréal	18.6.2009	EuGH C-487/07	09/930	09/757	–	–		
Loterie Nationale/Paul Adriaensen	15.12.2016	EuGH C-667/15	17/408	17/193	–	–		
Lotterien und Kasinospiele	18.11.2010	I ZR 168/07	11/213	11/169	–	–		
Lübecker Marzipan	26.26.1980	I ZR 97/78	81/18	81/71	–	–		
MacDent	26.2.2009	I ZR 222/06	09/1092	09/883	–	09/1553		
Makler (= Laienwerbung für Makleraufträge)	27.2.1981	I ZR 75/79	81/456	81/655	–	–	81/1818	–
Markenbenzin	7.4.1965	I b ZR 32/63	65/367	66/45	65/1963	–	–	65/966
Markenheftchen	19.5.2010	I ZR 158/08	11/51	11/79	–	–		
Marktführerschaft	2.10.2003	I ZR 150/01	04/339	04/244	04/1163	–		
Marktführer Sport	8.3.2012	I ZR 202/10	12/1216	12/1053	–	–		
Mars	6.7.1995	EuGH C-470/93	95/677	–	95/3243	–	95/1705	–

Bezeichnung	Datum	Aktenzeichen (sonstige Bezeichnung, falls nicht BGH)	WRP	GRUR	NJW	NJW-RR/ GRUR-RR	Der Betrieb	Betriebs-Berater
Massenbriefsendungen aus dem Ausland	12.11.2002	K ZR 16/00	–	03/250	–	–	–	–
Master of Science Kieferorthopädie	18.3.2010	I ZR 172/08	10/1390	10/1024	–	10/1628	–	–
Matratzen	15.3.2012	I ZR 128/10	–	–	–	GRUR–RR 12/475	–	–
Matratzen Factory Outlet	24.9.2013	I ZR 89/12	13/1596	13/1254	–	14/153	–	–
McHappy-Tag	12.3.1987	I ZR 40/85	87/553	87/534	–	87/991	–	87/1840
McLaren	9.6.1994	I ZR 272/91	94/599	94/732	–	94/1323	–	–
Mecklenburger Obstbrände	14.5.2009	I ZR 82/07	09/1505	09/1186	–	–	–	–
Mediaprint Zeitungs- und Zeitschriftenverlag	9.11.2010	EuGH C-540/08	11/45	11/76	–	–	–	–
Medikamentenkauf im Versandhandel	22.8.2012	GmS-OGB 1/10	13/621	13/417	–	–	–	–
Medizinische Fußpflege	24.9.2013	I ZR 219/12	13/1582	13/1252	–	–	–	–
MEGA SALE	17.11.2005	I ZR 300/02	06/354	06/243	–	06/474	–	–
Mehrfachabmahnung	2.12.1982	I ZR 121/80	83/264	83/186	83/1060	–	83/1420	–
Mehrfachverstoß gegen Unterlassungstitel (= Wiederholte Unterwerfung)	18.12.2008	I ZB 32/06	09/637	09/427	–	–	–	–
Mehrwertdienstenummer	25.2.2016	I ZR 238/14	16/980	16/957	–	–	–	16/1872
MeinPaket.de	28.1.2016	I ZR 231/14	16/459	16/399	–	–	–	–
Meistbegünstigungsvereinbarung	6.2.2007	X ZR 117/04	07/550	07/532	–	–	–	–
Meister-Aktuell	8.11.1989	I ZR 255/88	90/327	90/378	90/1179	–	–	–
Meisterpräsenz	17.7.2013	I ZR 222/11	13/1336	13/1056	–	14/108	–	–
Mescher weis	2.7.2009	I ZR 146/07	09/1388	09/1096	09/3303	–	–	–
Messerkennzeichnung	15.4.2000	I ZR 90/98	01/153	–	–	–	–	–
Messgerät II	18.4.2013	I ZR 53/09	13/1592	13/1261	–	14/46	–	–
Metro	4.6.1998	BVerfG 1 BvR 2652/95	–	99/247	–	–	–	–

Bezeichnung	Datum	Aktenzeichen (sonstige Bezeichnung, falls nicht BGH)	WRP	GRUR	NJW	NJW-RR/ GRUR–RR	Der Betrieb	Betriebs-Berater
Metro III	30.11.1989	I ZR 55/87	90/488	90/617	90/1294	–	–	–
Metro V	14.12.2000	I ZR 181/99	01/926	01/846	01/3707	–	–	–
Mietwagenkostenersatz	8.11.2001	I ZR 124/99	02/524	02/548	–	–	–	–
Mietwagenwerbung	24.11.2011	I ZR 154/10	12/817	12/645	12/1963	–	–	–
Millionen-Chance	25.26.2008	I ZR 4/06	08/1175	08/807	–	–	08/1741	–
Millionen-Chance II	5.10.2010	I ZR 4/06	11/557	11/532	–	–	–	11/1107
Mindestverzinsung	2.10.2003	I ZR 252/01	04/225	04/162	04/439	–	–	–
mini-Preis	7.7.1978	I ZR 38/77	78/656	78/652	–	–	78/1730	79/854
Mißbräuchliche Mehrfach-abmahnung	17.1.2002	I ZR 241/99	02/320	02/357	–	–	–	–
Mißbräuchliche Mehrfachverfol-gung	6.4.2000	I ZR 76/98	00/1269	00/1089	00/3566	–	01/977	–
Missbräuchliche Vertragsstrafe	31.5.2012	I ZR 45/11	12/1086	12/949	12/3577	–	–	–
Mitsubishi	7.11.2002	I ZR 202/00	03/534	03/340	–	–	–	–
Mitwohnzentrale.de	17.5.2001	I ZR 216/99	01/1286	01/1061	01/3262	–	–	–
Mobiler Buchhaltungsservice	25.6.2015	I ZR 145/14	15/1102	15/1019	–	–	–	–
Mobiltelefon	4.2.2009	VIII ZR 32/08	–	09/506	–	–	–	–
Modulgerüst	8.12.1999	I ZR 101/97	00/493	00/521	–	–	–	–
Modulgerüst II	18.3.2010	I ZR 158/07	10/750	10/536	–	10/1053	10/953	–
Möbelauszeichnung	18.5.1973	I ZR 31/72	73/467	73/655	73/1371	–	–	–
Möbelkatalog	19.5.1983	I ZR 77/81	83/665	83/777	84/52	–	–	–
Mondpreise?	27.11.2003	I ZR 94/01	04/343	04/246	–	04/616	–	–
Monsterbacke	5.12.2012	I ZR 36/11	13/180	–	–	–	–	–
Monsterbacke II	12.2.2015	I ZR 36/11	15/444	15/403	15/1453	–	–	–
Motivkontaktlinsen	12.1.2017	I ZR 258/15	17/418	17/409	–	17/745	–	–
Movicol-Zulassungsantrag	23.2.2012	I ZR 136/10	12/1230	12/1048	–	–	–	–
Münzangebot	14.11.1996	I ZR 162/94	97/431	97/479	97/1782	–	–	97/1016
Nachlass bei der Selbstbeteiligung	8.11.2007	I ZR 60/05	08/777	08/531	–	–	–	–
Naturkind	17.10.1996	I ZR 159/94	97/302	97/306	–	–	97/976	–

Bezeichnung	Datum	Aktenzeichen (sonstige Bezeichnung, falls nicht BGH)	WRP	GRUR	NJW	NJW-RR/ GRUR-RR	Der Betrieb	Betriebs-Berater
Nebenkosten	6.6.1991	I ZR 291/89	91/652	91/845	91/2706	–	–	91/2029
Neue Kraftfahrzeuge	16.1.1992	EuGH C-129/91	–	GRUR Int. 93/951	–	–	–	–
Neue Personenkraftwagen	21.12.2011	I ZR 190/10	12/1096	12/842	–	–	–	–
Neue Personenkraftwagen II	5.3.2015	I ZR 164/13	15/1087	15/1017	15/3309	–	–	–
Neu in Bielefeld I	6.4.2000	I ZR 67/98	00/1263	01/82	–	–	–	–
Neu in Bielefeld II	6.4.2000	I ZR 114/98	00/1266	–	–	–	–	–
Neurologisch/Vaskuläres Zentrum	18.1.2012	I ZR 104/10	12/1094	12/942	–	12/1066	–	–
nickelfrei	10.4.2014	I ZR 43/13	14/1307	14/1114	–	–	–	–
Noppenbahnen	8.11.2001	I ZR 199/99	02/207	02/275	–	–	–	–
Nordjob-Messe	22.1.2014	I ZR 218/12	14/835	14/682	14/2282	–	–	16/882
„No-Reply"-E-Mails	15.12.2015	VI ZR 134/15	16/493	16/530	16/870	–	–	–
Notarielle Unterlassungserklärung	21.4.2016	I ZR 100/15	16/1494	16/1316	17/171	–	–	–
Nur bei Lotto	28.10.2004	I ZR 59/02	05/94	05/176	05/150	–	–	–
0,00 Grundgebühr	22.4.2009	I ZR 14/07	09/1510	09/1180	–	–	09/2543	–
O2 und O2 (UK)/H3G	12.6.2008	EuGH C-533/06	–	08/698	–	–	–	–
ODDSET	14.2.2008	I ZR 207/05	–	08/438	08/2044	–	–	–
ohne 19 % Mehrwertsteuer	31.3.2010	I ZR 75/08	10/1388	10/1022	10/3306	–	10/2102	–
Ohrclips	4.12.2008	I ZR 3/06	09/967	09/871	–	–	–	–
Ölbrennermodelle	24.3.1994	I ZR 62/92	94/531	94/523	–	94/941	–	–
Ölverschmutzte Ente	6.7.1995	I ZR 239/93	95/679	95/598	95/2488	–	95/2061	95/1972
Objektive Schadensberechnung	2.2.1995	I ZR 16/93	95/393	95/349	95/1420	–	–	–
One Touch Ultra	12.5.2010	I ZR 185/07	10/1020	10/756	–	10/1478	–	–
Online-Versicherungsvermittlung	28.11.2013	I ZR 7/13	14/431	14/398	–	–	14/1253	–
OP-Lampen	23.11.2000	I ZR 195/98	–	01/350	–	–	–	–
Optikerleistung durch Augenarzt	9.7.2009	I ZR 13/07	09/1076	09/977	09/3582	–	–	–
Optiker-Qualität	3.11.2016	I ZR 227/14	17/422	17/418	–	–	–	–
Oracle	1.10.2009	I ZR 94/07	10/527	10/343	10/2213	–	–	–
Orient-Teppichmuster	20.10.1999	I ZR 167/97	00/517	00/619	–	–	–	–

Bezeichnung	Datum	Aktenzeichen (sonstige Bezeichnung, falls nicht BGH)	WRP	GRUR	NJW	NJW-RR/ GRUR–RR	Der Betrieb	Betriebs-Berater
Original Kanchipur	17.3.2011	I ZR 81/09	11/1587	11/1151	–	–	–	–
OSTSEE-POST	2.4.2009	I ZR 78/06	09/824	09/672	–	09/1130	–	–
Paketpreisvergleich	19.11.2009	I ZR 141/07	10/757	10/658	–	10/1191	–	–
Paketpunktsystem	29.6.1995	I ZR 161/93	95/813	95/761	–	–	95/2159	95/2551
Paperboy	17.7.2003	I ZR 259/00	03/1341	–	03/3406	–	–	–
Payback	16.7.2008	VIII ZR 348/06	–	08/1010	–	–	08/2188	08/2426
Peek & Cloppenburg IV	29.9.2013	I ZR 64/11	–	–	–	GRUR-RR 14/201	–	–
Pflegebett	12.12.2002	I ZR 221/00	03/496	03/359	–	–	–	–
Pflichtangaben im Internet	6.6.2013	I ZR 2/12	14/65	14/94	14/1012	–	–	–
Pharao	24.3.1994	I ZR 42/93	94/519	94/630	94/1958	–	–	–
Pharmazeutische Beratung über Call-Center	19.7.2012	I ZR 40/11	13/479	13/421	–	–	–	–
Piadina-Rückruf	30.7.2015	I ZR 250/12	16/331	16/406	–	16/485	–	–
Pippig Augenoptik	8.4.2003	EuGH C-44/01	03/615	03/533	–	–	–	–
PKW-Schleichbezug	14.7.1988	I ZR 184/86	88/734	88/916	–	88/1441	–	–
Playstation	11.12.2003	I ZR 83/01	04/483	04/343	–	04/615	–	–
Plus Warenhandelsgesellschaft	14.1.2010	EuGH C-304/08	10/232	10/244	10/1867	–	–	–
Poker im Internet	28.9.2011	I ZR 93/10	12/966	12/201	–	–	–	–
Portakabin/Primakabin	8.7.2010	EuGH C-558/08	10/1350	10/841	–	–	–	–
POST/RegioPost	2.4.2009	I ZR 209/06	09/839	–	–	–	–	–
Postwurfsendung	5.12.1991	I ZR 53/90	92/309	92/316	–	–	–	–
POWER BALL	4.2.2010	I ZR 51/08	10/1165	10/835	–	–	–	–
Praebiotik	26.2.2014	I ZR 178/12	14/562	14/500	–	–	–	–
Präzisionsmessgeräte	7.11.2002	I ZR 64/00	03/500	–	–	03/618	–	–
Praxis Aktuell	10.6.2010	I ZR 42/08	11/63	11/85	–	11/401	–	–
Preisauszeichnung	26.1.1989	I ZR 18/88	89/486	89/446	89/2063	–	89/977	89/722
Preisbrecher	2.10.2003	I ZR 76/01	–	04/70	04/290	–	–	–
Preisempfehlung bei Alleinvertrieb	28.6.2001	I ZR 121/99	–	02/95	–	02/249	–	–

Bezeichnung	Datum	Aktenzeichen (sonstige Bezeichnung, falls nicht BGH)	WRP	GRUR	NJW	NJW-RR/ GRUR-RR	Der Betrieb	Betriebs-Berater
Preisempfehlung für Sondermodelle	14.11.2002	I ZR 137/00	03/509	03/446	–	–	–	–
Preisgegenüberstellung	28.6.1974	I ZR 62/72	74/552	75/78	74/1822	–	74/1762	75/577
Preisgegenüberstellung im Schaufenster	12.7.2001	I ZR 89/99	01/1441	–	–	–	–	–
Preisknaller	15.12.1999	I ZR 159/97	00/386	00/337	–	00/704	–	–
Preisnachlass für Vorratsware	10.12.2009	I ZR 195/07	10/1017	10/649	–	–	10/1993	–
Preis ohne Monitor	28.11.2002	I ZR 110/00	03/379	03/249	–	03/404	–	–
Poker im Internet	28.9.2011	I ZR 93/10	12/966	12/201	–	–	–	–
Preisrätselgewinnauslobung I	7.7.1994	I ZR 104/93	94/814	94/821	94/2953	–	–	94/1886
Preisrätselgewinnauslobung II	7.7.1994	I ZR 162/92	94/816	94/823	94/2954	–	–	94/1886
Preisrätselgewinnauslobung III	11.7.1996	I ZR 79/94	96/1034	96/804	96/3276	–	–	–
Preisrätselgewinnauslobung IV	11.7.1996	I ZR 183/93	96/1153	97/145	96/3278	–	–	–
Preisrätselgewinnauslobung V	31.10.2012	I ZR 205/11	13/764	13/644	–	13/817	–	13/1299
Preissturz ohne Ende	15.4.1999	I ZR 83/97	99/1133	99/1097	–	99/1563	–	–
Preisvergleich I	20.3.1981	I ZR 10/79	81/457	81/658	81/2304	–	81/1609	–
Preisvergleich II	2.5.1996	I ZR 108/94	97/549	96/983	96/3153	–	–	–
Preisvergleichsliste II	23.4.1998	I ZR 2/96	98/1065	99/69	98/3561	–	–	98/2228
Preisverzeichnis bei Mietwagenangebot	22.3.2012	I ZR 111/11	12/1384	12/1159	–	13/288	12/2453	–
Preiswerbung ohne Umsatzsteuer	29.4.2010	I ZR 99/08	11/55	11/82	–	–	–	–
Probeabonnement	7.2.2006	KZR 33/04	06/1113	06/773	06/2627	–	–	–
Produktinformation III	18.10.1995	I ZR 227/93	96/98	96/71	–	96/162	–	–
Pulloverbeschriftung	24.3.1994	I ZR 152/92	94/516	94/635	–	94/944	94/1561	–
Pullovermuster	30.1.1992	I ZR 113/90	92/466	92/448	92/2700	–	–	–
Puppenausstattungen	28.10.2004	I ZR 326/01	05/88	05/166	–	–	–	–
Purely creative u.a./OFT	18.10.2012	EuGH C-428/11	12/1509	12/1269	–	–	–	–
PVC-frei	23.25.1996	I ZR 76/94	96/1156	96/985	96/3419	–	–	–

Bezeichnung	Datum	Aktenzeichen (sonstige Bezeichnung, falls nicht BGH)	WRP	GRUR	NJW	NJW-RR/ GRUR-RR	Der Betrieb	Betriebs-Berater
Quecksilberhaltige Leuchtstofflampen	21.9.2016	I ZR 234/15	17/173	17/203	–	–	–	–
Quersubventionierung von Laborgemeinschaften	21.4.2005	I ZR 201/02	05/1508	–	–	–	–	–
Quizalofob	19.11.2009	I ZR 186/07	10/250	10/160	–	10/767	–	–
Rabattkarte	1.10.1986	I ZR 80/84	87/239	87/185	–	87/352	–	–
Räucherkate	16.12.2004	I ZR 177/02	05/605	–	–	–	–	–
Räumungsfinale	11.9.2008	I ZR 120/6	08/1508	08/1114	–	–	08/2648	–
Räumungsverkauf an Sonntagen	30.3.1995	I ZR 84/93	95/693	95/603	95/2558	–	95/1508	95/2339
Räumungsverkauf wegen Umbau	30.4.2009	I ZR 66/07	09/1501	09/1183	–	–	–	09/2618
Rechtsanwalts-Ranglisten	9.2.2006	I ZR 124/03	06/1109	06/875	–	–	–	–
Rechtsberatung durch Einzelhandelsverband	1.6.2011	I ZR 58/10	12/964	12/79	–	–	–	–
Rechtsberatung durch Entwicklungsingenieur	31.3.2016	I ZR 88/15	16/1232	16/1189	–	–	–	16/2195
Rechtsberatung durch Haftpflichtversicherer	3.5.2007	I ZR 19/05	07/1334	07/978	07/3570	–	–	–
Rechtsberatung durch Lebensmitteltelchemiker	4.11.2010	I ZR 118/09	11/742	11/539	–	–	–	–
Regalsystem	24.1.2013	I ZR 136/11	13/1188	13/951	–	–	–	–
Regenwaldprojekt I	26.10.2006	I ZR 33/04	07/303	07/247	07/919	–	–	–
Regenwaldprojekt II	26.10.2006	I ZR 97/04	07/308	07/251	–	–	–	–
Re-importierter PKW	20.2.1986	I ZR 149/83	86/324	86/615	86/2836	–	86/1381	86/961
Rent-o-mat	20.2.1992	I ZR 68/90	92/472	92/465	92/1689	–	–	92/941
Repair-Kapseln	7.4.2016	I ZR 81/15	16/1359	16/1200	–	–	–	–
Reprint	30.10.1968	I ZR 52/66	69/108	69/186	69/46	–	–	68/1450
Restaurantführer	12.6.1997	I ZR 36/95	98/48	98/167	–	98/250	–	–
Rezept-Bonus	8.5.2013	I ZR 98/12	13/1587	13/1264	–	–	–	–
Rezept-Prämie	8.5.2013	I ZR 90/12	13/1590	13/1262	–	14/303	–	–

Bezeichnung	Datum	Aktenzeichen (sonstige Bezeichnung, falls nicht BGH)	WRP	GRUR	NJW	NJW-RR/ GRUR-RR	Der Betrieb	Betriebs-Berater
Rhenodur II	2.11.1973	I ZR 13/72	74/38	74/158	–	–	–	–
Rillenkoffer	30.4.2008	I ZR 123/05	08/1196	–	–	–	–	–
Rolex (= Tchibo/Rolex)	8.11.1984	I ZR 128/82	85/397	85/876	86/381	–	–	86/1039
Rolls-Royce	29.12.1982	I ZR 133/80	83/268	83/247	83/1431	–	83/871	83/854
Rote Briefkästen	12.5.2010	I ZR 214/07	11/59	11/166	–	–	–	–
Rollstuhlnachbau	17.6.1999	I ZR 213/96	99/1031	99/1106	–	00/338	–	–
Rückfahrkarte	23.5.1991	I ZR 294/89	91/649	91/862	–	91/1191	–	91/1513
Rückruf von RESCUE-Produkten	29.9.2016	I ZB 34/15	17/305	17/208	–	–	–	17/274
Rufumleitung	7.10.2009	I ZR 150/07	10/633	10/346	–	–	–	–
RUMMS!	20.5.1999	I ZR 31/97	99/1159	99/1119	–	00/634	–	–
Runes of Magic	17.7.2013	I ZR 34/12	14/164	14/298	14/1014	–	–	–
Runes of Magic II	18.9.2014	I ZR 34/12	14/1447	14/1211	15/485	–	–	–
Russisches Schaumgebäck	3.2.2005	I ZR 45/03	05/610	05/414	–	–	–	–
Salomon	29.11.1990	I ZR 13/89	91/228	91/465	91/3212	–	–	91/646
Sammelaktion für Schoko-Riegel	17.7.2008	I ZR 160/05	09/45	09/71	–	–	09/393	–
Sammelmitgliedschaft	16.1.2003	I ZR 51/02	03/514	03/454	–	03/831	–	–
Sammelmitgliedschaft II	11.11.2004	I ZR 72/02	05/742	05/522	–	05/839	–	–
Sammelmitgliedschaft III	27.1.2005	I ZR 146/02	05/1007	05/689	–	05/1128	–	–
Sammelmitgliedschaft IV	16.3.2006	I ZR 103/03	06/1023	06/778	–	–	–	–
Sammelmitgliedschaft V	16.11.2006	I ZR 218/03	07/778	07/610	–	–	–	–
Sammelmitgliedschaft VI	23.10.2008	I ZR 197/06	09/811	09/692	09/1886	–	–	–
Sandmalkasten	22.3.2012	I ZR 21/11	12/1379	12/1155	–	–	–	–
Saugeinlagen	20.9.2007	I ZR 171/04	08/666	08/443	–	08/851	08/866	–
Saustarke Angebote	30.11.1995	I ZR 233/93	96/286	96/363	–	96/616	96/772	96/760
SB-Beschriftung	13.10.2004	I ZR 277/01	04/1486	–	–	–	–	–
Scanner-Werbung	20.12.2001	I ZR 215/98	02/977	02/715	–	02/1122	–	–
Schlafzimmer komplett	18.12.2014	I ZR 129/13	15/851	15/698	15/2263	–	–	–
Schlank-Kapseln	26.1.2006	I ZR 121/03	06/584	–	–	06/1044	–	–

Bezeichnung	Datum	Aktenzeichen (sonstige Bezeichnung, falls nicht BGH)	WRP	GRUR	NJW	NJW-RR/GRUR-RR	Der Betrieb	Betriebs-Berater
Schlauchbeutel	19.2.2004	I ZR 76/02	04/904	04/613	04/2521	–	–	–
„Schmuckparty"	23.2.2006	EuGH C–441/04	–	06/2540	–	–	–	–
Schmuck-Set	26.3.1998	I ZR 231/95	98/727	98/1420	–	–	–	–
Schönheits-Chirurgie	12.10.1989	I ZR 29/88	90/270	90/373	90/1529	–	–	97/2393
Schneeballprinzip	22.4.1997	XI ZR 191/96	97/783	–	97/2314	–	–	94/1373
Schriftliche Voranmeldung	5.5.1994	I ZR 168/92	94/597	94/818	94/2028	–	–	–
Schubladenverfügung	7.10.2009	I ZR 216/07	10/258	10/257	–	10/1130	10/500	–
Schufa-Hinweis	19.3.2015	I ZR 157/13	15/1341	15/1134	15/3508	–	–	–
Schulden Hulp	5.10.2006	I ZR 7/04	07/174	07/245	–	–	–	–
Schuldnachfolge	26.4.2007	I ZR 34/05	07/1354	07/995	–	–	–	–
Schulfotoaktion	20.10.2005	I ZR 112/03	06/72	06/77	–	–	–	–
Schwarze Liste	23.2.1995	I ZR 75/93	95/493	–	–	–	–	–
Schweißmodulgenerator	13.12.2007	I ZR 71/05	08/1085	08/727	–	–	–	–
Segmentstruktur	4.5.2016	I ZR 58/14	17/51	17/79	–	–	–	–
Selbsternannter Sachverständiger	6.2.1997	I ZR 234/94	97/946	97/758	–	97/1193	–	97/1760
Servicepauschale	29.9.2016	I ZR 160/15	17/298	17/283	–	17/549	–	–
Setpreis	29.2.1996	I ZR 6/94	96/734	96/796	96/3341	96/1194	–	–
Shop in the shop	22.9.1983	I ZR 166/81	84/134	84/129	–	–	84/237	–
Siemens/VIPA	23.2.2006	EuGH C–59/05	–	06/345	–	–	–	–
Simply the Best!	22.4.2010	I ZR 17/09	–	–	–	10/1478	–	–
Sitzender Krankentransport	27.4.1999	K ZR 54/97	99/941	99/1031	–	–	–	–
Ski-Auslaufmodelle	6.11.1981	I ZR 164/79	82/266	82/374	–	–	82/1261	–
Smartphone-Werbung	17.9.2015	I ZR 92/14	16/454	16/395	–	–	–	–
SMS-Werbung	19.7.2007	I ZR 191/04	08/355	–	08/1236	–	–	–
Solange der Vorrat reicht	18.6.2009	I ZR 224/06	10/237	10/247	10/618	–	10/222	–
Solarinitiative	12.7.2012	I ZR 54/11	13/491	–	–	–	–	–
Sonderangebote außerhalb der Karenzzeit	17.3.1983	I ZR 198/80	83/487	83/448	84/175	–	–	83/1172
Sondernewsletter	10.12.2009	I ZR 149/07	10/1023	10/744	–	–	–	–
SOOOO ... BILLIG!?	21.6.2001	I ZR 69/99	01/1291	–	–	–	–	–

Bezeichnung	Datum	Aktenzeichen (sonstige Bezeichnung, falls nicht BGH)	WRP	GRUR	NJW	NJW-RR/ GRUR–RR	Der Betrieb	Betriebs-Berater
Space Fidelity Peep-Show	17.2.2000	I ZR 239/97	00/724	00/820	–	–	–	–
Sparen Sie beim Medikamentenkauf!	9.9.2010	I ZR 72/08	10/1485	10/1130	10/3724	–	–	–
Sparvorwahl	24.10.2002	I ZR 100/00	03/1224	03/361	–	03/1039	–	–
„Spezialist für Erbrecht"	5.12.2016	AnwZ(Brfg.) 31/14	17/316	–	–	–	–	–
Spezialist für Familienrecht	24.7.2014	I ZR 53/13	15/340	15/286	–	–	15/305	–
Spiel mit	16.12.2010	I ZR 149/08	11/565	11/440	–	–	–	–
Spielzeug-Autorennbahn	11.7.1991	I ZR 5/90	91/717	91/850	–	92/38	–	–
Spielzeugautos	12.10.1995	I ZR 191/93	96/13	96/57	96/260	–	–	–
Sportlernahrung II	6.5.2004	I ZR 275/01	–	04/793	–	–	–	–
Sportwetten im Internet II	28.9.2011	I ZR 92/09	12/201	12/193	–	–	–	–
Spritzgussengel	17.12.1969	I ZR 23/68	70/117	70/244	–	–	70/341	–
Sonderveranstaltung II	23.6.1961	I ZR 1/60	61/275	62/42	61/1768	–	61/1159	61/914
Stadtwerke Wolfsburg	13.6.2012	I ZR 228/10	12/1523	12/1273	–	–	13/1722	–
Standardisierte Mandatsbearbeitung	10.1.2013	I ZR 190/11	13/1183	13/945	–	–	13/1722	–
„statt"-Preis	4.5.2005	I ZR 127/02	05/1009	05/692	05/2550	–	–	–
Staubsaugerbeutel im Internet	2.4.2015	I ZR 167/13	15/1336	15/1136	–	–	–	15/2381
Steckverbindergehäuse	21.9.2006	I ZR 6/04	07/533	07/431	07/1524	–	–	–
Steuerberater-Hotline	30.9.2004	I ZR 89/02	05/602	–	–	–	–	–
Steuerbüro	18.10.2012	I ZR 137/11	13/496	13/409	–	–	13/575	–
Stich den Buben	10.8.2000	I ZR 126/98	00/1284	01/73	–	–	–	–
Stirnlampen	10.3.2016	I ZR 183/14	16/1351	16/1187	–	17/166	16/2601	16/2369
Strafbare Werbung für Kaffeefahrten	15.8.2002	3 StR 11/02	02/1432	–	–	–	–	–
Strafbare Werbung mit Gewinnmitteilungen	30.5.2008	I StR 166/07	08/1071	08/818	–	–	–	–
Straßendecke II	17.12.1981	X ZR 71/80	–	82/225	–	–	–	–
Stresstest	30.9.2004	I ZR 14/02	05/207	05/172	–	05/342	–	–
Strumpf-Zentrale	22.6.1962	I ZR 27/61	62/372	62/647	–	–	62/1107	62/882

Bezeichnung	Datum	Aktenzeichen (sonstige Bezeichnung, falls nicht BGH)	WRP	GRUR	NJW	NJW-RR/GRUR-RR	Der Betrieb	Betriebs-Berater
Stufenleitern	21.9.2006	I ZR 270/03	07/313	07/339	–	–	–	–
Stumme Verkäufer	15.2.1996	I ZR 1/94	96/889	96/778	–	96/1188	–	–
Stumme Verkäufer II	29.10.2009	I ZR 180/07	10/746	10/455	–	10/917	–	–
Synthetik-Wildleder	3.6.1977	I ZR 152/75	77/575	77/729	–	–	–	–
Suchmaschineneintrag	20.9.2007	I ZR 88/05	08/224	08/189	–	–	08/57	–
Super-Spar-Fahrkarten	29.22.1995	I ZR 35/93	95/485	95/353	95/1755	–	95/1323	95/1156
Tag der offenen Tür II	7.11.1980	I ZR 160/78	81/207	81/424	81/1514	–	–	81/628
Tageseinnahme für Mitarbeiter	29.11.1990	I ZR 241/88	91/227	91/545	–	–	–	91/569
Tageszulassung II	13.1.2000	I ZR 253/97	00/1129	00/914	00/2821	–	–	00/1491
Tarifwechsel	21.1.2016	I ZR 274/14	16/977	16/825	–	–	–	–
Taschenrechnerpackung	4.11.1977	I ZR 11/76	78/197	78/185	78/542	–	78/153	78/1181
Teddybär	28.9.2011	I ZR 48/10	12/318	11/1158	–	12/39	–	–
Teilzahlungskauf II	8.6.1989	I ZR 233/87	90/235	89/855	–	89/1382	–	89/1928
Telefax-Werbung	25.10.1995	I ZR 255/93	96/100	96/208	96/660	–	96/573	96/131
Telefax-Werbung II	1.6.2006	I ZR 167/03	07/67	07/164	06/3781	–	–	06/2604
Telefonaktion	28.6.2007	I ZR 153/04	08/220	08/186	–	–	07/2833	–
Telefonieren für 0 Cent!	17.7.2008	I ZR 139/05	09/48	09/73	–	–	–	–
Telefonische Gewinnauskunft	9.6.2005	I ZR 279/02	05/1511	05/1061	05/3716	–	–	–
Telefonischer Auskunftsdienst	3.7.2003	I ZR 211/01	03/1347	03/971	03/3343	–	–	–
Telefonwerbung I	19.6.1970	I ZR 115/68	70/305	70/523	70/1738	–	70/1583	70/979
Telefonwerbung III	8.11.1989	I ZR 55/88	90/288	90/280	–	90/359	–	90/301
Telefonwerbung IV	24.1.1991	I ZR 133/89	91/470	91/764	–	–	–	–
Telefonwerbung VI	27.1.2000	I ZR 241/97	00/722	00/818	00/2677	–	–	00/1540
Telefonwerbung für Blindenwaren	25.21.2001	I ZR 53/99	01/1068	01/1181	–	02/326	–	–
Telefonwerbung für DSL-Produkte	20.3.2013	I ZR 209/11	–	13/1170	–	14/554	13/2267	–
Telefonwerbung für „Individualverträge"	16.11.2006	I ZR 191/03	07/775	07/607	–	–	07/1190	–
Telefonwerbung für Zusatzeintrag	5.2.2004	I ZR 87/02	04/603	04/520	–	–	–	–

Bezeichnung	Datum	Aktenzeichen (sonstige Bezeichnung, falls nicht BGH)	WRP	GRUR	NJW	NJW-RR/ GRUR-RR	Der Betrieb	Betriebs-Berater
Telefonwerbung nach Unternehmenswechsel	11.3.2010	I ZR 27/08	10/1249	10/939	–	–	10/1936	–
Tele-Info-CD	6.5.1999	I ZR 199/96	99/831	99/923	99/2898	–	–	–
Telekanzlei	30.9.2004	I ZR 261/02	05/598	–	–	–	–	05/794
Telexwerbung	6.10.1972	I ZR 54/71	73/29	73/210	73/42	–	72/2390	72/1472
Teppichpreiswerbung	29.10.1998	I ZR 163/96	99/657	99/507	–	99/982	–	–
Testamentsvollstreckung durch Banken	11.11.2004	I ZR 213/01	05/333	05/353	–	–	–	–
Testamentsvollstreckung durch Steuerberater	11.11.2004	I ZR 182/02	05/330	05/355		–		05/510
Testbestellung	6.6.2002	I ZR 45/00	–	02/1000				–
Testergebnis-Werbung für Kaffee-Pads	15.8.2013	I ZR 197/12	14/67			–	–	–
Testfotos II	23.5.1996	I ZR 122/94	96/1099	–	–	97/104	96/2613	–
Testfotos III	25.1.2007	I ZR 133/04	07/1082	07/802	–	07/1335	–	–
Testfundstelle	17.9.2009	I ZR 217/07	10/649	10/355	–	10/1126	–	–
Test Gut	11.3.1982	I ZR 71/80	82/413	82/437	82/1596	–	82/1261	83/80
Testpreis-Angebot	5.2.1998	I ZR 211/95	98/718	98/824	98/2208	–	–	98/2225
Testpreiswerbung	12.12.1980	I ZR 158/78	81/454	81/654	81/2413	–	81/1768	81/1291
Textilkennzeichnung	24.3.2016	I ZR 7/15	16/1219	16/1068	–	16/1326	–	–
The Colour of Elégance	20.1.2005	I ZR 29/02	05/881	–	–	–	–	–
Thermal Bad	26.9.2002	I ZR 89/00	03/275	03/247	–	03/260	–	–
Thermoroll	26.2.2009	I ZR 219/06	09/1080	09/888	09/2747	–	–	–
TIP der Woche	5.2.2015	I ZR 136/13	15/1098	15/906	15/3377	–	–	–
Tony Taler	12.7.2007	I ZR 82/05	08/214	08/183	–	–	–	–
Toshiba Europe	25.10.2001	EuGH C-112/99	01/1432	GRUR Int. 02/50	02/425	–	–	–
Totalausverkauf	30.4.2009	I ZR 68/07	09/1503	09/1185	–	10/923	–	–
„Total" und „Sanoma"	23.4.2009	EuGH C-261/07 und C-299/07	09/722	09/599	09/3224	–	–	–

Bezeichnung	Datum	Aktenzeichen (sonstige Bezeichnung, falls nicht BGH)	WRP	GRUR	NJW	NJW-RR/GRUR-RR	Der Betrieb	Betriebs-Berater
Trachtenjanker	6.11.1997	I ZR 102/95	98/377	98/477	–	98/1048	–	–
Traum-Kombi	8.6.2012	I ZR 110/11	13/182	13/186	–	13/287	–	–
Traumreise beim Kauf einer Küche	31.10.2001	OLG Frankfurt/Main 6 W 181/01	02/109	–	–	–	–	–
Trennung von redaktionellen Beiträgen und Werbung in Zeitungen	21.7.2005	BVerfG 1 BvR 217/99	–	–	05/3201	–	–	–
Trento Sviluppo/AGCM	19.12.2013	EuGH C-281/12	14/161	14/196	–	–	–	–
Treppenlift	21.7.2011	I ZR 192/09	12/450	12/402	12/1008	–	–	–
Treue-Punkte	11.12.2003	I ZR 74/01	04/481	04/344	–	04/687	–	–
Treuepunkte-Aktion	16.5.2013	I ZR 175/12	14/61	14/91	–	14/476	–	–
Tupperwareparty	10.4.2003	I ZR 276/00	03/1338	03/973	–	03/1551	–	–
TÜV-Prüfzeichen	11.10.1990	I ZR 10/89	91/163	91/552	–	91/428	–	91/292
Typenbezeichnung	19.2.2014	I ZR 17/13	14/686	14/584	–	–	14/1255	–
ueber18.de	18.10.2007	I ZR 102/05	08/771	08/534	08/1882	–	–	–
Über 400 Jahre Brautradition	16.8.2012	I ZR 200/11	12/1526	–	–	–	–	–
Überregionale Klagebefugnis	22.9.2011	I ZR 229/10	12/467	12/415	12/1812	–	–	–
Überregionaler Krankentransport	15.1.2009	I ZR 141/06	09/1089	09/881	–	–	–	–
Überschrift zur Widerrufsbelehrung	9.11.2011	I ZR 123/10	12/710	12/643	12/1814	–	–	–
Uhren-Applikation	28.3.1996	I ZR 11/94	96/710	96/508	–	96/805	96/1568	–
Uhrenankauf im Internet	12.3.2015	I ZR 188/13	15/714	15/607	15/931	–	–	–
Umgekehrte Versteigerung	13.3.2003	I ZR 212/00	03/742	03/626	03/2096	–	–	03/1198
Umgekehrte Versteigerung im Internet	13.11.2003	I ZR 40/01	04/345	04/249	04/852	–	04/872	–
Umgelenkte Auktionskunden	7.5.1998	I ZR 214/95	98/1168	99/178	99/137	–	–	98/2602
Umsatzsteuererstattungs-Modell	23.2.2006	I ZR 245/02	06/582	06/511	–	–	–	–
Umsatzsteuerhinweis	4.10.2007	I ZR 22/05	08/782	08/532	–	–	–	–
Umsatzzuwachs	27.12.2006	I ZR 166/03	07/772	07/605	–	07/1522	07/1302	–

Bezeichnung	Datum	Aktenzeichen (sonstige Bezeichnung, falls nicht BGH)	WRP	GRUR	NJW	NJW-RR/ GRUR-RR	Der Betrieb	Betriebs-Berater
Umweltengel	20.10.1988	I ZR 219/87	89/160	91/548	89/711	–	–	89/236
Umweltengel für Tragetasche	19.2.2014	I ZR 230/12	14/697	14/578	–	–	–	–
Unbedenkliche Mehrfachabmahnung	19.7.2012	I ZR 199/10	13/329	–	–	13/369	–	–
Unbegründete Abnehmerverwarnung	19.1.2006	I ZR 217/03	06/579	06/433	06/1432	–	–	–
„Unbegründete Verwarnung aus einem Kennzeichenrecht"	15.7.2005	GSZ 1/4	05/1408	05/882	05/3141	–	–	05/2260
Unberechtigte Schutzrechtsverwarnung II	1.12.2015	X ZR 170/12	16/881	16/630	16/2110	–	–	–
Unfallersatzgeschäft	8.3.2012	I ZR 85/10	12/1390	12/1153	–	–	–	–
Uniporziegel	9.6.1994	I ZR 116/92	94/615	94/828	–	94/1126	–	94/1517
Unlautere Preisauszeichnungen	18.5.1973	I ZR 31/72	73/467	73/655	73/1371	–	–	–
Unternehmenskennzeichnung	13.7.2000	I ZR 203/97	00/1253	00/1084	–	–	–	–
Unschlagbar	25.10.1974	I ZR 94/73	75/39	75/141	75/215	–	74/2464	–
UNSER DANKESCHÖN FÜR SIE	9.9.2010	I ZR 193/07	10/1482	10/1136	10/3721	–	–	–
Unterschiedliche Endverkaufspreise (= Unterschiedliche Preisankündigung)	14.11.1985	I ZR 168/83	86/202	86/322	–	86/526	86/739	–
Urlaubsgewinnspiel	10.1.2008	I ZR 196/05	08/1069	08/724	08/2509	–	08/1564	–
„Urteilsverfügung"	22.1.2009	I ZB 115/07	09/999	09/890	–	–	–	–
UVP	7.12.2006	I ZR 271/03	07/769	07/7603	–	–	07/1354	–
4 finance	3.4.2014	EuGH C-515/12	14/816	14/680	–	–	–	–
40 Jahre Garantie	26.6.2008	I ZR 221/05	08/1326	08/915	08/2995	–	08/1912	–
Vakuumpumpen	14.12.1995	I ZR 240/93	96/279	96/210	–	96/613	96/880	–
Vanity-Nummer	21.2.2002	I ZR 281/99	02/1050	–	–	–	–	–
Verabschiedungsschreiben	22.4.2004	I ZR 303/01	04/1021	04/704	04/2385	–	–	–
Veralteter Test	2.5.1985	I ZR 200/83	85/486	85/932	85/2332	–	–	–

Bezeichnung	Datum	Aktenzeichen (sonstige Bezeichnung, falls nicht BGH)	WRP	GRUR	NJW	NJW-RR/ GRUR–RR	Der Betrieb	Betriebs-Berater
Verbandsklage gegen Vielfachab-mahner	5.10.2000	I ZR 224/98	01/255	01/354	–	–	–	–
Verbotsantrag bei Telefon-werbung	5.10.2010	I ZR 46/09	11/576	11/433	–	–	–	–
Verbraucherservice	29.6.1995	I ZR 137/93	95/1026	95/832	95/3187	–	95/2416	–
Verbraucherbegriff bei progressiver Kundenwerbung	24.2.2011	5 StR 514/09	11/572	–	11/1236	–	–	–
Verbraucherzentrale/Teekanne	4.6.2015	EuGH C-195/14	15/847	15/701	–	–	–	–
Verdeckte Laienwerbung	14.5.1992	I ZR 204/90	92/646	92/622	92/2419	–	–	92/1444
Vergleichen Sie	15.10.1998	I ZR 69/96	99/414	99/501	99/948	–	–	–
„Verjährungsbeginn bei Schenk-kreis-Zahlung"	18.12.2008	III ZR 132/08	09/322	–	–	–	–	–
Vermittlung von Netto-Policen	6.11.2013	I ZR 104/12	14/57	14/88	–	–	–	–
Veröffentlichung von Anwaltsrang-listen	7.11.2002	BVerfG 1 BvR 580/02	03/69	–	03/277	–	–	03/11
Versandhandelskatalog	9.6.1988	6 U 6050/87 (OLG München)	88/691	–	–	–	–	–
Versandhandelspreis I	17.12.1992	I ZR 61/91	93/243	–	–	93/423	93/732	93/609
Versandhandelspreis II	20.1.1994	I ZR 10/92	94/311	94/389	–	94/501	–	–
Versandhandelspreisausschreiben	19.12.1975	I ZR 120/74	76/172	–	76/520	–	–	76/435
Versandhandel mit Arzneimitteln	20.12.2007	I ZR 205/04	08/356	–	–	–	–	–
Versandkosten	4.10.2007	I ZR 143/04	08/98	–	08/1384	–	07/2705	08/74
Versandkosten bei Froogle	16.7.2009	I ZR 140/07	10/245	10/251	–	10/1051	10/165	–
Versandkosten bei Froogle II	18.3.2010	I ZR 16/08	10/1498	10/1110	–	–	–	–
Versicherungsunternvertreter	26.2.2009	I ZR 28/06	09/613	09/603	09/1420	–	–	–
Vertragsstrafenklausel	13.11.2013	I ZR 77/12	14/587	–	–	–	14/1012	14/1169
Verwarnung aus Kennzeichenrecht	12.8.2004	I ZR 98/02	04/1366	04/958	–	–	–	–
Verwarnung aus Kennzeichenrecht II	19.1.2006	I ZR 98/02	06/468	06/432	–	06/832	–	–

Bezeichnung	Datum	Aktenzeichen (sonstige Bezeichnung, falls nicht BGH)	WRP	GRUR	NJW	NJW-RR/ GRUR-RR	Der Betrieb	Betriebs-Berater
Verwertung von Kundenlisten	19.12.2002	I ZR 119/00	03/642	03/453	–	–	–	–
Video-Rent	12.6.1986	I ZR 70/84	86/671	88/319	87/438	–	–	–
Vielfachabmahner	5.10.2000	I ZR 237/98	01/148	01/260	01/371	–	–	–
Viennetta	19.10.2000	I ZR 225/98	01/534	01/443	–	–	01/921	–
Vitalpilze	17.1.2013	I ZR 5/12	13/1179	13/958	–	13/1262	–	–
Vitamin-Zell-Komplex	24.2.2005	I ZR 101/02	05/735	05/519	05/1788	–	–	–
Vollmachtsnachweis	19.5.2010	I ZR 140/08	10/1495	10/1120	–	11/335	–	–
Vorbeugende Unterwerfungsklärung	28.2.2013	I ZR 237/11	13/1196	–	–	–	–	–
Vorbeugen mit Coffein!	21.1.2010	I ZR 23/07	10/522	10/359	–	10/610	–	–
VSW/DHL Paket	30.3.2017	EuGH C-146/16	17/674	17/535	17/1873	–	–	–
Wärme fürs Leben	17.10.1996	I ZR 153/94	97/306	97/308	–	97/741	–	–
Wagenwaschplatz	13.3.1964	I b ZR 117/62	–	64/509	64/1274	–	64/653	64/490
Warnhinweis II	13.7.2006	I ZR 234/03	06/1505	06/953	–	07/36	–	–
Warsteiner III	19.9.2001	I ZR 54/96	01/1450	02/160	02/600	–	–	–
Wassersuche	11.7.1989	VI ZR 255/88	–	89/781	–	–	–	–
Weltreiterspiele	26.4.2007	I ZR 120/04	07/1351	07/991	07/3573	–	–	–
Werbeanruf	6.11.2013	I ZR 3/13	–	–	–	GRUR-RR 14/117	–	–
Werbebeilage	4.2.1999	I ZR 71/97	99/924	99/1011	–	00/340	99/1950	–
Werbegeschenke	3.7.1974	I ZR 91/73	74/623	75/320	74/1906	–	74/1856	75/713
Werbelocker	24.6.2004	I ZR 26/02	04/1272	–	–	–	–	–
Werbung für Fremdprodukte	17.10.2013	I ZR 173/12	14/552	14/573	–	–	–	14/713
Werbung für Klingeltöne	6.4.2006	I ZR 125/05	06/885	06/776	06/2479	–	–	–
Werbung für Telefondienstleistungen	20.12.2007	I ZR 51/05	08/928	08/729	–	–	–	–
Werbung mit Garantie	14.4.2011	I ZR 133/09	11/866	11/638	–	–	11/1271	–
Werbung mit Herstellergarantie bei eBay	5.12.2012	I ZR 88/11	13/1027	–	–	–	–	–

Bezeichnung	Datum	Aktenzeichen (sonstige Bezeichnung, falls nicht BGH)	WRP	GRUR	NJW	NJW-RR/ GRUR-RR	Der Betrieb	Betriebs-Berater
Werbung mit Preisvergleichen anonym aufgeführter Konkurrenten	18.12.2002	BVerfG 1 BvR 2118/96 u. 2119/96	–	–	03/2229	–	–	–
Werbung mit Testergebnis	7.7.2005	I ZR 253/02	05/1242	05/877	05/3287	–	–	–
Werbung von Steuerberatungsgesellschaften	26.10.2004	BVerfG 1 BvR 981/00	05/83	–	–	–	–	–
Wettbewerbsverein IV	5.10.1989	I ZR 56/89	90/255	90/282	–	90/102	–	–
Wetteronline.de	22.1.2014	I ZR 164/12	14/424	14/393	–	–	–	–
Winteraktion	2.7.2009	I ZR 147/06	09/1227	09/969	09/3097	–	09/1982	–
Wir dürfen nicht feiern	20.5.1999	I ZR 66/97	99/1163	99/1116	00/73	–	–	–
Wir helfen im Trauerfall	14.1.2016	I ZR 16/14	16/581	16/517	–	16/1322	–	–
Wir zahlen Höchstpreise	3.7.2014	I ZR 84/13	15/191	15/186	15/1249	–	–	–
Wirtschaftsmagazin	23.2.1989	I ZR 138/86	90/28	89/366	–	89/744	–	–
Wirtschaftsregister	26.11.1997	I ZR 109/95	–	98/415	–	–	–	–
World of Warcraft II	12.1.2017	I ZR 253/14	17/434	17/397	–	–	–	–
XtraPac	5.11.2008	I ZR 55/06	09/809	09/690	–	09/1135	09/1927	–
Yves Rocher	18.5.1993	C-126/91 (EuGH)	93/615	93/747	–	–	93/1359	–
Zahlungsverzicht bei Hilfsmitteln	1.12.2016	I ZR 143/15	17/536	17/627	–	–	–	–
Zahnärztehaus	14.7.2011	BVerfG 1 BvR 407/11	–	12/72	06/2481	–	–	–
Zahnarztbriefbogen	6.4.2006	I ZR 272/03	06/891	06/598	–	–	–	–
Zaunlasur	4.10.1990	I ZR 39/89	91/159	91/550	–	–	91/273	–
10% billiger	30.3.2006	I ZR 144/03	06/888	06/596	06/2120	–	–	–
10% Geburtstags-Rabatt	7.7.2011	I ZR 173/09	12/311	12/208	–	–	–	–
Zeitschrift mit Sonnenbrille	22.9.2005	I ZR 28/03	06/69	06/161	–	–	–	–
Zeitung zum Sonntag	20.11.2003	I ZR 120/00	04/746	–	–	–	–	–
Zentrale/Comtech	2.3.2017	EuGH C-568/15	17/403	17/395	–	–	–	–

Bezeichnung	Datum	Aktenzeichen (sonstige Bezeichnung, falls nicht BGH)	WRP	GRUR	NJW	NJW-RR/ GRUR-RR	Der Betrieb	Betriebs-Berater
Zertifizierter Testamentsvollstrecker	9.6.2011	I ZR 113/10	12/75	12/215	–	–	11/2911	–
Zeugnisaktion	3.4.2014	I ZR 96/13	14/1301	14/1117	14/3373	–	14/2404	–
Zielfernrohr	9.6.1994	I ZR 91/92	94/732	94/830	–	94/1327	94/2079	–
Zugang des Abmahnschreibens	21.12.2006	I ZR 17/06	07/781	–	–	–	–	–
Zweckbetrieb	2.12.2009	I ZR 152/07	10/876	10/654	–	–	–	–
Zweigstellenbriefbogen	16.5.2012	I ZR 74/11	13/57	12/1275	13/314	–	–	–
Zweite Zahnarztmeinung	1.12.2010	I ZR 55/08	11/449	11/343	–	14/725	–	–
2 Flaschen GRATIS	31.10.2013	I ZR 139/12	14/689	14/576	–	–	–	–
2 für 1-Vorteil	23.3.1995	I ZR 221/92	95/605	95/515	–	95/871	95/1602	95/1765
20 Minuten Köln	20.11.2003	I ZR 151/01	04/896	04/602	04/2083	–	–	–
20 % auf alles	20.11.2008	I ZR 122/06	09/951	09/788	09/2541	–	09/1527	–

Anhang II

Gesetzestexte

1. Gesetz gegen den unlauteren Wettbewerb (UWG)[1, 2]

Kapitel 1. Allgemeine Bestimmungen

§ 1. Zweck des Gesetzes. Dieses Gesetz dient dem Schutz der Mitbewerber, der Verbraucherinnen und der Verbraucher sowie der sonstigen Marktteilnehmer vor unlauteren geschäftlichen Handlungen. Es schützt zugleich das Interesse der Allgemeinheit an einem unverfälschten Wettbewerb.

§ 2. Definitionen. (1) Im Sinne dieses Gesetzes bedeutet

1. „geschäftliche Handlung" jedes Verhalten einer Person zugunsten des eigenen oder eines fremden Unternehmens vor, bei oder nach einem Geschäftsabschluss, das mit der Förderung des Absatzes oder des Bezugs von Waren oder Dienstleistungen oder mit dem Abschluss oder der Durchführung eines Vertrags über Waren oder Dienstleistungen objektiv zusammenhängt; als Waren gelten auch Grundstücke, als Dienstleistungen auch Rechte und Verpflichtungen;
2. „Marktteilnehmer" neben Mitbewerbern und Verbrauchern alle Personen, die als Anbieter oder Nachfrager von Waren oder Dienstleistungen tätig sind;
3. „Mitbewerber" jeder Unternehmer, der mit einem oder mehreren Unternehmern als Anbieter oder Nachfrager von Waren oder Dienstleistungen in einem konkreten Wettbewerbsverhältnis steht;

---

[1] In der Fassung der Bekanntmachung vom 3. März 2010 (BGBl. I S. 254), zuletzt geändert durch Artikel 4 des Gesetzes zur Verbesserung der zivilrechtlichen Durchsetzung von verbraucherschützenden Vorschriften des Datenschutzrechts vom 17.2.2016 (BGBl. I S. 233).

[2] Dieses Gesetz dient der Umsetzung der Richtlinie 2005/29 EG des Europäischen Parlaments und des Rates vom 11. Mai 2005 über unlautere Geschäftspraktiken von Unternehmen gegenüber Verbrauchern im Binnenmarkt und zur Änderung der Richtlinie 84/450/EWG des Rates, der Richtlinie 97/7/EG, 98/27/EG und 2002/65/EG des Europäischen Parlaments und des Rates sowie der Verordnung (EG) Nr. 2006/2004 des Europäischen Parlaments und des Rates (ABl. L 149 vom 11.6.2005, S. 22; berichtigt im ABl. L 253 vom 25.9.2009, S. 18) sowie der Richtlinie 2006/114/EG des Europäischen Parlaments und des Rates vom 12. Dezember 2006 über irreführende und vergleichende Werbung (kodifizierte Fassung) (ABl. L 376 vom 27.12.2006, S. 21). Es dient ferner der Umsetzung von Artikel 13 der Richtlinie 2002/58/EG des Europäischen Parlaments und des Rates vom 12. Juli 2002 über die Verarbeitung personenbezogener Daten und den Schutz der Privatsphäre in der elektronischen Kommunikation (ABl. L 201 vom 31.7.2002, S. 37), der zuletzt durch Artikel 2 Nummer 7 der Richtlinie 2009/136/EG (ABl. L 337 vom 18.12.2009, S. 11) geändert worden ist.
Die Verpflichtungen aus der Richtlinie 98/34/EG des Europäischen Parlaments und des Rates vom 22. Juni 1998 über ein Informationsverfahren auf dem Gebiet der Normen und technischen Vorschriften und der Vorschriften für die Dienste der Informationsgesellschaft (ABl. L 204 vom 21.7.1998, S. 37), die zuletzt durch die Richtlinie 2006/96/EG (ABl. L 363 vom 20.12. 2006, S. 81) geändert worden ist, sind beachtet worden.

4. „Nachricht" jede Information, die zwischen einer endlichen Zahl von Beteiligten über einen öffentlich zugänglichen elektronischen Kommunikationsdienst ausgetauscht oder weitergeleitet wird; dies schließt nicht Informationen ein, die als Teil eines Rundfunkdienstes über ein elektronisches Kommunikationsnetz an die Öffentlichkeit weitergeleitet werden, soweit die Informationen nicht mit dem identifizierbaren Teilnehmer oder Nutzer, der sie erhält, in Verbindung gebracht werden können;

5. „Verhaltenskodex" Vereinbarungen oder Vorschriften über das Verhalten von Unternehmern, zu welchem diese sich in Bezug auf Wirtschaftszweige oder einzelne geschäftliche Handlungen verpflichtet haben, ohne dass sich solche Verpflichtungen aus Gesetzes- oder Verwaltungsvorschriften ergeben;

6. „Unternehmer" jede natürliche oder juristische Person, die geschäftliche Handlungen im Rahmen ihrer gewerblichen, handwerklichen oder beruflichen Tätigkeit vornimmt, und jede Person, die im Namen oder Auftrag einer solchen Person handelt;

7. „unternehmerische Sorgfalt" der Standard an Fachkenntnissen und Sorgfalt, von dem billigerweise angenommen werden kann, dass ein Unternehmer ihn in seinem Tätigkeitsbereich gegenüber Verbrauchern nach Treu und Glauben unter Berücksichtigung der anständigen Marktgepflogenheiten einhält;

8. „wesentliche Beeinflussung des wirtschaftlichen Verhaltens des Verbrauchers" die Vornahme einer geschäftlichen Handlung, um die Fähigkeit des Verbrauchers, eine informierte Entscheidung zu treffen, spürbar zu beeinträchtigen und damit den Verbraucher zu einer geschäftlichen Entscheidung zu veranlassen, die er andernfalls nicht getroffen hätte;

9. „geschäftliche Entscheidung" jede Entscheidung eines Verbrauchers oder sonstigen Marktteilnehmers darüber, ob, wie und unter welchen Bedingungen er ein Geschäft abschließen, eine Zahlung leisten, eine Ware oder Dienstleistung behalten oder abgeben oder ein vertragliches Recht im Zusammenhang mit einer Ware oder Dienstleistung ausüben will, unabhängig davon, ob der Verbraucher oder sonstige Marktteilnehmer sich entschließt, tätig zu werden.

(2) Für den Verbraucherbegriff gilt § 13 des Bürgerlichen Gesetzbuchs entsprechend.

§ 3. Verbot unlauterer geschäftlicher Handlungen. (1) Unlautere geschäftliche Handlungen sind unzulässig.

(2) Geschäftliche Handlungen, die sich an Verbraucher richten oder diese erreichen, sind unlauter, wenn sie nicht der unternehmerischen Sorgfalt entsprechen und dazu geeignet sind, das wirtschaftliche Verhalten des Verbrauchers wesentlich zu beeinflussen.

(3) Die im Anhang dieses Gesetzes aufgeführten geschäftlichen Handlungen gegenüber Verbrauchern sind stets unzulässig.

(4) Bei der Beurteilung von geschäftlichen Handlungen gegenüber Verbrauchern ist auf den durchschnittlichen Verbraucher oder, wenn sich die geschäftliche Handlung an eine bestimmte Gruppe von Verbrauchern wendet, auf ein durchschnittliches Mitglied dieser Gruppe abzustellen. Geschäftliche Handlungen, die für den Unternehmer vorhersehbar das wirtschaftliche Verhalten nur einer eindeutig identifizierbaren Gruppe von Verbrauchern wesentlich beeinflussen, die auf Grund von geistigen oder körperlichen Beeinträchtigungen, Alter oder Leichtgläubigkeit im Hinblick auf diese geschäftlichen Handlungen oder die diesen zugrunde liegenden Waren oder Dienstleistungen besonders schutzbedürftig sind, sind aus der Sicht eines durchschnittlichen Mitglieds dieser Gruppe zu beurteilen.

§ 3a. Rechtsbruch. Unlauter handelt, wer einer gesetzlichen Vorschrift zuwiderhandelt, die auch dazu bestimmt ist, im Interesse der Marktteilnehmer das Marktverhalten zu regeln, und der Verstoß geeignet ist, die Interessen von Verbrauchern, sonstigen Marktteilnehmern oder Mitbewerbern spürbar zu beeinträchtigen.

§ 4. Mitbewerberschutz. Unlauter handelt, wer

1. die Kennzeichen, Waren, Dienstleistungen, Tätigkeiten oder persönlichen oder geschäftlichen Verhältnisse eines Mitbewerbers herabsetzt oder verunglimpft;

2. über die Waren, Dienstleistungen oder das Unternehmen eines Mitbewerbers oder über den Unternehmer oder ein Mitglied der Unternehmensleitung Tatsachen behauptet oder ver-

breitet, die geeignet sind, den Betrieb des Unternehmens oder den Kredit des Unternehmers zu schädigen, sofern die Tatsachen nicht erweislich wahr sind; handelt es sich um vertrauliche Mitteilungen und hat der Mitteilende oder der Empfänger der Mitteilung an ihr ein berechtigtes Interesse, so ist die Handlung nur dann unlauter, wenn die Tatsachen der Wahrheit zuwider behauptet oder verbreitet wurden;

3. Waren oder Dienstleistungen anbietet, die eine Nachahmung der Waren oder Dienstleistungen eines Mitbewebers sind, wenn er

a) eine vermeidbare Täuschung der Abnehmer über die betriebliche Herkunft herbeiführt,

b) die Wertschätzung der nachgeahmten Ware oder Dienstleistung unangemessen ausnutzt oder beeinträchtigt oder

c) die für die Nachahmung erforderlichen Kenntnisse oder Unterlagen unredlich erlangt hat;

4. Mitbewerber gezielt behindert.

§ 4a. Aggressive geschäftliche Handlungen. (1) Unlauter handelt, wer eine aggressive geschäftliche Handlung vornimmt, die geeignet ist, den Verbraucher oder sonstigen Marktteilnehmer zu einer geschäftlichen Entscheidung zu veranlassen, die dieser andernfalls nicht getroffen hätte. Eine geschäftliche Handlung ist aggressiv, wenn sie im konkreten Fall unter Berücksichtigung aller Umstände geeignet ist, die Entscheidungsfreiheit des Verbrauchers oder sonstigen Marktteilnehmers erheblich zu beeinträchtigen durch

1. Belästigung,
2. Nötigung einschließlich der Anwendung körperlicher Gewalt oder
3. unzulässige Beeinflussung.

Eine unzulässige Beeinflussung liegt vor, wenn der Unternehmer eine Machtposition gegenüber dem Verbraucher oder sonstigen Marktteilnehmer zur Ausübung von Druck, auch ohne Anwendung oder Androhung von körperlicher Gewalt, in einer Weise ausnutzt, die die Fähigkeit des Verbrauchers oder sonstigen Marktteilnehmers zu einer informierten Entscheidung wesentlich einschränkt.

(2) Bei der Feststellung, ob eine geschäftliche Handlung aggressiv im Sinne des Absatzes 1 Satz 2 ist, ist abzustellen auf

1. Zeitpunkt, Ort, Art oder Dauer der Handlung;
2. die Verwendung drohender oder beleidigender Formulierungen oder Verhaltensweisen;
3. die bewusste Ausnutzung von konkreten Unglückssituationen oder Umständen von solcher Schwere, dass sie das Urteilsvermögen des Verbrauchers oder sonstigen Marktteilnehmers beeinträchtigen, um dessen Entscheidung zu beeinflussen;
4. belastende oder unverhältnismäßige Hindernisse nichtvertraglicher Art, mit denen der Unternehmer den Verbraucher oder sonstigen Marktteilnehmer an der Ausübung seiner vertraglichen Rechte zu hindern versucht, wozu auch das Recht gehört, den Vertrag zu kündigen oder zu einer anderen Ware oder Dienstleistung oder einem anderen Unternehmer zu wechseln;
5. Drohungen mit rechtlich unzulässigen Handlungen.

Zu den Umständen, die nach Nummer 3 zu berücksichtigen sind, zählen insbesondere geistige und körperliche Beeinträchtigungen, das Alter, die geschäftliche Unerfahrenheit, die Leichtgläubigkeit, die Angst und die Zwangslage von Verbauchern.

§ 5. Irreführende geschäftliche Handlungen. (1) Unlauter handelt, wer eine irreführende geschäftliche Handlung vornimmt, die geeignet ist, den Verbraucher oder sonstigen Marktteilnehmer zu einer geschäftlichen Entscheidung zu veranlassen, die er andernfalls nicht getroffen hätte. Eine geschäftliche Handlung ist irreführend, wenn sie unwahre Angaben enthält oder sonstige zur Täuschung geeignete Angaben über folgende Umstände enthält:

1. die wesentlichen Merkmale der Ware oder Dienstleistung wie Verfügbarkeit, Art, Ausführung, Vorteile, Risiken, Zusammensetzung, Zubehör, Verfahren oder Zeitpunkt der Herstellung, Lieferung oder Erbringung, Zwecktauglichkeit, Verwendungsmöglichkeit, Menge, Beschaffenheit, Kundendienst und Beschwerdeverfahren, geographische oder betriebliche Herkunft, von der Verwendung zu erwartende Ergebnisse oder die Ergebnisse oder wesentlichen Bestandteile von Tests der Waren oder Dienstleistungen;

2. den Anlass des Verkaufs wie das Vorhandensein eines besonderen Preisvorteils, den Preis oder die Art und Weise, in der er berechnet wird, oder die Bedingungen, unter denen die Ware geliefert oder die Dienstleistung erbracht wird;

3. die Person, Eigenschaften oder Rechte des Unternehmers wie Identität, Vermögen einschließlich der Rechte des geistigen Eigentums, den Umfang von Verpflichtungen, Befähigung, Status, Zulassung, Mitgliedschaften oder Beziehungen, Auszeichnungen oder Ehrungen, Beweggründe für die geschäftliche Handlung oder die Art des Vertriebs;

4. Aussagen oder Symbole, die im Zusammenhang mit direktem oder indirektem Sponsoring stehen oder sich auf eine Zulassung des Unternehmers oder der Waren oder Dienstleistungen beziehen;

5. die Notwendigkeit einer Leistung, eines Ersatzteils, eines Austauschs oder einer Reparatur;

6. die Einhaltung eines Verhaltenskodexes, auf den sich der Unternehmer verbindlich verpflichtet hat, wenn er auf diese Bindung hinweist, oder

7. Rechte des Verbrauchers, insbesondere solche auf Grund von Garantieversprechen oder Gewährleistungsrechte bei Leistungsstörungen.

(2) Eine geschäftliche Handlung ist auch irreführend, wenn sie im Zusammenhang mit der Vermarktung von Waren oder Dienstleistungen einschließlich vergleichender Werbung eine Verwechslungsgefahr mit einer anderen Ware oder Dienstleistung oder mit der Marke oder einem anderen Kennzeichen eines Mitbewerbers hervorruft.

(3) Angaben im Sinne von Absatz 1 Satz 2 sind auch Angaben im Rahmen vergleichender Werbung sowie bildliche Darstellungen und sonstige Veranstaltungen, die darauf zielen und geeignet sind, solche Angaben zu ersetzen.

(4) Es wird vermutet, dass es irreführend ist, mit der Herabsetzung eines Preises zu werben, sofern der Preis nur für eine unangemessen kurze Zeit gefordert worden ist. Ist streitig, ob und in welchem Zeitraum der Preis gefordert worden ist, so trifft die Beweislast denjenigen, der mit der Preisherabsetzung geworben hat.

§ 5a. Irreführung durch Unterlassen. (1) Bei der Beurteilung, ob das Verschweigen einer Tatsache irreführend ist, sind insbesondere deren Bedeutung für die geschäftliche Entscheidung nach der Verkehrsauffassung sowie die Eignung des Verschweigens zur Beeinflussung der Entscheidung zu berücksichtigen.

(2) Unlauter handelt, wer im konkreten Fall unter Berücksichtigung aller Umstände dem Verbraucher eine wesentliche Information vorenthält,

1. die der Verbraucher je nach den Umständen benötigt, um eine informierte geschäftliche Entscheidung zu treffen, und

2. deren Vorenthalten geeignet ist, den Verbraucher zu einer geschäftlichen Entscheidung zu veranlassen, die er andernfalls nicht getroffen hätte.

Als Vorenthalten gilt auch

1. das Verheimlichen wesentlicher Informationen,

2. die Bereitstellung wesentlicher Informationen in unklarer, unverständlicher oder zweideutiger Weise,

3. die nicht rechtzeitige Bereitstellung wesentlicher Informationen.

(3) Werden Waren oder Dienstleistungen unter Hinweis auf deren Merkmale und Preis in einer dem verwendeten Kommunikationsmittel angemessenen Weise so angeboten, dass ein durchschnittlicher Verbraucher das Geschäft abschließen kann, gelten folgende Informationen als wesentlich im Sinne des Absatzes 2, sofern sie sich nicht unmittelbar aus den Umständen ergeben:

1. alle wesentlichen Merkmale der Ware oder Dienstleistung in dem dieser und dem verwendeten Kommunikationsmittel angemessenen Umfang;

2. die Identität und Anschrift des Unternehmers, gegebenenfalls die Identität und Anschrift des Unternehmers, für den er handelt;

3. der Gesamtpreis oder in Fällen, in denen ein solcher Preis auf Grund der Beschaffenheit der Ware oder Dienstleistung nicht im Voraus berechnet werden kann, die Art der Preisberechnung sowie gegebenenfalls alle zusätzlichen Fracht-, Liefer- und Zustellkosten oder in Fällen, in denen diese Kosten nicht im Voraus berechnet werden können, die Tatsache, dass solche zusätzlichen Kosten anfallen können;

4. Zahlungs-, Liefer- und Leistungsbedingungen sowie Verfahren zum Umgang mit Beschwerden, soweit sie von Erfordernissen der unternehmerischen Sorgfalt abweichen, und
5. das Bestehen eines Rechts zum Rücktritt oder Widerruf.

(4) Als wesentlich im Sinne des Absatzes 2 gelten auch Informationen, die dem Verbraucher auf Grund unionsrechtlicher Verordnungen oder nach Rechtsvorschriften zur Umsetzung unionsrechtlicher Richtlinien für kommerzielle Kommunikation einschließlich Werbung und Marketing nicht vorenthalten werden dürfen.

(5) Bei der Beurteilung, ob Informationen vorenthalten wurden, sind zu berücksichtigen:
1. räumliche oder zeitliche Beschränkungen durch das für die geschäftliche Handlung gewählte Kommunikationsmittel sowie
2. alle Maßnahmen des Unternehmers, um dem Verbraucher die Informationen auf andere Weise als durch das Kommunikationsmittel nach Nummer 1 zur Verfügung zu stellen.

(6) Unlauter handelt auch, wer den kommerziellen Zweck einer geschäftlichen Handlung nicht kenntlich macht, sofern sich dieser nicht unmittelbar aus den Umständen ergibt, und das Nichtkenntlichmachen geeignet ist, den Verbraucher zu einer geschäftlichen Entscheidung zu veranlassen, die er andernfalls nicht getroffen hätte.

§ 6. Vergleichende Werbung. (1) Vergleichende Werbung ist jede Werbung, die unmittelbar oder mittelbar einen Mitbewerber oder die von einem Mitbewerber angebotenen Waren oder Dienstleistungen erkennbar macht.

(2) Unlauter handelt, wer vergleichend wirbt, wenn der Vergleich
1. sich nicht auf Waren oder Dienstleistungen für den gleichen Bedarf oder dieselbe Zweckbestimmung bezieht,
2. nicht objektiv auf eine oder mehrere wesentliche, relevante, nachprüfbare und typische Eigenschaften oder den Preis dieser Waren oder Dienstleistungen bezogen ist,
3. im geschäftlichen Verkehr zu einer Gefahr von Verwechslungen zwischen dem Werbenden und einem Mitbewerber oder zwischen den von diesen angebotenen Waren oder Dienstleistungen oder den von ihnen verwendeten Kennzeichen führt,
4. den Ruf des von einem Mitbewerber verwendeten Kennzeichens in unlauterer Weise ausnutzt oder beeinträchtigt,
5. die Waren, Dienstleistungen, Tätigkeiten oder persönlichen oder geschäftlichen Verhältnisse eines Mitbewerbers herabsetzt oder verunglimpft oder
6. eine Ware oder Dienstleistung als Imitation oder Nachahmung einer unter einem geschützten Kennzeichen vertriebenen Ware oder Dienstleistung darstellt.

§ 7. Unzumutbare Belästigungen. (1) Eine geschäftliche Handlung, durch die ein Marktteilnehmer in unzumutbarer Weise belästigt wird, ist unzulässig. Dies gilt insbesondere für Werbung, obwohl erkennbar ist, dass der angesprochene Marktteilnehmer diese Werbung nicht wünscht.

(2) Eine unzumutbare Belästigung ist stets anzunehmen
1. bei Werbung unter Verwendung eines in den Nummern 2 und 3 nicht aufgeführten, für den Fernabsatz geeigneten Mittels der kommerziellen Kommunikation, durch die ein Verbraucher hartnäckig angesprochen wird, obwohl er dies erkennbar nicht wünscht;
2. bei Werbung mit einem Telefonanruf gegenüber einem Verbraucher ohne dessen vorherige ausdrückliche Einwilligung oder gegenüber einem sonstigen Marktteilnehmer ohne dessen zumindest mutmaßliche Einwilligung;
3. bei Werbung unter Verwendung einer automatischen Anrufmaschine, eines Faxgerätes oder elektronischer Post, ohne dass eine vorherige ausdrückliche Einwilligung des Adressaten vorliegt, oder
4. bei Werbung mit einer Nachricht,
   a) bei der die Identität des Absenders, in dessen Auftrag die Nachricht übermittelt wird, verschleiert oder verheimlicht wird oder
   b) bei der gegen § 6 Absatz 1 des Telemediengesetzes verstoßen wird oder in der der Empfänger aufgefordert wird, eine Website aufzurufen, die gegen diese Vorschrift verstößt, oder
   c) bei der keine gültige Adresse vorhanden ist, an die der Empfänger eine Aufforderung zur Einstellung solcher Nachrichten richten kann, ohne dass hierfür andere als die Übermittlungskosten nach den Basistarifen entstehen.

(3) Abweichend von Absatz 2 Nummer 3 ist eine unzumutbare Belästigung bei einer Werbung unter Verwendung elektronischer Post nicht anzunehmen, wenn

1. ein Unternehmer im Zusammenhang mit dem Verkauf einer Ware oder Dienstleistung von dem Kunden dessen elektronische Postadresse erhalten hat,
2. der Unternehmer die Adresse zur Direktwerbung für eigene ähnliche Waren oder Dienstleistungen verwendet,
3. der Kunde der Verwendung nicht widersprochen hat und
4. der Kunde bei Erhebung der Adresse und bei jeder Verwendung klar und deutlich darauf hingewiesen wird, dass er der Verwendung jederzeit widersprechen kann, ohne dass hierfür andere als die Übermittlungskosten nach den Basistarifen entstehen.

Kapitel 2. Rechtsfolgen

§ 8. Beseitigung und Unterlassung. (1) Wer eine nach § 3 oder § 7 unzulässige geschäftliche Handlung vornimmt, kann auf Beseitigung und bei Wiederholungsgefahr auf Unterlassung in Anspruch genommen werden. Der Anspruch auf Unterlassung besteht bereits dann, wenn eine derartige Zuwiderhandlung gegen § 3 oder § 7 droht.

(2) Werden die Zuwiderhandlungen in einem Unternehmen von einem Mitarbeiter oder Beauftragten begangen, so sind der Unterlassungsanspruch und der Beseitigungsanspruch auch gegen den Inhaber des Unternehmens begründet.

(3) Die Ansprüche aus Absatz 1 stehen zu:

1. jedem Mitbewerber;
2. rechtsfähigen Verbänden zur Förderung gewerblicher oder selbständiger beruflicher Interessen, soweit ihnen eine erhebliche Zahl von Unternehmern angehört, die Waren oder Dienstleistungen gleicher oder verwandter Art auf demselben Markt vertreiben, soweit sie insbesondere nach ihrer personellen, sachlichen und finanziellen Ausstattung imstande sind, ihre satzungsmäßigen Aufgaben der Verfolgung gewerblicher oder selbständiger beruflicher Interessen tatsächlich wahrzunehmen und soweit die Zuwiderhandlung die Interessen ihrer Mitglieder berührt;
3. qualifizierten Einrichtungen, die nachweisen, dass sie in der Liste der qualifizierten Einrichtungen nach § 4 des Unterlassungsklagengesetzes oder in dem Verzeichnis der Europäischen Kommission nach Artikel 4 Absatz 3 der Richtlinie 2009/22/EG des Europäischen Parlaments und des Rates vom 23. April 2009 über Unterlassungsklagen zum Schutz der Verbraucherinteressen (ABl. Nr. L 110 vom 1.5.2009, S. 30) eingetragen sind;
4. den Industrie- und Handelskammern oder den Handwerkskammern.

(4) Die Geltendmachung der in Absatz 1 bezeichneten Ansprüche ist unzulässig, wenn sie unter Berücksichtigung der gesamten Umstände missbräuchlich ist, insbesondere wenn sie vorwiegend dazu dient, gegen den Zuwiderhandelnden einen Anspruch auf Ersatz von Aufwendungen oder Kosten der Rechtsverfolgung entstehen zu lassen. In diesen Fällen kann der Anspruchsgegner Ersatz der für seine Rechtsverteidigung erforderlichen Aufwendungen verlangen. Weiter gehende Ersatzansprüche bleiben unberührt.

(5) § 13 des Unterlassungsklagengesetzes ist entsprechend anzuwenden; in § 13 Absatz 1 und 3 Satz 2 des Unterlassungsklagengesetzes treten an die Stelle der dort aufgeführten Ansprüche nach dem Unterlassungsklagengesetz die Ansprüche nach dieser Vorschrift. Im Übrigen findet das Unterlassungsklagengesetz keine Anwendung, es sei denn, es liegt ein Fall des § 4a des Unterlassungsklagengesetzes vor.

§ 9. Schadensersatz. Wer vorsätzlich oder fahrlässig eine nach § 3 oder § 7 unzulässige geschäftliche Handlung vornimmt, ist den Mitbewerbern zum Ersatz des daraus entstehenden Schadens verpflichtet. Gegen verantwortliche Personen von periodischen Druckschriften kann der Anspruch auf Schadensersatz nur bei einer vorsätzlichen Zuwiderhandlung geltend gemacht werden.

§ 10. Gewinnabschöpfung. (1) Wer vorsätzlich eine nach § 3 oder § 7 unzulässige geschäftliche Handlung vornimmt und hierdurch zu Lasten einer Vielzahl von Abnehmern einen Gewinn erzielt, kann von den gemäß § 8 Abs. 3 Nr. 2 bis 4 zur Geltendmachung eines Unterlassungsanspruchs Berechtigten auf Herausgabe dieses Gewinns an den Bundeshaushalt in Anspruch genommen werden.

(2) Auf den Gewinn sind die Leistungen anzurechnen, die der Schuldner auf Grund der Zuwiderhandlung an Dritte oder an den Staat erbracht hat. Soweit der Schuldner solche Leistungen erst nach Erfüllung des Anspruchs nach Absatz 1 erbracht hat, erstattet die zuständige Stelle des Bundes dem Schuldner den abgeführten Gewinn in Höhe der nachgewiesenen Zahlungen zurück.

(3) Beanspruchen mehrere Gläubiger den Gewinn, so gelten die §§ 428 bis 430 des Bürgerlichen Gesetzbuchs entsprechend.

(4) Die Gläubiger haben der zuständigen Stelle des Bundes über die Geltendmachung von Ansprüchen nach Absatz 1 Auskunft zu erteilen. Sie können von der zuständigen Stelle des Bundes Erstattung der für die Geltendmachung des Anspruchs erforderlichen Aufwendungen verlangen, soweit sie vom Schuldner keinen Ausgleich erlangen können. Der Erstattungsanspruch ist auf die Höhe des an den Bundeshaushalt abgeführten Gewinns beschränkt.

(5) Zuständige Stelle im Sinn der Absätze 2 und 4 ist das Bundesamt für Justiz.

§ 11. Verjährung. (1) Die Ansprüche aus §§ 8, 9 und 12 Abs. 1 Satz 2 verjähren in sechs Monaten.

(2) Die Verjährungsfrist beginnt, wenn
1. der Anspruch entstanden ist und
2. der Gläubiger von den den Anspruch begründenden Umständen und der Person des Schuldners Kenntnis erlangt oder ohne grobe Fahrlässigkeit erlangen müsste.

(3) Schadensersatzansprüche verjähren ohne Rücksicht auf die Kenntnis oder grob fahrlässige Unkenntnis in zehn Jahren von ihrer Entstehung, spätestens in 30 Jahren von der den Schaden auslösenden Handlung an.

(4) Andere Ansprüche verjähren ohne Rücksicht auf die Kenntnis oder grob fahrlässige Unkenntnis in drei Jahren von der Entstehung an.

Kapitel 3. Verfahrensvorschriften

§ 12. Anspruchsdurchsetzung, Veröffentlichungsbefugnis, Streitwertminderung.
(1) Die zur Geltendmachung eines Unterlassungsanspruchs Berechtigten sollen den Schuldner vor der Einleitung eines gerichtlichen Verfahrens abmahnen und ihm Gelegenheit geben, den Streit durch Abgabe einer mit einer angemessenen Vertragsstrafe bewehrten Unterlassungsverpflichtung beizulegen. Soweit die Abmahnung berechtigt ist, kann der Ersatz der erforderlichen Aufwendungen verlangt werden.

(2) Zur Sicherung der in diesem Gesetz bezeichneten Ansprüche auf Unterlassung können einstweilige Verfügungen auch ohne die Darlegung und Glaubhaftmachung der in den §§ 935 und 940 der Zivilprozessordnung bezeichneten Voraussetzungen erlassen werden.

(3) Ist auf Grund dieses Gesetzes Klage auf Unterlassung erhoben worden, so kann das Gericht der obsiegenden Partei die Befugnis zusprechen, das Urteil auf Kosten der unterliegenden Partei öffentlich bekannt zu machen, wenn sie ein berechtigtes Interesse dartut. Art und Umfang der Bekanntmachung werden im Urteil bestimmt. Die Befugnis erlischt, wenn von ihr nicht innerhalb von drei Monaten nach Eintritt der Rechtskraft Gebrauch gemacht worden ist. Der Ausspruch nach Satz 1 ist nicht vorläufig vollstreckbar.

(4) Macht eine Partei in Rechtsstreitigkeiten, in denen durch Klage ein Anspruch aus einem der in diesem Gesetz geregelten Rechtsverhältnisse geltend gemacht wird, glaubhaft, dass die Belastung mit den Prozesskosten nach dem vollen Streitwert ihre wirtschaftliche Lage erheblich gefährden würde, so kann das Gericht auf ihren Antrag anordnen, dass die Verpflichtung dieser Partei zur Zahlung von Gerichtskosten sich nach einem ihrer Wirtschaftslage angepassten Teil des Streitwerts bemisst. Die Anordnung hat zur Folge, dass
1. die begünstigte Partei die Gebühren ihres Rechtsanwalts ebenfalls nur nach diesem Teil des Streitwerts zu entrichten hat,
2. die begünstigte Partei, soweit ihr Kosten des Rechtsstreits auferlegt werden oder soweit sie diese übernimmt, die von dem Gegner entrichteten Gerichtsgebühren und die Gebühren seines Rechtsanwalts nur nach dem Teil des Streitwerts zu erstatten hat und

3. der Rechtsanwalt der begünstigten Partei, soweit die außergerichtlichen Kosten dem Gegner auferlegt oder von ihm übernommen werden, seine Gebühren von dem Gegner nach dem für diesen geltenden Streitwert beitreiben kann.

(5) Der Antrag nach Absatz 4 kann vor der Geschäftsstelle des Gerichts zur Niederschrift erklärt werden. Er ist vor der Verhandlung zur Hauptsache anzubringen. Danach ist er nur zulässig, wenn der angenommene oder festgesetzte Streitwert später durch das Gericht heraufgesetzt wird. Vor der Entscheidung über den Antrag ist der Gegner zu hören.

§ 13. Sachliche Zuständigkeit. (1) Für alle bürgerlichen Rechtsstreitigkeiten, mit denen ein Anspruch auf Grund dieses Gesetzes geltend gemacht wird, sind die Landgerichte ausschließlich zuständig. Es gilt § 95 Abs. 1 Nr. 5 des Gerichtsverfassungsgesetzes.

(2) Die Landesregierungen werden ermächtigt, durch Rechtsverordnung für die Bezirke mehrerer Landgerichte eines von ihnen als Gericht für Wettbewerbsstreitsachen zu bestimmen, wenn dies der Rechtspflege in Wettbewerbsstreitsachen, insbesondere der Sicherung einer einheitlichen Rechtsprechung, dienlich ist. Die Landesregierungen können die Ermächtigung auf die Landesjustizverwaltungen übertragen.

§ 14. Örtliche Zuständigkeit. (1) Für Klagen auf Grund dieses Gesetzes ist das Gericht zuständig, in dessen Bezirk der Beklagte seine gewerbliche oder selbständige berufliche Niederlassung oder in Ermangelung einer solchen seinen Wohnsitz hat. Hat der Beklagte auch keinen Wohnsitz, so ist sein inländischer Aufenthaltsort maßgeblich.

(2) Für Klagen auf Grund dieses Gesetzes ist außerdem nur das Gericht zuständig, in dessen Bezirk die Handlung begangen ist. Satz 1 gilt für Klagen, die von den nach § 8 Abs. 3 Nr. 2 bis 4 zur Geltendmachung eines Unterlassungsanspruches Berechtigten erhoben werden, nur dann, wenn der Beklagte im Inland weder eine gewerbliche oder selbständige berufliche Niederlassung noch einen Wohnsitz hat.

§ 15. Einigungsstellen. (1) Die Landesregierungen errichten bei Industrie- und Handelskammern Einigungsstellen zur Beilegung von bürgerlichen Rechtsstreitigkeiten, in denen ein Anspruch auf Grund dieses Gesetzes geltend gemacht wird (Einigungsstellen).

(2) Die Einigungsstellen sind mit einer vorsitzenden Person, die die Befähigung zum Richteramt nach dem Deutschen Richtergesetz hat, und beisitzenden Personen zu besetzen. Als beisitzende Personen werden im Falle einer Anrufung durch eine nach § 8 Abs. 3 Nr. 3 zur Geltendmachung eines Unterlassungsanspruchs berechtigte qualifizierte Einrichtung Unternehmer und Verbraucher in gleicher Anzahl tätig, sonst mindestens zwei sachverständige Unternehmer. Die vorsitzende Person soll auf dem Gebiet des Wettbewerbsrechts erfahren sein. Die beisitzenden Personen werden von der vorsitzenden Person für den jeweiligen Streitfall aus einer alljährlich für das Kalenderjahr aufzustellenden Liste berufen. Die Berufung soll im Einvernehmen mit den Parteien erfolgen. Für die Ausschließung und Ablehnung von Mitgliedern der Einigungsstelle sind die §§ 41 bis 43 und § 44 Abs. 2 bis 4 der Zivilprozessordnung entsprechend anzuwenden. Über das Ablehnungsgesuch entscheidet das für den Sitz der Einigungsstelle zuständige Landgericht (Kammer für Handelssachen oder, falls es an einer solchen fehlt, Zivilkammer).

(3) Die Einigungsstellen können bei bürgerlichen Rechtsstreitigkeiten, in denen ein Anspruch auf Grund dieses Gesetzes geltend gemacht wird, angerufen werden, wenn der Gegner zustimmt. Soweit die Wettbewerbshandlungen Verbraucher betreffen, können die Einigungsstellen von jeder Partei zu einer Aussprache mit dem Gegner über den Streitfall angerufen werden; einer Zustimmung des Gegners bedarf es nicht.

(4) Für die Zuständigkeit der Einigungsstellen ist § 14 entsprechend anzuwenden.

(5) Die der Einigungsstelle vorsitzende Person kann das persönliche Erscheinen der Parteien anordnen. Gegen eine unentschuldigt ausbleibende Partei kann die Einigungsstelle ein Ordnungsgeld festsetzen. Gegen die Anordnung des persönlichen Erscheinens und gegen die Festsetzung des Ordnungsgeldes findet die sofortige Beschwerde nach den Vorschriften der Zivilprozessordnung an das für den Sitz der Einigungsstelle zuständige Landgericht (Kammer für Handelssachen oder, falls es an einer solchen fehlt, Zivilkammer) statt.

(6) Die Einigungsstelle hat einen gütlichen Ausgleich anzustreben. Sie kann den Parteien einen schriftlichen, mit Gründen versehenen Einigungsvorschlag machen. Der Einigungsvorschlag und seine Begründung dürfen nur mit Zustimmung der Parteien veröffentlicht werden.

(7) Kommt ein Vergleich zustande, so muss er in einem besonderen Schriftstück niedergelegt und unter Angabe des Tages seines Zustandekommens von den Mitgliedern der Einigungsstelle, welche in der Verhandlung mitgewirkt haben, sowie von den Parteien unterschrieben werden. Aus einem vor der Einigungsstelle geschlossenen Vergleich findet die Zwangsvollstreckung statt; § 797a der Zivilprozessordnung ist entsprechend anzuwenden.

(8) Die Einigungsstelle kann, wenn sie den geltend gemachten Anspruch von vornherein für unbegründet oder sich selbst für unzuständig erachtet, die Einleitung von Einigungsverhandlungen ablehnen.

(9) Durch die Anrufung der Einigungsstelle wird die Verjährung in gleicher Weise wie durch Klageerhebung gehemmt. Kommt ein Vergleich nicht zustande, so ist der Zeitpunkt, zu dem das Verfahren beendet ist, von der Einigungsstelle festzustellen. Die vorsitzende Person hat dies den Parteien mitzuteilen.

(10) Ist ein Rechtsstreit der in Absatz 3 Satz 2 bezeichneten Art ohne vorherige Anrufung der Einigungsstelle anhängig gemacht worden, so kann das Gericht auf Antrag den Parteien unter Anberaumung eines neuen Termins aufgeben, vor diesem Termin die Einigungsstelle zur Herbeiführung eines gütlichen Ausgleichs anzurufen. In dem Verfahren über den Antrag auf Erlass einer einstweiligen Verfügung ist diese Anordnung nur zulässig, wenn der Gegner zustimmt. Absatz 8 ist nicht anzuwenden. Ist ein Verfahren vor der Einigungsstelle anhängig, so ist eine erst nach Anrufung der Einigungsstelle erhobene Klage des Antragsgegners auf Feststellung, dass der geltend gemachte Anspruch nicht bestehe, nicht zulässig.

(11) Die Landesregierungen werden ermächtigt, durch Rechtsverordnung die zur Durchführung der vorstehenden Bestimmungen und zur Regelung des Verfahrens vor den Einigungsstellen erforderlichen Vorschriften zu erlassen, insbesondere über die Aufsicht über die Einigungsstellen, über ihre Besetzung unter angemessener Beteiligung der nicht den Industrie- und Handelskammern angehörenden Unternehmern (§ 2 Abs. 2 bis 6 des Gesetzes zur vorläufigen Regelung des Rechts der Industrie- und Handelskammern in der im Bundesgesetzblatt Teil III, Gliederungsnummer 701-1, veröffentlichten bereinigten Fassung) und über die Vollstreckung von Ordnungsgeldern, sowie Bestimmungen über die Erhebung von Auslagen durch die Einigungsstelle zu treffen. Bei der Besetzung der Einigungsstellen sind die Vorschläge der für ein Bundesland errichteten, mit öffentlichen Mitteln geförderten Verbraucherzentralen zur Bestimmung der in Absatz 2 Satz 2 genannten Verbraucher zu berücksichtigen.

(12) Abweichend von Absatz 2 Satz 1 kann in den Ländern Brandenburg, Mecklenburg-Vorpommern, Sachsen, Sachsen-Anhalt und Thüringen die Einigungsstelle auch mit einem Rechtskundigen als Vorsitzendem besetzt werden, der die Befähigung zum Berufsrichter nach dem Recht der Deutschen Demokratischen Republik erworben hat.

Kapitel 4. Straf- und Bußgeldvorschriften

§ 16. Strafbare Werbung. (1) Wer in der Absicht, den Anschein eines besonders günstigen Angebots hervorzurufen, in öffentlichen Bekanntmachungen oder in Mitteilungen, die für einen größeren Kreis von Personen bestimmt sind, durch unwahre Angaben irreführend wirbt, wird mit Freiheitsstrafe bis zu zwei Jahren oder mit Geldstrafe bestraft.

(2) Wer es im geschäftlichen Verkehr unternimmt, Verbraucher zur Abnahme von Waren, Dienstleistungen oder Rechten durch das Versprechen zu veranlassen, sie würden entweder vom Veranstalter selbst oder von einem Dritten besondere Vorteile erlangen, wenn sie andere zum Abschluss gleichartiger Geschäfte veranlassen, die ihrerseits nach der Art dieser Werbung derartige Vorteile für eine entsprechende Werbung weiterer Abnehmer erlangen sollen, wird mit Freiheitsstrafe bis zu zwei Jahren oder mit Geldstrafe bestraft.

§ 17. Verrat von Geschäfts- und Betriebsgeheimnissen. (1) Wer als eine bei einem Unternehmen beschäftigte Person ein Geschäfts- oder Betriebsgeheimnis, das ihr im Rahmen des Dienstverhältnisses anvertraut worden oder zugänglich geworden ist, während der Geltungsdauer des Dienstverhältnisses unbefugt an jemand zu Zwecken des Wettbewerbs, aus Eigennutz, zugunsten eines Dritten oder in der Absicht, dem Inhaber des Unternehmens Schaden zuzufügen, mitteilt, wird mit Freiheitsstrafe bis zu drei Jahren oder mit Geldstrafe bestraft.

(2) Ebenso wird bestraft, wer zu Zwecken des Wettbewerbs, aus Eigennutz, zugunsten eines Dritten oder in der Absicht, dem Inhaber des Unternehmens Schaden zuzufügen,

1. sich ein Geschäfts- oder Betriebsgeheimnis durch
   a) Anwendung technischer Mittel,
   b) Herstellung einer verkörperten Wiedergabe des Geheimnisses oder
   c) Wegnahme einer Sache, in der das Geheimnis verkörpert ist,
   unbefugt verschafft oder sichert oder
2. ein Geschäfts- oder Betriebsgeheimnis, das er durch eine der in Absatz 1 bezeichneten Mitteilungen oder durch eine eigene oder fremde Handlung nach Nummer 1 erlangt oder sich sonst unbefugt verschafft oder gesichert hat, unbefugt verwertet oder jemandem mitteilt.

(3) Der Versuch ist strafbar.

(4) In besonders schweren Fällen ist die Strafe Freiheitsstrafe bis zu fünf Jahren oder Geldstrafe. Ein besonders schwerer Fall liegt in der Regel vor, wenn der Täter

1. gewerbsmäßig handelt,
2. bei der Mitteilung weiß, dass das Geheimnis im Ausland verwertet werden soll, oder
3. eine Verwertung nach Absatz 2 Nr. 2 im Ausland selbst vornimmt.

(5) Die Tat wird nur auf Antrag verfolgt, es sei denn, dass die Strafverfolgungsbehörde wegen des besonderen öffentlichen Interesses an der Strafverfolgung ein Einschreiten von Amts wegen für geboten hält.

(6) § 5 Nr. 7 des Strafgesetzbuches gilt entsprechend.

§ 18. Verwertung von Vorlagen. (1) Wer die ihm im geschäftlichen Verkehr anvertrauten Vorlagen oder Vorschriften technischer Art, insbesondere Zeichnungen, Modelle, Schablonen, Schnitte, Rezepte, zu Zwecken des Wettbewerbs oder aus Eigennutz unbefugt verwertet oder jemandem mitteilt, wird mit Freiheitsstrafe bis zu zwei Jahren oder mit Geldstrafe bestraft.

(2) Der Versuch ist strafbar.

(3) Die Tat wird nur auf Antrag verfolgt, es sei denn, dass die Strafverfolgungsbehörde wegen des besonderen öffentlichen Interesses an der Strafverfolgung ein Einschreiten von Amts wegen für geboten hält.

(4) § 5 Nr. 7 des Strafgesetzbuches gilt entsprechend.

§ 19. Verleiten und Erbieten zum Verrat. (1) Wer zu Zwecken des Wettbewerbs oder aus Eigennutz jemanden zu bestimmen versucht, eine Straftat nach § 17 oder § 18 zu begehen oder zu einer solchen Straftat anzustiften, wird mit Freiheitsstrafe bis zu zwei Jahren oder mit Geldstrafe bestraft.

(2) Ebenso wird bestraft, wer zu Zwecken des Wettbewerbs oder aus Eigennutz sich bereit erklärt oder das Erbieten eines anderen annimmt oder mit einem anderen verabredet, eine Straftat nach den § 17 oder § 18 zu begehen oder zu ihr anzustiften.

(3) § 31 des Strafgesetzbuches gilt entsprechend.

(4) Die Tat wird nur auf Antrag verfolgt, es sei denn, dass die Strafverfolgungsbehörde wegen des besonderen öffentlichen Interesses an der Strafverfolgung ein Einschreiten von Amts wegen für geboten hält.

(5) § 5 Nr. 7 des Strafgesetzbuches gilt entsprechend.

§ 20. Bußgeldvorschriften. (1) Ordnungswidrig handelt, wer vorsätzlich oder fahrlässig entgegen § 7 Absatz 1

1. in Verbindung mit § 7 Absatz 2 Nummer 2 mit einem Telefonanruf oder
2. in Verbindung mit § 7 Absatz 2 Nummer 3 unter Verwendung einer automatischen Anrufmaschine

gegenüber einem Verbraucher ohne dessen vorherige ausdrückliche Einwilligung wirbt.

(2) Die Ordnungswidrigkeit kann mit einer Geldbuße bis zu dreihunderttausend Euro geahndet werden.

(3) Verwaltungsbehörde im Sinne des § 36 Absatz 1 Nummer 1 des Gesetzes über Ordnungswidrigkeiten ist die Bundesnetzagentur für Elektrizität, Gas, Telekommunikation, Post und Eisenbahnen.

Anhang

(zu § 3 Abs. 3)

Unzulässige geschäftliche Handlungen im Sinne des § 3 Abs. 3 sind

1. die unwahre Angabe eines Unternehmers, zu den Unterzeichnern eines Verhaltenskodexes zu gehören;
2. die Verwendung von Gütezeichen, Qualitätskennzeichen oder Ähnlichem ohne die erforderliche Genehmigung;
3. die unwahre Angabe, ein Verhaltenskodex sei von einer öffentlichen oder anderen Stelle gebilligt;
4. die unwahre Angabe, ein Unternehmer, eine von ihm vorgenommene geschäftliche Handlung oder eine Ware oder Dienstleistung sei von einer öffentlichen oder privaten Stelle bestätigt, gebilligt oder genehmigt worden, oder die unwahre Angabe, den Bedingungen für die Bestätigung, Billigung oder Genehmigung werde entsprochen;
5. Waren- oder Dienstleistungsangebote im Sinne des § 5a Abs. 3 zu einem bestimmten Preis, wenn der Unternehmer nicht darüber aufklärt, dass er hinreichende Gründe für die Annahme hat, er werde nicht in der Lage sein, diese oder gleichartige Waren oder Dienstleistungen für einen angemessenen Zeitraum in angemessener Menge zum genannten Preis bereitzustellen oder bereitstellen zu lassen (Lockangebote). Ist die Bevorratung kürzer als zwei Tage, obliegt es dem Unternehmer, die Angemessenheit nachzuweisen;
6. Waren- oder Dienstleistungsangebote im Sinne des § 5a Abs. 3 zu einem bestimmten Preis, wenn der Unternehmer sodann in der Absicht, stattdessen eine andere Ware oder Dienstleistung abzusetzen, eine fehlerhafte Ausführung der Ware oder Dienstleistung vorführt oder sich weigert zu zeigen, was er beworben hat, oder sich weigert, Bestellungen dafür anzunehmen oder die beworbene Leistung innerhalb einer vertretbaren Zeit zu erbringen;
7. die unwahre Angabe, bestimmte Waren oder Dienstleistungen seien allgemein oder zu bestimmten Bedingungen nur für einen sehr begrenzten Zeitraum verfügbar, um den Verbraucher zu einer sofortigen geschäftlichen Entscheidung zu veranlassen, ohne dass dieser Zeit und Gelegenheit hat, sich auf Grund von Informationen zu entscheiden;
8. Kundendienstleistungen in einer anderen Sprache als derjenigen, in der die Verhandlungen vor dem Abschluss des Geschäfts geführt worden sind, wenn die ursprünglich verwendete Sprache nicht Amtssprache des Mitgliedstaats ist, in dem der Unternehmer niedergelassen ist; dies gilt nicht, soweit Verbraucher vor dem Abschluss des Geschäfts darüber aufgeklärt werden, dass diese Leistungen in einer anderen als der ursprünglich verwendeten Sprache erbracht werden;
9. die unwahre Angabe oder das Erwecken des unzutreffenden Eindrucks, eine Ware oder Dienstleistung sei verkehrsfähig;
10. die unwahre Angabe oder das Erwecken des unzutreffenden Eindrucks, gesetzlich bestehende Rechte stellten eine Besonderheit des Angebots dar;
11. der vom Unternehmer finanzierte Einsatz redaktioneller Inhalte zu Zwecken der Verkaufsförderung, ohne dass sich dieser Zusammenhang aus dem Inhalt oder aus der Art der optischen oder akustischen Darstellung eindeutig ergibt (als Information getarnte Werbung);
12. unwahre Angaben über Art und Ausmaß einer Gefahr für die persönliche Sicherheit des Verbrauchers oder seiner Familie für den Fall, dass er die angebotene Ware nicht erwirbt oder die angebotene Dienstleistung nicht in Anspruch nimmt;
13. Werbung für eine Ware oder Dienstleistung, die der Ware oder Dienstleistung eines bestimmten Herstellers ähnlich ist, wenn dies in der Absicht geschieht, über die betriebliche Herkunft der beworbenen Ware oder Dienstleistung zu täuschen;

14. die Einführung, der Betrieb oder die Förderung eines Systems zur Verkaufsförderung, bei dem vom Verbraucher ein finanzieller Beitrag für die Möglichkeit verlangt wird, allein oder hauptsächlich durch die Einführung weiterer Teilnehmer in das System eine Vergütung zu erlangen (Schneeball- oder Pyramidensystem);
15. die unwahre Angabe, der Unternehmer werde demnächst sein Geschäft aufgeben oder seine Geschäftsräume verlegen;
16. die Angabe, durch eine bestimmte Ware oder Dienstleistung ließen sich die Gewinnchancen bei einem Glücksspiel erhöhen;
17. die unwahre Angabe oder das Erwecken des unzutreffenden Eindrucks, der Verbraucher habe bereits einen Preis gewonnen oder werde ihn gewinnen oder werde durch eine bestimmte Handlung einen Preis gewinnen oder einen sonstigen Vorteil erlangen, wenn es einen solchen Preis oder Vorteil tatsächlich nicht gibt, oder wenn jedenfalls die Möglichkeit, einen Preis oder sonstigen Vorteil zu erlangen, von der Zahlung eines Geldbetrags oder der Übernahme von Kosten abhängig gemacht wird;
18. die unwahre Angabe, eine Ware oder Dienstleistung könne Krankheiten, Funktionsstörungen oder Missbildungen heilen;
19. eine unwahre Angabe über die Marktbedingungen oder Bezugsquellen, um den Verbraucher dazu zu bewegen, eine Ware oder Dienstleistung zu weniger günstigen Bedingungen als den allgemeinen Marktbedingungen abzunehmen oder in Anspruch zu nehmen;
20. das Angebot eines Wettbewerbs oder Preisausschreibens, wenn weder die in Aussicht gestellten Preise noch ein angemessenes Äquivalent vergeben werden;
21. das Angebot einer Ware oder Dienstleistung als „gratis", „umsonst", „kostenfrei" oder dergleichen, wenn hierfür gleichwohl Kosten zu tragen sind; dies gilt nicht für Kosten, die im Zusammenhang mit dem Eingehen auf das Waren- oder Dienstleitungsangebot oder für die Abholung oder Lieferung der Ware oder die Inanspruchnahme der Dienstleistung unvermeidbar sind;
22. die Übermittlung von Werbematerial unter Beifügung einer Zahlungsaufforderung, wenn damit der unzutreffende Eindruck vermittelt wird, die beworbene Ware oder Dienstleistung sei bereits bestellt;
23. die unwahre Angabe oder das Erwecken des unzutreffenden Eindrucks, der Unternehmer sei Verbraucher oder nicht für Zwecke seines Geschäfts, Handels, Gewerbes oder Berufs tätig;
24. die unwahre Angabe oder das Erwecken des unzutreffenden Eindrucks, es sei im Zusammenhang mit Waren oder Dienstleistungen in einem anderen Mitgliedstaat der Europäischen Union als dem des Warenverkaufs oder der Dienstleistung ein Kundendienst verfügbar;
25. das Erwecken des Eindrucks, der Verbraucher könne bestimmte Räumlichkeiten nicht ohne vorherigen Vertragsabschluss verlassen;
26. bei persönlichem Aufsuchen in der Wohnung die Nichtbeachtung einer Aufforderung des Besuchten, diese zu verlassen oder nicht zu ihr zurückzukehren, es sei denn, der Besuch ist zur rechtmäßigen Durchsetzung einer vertraglichen Verpflichtung gerechtfertigt;
27. Maßnahmen, durch die der Verbraucher von der Durchsetzung seiner vertraglichen Rechte aus einem Versicherungsverhältnis dadurch abgehalten werden soll, dass von ihm bei der Geltendmachung seines Anspruchs die Vorlage von Unterlagen verlangt wird, die zum Nachweis dieses Anspruchs nicht erforderlich sind, oder dass Schreiben zur Geltendmachung eines solchen Anspruchs systematisch nicht beantwortet werden;
28. die in eine Werbung einbezogene unmittelbare Aufforderung an Kinder, selbst die beworbene Ware zu erwerben oder die beworbene Dienstleistung in Anspruch zu nehmen oder ihre Eltern oder andere Erwachsene dazu zu veranlassen;
29. die Aufforderung zur Bezahlung nicht bestellter, aber gelieferter Waren oder erbrachter Dienstleistungen oder eine Aufforderung zur Rücksendung oder Aufbewahrung nicht bestellter Sachen und
30. die ausdrückliche Angabe, dass der Arbeitsplatz oder Lebensunterhalt des Unternehmers gefährdet sei, wenn der Verbraucher die Ware oder Dienstleistung nicht abnehme.

2. Richtlinie 2005/29/EG des europäischen Parlaments und des Rates vom 11. Mai 2005 über unlautere Geschäftspraktiken von Unternehmen gegenüber Verbrauchern im Binnenmarkt und zur Änderung der Richtlinie 84/450/EWG des Rates, der Richtlinien 97/7/EG, 98/27/EG und 2002/65/EG des Europäischen Parlaments und des Rates sowie der Verordnung (EG) Nr. 2006/2004 des Europäischen Parlaments und des Rates (Richtlinie über unlautere Geschäftspraktiken)

Vom 11. Mai 2005 (ABl EG 2005 vom 11.6.2005 Nr. L 149 S. 22)

(Text von Bedeutung für den EWR)

DAS EUROPÄISCHE PARLAMENT UND DER RAT DER EUROPÄISCHEN UNION –
gestützt auf den Vertrag zur Gründung der Europäischen Gemeinschaft, insbesondere auf Artikel 95,
auf Vorschlag der Kommission,
nach Stellungnahme des Europäischen Wirtschafts- und Sozialausschusses[1],
gemäß dem Verfahren des Artikels 251 des Vertrags[2],
in Erwägung nachstehender Gründe:

(1) Nach Artikel 153 Absatz 1 und Absatz 3 Buchstabe a des Vertrags hat die Gemeinschaft durch Maßnahmen, die sie nach Artikel 95 erlässt, einen Beitrag zur Gewährleistung eines hohen Verbraucherschutzniveaus zu leisten.

(2) Gemäß Artikel 14 Absatz 2 des Vertrags umfasst der Binnenmarkt einen Raum ohne Binnengrenzen, in dem der freie Verkehr von Waren und Dienstleistungen sowie die Niederlassungsfreiheit gewährleistet sind. Die Entwicklung der Lauterkeit des Geschäftsverkehrs innerhalb dieses Raums ohne Binnengrenzen ist für die Förderung grenzüberschreitender Geschäftstätigkeiten wesentlich.

(3) Die Rechtsvorschriften der Mitgliedstaaten in Bezug auf unlautere Geschäftspraktiken unterscheiden sich deutlich voneinander, wodurch erhebliche Verzerrungen des Wettbewerbs und Hemmnisse für das ordnungsgemäße Funktionieren des Binnenmarktes entstehen können. Im Bereich der Werbung legt die Richtlinie 84/450/EWG des Rates vom 10. September 1984 über irreführende und vergleichende Werbung[3] Mindestkriterien für die Angleichung der Rechtsvorschriften im Bereich der irreführenden Werbung fest, hindert die Mitgliedstaaten jedoch nicht daran, Vorschriften aufrechtzuerhalten oder zu erlassen, die einen weiterreichenden Schutz der Verbraucher vorsehen. Deshalb unterscheiden sich die Rechtsvorschriften der Mitgliedstaaten im Bereich der irreführenden Werbung erheblich.

(4) Diese Unterschiede führen zu Unsicherheit darüber, welche nationalen Regeln für unlautere Geschäftspraktiken gelten, die die wirtschaftlichen Interessen der Verbraucher schädigen, und schaffen viele Hemmnisse für Unternehmen wie Verbraucher. Diese Hemmnisse verteuern für die Unternehmen die Ausübung der Freiheiten des Binnenmarkts, insbesondere, wenn Unternehmen grenzüberschreitend Marketing-, Werbe- oder Verkaufskampagnen betreiben wol-

---

[1] ABl. C 108 vom 30.4.2004, S. 81.
[2] Stellungnahme des Europäischen Parlaments vom 20. April 2004 (ABl. C 104 E vom 30.4. 2004, S. 260), Gemeinsamer Standpunkt des Rates vom 15. November 2004 (ABl. C 38 E vom 15.2.2005, S. 1) und Standpunkt des Europäischen Parlaments vom 24. Februar 2005 (noch nicht im Amtsblatt veröffentlicht). Beschluss des Rates vom 12. April 2005.
[3] ABl. L 250 vom 19.9.1984, S. 17. Richtlinie geändert durch die Richtlinie 97/55/EG des Europäischen Parlaments und des Rates (ABl. L 290 vom 23.10.1997, S. 18).

len. Auch für Verbraucher schaffen solche Hemmnisse Unsicherheit hinsichtlich ihrer Rechte und untergraben ihr Vertrauen in den Binnenmarkt.

(5) In Ermangelung einheitlicher Regeln auf Gemeinschaftsebene könnten Hemmnisse für den grenzüberschreitenden Dienstleistungs- und Warenverkehr oder die Niederlassungsfreiheit im Lichte der Rechtsprechung des Gerichtshofs der Europäischen Gemeinschaften gerechtfertigt sein, sofern sie dem Schutz anerkannter Ziele des öffentlichen Interesses dienen und diesen Zielen angemessen sind. Angesichts der Ziele der Gemeinschaft, wie sie in den Bestimmungen des Vertrags und im sekundären Gemeinschaftsrecht über die Freizügigkeit niedergelegt sind, und in Übereinstimmung mit der in der Mitteilung der Kommission „Folgedokument zum Grünbuch über kommerzielle Kommunikationen im Binnenmarkt" genannten Politik der Kommission auf dem Gebiet der kommerziellen Kommunikation sollten solche Hemmnisse beseitigt werden. Diese Hemmnisse können nur beseitigt werden, indem in dem Maße, wie es für das ordnungsgemäße Funktionieren des Binnenmarktes und im Hinblick auf das Erfordernis der Rechtssicherheit notwendig ist, auf Gemeinschaftsebene einheitliche Regeln, die ein hohes Verbraucherschutzniveau gewährleisten, festgelegt und bestimmte Rechtskonzepte geklärt werden.

(6) Die vorliegende Richtlinie gleicht deshalb die Rechtsvorschriften der Mitgliedstaaten über unlautere Geschäftspraktiken einschließlich der unlauteren Werbung an, die die wirtschaftlichen Interessen der Verbraucher unmittelbar und dadurch die wirtschaftlichen Interessen rechtmäßig handelnder Mitbewerber mittelbar schädigen. Im Einklang mit dem Verhältnismäßigkeitsprinzip schützt diese Richtlinie die Verbraucher vor den Auswirkungen solcher unlauteren Geschäftspraktiken, soweit sie als wesentlich anzusehen sind, berücksichtigt jedoch, dass die Auswirkungen für den Verbraucher in manchen Fällen unerheblich sein können. Sie erfasst und berührt nicht die nationalen Rechtsvorschriften in Bezug auf unlautere Geschäftspraktiken, die lediglich die wirtschaftlichen Interessen von Mitbewerbern schädigen oder sich auf ein Rechtsgeschäft zwischen Gewerbetreibenden beziehen; die Mitgliedstaaten können solche Praktiken, falls sie es wünschen, unter uneingeschränkter Wahrung des Subsidiaritätsprinzips im Einklang mit dem Gemeinschaftsrecht weiterhin regeln. Diese Richtlinie erfasst und berührt auch nicht die Bestimmungen der Richtlinie 84/450/EWG über Werbung, die für Unternehmen, nicht aber für Verbraucher irreführend ist, noch die Bestimmungen über vergleichende Werbung. Darüber hinaus berührt diese Richtlinie auch nicht die anerkannten Werbe- und Marketingmethoden wie rechtmäßige Produktplatzierung, Markendifferenzierung oder Anreize, die auf rechtmäßige Weise die Wahrnehmung von Produkten durch den Verbraucher und sein Verhalten beeinflussen können, die jedoch seine Fähigkeit, eine informierte Entscheidung zu treffen, nicht beeinträchtigen.

(7) Diese Richtlinie bezieht sich auf Geschäftspraktiken, die in unmittelbarem Zusammenhang mit der Beeinflussung der geschäftlichen Entscheidungen des Verbrauchers in Bezug auf Produkte stehen. Sie bezieht sich nicht auf Geschäftspraktiken, die vorrangig anderen Zielen dienen, wie etwa bei kommerziellen, für Investoren gedachten Mitteilungen, wie Jahresberichten und Unternehmensprospekten. Sie bezieht sich nicht auf die gesetzlichen Anforderungen in Fragen der guten Sitten und des Anstands, die in den Mitgliedstaaten sehr unterschiedlich sind. Geschäftspraktiken wie beispielsweise das Ansprechen von Personen auf der Straße zu Verkaufszwecken können in manchen Mitgliedstaaten aus kulturellen Gründen unerwünscht sein. Die Mitgliedstaaten sollten daher im Einklang mit dem Gemeinschaftsrecht in ihrem Hoheitsgebiet weiterhin Geschäftspraktiken aus Gründen der guten Sitten und des Anstands verbieten können, auch wenn diese Praktiken die Wahlfreiheit des Verbrauchers nicht beeinträchtigen. Bei der Anwendung dieser Richtlinie, insbesondere der Generalklauseln, sollten die Umstände des Einzelfalles umfassend gewürdigt werden.

(8) Diese Richtlinie schützt unmittelbar die wirtschaftlichen Interessen der Verbraucher vor unlauteren Geschäftspraktiken im Geschäftsverkehr von Unternehmen gegenüber Verbrauchern. Sie schützt somit auch mittelbar rechtmäßig handelnde Unternehmen vor Mitbewerbern, die sich nicht an die Regeln dieser Richtlinie halten, und gewährleistet damit einen lauteren Wettbewerb in dem durch sie koordinierten Bereich. Selbstverständlich gibt es andere Geschäftspraktiken, die zwar nicht den Verbraucher schädigen, sich jedoch nachteilig für die Mitbewerber und gewerblichen Kunden auswirken können. Die Kommission sollte sorgfältig prüfen, ob auf dem Gebiet des unlauteren Wettbewerbs über den Regelungsbereich dieser Richtlinie hinausgehende gemeinschaftliche Maßnahmen erforderlich sind, und sollte gegebenenfalls einen Gesetzgebungsvorschlag zur Erfassung dieser anderen Aspekte des unlauteren Wettbewerbs vorlegen.

(9) Diese Richtlinie berührt nicht individuelle Klagen von Personen, die durch eine unlautere Geschäftspraxis geschädigt wurden. Sie berührt ferner nicht die gemeinschaftlichen und nationalen Vorschriften in den Bereichen Vertragsrecht, Schutz des geistigen Eigentums, Sicherheit und Gesundheitsschutz im Zusammenhang mit Produkten, Niederlassungsbedingungen und Genehmigungsregelungen, einschließlich solcher Vorschriften, die sich im Einklang mit dem Gemeinschaftsrecht auf Glücksspiele beziehen, sowie die Wettbewerbsregeln der Gemeinschaft und die nationalen Rechtsvorschriften zur Umsetzung derselben. Die Mitgliedstaaten können somit unabhängig davon, wo der Gewerbetreibende niedergelassen ist, unter Berufung auf den Schutz der Gesundheit und der Sicherheit der Verbraucher in ihrem Hoheitsgebiet für Geschäftspraktiken Beschränkungen aufrechterhalten oder einführen oder diese Praktiken verbieten, beispielsweise im Zusammenhang mit Spirituosen, Tabakwaren und Arzneimitteln. Für Finanzdienstleistungen und Immobilien sind aufgrund ihrer Komplexität und der ihnen inhärenten ernsten Risiken detaillierte Anforderungen erforderlich, einschließlich positiver Verpflichtungen für die betreffenden Gewerbetreibenden. Deshalb lässt diese Richtlinie im Bereich der Finanzdienstleistungen und Immobilien das Recht der Mitgliedstaaten unberührt, zum Schutz der wirtschaftlichen Interessen der Verbraucher über ihre Bestimmungen hinauszugehen. Es ist nicht angezeigt, in dieser Richtlinie die Zertifizierung und Angabe des Feingehalts von Artikeln aus Edelmetall zu regeln.

(10) Es muss sichergestellt werden, dass diese Richtlinie insbesondere in Fällen, in denen Einzelvorschriften über unlautere Geschäftspraktiken in speziellen Sektoren anwendbar sind auf das geltende Gemeinschaftsrecht abgestimmt ist. Diese Richtlinie ändert daher die Richtlinie 84/450/EWG, die Richtlinie 97/7/EG des Europäischen Parlaments und des Rates vom 20. Mai 1997 über den Verbraucherschutz bei Vertragsabschlüssen im Fernabsatz[1], die Richtlinie 98/27/EG des Europäischen Parlaments und des Rates vom 19. Mai 1998 über Unterlassungsklagen zum Schutz der Verbraucherinteressen[2] und die Richtlinie 2002/65/EG des Europäischen Parlaments und des Rates vom 23. September 2002 über den Fernabsatz von Finanzdienstleistungen an Verbraucher[3]. Diese Richtlinie gilt dementsprechend nur insoweit, als keine spezifischen Vorschriften des Gemeinschaftsrechts vorliegen, die spezielle Aspekte unlauterer Geschäftspraktiken regeln, wie etwa Informationsanforderungen oder Regeln darüber, wie dem Verbraucher Informationen zu vermitteln sind. Sie bietet den Verbrauchern in den Fällen Schutz, in denen es keine spezifischen sektoralen Vorschriften auf Gemeinschaftsebene gibt, und untersagt es Gewerbetreibenden, eine Fehlvorstellung von der Art ihrer Produkte zu wecken. Dies ist besonders wichtig bei komplexen Produkten mit einem hohen Risikograd für die Verbraucher, wie etwa bestimmten Finanzdienstleistungen. Diese Richtlinie ergänzt somit den gemeinschaftlichen Besitzstand in Bezug auf Geschäftspraktiken, die den wirtschaftlichen Interessen der Verbraucher schaden.

(11) Das hohe Maß an Konvergenz, das die Angleichung der nationalen Rechtsvorschriften durch diese Richtlinie hervorbringt, schafft ein hohes allgemeines Verbraucherschutzniveau. Diese Richtlinie stellt ein einziges generelles Verbot jener unlauteren Geschäftspraktiken auf, die das wirtschaftliche Verhalten des Verbrauchers beeinträchtigen. Sie stellt außerdem Regeln über aggressive Geschäftspraktiken auf, die gegenwärtig auf Gemeinschaftsebene nicht geregelt sind.

(12) Durch die Angleichung wird die Rechtssicherheit sowohl für Verbraucher als auch für Unternehmen beträchtlich erhöht. Sowohl die Verbraucher als auch die Unternehmen werden in die Lage versetzt, sich an einem einzigen Rechtsrahmen zu orientieren, der auf einem klar definierten Rechtskonzept beruht, das alle Aspekte unlauterer Geschäftspraktiken in der EU regelt. Dies wird zur Folge haben, dass die durch die Fragmentierung der Vorschriften über unlautere, die wirtschaftlichen Interessen der Verbraucher schädigende Geschäftspraktiken verursachten Handelshemmnisse beseitigt werden und die Verwirklichung des Binnenmarktes in diesem Bereich ermöglicht wird.

(13) Zur Erreichung der Ziele der Gemeinschaft durch die Beseitigung von Hemmnissen für den Binnenmarkt ist es notwendig, die in den Mitgliedstaaten existierenden unterschiedlichen

---

[1] ABl. L 144 vom 4.6.1997, S. 19. Richtlinie geändert durch die Richtlinie 2002/65/EG (ABl. L 271 vom 9.10.2002, S. 16).

[2] ABl. L 166 vom 11.6.1998, S. 51. Richtlinie zuletzt geändert durch die Richtlinie 2002/65/EG.

[3] ABl. L 271 vom 9.10.2002, S. 16.

Generalklauseln und Rechtsgrundsätze zu ersetzen. Das durch diese Richtlinie eingeführte einzige, gemeinsame generelle Verbot umfasst daher unlautere Geschäftspraktiken, die das wirtschaftliche Verhalten der Verbraucher beeinträchtigen. Zur Förderung des Verbrauchervertrauens sollte das generelle Verbot für unlautere Geschäftspraktiken sowohl außerhalb einer vertraglichen Beziehung zwischen Gewerbetreibenden und Verbrauchern als auch nach Abschluss eines Vertrags und während dessen Ausführung gelten. Das generelle Verbot wird durch Regeln über die beiden bei weitem am meisten verbreiteten Arten von Geschäftspraktiken konkretisiert, nämlich die irreführenden und die aggressiven Geschäftspraktiken.

(14) Es ist wünschenswert, dass der Begriff der irreführenden Praktiken auch Praktiken, einschließlich irreführender Werbung, umfasst, die den Verbraucher durch Täuschung davon abhalten, eine informierte und deshalb effektive Wahl zu treffen. In Übereinstimmung mit dem Recht und den Praktiken der Mitgliedstaaten zur irreführenden Werbung unterteilt diese Richtlinie irreführende Praktiken in irreführende Handlungen und irreführende Unterlassungen. Im Hinblick auf Unterlassungen legt diese Richtlinie eine bestimmte Anzahl von Basisinformationen fest, die der Verbraucher benötigt, um eine informierte geschäftliche Entscheidung treffen zu können. Solche Informationen müssen nicht notwendigerweise in jeder Werbung enthalten sein, sondern nur dann, wenn der Gewerbetreibende zum Kauf auffordert; dieses Konzept wird in dieser Richtlinie klar definiert. Die in dieser Richtlinie vorgesehene vollständige Angleichung hindert die Mitgliedstaaten nicht daran, in ihren nationalen Rechtsvorschriften für bestimmte Produkte, zum Beispiel Sammlungsstücke oder elektrische Geräte, die wesentlichen Kennzeichen festzulegen, deren Weglassen bei einer Aufforderung zum Kauf rechtserheblich wäre. Mit dieser Richtlinie wird nicht beabsichtigt, die Wahl für die Verbraucher einzuschränken, indem die Werbung für Produkte, die anderen Produkten ähneln, untersagt wird, es sei denn, dass diese Ähnlichkeit eine Verwechslungsgefahr für die Verbraucher hinsichtlich der kommerziellen Herkunft des Produkts begründet und daher irreführend ist. Diese Richtlinie sollte das bestehende Gemeinschaftsrecht unberührt lassen, das den Mitgliedstaaten ausdrücklich die Wahl zwischen mehreren Regelungsoptionen für den Verbraucherschutz auf dem Gebiet der Geschäftspraktiken lässt. Die vorliegende Richtlinie sollte insbesondere Artikel 13 Absatz 3 der Richtlinie 2002/58/EG des Europäischen Parlaments und des Rates vom 12. Juli 2002 über die Verarbeitung personenbezogener Daten und den Schutz der Privatsphäre in der elektronischen Kommunikation[1] unberührt lassen.

(15) Legt das Gemeinschaftsrecht Informationsanforderungen in Bezug auf Werbung, kommerzielle Kommunikation oder Marketing fest, so werden die betreffenden Informationen im Rahmen dieser Richtlinie als wesentlich angesehen. Die Mitgliedstaaten können die Informationsanforderungen in Bezug auf das Vertragsrecht oder mit vertragsrechtlichen Auswirkungen aufrechterhalten oder erweitern, wenn dies aufgrund der Mindestklauseln in den bestehenden gemeinschaftlichen Rechtsakten zulässig ist. Eine nicht erschöpfende Auflistung solcher im Besitzstand vorgesehenen Informationsanforderungen ist in Anhang II enthalten. Aufgrund der durch diese Richtlinie eingeführten vollständigen Angleichung werden nur die nach dem Gemeinschaftsrecht vorgeschriebenen Informationen als wesentlich für die Zwecke des Artikels 7 Absatz 5 dieser Richtlinie betrachtet. Haben die Mitgliedstaaten auf der Grundlage von Mindestklauseln Informationsanforderungen eingeführt, die über das hinausgehen, was im Gemeinschaftsrecht geregelt ist, so kommt das Vorenthalten dieser Informationen einem irreführenden Unterlassen nach dieser Richtlinie nicht gleich. Die Mitgliedstaaten können demgegenüber, sofern dies nach den gemeinschaftsrechtlichen Mindestklauseln zulässig ist, im Einklang mit dem Gemeinschaftsrecht strengere Bestimmungen aufrechterhalten oder einführen, um ein höheres Schutzniveau für die individuellen vertraglichen Rechte der Verbraucher zu gewährleisten.

(16) Die Bestimmungen über aggressive Handelspraktiken sollten solche Praktiken einschließen, die die Wahlfreiheit des Verbrauchers wesentlich beeinträchtigen. Dabei handelt es sich um Praktiken, die sich der Belästigung, der Nötigung, einschließlich der Anwendung von Gewalt, und der unzulässigen Beeinflussung bedienen.

(17) Es ist wünschenswert, dass diejenigen Geschäftspraktiken, die unter allen Umständen unlauter sind, identifiziert werden, um größere Rechtssicherheit zu schaffen. Anhang I enthält daher eine umfassende Liste solcher Praktiken. Hierbei handelt es sich um die einzigen Ge-

---

[1] ABl. L 201 vom 31.7.2002, S. 37.

schäftspraktiken, die ohne eine Beurteilung des Einzelfalls anhand der Bestimmungen der Artikel 5 bis 9 als unlauter gelten können. Die Liste kann nur durch eine Änderung dieser Richtlinie abgeändert werden.

(18) Es ist angezeigt, alle Verbraucher vor unlauteren Geschäftspraktiken zu schützen; der Gerichtshof hat es allerdings bei seiner Rechtsprechung im Zusammenhang mit Werbung seit dem Erlass der Richtlinie 84/450/EWG für erforderlich gehalten, die Auswirkungen auf einen fiktiven typischen Verbraucher zu prüfen. Dem Verhältnismäßigkeitsprinzip entsprechend und um die wirksame Anwendung der vorgesehenen Schutzmaßnahmen zu ermöglichen, nimmt diese Richtlinie den Durchschnittsverbraucher, der angemessen gut unterrichtet und angemessen aufmerksam und kritisch ist, unter Berücksichtigung sozialer, kultureller und sprachlicher Faktoren in der Auslegung des Gerichtshofs als Maßstab, enthält aber auch Bestimmungen zur Vermeidung der Ausnutzung von Verbrauchern, deren Eigenschaften sie für unlautere Geschäftspraktiken besonders anfällig machen. Richtet sich eine Geschäftspraxis speziell an eine besondere Verbrauchergruppe wie z. B. Kinder, so sollte die Auswirkung der Geschäftspraxis aus der Sicht eines Durchschnittsmitglieds dieser Gruppe beurteilt werden. Es ist deshalb angezeigt, in die Liste der Geschäftspraktiken, die unter allen Umständen unlauter sind, eine Bestimmung aufzunehmen, mit der an Kinder gerichtete Werbung zwar nicht völlig untersagt wird, mit der Kinder aber vor unmittelbaren Kaufaufforderungen geschützt werden. Der Begriff des Durchschnittsverbrauchers beruht dabei nicht auf einer statistischen Grundlage. Die nationalen Gerichte und Verwaltungsbehörden müssen sich bei der Beurteilung der Frage, wie der Durchschnittsverbraucher in einem gegebenen Fall typischerweise reagieren würde, auf ihre eigene Urteilsfähigkeit unter Berücksichtigung der Rechtsprechung des Gerichtshofs verlassen.

(19) Sind Verbraucher aufgrund bestimmter Eigenschaften wie Alter, geistige oder körperliche Gebrechen oder Leichtgläubigkeit besonders für eine Geschäftspraxis oder das ihr zugrunde liegende Produkt anfällig und wird durch diese Praxis voraussichtlich das wirtschaftliche Verhalten nur dieser Verbraucher in einer für den Gewerbetreibenden vernünftigerweise vorhersehbaren Art und Weise wesentlich beeinflusst, muss sichergestellt werden, dass diese entsprechend geschützt werden, indem die Praxis aus der Sicht eines Durchschnittsmitglieds dieser Gruppe beurteilt wird.

(20) Es ist zweckmäßig, die Möglichkeit von Verhaltenskodizes vorzusehen, die es Gewerbetreibenden ermöglichen, die Grundsätze dieser Richtlinie in spezifischen Wirtschaftsbranchen wirksam anzuwenden. In Branchen, in denen es spezifische zwingende Vorschriften gibt, die das Verhalten von Gewerbetreibenden regeln, ist es zweckmäßig, dass aus diesen auch die Anforderungen an die berufliche Sorgfalt in dieser Branche ersichtlich sind. Die von den Urhebern der Kodizes auf nationaler oder auf Gemeinschaftsebene ausgeübte Kontrolle hinsichtlich der Beseitigung unlauterer Geschäftspraktiken könnte die Inanspruchnahme der Verwaltungsbehörden oder Gerichte unnötig machen und sollte daher gefördert werden. Mit dem Ziel, ein hohes Verbraucherschutzniveau zu erreichen, könnten Verbraucherverbände informiert und an der Ausarbeitung von Verhaltenskodizes beteiligt werden.

(21) Personen oder Organisationen, die nach dem nationalen Recht ein berechtigtes Interesse geltend machen können, müssen über Rechtsbehelfe verfügen, die es ihnen erlauben, vor Gericht oder bei einer Verwaltungsbehörde, die über Beschwerden entscheidet oder geeignete gerichtliche Schritte einleiten kann, gegen unlautere Geschäftspraktiken vorzugehen. Zwar wird die Beweislast vom nationalen Recht bestimmt, die Gerichte und Verwaltungsbehörden sollten aber in die Lage versetzt werden, von Gewerbetreibenden zu verlangen, dass sie den Beweis für die Richtigkeit der von ihnen behaupteten Tatsachen erbringen.

(22) Es ist notwendig, dass die Mitgliedstaaten Sanktionen für Verstöße gegen diese Richtlinie festlegen und für deren Durchsetzung sorgen. Die Sanktionen müssen wirksam, verhältnismäßig und abschreckend sein.

(23) Da die Ziele dieser Richtlinie, nämlich durch Angleichung der Rechts- und Verwaltungsvorschriften der Mitgliedstaaten über unlautere Geschäftspraktiken die durch derartige Vorschriften verursachten Handelshemmnisse zu beseitigen und ein hohes gemeinsames Verbraucherschutzniveau zu gewährleisten, auf Ebene der Mitgliedstaaten nicht ausreichend erreicht werden können und daher besser auf Gemeinschaftsebene zu erreichen sind, kann die Gemeinschaft im Einklang mit dem in Artikel 5 des Vertrags niedergelegten Subsidiaritätsprinzip tätig werden. Entsprechend dem in demselben Artikel genannten Verhältnismäßigkeitsprinzip geht

diese Richtlinie nicht über das für die Beseitigung der Handelshemmnisse und die Gewährleistung eines hohen gemeinsamen Verbraucherschutzniveaus erforderliche Maß hinaus.

(24) Diese Richtlinie sollte überprüft werden um sicherzustellen, dass Handelshemmnisse für den Binnenmarkt beseitigt und ein hohes Verbraucherschutzniveau erreicht wurden. Diese Überprüfung könnte zu einem Vorschlag der Kommission zur Änderung dieser Richtlinie führen, der eine begrenzte Verlängerung der Geltungsdauer der Ausnahmeregelung des Artikels 3 Absatz 5 vorsehen und/oder Änderungsvorschläge zu anderen Rechtsvorschriften über den Verbraucherschutz beinhalten könnte, in denen die von der Kommission im Rahmen der verbraucherpolitischen Strategie der Gemeinschaft eingegangene Verpflichtung zur Überprüfung des Besitzstands zur Erreichung eines hohen gemeinsamen Verbraucherschutzniveaus zum Ausdruck kommt.

(25) Diese Richtlinie achtet die insbesondere in der Charta der Grundrechte der Europäischen Union anerkannten Grundrechte und Grundsätze –

HABEN FOLGENDE RICHTLINIE ERLASSEN:

KAPITEL 1
ALLGEMEINE BESTIMMUNGEN

Art. 1. Zweck der Richtlinie. Zweck dieser Richtlinie ist es, durch Angleichung der Rechts- und Verwaltungsvorschriften der Mitgliedstaaten über unlautere Geschäftspraktiken, die die wirtschaftlichen Interessen der Verbraucher beeinträchtigen, zu einem reibungslosen Funktionieren des Binnenmarkts und zum Erreichen eines hohen Verbraucherschutzniveaus beizutragen.

Art. 2. Definitionen. Im Sinne dieser Richtlinie bezeichnet der Ausdruck

a) „Verbraucher" jede natürliche Person, die im Geschäftsverkehr im Sinne dieser Richtlinie zu Zwecken handelt, die nicht ihrer gewerblichen, handwerklichen oder beruflichen Tätigkeit zugerechnet werden können;

b) „Gewerbetreibender" jede natürliche oder juristische Person, die im Geschäftsverkehr im Sinne dieser Richtlinie im Rahmen ihrer gewerblichen, handwerklichen oder beruflichen Tätigkeit handelt, und jede Person, die im Namen oder Auftrag des Gewerbetreibenden handelt;

c) „Produkt" jede Ware oder Dienstleistung, einschließlich Immobilien, Rechte und Verpflichtungen;

d) „Geschäftspraktiken von Unternehmen gegenüber Verbrauchern" (nachstehend auch „Geschäftspraktiken" genannt) jede Handlung, Unterlassung, Verhaltensweise oder Erklärung, kommerzielle Mitteilung einschließlich Werbung und Marketing eines Gewerbetreibenden, die unmittelbar mit der Absatzförderung, dem Verkauf oder der Lieferung eines Produkts an Verbraucher zusammenhängt;

e) „wesentliche Beeinflussung des wirtschaftlichen Verhaltens des Verbrauchers" die Anwendung einer Geschäftspraxis, um die Fähigkeit des Verbrauchers, eine informierte Entscheidung zu treffen, spürbar zu beeinträchtigen und damit den Verbraucher zu einer geschäftlichen Entscheidung zu veranlassen, die er andernfalls nicht getroffen hätte;

f) „Verhaltenskodex" eine Vereinbarung oder ein Vorschriftenkatalog, die bzw. der nicht durch die Rechts- und Verwaltungsvorschriften eines Mitgliedstaates vorgeschrieben ist und das Verhalten der Gewerbetreibenden definiert, die sich in Bezug auf eine oder mehrere spezielle Geschäftspraktiken oder Wirtschaftszweige auf diesen Kodex verpflichten;

g) „Urheber eines Kodex" jede Rechtspersönlichkeit, einschließlich einzelner Gewerbetreibender oder Gruppen von Gewerbetreibenden, die für die Formulierung und Überarbeitung eines Verhaltenskodex und/oder für die Überwachung der Einhaltung dieses Kodex durch alle diejenigen, die sich darauf verpflichtet haben, zuständig ist;

h) „berufliche Sorgfalt" der Standard an Fachkenntnissen und Sorgfalt, bei denen billigerweise davon ausgegangen werden kann, dass der Gewerbetreibende sie gegenüber dem Verbraucher gemäß den anständigen Marktgepflogenheiten und/oder dem allgemeinen Grundsatz von Treu und Glauben in seinem Tätigkeitsbereich anwendet;

i) „Aufforderung zum Kauf" jede kommerzielle Kommunikation, die die Merkmale des Produkts und den Preis in einer Weise angibt, die den Mitteln der verwendeten kommerziellen

Kommunikation angemessen ist und den Verbraucher dadurch in die Lage versetzt, einen Kauf zu tätigen;

j) „unzulässige Beeinflussung" die Ausnutzung einer Machtposition gegenüber dem Verbraucher zur Ausübung von Druck, auch ohne die Anwendung oder Androhung von körperlicher Gewalt, in einer Weise, die die Fähigkeit des Verbrauchers zu einer informierten Entscheidung wesentlich einschränkt;

k) „geschäftliche Entscheidung" jede Entscheidung eines Verbraucher darüber, ob, wie und unter welchen Bedingungen er einen Kauf tätigen, eine Zahlung insgesamt oder teilweise leisten, ein Produkt behalten oder abgeben oder ein vertragliches Recht im Zusammenhang mit dem Produkt ausüben will, unabhängig davon, ob der Verbraucher beschließt, tätig zu werden oder ein Tätigwerden zu unterlassen;

l) „reglementierter Beruf" eine berufliche Tätigkeit oder eine Reihe beruflicher Tätigkeiten, bei der die Aufnahme oder Ausübung oder eine der Arten der Ausübung direkt oder indirekt durch Rechts- oder Verwaltungsvorschriften an das Vorhandensein bestimmter Berufsqualifikationen gebunden ist.

Art. 3. Anwendungsbereich. (1) Diese Richtlinie gilt für unlautere Geschäftspraktiken im Sinne des Artikels 5 von Unternehmen gegenüber Verbrauchern vor, während und nach Abschluss eines auf ein Produkt bezogenen Handelsgeschäfts.

(2) Diese Richtlinie lässt das Vertragsrecht und insbesondere die Bestimmungen über die Wirksamkeit, das Zustandekommen oder die Wirkungen eines Vertrags unberührt.

(3) Diese Richtlinie lässt die Rechtsvorschriften der Gemeinschaft oder der Mitgliedstaaten in Bezug auf die Gesundheits- und Sicherheitsaspekte von Produkten unberührt.

(4) Kollidieren die Bestimmungen dieser Richtlinie mit anderen Rechtsvorschriften der Gemeinschaft, die besondere Aspekte unlauterer Geschäftspraktiken regeln, so gehen die Letzteren vor und sind für diese besonderen Aspekte maßgebend.

(5) Die Mitgliedstaaten können für einen Zeitraum von sechs Jahren ab dem 12. Juni 2007 in dem durch diese Richtlinie angeglichenen Bereich nationale Vorschriften beibehalten, die restriktiver oder strenger sind als diese Richtlinie und zur Umsetzung von Richtlinien erlassen wurden und die Klauseln über eine Mindestangleichung enthalten. Diese Maßnahmen müssen unbedingt erforderlich sein, um sicherzustellen, dass die Verbraucher auf geeignete Weise vor unlauteren Geschäftspraktiken geschützt werden und müssen zur Erreichung dieses Ziels verhältnismäßig sein. Im Rahmen der nach Artikel 18 vorgesehenen Überprüfung kann gegebenenfalls vorgeschlagen werden, die Geltungsdauer dieser Ausnahmeregelung um einen weiteren begrenzten Zeitraum zu verlängern.

(6) Die Mitgliedstaaten teilen der Kommission unverzüglich die auf der Grundlage von Absatz 5 angewandten nationalen Vorschriften mit.

(7) Diese Richtlinie lässt die Bestimmungen über die Zuständigkeit der Gerichte unberührt.

(8) Diese Richtlinie lässt alle Niederlassungs- oder Genehmigungsbedingungen, berufsständischen Verhaltenskodizes oder andere spezifische Regeln für reglementierte Berufe unberührt, damit die strengen Integritätsstandards, die die Mitgliedstaaten den in dem Beruf tätigen Personen nach Maßgabe des Gemeinschaftsrechts auferlegen können, gewährleistet bleiben.

(9) Im Zusammenhang mit „Finanzdienstleistungen" im Sinne der Richtlinie 2002/65/EG und Immobilien können die Mitgliedstaaten Anforderungen stellen, die im Vergleich zu dem durch diese Richtlinie angeglichenen Bereich restriktiver und strenger sind.

(10) Diese Richtlinie gilt nicht für die Anwendung der Rechts- und Verwaltungsvorschriften der Mitgliedstaaten in Bezug auf die Zertifizierung und Angabe des Feingehalts von Artikeln aus Edelmetall.

Art. 4. Binnenmarkt. Die Mitgliedstaaten dürfen den freien Dienstleistungsverkehr und den freien Warenverkehr nicht aus Gründen, die mit dem durch diese Richtlinie angeglichenen Bereich zusammenhängen, einschränken.

KAPITEL 2
UNLAUTERE GESCHÄFTSPRAKTIKEN

Art. 5. Verbot unlauterer Geschäftspraktiken. (1) Unlautere Geschäftspraktiken sind verboten.

(2) Eine Geschäftspraxis ist unlauter, wenn

a) sie den Erfordernissen der beruflichen Sorgfaltspflicht widerspricht
und

b) sie in Bezug auf das jeweilige Produkt das wirtschaftliche Verhalten des Durchschnittsverbrauchers, den sie erreicht oder an den sie sich richtet oder des durchschnittlichen Mitglieds einer Gruppe von Verbrauchern, wenn sich eine Geschäftspraxis an eine bestimmte Gruppe von Verbrauchern wendet, wesentlich beeinflusst oder dazu geeignet ist, es wesentlich zu beeinflussen.

(3) Geschäftspraktiken, die voraussichtlich in einer für den Gewerbetreibenden vernünftigerweise vorhersehbaren Art und Weise das wirtschaftliche Verhalten nur einer eindeutig identifizierbaren Gruppe von Verbrauchern wesentlich beeinflussen, die aufgrund von geistigen oder körperlichen Gebrechen, Alter oder Leichtgläubigkeit im Hinblick auf diese Praktiken oder die ihnen zugrunde liegenden Produkte besonders schutzbedürftig sind, werden aus der Perspektive eines durchschnittlichen Mitglieds dieser Gruppe beurteilt. Die übliche und rechtmäßige Werbepraxis, übertriebene Behauptungen oder nicht wörtlich zu nehmende Behauptungen aufzustellen, bleibt davon unberührt.

(4) Unlautere Geschäftspraktiken sind insbesondere solche, die

a) irreführend im Sinne der Artikel 6 und 7
oder

b) aggressiv im Sinne der Artikel 8 und 9 sind.

(5) Anhang I enthält eine Liste jener Geschäftspraktiken, die unter allen Umständen als unlauter anzusehen sind. Diese Liste gilt einheitlich in allen Mitgliedstaaten und kann nur durch eine Änderung dieser Richtlinie abgeändert werden.

Abschnitt 1
Irreführende Geschäftspraktiken

Art. 6. Irreführende Handlungen. (1) Eine Geschäftspraxis gilt als irreführend, wenn sie falsche Angaben enthält und somit unwahr ist oder wenn sie in irgendeiner Weise, einschließlich sämtlicher Umstände ihrer Präsentation, selbst mit sachlich richtigen Angaben den Durchschnittsverbraucher in Bezug auf einen oder mehrere der nachstehend aufgeführten Punkte täuscht oder ihn zu täuschen geeignet ist und ihn in jedem Fall tatsächlich oder voraussichtlich zu einer geschäftlichen Entscheidung veranlasst, die er ansonsten nicht getroffen hätte:

a) das Vorhandensein oder die Art des Produkts;

b) die wesentlichen Merkmale des Produkts wie Verfügbarkeit, Vorteile, Risiken, Ausführung, Zusammensetzung, Zubehör, Kundendienst und Beschwerdeverfahren, Verfahren und Zeitpunkt der Herstellung oder Erbringung, Lieferung, Zwecktauglichkeit, Verwendung, Menge, Beschaffenheit, geografische oder kommerzielle Herkunft oder die von der Verwendung zu erwartenden Ergebnisse oder die Ergebnisse und wesentlichen Merkmale von Tests oder Untersuchungen, denen das Produkt unterzogen wurde;

c) den Umfang der Verpflichtungen des Gewerbetreibenden, die Beweggründe für die Geschäftspraxis und die Art des Vertriebsverfahrens, die Aussagen oder Symbole jeder Art, die im Zusammenhang mit direktem oder indirektem Sponsoring stehen oder sich auf eine Zulassung des Gewerbetreibenden oder des Produkts beziehen;

d) der Preis, die Art der Preisberechnung oder das Vorhandensein eines besonderer Preisvorteils;

e) die Notwendigkeit einer Leistung, eines Ersatzteils, eines Austauschs oder einer Reparatur;

f) die Person, die Eigenschaften oder die Rechte des Gewerbetreibenden oder seines Vertreters, wie Identität und Vermögen, seine Befähigungen, seinen Status, seine Zulassung, Mitgliedschaften oder Beziehungen sowie gewerbliche oder kommerzielle Eigentumsrechte oder Rechte an geistigem Eigentum oder seine Auszeichnungen und Ehrungen;

g) die Rechte des Verbrauchers einschließlich des Rechts auf Ersatzlieferung oder Erstattung gemäß der Richtlinie 1999/44/EG des Europäischen Parlaments und des Rates vom 25. Mai 1999 zu bestimmten Aspekten des Verbrauchsgüterkaufs und der Garantien für Verbrauchsgüter[1] oder die Risiken, denen er sich möglicherweise aussetzt.

(2) Eine Geschäftspraxis gilt ferner als irreführend, wenn sie im konkreten Fall unter Berücksichtigung aller tatsächlichen Umstände einen Durchschnittsverbraucher zu einer geschäftlichen Entscheidung veranlasst oder zu veranlassen geeignet ist, die er ansonsten nicht getroffen hätte, und Folgendes beinhaltet:

a) jegliche Art der Vermarktung eines Produkts, einschließlich vergleichender Werbung, die eine Verwechslungsgefahr mit einem anderen Produkt, Warenzeichen, Warennamen oder anderen Kennzeichen eines Mitbewerbers begründet;

b) die Nichteinhaltung von Verpflichtungen, die der Gewerbetreibende im Rahmen von Verhaltenskodizes, auf die er sich verpflichtet hat, eingegangen ist, sofern

i) es sich nicht um eine Absichtserklärung, sondern um eine eindeutige Verpflichtung handelt, deren Einhaltung nachprüfbar ist,
und

ii) der Gewerbetreibende im Rahmen einer Geschäftspraxis darauf hinweist, dass er durch den Kodex gebunden ist.

Art. 7. Irreführende Unterlassungen. (1) Eine Geschäftspraxis gilt als irreführend, wenn sie im konkreten Fall unter Berücksichtigung aller tatsächlichen Umstände und der Beschränkungen des Kommunikationsmediums wesentliche Informationen vorenthält, die der durchschnittliche Verbraucher je nach den Umständen benötigt, um eine informierte geschäftliche Entscheidung zu treffen, und die somit einen Durchschnittsverbraucher zu einer geschäftlichen Entscheidung veranlasst oder zu veranlassen geeignet ist, die er sonst nicht getroffen hätte.

(2) Als irreführende Unterlassung gilt es auch, wenn ein Gewerbetreibender wesentliche Informationen gemäß Absatz 1 unter Berücksichtigung der darin beschriebenen Einzelheiten verheimlicht oder auf unklare, unverständliche, zweideutige Weise oder nicht rechtzeitig bereitstellt oder wenn er den kommerziellen Zweck der Geschäftspraxis nicht kenntlich macht, sofern er sich nicht unmittelbar aus den Umständen ergibt, und dies jeweils einen Durchschnittsverbraucher zu einer geschäftlichen Entscheidung veranlasst oder zu veranlassen geeignet ist, die er ansonsten nicht getroffen hätte.

(3) Werden durch das für die Geschäftspraxis verwendete Kommunikationsmedium räumliche oder zeitliche Beschränkungen auferlegt, so werden diese Beschränkungen und alle Maßnahmen, die der Gewerbetreibende getroffen hat, um den Verbrauchern die Informationen anderweitig zur Verfügung zu stellen, bei der Entscheidung darüber, ob Informationen vorenthalten wurden, berücksichtigt.

(4) Im Falle der Aufforderung zum Kauf gelten folgende Informationen als wesentlich, sofern sie sich nicht unmittelbar aus den Umständen ergeben:

a) die wesentlichen Merkmale des Produkts in dem für das Medium und das Produkt angemessenen Umfang;

b) Anschrift und Identität des Gewerbetreibenden, wie sein Handelsname und gegebenenfalls Anschrift und Identität des Gewerbetreibenden, für den er handelt;

c) der Preis einschließlich aller Steuern und Abgaben oder in den Fällen, in denen der Preis aufgrund der Beschaffenheit des Produkts vernünftigerweise nicht im Voraus berechnet werden kann, die Art der Preisberechnung sowie gegebenenfalls alle zusätzlichen Fracht-, Liefer- oder Zustellkosten oder in den Fällen, in denen diese Kosten vernünftigerweise nicht im Voraus berechnet werden können, die Tatsache, dass solche zusätzliche Kosten anfallen können;

d) die Zahlungs-, Liefer- und Leistungsbedingungen sowie das Verfahren zum Umgang mit Beschwerden, falls sie von den Erfordernissen der beruflichen Sorgfalt abweichen;

e) für Produkte und Rechtsgeschäfte, die ein Rücktritts- oder Widerrufsrecht beinhalten, das Bestehen eines solchen Rechts.

---

[1] ABl. L 171 vom 7.7.1999, S. 12.

(5) Die im Gemeinschaftsrecht festgelegten Informationsanforderungen in Bezug auf kommerzielle Kommunikation einschließlich Werbung oder Marketing, auf die in der nicht erschöpfenden Liste des Anhangs II verwiesen wird, gelten als wesentlich.

Abschnitt 2
Aggressive Geschäftspraktiken

Art. 8. Aggressive Geschäftspraktiken. Eine Geschäftspraxis gilt als aggressiv, wenn sie im konkreten Fall unter Berücksichtigung aller tatsächlichen Umstände die Entscheidungs- oder Verhaltensfreiheit des Durchschnittsverbrauchers in Bezug auf das Produkt durch Belästigung, Nötigung, einschließlich der Anwendung körperlicher Gewalt, oder durch unzulässige Beeinflussung tatsächlich oder voraussichtlich erheblich beeinträchtigt und dieser dadurch tatsächlich oder voraussichtlich dazu veranlasst wird, eine geschäftliche Entscheidung zu treffen, die er andernfalls nicht getroffen hätte.

Art. 9. Belästigung, Nötigung und unzulässige Beeinflussung. Bei der Feststellung, ob im Rahmen einer Geschäftspraxis die Mittel der Belästigung, der Nötigung, einschließlich der Anwendung körperlicher Gewalt, oder der unzulässigen Beeinflussung eingesetzt werden, ist abzustellen auf:

a) Zeitpunkt, Ort, Art oder Dauer des Einsatzes;
b) die Verwendung drohender oder beleidigender Formulierungen oder Verhaltensweisen;
c) die Ausnutzung durch den Gewerbetreibenden von konkreten Unglückssituationen oder Umständen von solcher Schwere, dass sie das Urteilsvermögen des Verbrauchers beeinträchtigen, worüber sich der Gewerbetreibende bewusst ist, um die Entscheidung des Verbrauchers in Bezug auf das Produkt zu beeinflussen;
d) belastende oder unverhältnismäßige Hindernisse nichtvertraglicher Art, mit denen der Gewerbetreibende den Verbraucher an der Ausübung seiner vertraglichen Rechte zu hindern versucht, wozu auch das Recht gehört, den Vertrag zu kündigen oder zu einem anderen Produkt oder einem anderen Gewerbetreibenden zu wechseln;
e) Drohungen mit rechtlich unzulässigen Handlungen.

KAPITEL 3
VERHALTENSKODIZES

Art. 10. Verhaltenskodizes. Diese Richtlinie schließt die Kontrolle – die von den Mitgliedstaaten gefördert werden kann – unlauterer Geschäftspraktiken durch die Urheber von Kodizes und die Inanspruchnahme solcher Einrichtungen durch die in Artikel 11 genannten Personen oder Organisationen nicht aus, wenn entsprechende Verfahren vor solchen Einrichtungen zusätzlich zu den Gerichts- oder Verwaltungsverfahren gemäß dem genannten Artikel zur Verfügung stehen.

Die Inanspruchnahme derartiger Kontrolleinrichtungen bedeutet keineswegs einen Verzicht auf einen Rechtsbehelf vor einem Gericht oder einer Verwaltungsbehörde gemäß Artikel 11.

KAPITEL 4
SCHLUSSBESTIMMUNGEN

Art. 11. Durchsetzung. (1) Die Mitgliedstaaten stellen im Interesse der Verbraucher sicher, dass geeignete und wirksame Mittel zur Bekämpfung unlauterer Geschäftspraktiken vorhanden sind, um die Einhaltung dieser Richtlinie durchzusetzen.

Diese Mittel umfassen Rechtsvorschriften, die es Personen oder Organisationen, die nach dem nationalen Recht ein berechtigtes Interesse an der Bekämpfung unlauterer Geschäftspraktiken haben, einschließlich Mitbewerbern, gestatten,

a) gerichtlich gegen solche unlauteren Geschäftspraktiken vorzugehen und/oder
b) gegen solche unlauteren Geschäftspraktiken ein Verfahren bei einer Verwaltungsbehörde einzuleiten, die für die Entscheidung über Beschwerden oder für die Einleitung eines geeigneten gerichtlichen Verfahrens zuständig ist.

Jedem Mitgliedstaat bleibt es vorbehalten zu entscheiden, welcher dieser Rechtsbehelfe zur Verfügung stehen wird und ob das Gericht oder die Verwaltungsbehörde ermächtigt werden soll, vorab die Durchführung eines Verfahrens vor anderen bestehenden Einrichtungen zur Regelung von Beschwerden, einschließlich der in Artikel 10 genannten Einrichtungen, zu verlangen. Diese Rechtsbehelfe stehen unabhängig davon zur Verfügung, ob die Verbraucher sich im Hoheitsgebiet des Mitgliedstaats, in dem der Gewerbetreibende niedergelassen ist, oder in einem anderen Mitgliedstaat befinden.

Jedem Mitgliedstaat bleibt vorbehalten zu entscheiden,

a) ob sich diese Rechtsbehelfe getrennt oder gemeinsam gegen mehrere Gewerbetreibende desselben Wirtschaftssektors richten können

und

b) ob sich diese Rechtsbehelfe gegen den Urheber eines Verhaltenskodex richten können, wenn der betreffende Kodex der Nichteinhaltung rechtlicher Vorschriften Vorschub leistet.

(2) Im Rahmen der in Absatz 1 genannten Rechtsvorschriften übertragen die Mitgliedstaaten den Gerichten oder Verwaltungsbehörden Befugnisse, die sie ermächtigen, in Fällen, in denen sie diese Maßnahmen unter Berücksichtigung aller betroffenen Interessen und insbesondere des öffentlichen Interesses für erforderlich halten,

a) die Einstellung der unlauteren Geschäftspraktiken anzuordnen oder ein geeignetes gerichtliches Verfahren zur Anordnung der Einstellung der betreffenden unlauteren Geschäftspraxis einzuleiten,

oder

b) falls die unlautere Geschäftspraxis noch nicht angewandt wurde, ihre Anwendung jedoch bevorsteht, diese Praxis zu verbieten oder ein geeignetes gerichtliches Verfahren zur Anordnung des Verbots dieser Praxis einzuleiten,

auch wenn kein tatsächlicher Verlust oder Schaden bzw. Vorsatz oder Fahrlässigkeit seitens des Gewerbetreibenden nachweisbar ist.

Die Mitgliedstaaten sehen ferner vor, dass die in Unterabsatz 1 genannten Maßnahmen im Rahmen eines beschleunigten Verfahrens mit

– vorläufiger Wirkung

oder

– endgültiger Wirkung

getroffen werden können, wobei jedem Mitgliedstaat vorbehalten bleibt zuentscheiden, welche dieser beiden Möglichkeiten gewählt wird.

Außerdem können die Mitgliedstaaten den Gerichten oder Verwaltungsbehörden Befugnisse übertragen, die sie ermächtigen, zur Beseitigung der fortdauernden Wirkung unlauterer Geschäftspraktiken, deren Einstellung durch eine rechtskräftige Entscheidung angeordnet worden ist,

a) die Veröffentlichung dieser Entscheidung ganz oder auszugsweise und in der von ihnen für angemessen erachteten Form zu verlangen;

b) außerdem die Veröffentlichung einer berichtigenden Erklärung zu verlangen.

(3) Die in Absatz 1 genannten Verwaltungsbehörden müssen

a) so zusammengesetzt sein, dass ihre Unparteilichkeit nicht in Zweifel gezogen werden kann;

b) über ausreichende Befugnisse verfügen, um die Einhaltung ihrer Entscheidungen über Beschwerden wirksam überwachen und durchsetzen zu können;

c) in der Regel ihre Entscheidungen begründen.

Werden die in Absatz 2 genannten Befugnisse ausschließlich von einer Verwaltungsbehörde ausgeübt, so sind die Entscheidungen stets zu begründen. In diesem Fall sind ferner Verfahren vorzusehen, in denen eine fehlerhafte oder unsachgemäße Ausübung der Befugnisse durch die Verwaltungsbehörde oder eine fehlerhafte oder unsachgemäße Nichtausübung dieser Befugnisse von den Gerichten überprüft werden kann.

Art. 12. Gerichte und Verwaltungsbehörden: Begründung von Behauptungen. Die Mitgliedstaaten übertragen den Gerichten oder Verwaltungsbehörden Befugnisse, die sie ermächtigen, in den in Artikel 11 vorgesehenen Verfahren vor den Zivilgerichten oder Verwaltungsbehörden

a) vom Gewerbetreibenden den Beweis der Richtigkeit von Tatsachenbehauptungen im Zusammenhang mit einer Geschäftspraxis zu verlangen, wenn ein solches Verlangen unter Berücksichtigung der berechtigten Interessen des Gewerbetreibenden und anderer Verfahrensbeteiligter im Hinblick auf die Umstände des Einzelfalls angemessen erscheint,

b) Tatsachenbehauptungen als unrichtig anzusehen, wenn der gemäß Buchstabe a verlangte Beweis nicht angetreten wird oder wenn er von dem Gericht oder der Verwaltungsbehörde für unzureichend erachtet wird.

Art. 13. Sanktionen. Die Mitgliedstaaten legen die Sanktionen fest, die bei Verstößen gegen die nationalen Vorschriften zur Umsetzung dieser Richtlinie anzuwenden sind, und treffen alle geeigneten Maßnahmen, um ihre Durchsetzung sicherzustellen. Diese Sanktionen müssen wirksam, verhältnismäßig und abschreckend sein.

Art. 14. Änderung der Richtlinie 84/450/EWG. Die Richtlinie 84/450/EWG wird wie folgt geändert:

1. Artikel 1 erhält folgende Fassung:
„Artikel 1
Zweck dieser Richtlinie ist der Schutz von Gewerbetreibenden vor irreführender Werbung und deren unlautere Auswirkungen sowie die Festlegung der Bedingungen für zulässige vergleichende Werbung."

2. Artikel 2 wird wie folgt geändert:
– Die Nummer 3 erhält folgende Fassung:
„3. ‚Gewerbetreibender‘ jede natürliche oder juristische Person, die im Rahmen ihrer gewerblichen, handwerklichen oder beruflichen Tätigkeit handelt, und jede Person, die im Namen oder Auftrag des Gewerbetreibenden handelt;".
– Folgende Nummer wird angefügt:
„4. ‚Urheber eines Kodex‘ jede Rechtspersönlichkeit, einschließlich einzelner Gewerbetreibender oder Gruppen von Gewerbetreibenden, die für die Formulierung und Überarbeitung eines Verhaltenskodex und/oder für die Überwachung der Einhaltung dieses Kodex durch alle diejenigen, die sich darauf verpflichtet haben, zuständig ist."

3. Artikel 3a erhält folgende Fassung:
„*Artikel 3a*
(1) Vergleichende Werbung gilt, was den Vergleich anbelangt, als zulässig, sofern folgende Bedingungen erfüllt sind:

a) Sie ist nicht irreführend im Sinne der Artikel 2 Nummer 2, Artikel 3 und Artikel 7 Absatz 1 der vorliegenden Richtlinie oder im Sinne der Artikel 6 und 7 der Richtlinie 2005/29/EG des Europäischen Parlaments und des Rates vom 11. Mai 2005 über unlautere Geschäftspraktiken im binnenmarktinternen Geschäftsverkehr zwischen Unternehmen und Verbrauchern[1];

b) sie vergleicht Waren oder Dienstleistungen für den gleichen Bedarf oder dieselbe Zweckbestimmung;

c) sie vergleicht objektiv eine oder mehrere wesentliche, relevante, nachprüfbare und typische Eigenschaften dieser Waren und Dienstleistungen, zu denen auch der Preis gehören kann;

d) durch sie werden weder die Marken, die Handelsnamen oder andere Unterscheidungszeichen noch die Waren, die Dienstleistungen, die Tätigkeiten oder die Verhältnisse eines Mitbewerbers herabgesetzt oder verunglimpft;

e) bei Waren mit Ursprungsbezeichnung bezieht sie sich in jedem Fall auf Waren mit der gleichen Bezeichnung;

f) sie nutzt den Ruf einer Marke, eines Handelsnamens oder anderer Unterscheidungszeichen eines Mitbewerbers oder der Ursprungsbezeichnung von Konkurrenzerzeugnissen nicht in unlauterer Weise aus;

g) sie stellt nicht eine Ware oder eine Dienstleistung als Imitation oder Nachahmung einer Ware oder Dienstleistung mit geschützter Marke oder geschütztem Handelsnamen dar;

---

[1] ABl. L 149 vom 11.6.2005, S. 22.

h) sie begründet keine Verwechslungsgefahr bei den Gewerbetreibenden, zwischen dem Werbenden und einem Mitbewerber oder zwischen den Warenzeichen, Warennamen, sonstigen Kennzeichen, Waren oder Dienstleistungen des Werbenden und denen eines Mitbewerbers."

4. Artikel 4 Absatz 1 erhält folgende Fassung:

„(1) Die Mitgliedstaaten stellen im Interesse der Gewerbetreibenden und ihrer Mitbewerber sicher, dass geeignete und wirksame Mittel zur Bekämpfung der irreführenden Werbung und zur Gewährleistung der Einhaltung der Bestimmungen über vergleichende Werbung vorhanden sind. Diese Mittel umfassen Rechtsvorschriften, die es den Personen oder Organisationen, die nach dem nationalen Recht ein berechtigtes Interesse am Verbot irreführender Werbung oder an der Regelung vergleichender Werbung haben, gestatten,

a) gerichtlich gegen eine solche Werbung vorzugehen

oder

b) eine solche Werbung vor eine Verwaltungsbehörde zu bringen, die zuständig ist, über Beschwerden zu entscheiden oder geeignete gerichtliche Schritte einzuleiten.

Es obliegt jedem Mitgliedstaat zu entscheiden, welches dieser Mittel gegeben sein soll und ob das Gericht oder die Verwaltungsbehörden ermächtigt werden sollen, vorab die Durchführung eines Verfahrens vor anderen bestehenden Einrichtungen zur Regelung von Beschwerden, einschließlich der in Artikel 5 genannten Einrichtungen, zu verlangen.

Es obliegt jedem Mitgliedstaat zu entscheiden,

a) ob sich diese Rechtsbehelfe getrennt oder gemeinsam gegen mehrere Gewerbetreibende desselben Wirtschaftssektors richten können

und

b) ob sich diese Rechtsbehelfe gegen den Urheber eines Verhaltenskodex richten können, wenn der betreffende Kodex der Nichteinhaltung rechtlicher Vorschriften Vorschub leistet."

5. Artikel 7 Absatz 1 erhält folgende Fassung:

„(1) Diese Richtlinie hindert die Mitgliedstaaten nicht daran, Bestimmungen aufrechtzuerhalten oder zu erlassen, die bei irreführender Werbung einen weiterreichenden Schutz der Gewerbetreibenden und Mitbewerber vorsehen."

Art. 15. Änderung der Richtlinien 97/7/EG und 2002/65/EG

1. Artikel 9 der Richtlinie 97/7/EG erhält folgende Fassung:

„**Art. 9. Unbestellte Waren oder Dienstleistungen.** Angesichts des in der Richtlinie 2005/29/EG des Europäischen Parlaments und des Rates vom 11. Mai 2005 über unlautere Geschäftspraktiken im binnenmarktinternen Geschäftsverkehr zwischen Unternehmen und Verbrauchern[1] festgelegten Verbots von Praktiken bezüglich unbestellter Waren oder Dienstleistungen treffen die Mitgliedstaaten die erforderlichen Maßnahmen, um den Verbraucher von jedweder Gegenleistung für den Fall zu befreien, dass unbestellte Waren geliefert oder unbestellte Dienstleistungen erbracht wurden, wobei das Ausbleiben einer Reaktion nicht als Zustimmung gilt."

2. Artikel 9 der Richtlinie 2002/65/EG erhält folgende Fassung:

„**Art. 9.** Angesichts des in der Richtlinie 2005/29/EG des Europäischen Parlaments und des Rates vom 11. Mai 2005 über unlautere Geschäftspraktiken im binnenmarktinternen Geschäftsverkehr zwischen Unternehmen und Verbrauchern[2] festgelegten Verbots von Praktiken bezüglich unbestellter Waren oder Dienstleistungen und unbeschadet der Rechtsvorschriften der Mitgliedstaaten über die stillschweigende Verlängerung von Fernabsatzverträgen, soweit danach eine stillschweigende Verlängerung möglich ist, treffen die Mitgliedstaaten Maßnahmen, um die Verbraucher für den Fall, dass unbestellte Waren geliefert oder unbestellte Dienstleistungen erbracht wurden, von jeder Verpflichtung zu befreien, wobei das Ausbleiben einer Antwort nicht als Zustimmung gilt.

---

[1] ABl. L 149 vom 11.6.2005, S. 22.
[2] ABl. L 149 vom 11.6.2005, S. 22.

Art. 16. Änderung der Richtlinie 98/27/EG und der Verordnung (EG) Nr 2006/2004.

1. Der Anhang Nummer 1 der Richtlinie 98/27/EG erhält folgende Fassung:

„1. Richtlinie 2005/29/EG des Europäischen Parlaments und des Rates vom 11. Mai 2005 über unlautere Geschäftspraktiken im binnenmarktinternen Geschäftsverkehr zwischen Unternehmen und Verbrauchern (ABl. L 149 vom 11.6.2005, S. 22).“

2. Im Anhang der Verordnung (EG) Nr. 2006/2004des Europäischen Parlaments und des Rates vom 27. Oktober 2004 über die Zusammenarbeit zwischen den für die Durchsetzung der Verbraucherschutzgesetze zuständigen nationalen Behörden[1] wird folgende Nummer angefügt:

„16. Richtlinie 2005/29/EG des Europäischen Parlaments und des Rates vom 11. Mai 2005 über unlautere Geschäftspraktiken im binnenmarktinternen Geschäftsverkehr zwischen Unternehmen und Verbrauchern (ABl. L 149 vom 11.6.2005, S. 22).“

Art. 17. Information. Die Mitgliedstaaten treffen angemessene Maßnahmen, um die Verbraucher über die nationalen Bestimmungen zur Umsetzung dieser Richtlinie zu informieren, und regen gegebenenfalls Gewerbetreibende und Urheber von Kodizes dazu an, die Verbraucher über ihre Verhaltenskodizes zu informieren.

Art. 18. Änderung. (1) Die Kommission legt dem Europäischen Parlament und dem Rat spätestens am 12. Juni 2011 einen umfassenden Bericht über die Anwendung dieser Richtlinie, insbesondere von Artikel 3 Absatz 9, Artikel 4 und Anhang I, den Anwendungsbereich einer weiteren Angleichung und die Vereinfachung des Gemeinschaftsrechts zum Verbraucherschutz sowie, unter Berücksichtigung des Artikels 3 Absatz 5, über Maßnahmen vor, die auf Gemeinschaftsebene ergriffen werden müssen, um sicherzustellen, dass ein angemessenes Verbraucherschutzniveau beibehalten wird. Dem Bericht wird erforderlichenfalls ein Vorschlag zur Änderung dieser Richtlinie oder anderer einschlägiger Teile des Gemeinschaftsrechts beigefügt.

(2) Das Europäische Parlament und der Rat streben gemäß dem Vertrag danach, binnen zwei Jahren nach Vorlage eines Vorschlags der Kommission nach Absatz 1 geeignete Maßnahmen zu treffen.

Art. 19. Umsetzung. Die Mitgliedstaaten erlassen und veröffentlichen bis zum 12. Juni 2007 die Rechts- und Verwaltungsvorschriften, die erforderlich sind, um dieser Richtlinie nachzukommen. Sie setzen die Kommission davon und von allen späteren Änderungen unverzüglich in Kenntnis.

Sie wenden diese Vorschriften ab dem 12. Dezember 2007 an. Wenn die Mitgliedstaaten diese Vorschriften erlassen, nehmen sie in den Vorschriften selbst oder durch einen Hinweis bei der amtlichen Veröffentlichung auf diese Richtlinie Bezug. Die Mitgliedstaaten regeln die Einzelheiten der Bezugnahme.

Art. 20. Inkrafttreten. Diese Richtlinie tritt am Tag nach ihrer Veröffentlichung im *Amtsblatt der Europäischen Union* in Kraft.

Art. 21. Adressaten. Diese Richtlinie ist an die Mitgliedstaaten gerichtet.

Geschehen zu Straßburg am 11. Mai 2005.

In Namen des Europäischen Parlaments   *Im Namen des Rates*
Der Präsident   *Der Präsident*
J.P. BORRELL FONTELLES   N. SCHMIT

---

[1] ABl. L 364 vom 9.12.2004, S. 1.

GESCHÄFTSPRAKTIKEN, DIE UNTER ALLEN UMSTÄNDEN ALS UNLAUTER GELTEN

Irreführende Geschäftspraktiken

1. Die Behauptung eines Gewerbetreibenden, zu den Unterzeichnern eines Verhaltenskodex zu gehören, obgleich dies nicht der Fall ist.

2. Die Verwendung von Gütezeichen, Qualitätskennzeichen oder Ähnlichem ohne die erforderliche Genehmigung.

3. Die Behauptung, ein Verhaltenskodex sei von einer öffentlichen oder anderen Stelle gebilligt, obgleich dies nicht der Fall ist.

4. Die Behauptung, dass ein Gewerbetreibender (einschließlich seiner Geschäftspraktiken) oder ein Produkt von einer öffentlichen oder privaten Stelle bestätigt, gebilligt oder genehmigt worden sei, obwohl dies nicht der Fall ist, oder die Aufstellung einer solchen Behauptung, ohne dass den Bedingungen für die Bestätigung, Billigung oder Genehmigung entsprochen wird.

5. Aufforderung zum Kauf von Produkten zu einem bestimmten Preis, ohne dass darüber aufgeklärt wird, dass der Gewerbetreibende hinreichende Gründe für die Annahme hat, dass er nicht in der Lage sein wird, dieses oder ein gleichwertiges Produkt zu dem genannten Preis für einen Zeitraum und in einer Menge zur Lieferung bereitzustellen oder durch einen anderen Gewerbetreibenden bereitstellen zu lassen, wie es in Bezug auf das Produkt, den Umfang der für das Produkt eingesetzten Werbung und den Angebotspreis angemessen wäre (Lockangebote).

6. Aufforderung zum Kauf von Produkten zu einem bestimmten Preis und dann

   a) Weigerung, dem Verbraucher den beworbenen Artikel zu zeigen,

   oder

   b) Weigerung, Bestellungen dafür anzunehmen oder innerhalb einer vertretbaren Zeit zu liefern,

   oder

   c) Vorführung eines fehlerhaften Exemplars

   in der Absicht, stattdessen ein anderes Produkt abzusetzen („bait-and-switch"-Technik).

7. Falsche Behauptung, dass das Produkt nur eine sehr begrenzte Zeit oder nur eine sehr begrenzte Zeit zu bestimmten Bedingungen verfügbar sein werde, um so den Verbraucher zu einer sofortigen Entscheidung zu verleiten, so dass er weder Zeit noch Gelegenheit hat, eine informierte Entscheidung zu treffen.

8. Verbrauchern, mit denen der Gewerbetreibende vor Abschluss des Geschäfts in einer Sprache kommuniziert hat, bei der es sich nicht um eine Amtssprache des Mitgliedstaats handelt, in dem der Gewerbetreibende niedergelassen ist, wird eine nach Abschluss des Geschäfts zu erbringende Leistung zugesichert, diese Leistung wird anschließend aber nur in einer anderen Sprache erbracht, ohne dass der Verbraucher eindeutig hierüber aufgeklärt wird, bevor er das Geschäft tätigt.

9. Behauptung oder anderweitige Herbeiführung des Eindrucks, ein Produkt könne rechtmäßig verkauft werden, obgleich dies nicht der Fall ist.

10. Den Verbrauchern gesetzlich zugestandene Rechte werden als Besonderheit des Angebots des Gewerbetreibenden präsentiert.

11. Es werden redaktionelle Inhalte in Medien zu Zwecken der Verkaufsförderung eingesetzt und der Gewerbetreibende hat diese Verkaufsförderung bezahlt, ohne dass dies aus dem Inhalt oder aus für den Verbraucher klar erkennbaren Bildern und Tönen eindeutig hervorgehen würde (als Information getarnte Werbung). Die Richtlinie 89/552/EWG[1] bleibt davon unberührt.

---

[1] Richtlinie 89/552/EWG des Rates vom 3. Oktober 1989 zur Koordinierung bestimmter Rechts- und Verwaltungsvorschriften der Mitgliedstaaten über die Ausübung der Fernsehtätigkeit (ABl. L 298 vom 17.10.1989, S. 23). Geändert durch die Richtlinie 97/36/EG des Europäischen Parlaments und des Rates (ABl. L 202 vom 30.7.1997, S. 60).

12. Aufstellen einer sachlich falschen Behauptung über die Art und das Ausmaß der Gefahr für die persönliche Sicherheit des Verbrauchers oder seiner Familie für den Fall, dass er das Produkt nicht kauft.

13. Werbung für ein Produkt, das einem Produkt eines bestimmten Herstellers ähnlich ist, in einer Weise, die den Verbraucher absichtlich dazu verleitet, zu glauben, das Produkt sei von jenem Hersteller hergestellt worden, obwohl dies nicht der Fall ist.

14. Einführung, Betrieb oder Förderung eines Schneeballsystems zur Verkaufsförderung, bei dem der Verbraucher die Möglichkeit vor Augen hat, eine Vergütung zu erzielen, die hauptsächlich durch die Einführung neuer Verbraucher in ein solches System und weniger durch den Verkauf oder Verbrauch von Produkten zu erzielen ist.

15. Behauptung, der Gewerbetreibende werde demnächst sein Geschäft aufgeben oder seine Geschäftsräume verlegen, obwohl er dies keineswegs beabsichtigt.

16. Behauptung, Produkte könnten die Gewinnchancen bei Glücksspielen erhöhen.

17. Falsche Behauptung, ein Produkt könne Krankheiten, Funktionsstörungen oder Missbildungen heilen.

18. Erteilung sachlich falscher Informationen über die Marktbedingungen oder die Möglichkeit, das Produkt zu finden, mit dem Ziel, den Verbraucher dazu zu bewegen, das Produkt zu weniger günstigen Bedingungen als den normalen Marktbedingungen zu kaufen.

19. Es werden Wettbewerbe und Preisausschreiben angeboten, ohne dass die beschriebenen Preise oder ein angemessenes Äquivalent vergeben werden.

20. Ein Produkt wird als „gratis", „umsonst", „kostenfrei" oder Ähnliches beschrieben, obwohl der Verbraucher weitere Kosten als die Kosten zu tragen hat, die im Rahmen des Eingehens auf die Geschäftspraktik und für die Abholung oder Lieferung der Ware unvermeidbar sind.

21. Werbematerialien wird eine Rechnung oder ein ähnliches Dokument mit einer Zahlungsaufforderung beigefügt, die dem Verbraucher den Eindruck vermitteln, dass er das beworbene Produkt bereits bestellt hat, obwohl dies nicht der Fall ist.

22. Fälschliche Behauptung oder Erweckung des Eindrucks, dass der Händler nicht für die Zwecke seines Handels, Geschäfts, Gewerbes oder Berufs handelt, oder fälschliches Auftreten als Verbraucher.

23. Erwecken des fälschlichen Eindrucks, dass der Kundendienst im Zusammenhang mit einem Produkt in einem anderen Mitgliedstaat verfügbar sei als demjenigen, in dem das Produkt verkauft wird.

Aggressive Geschäftspraktiken

24. Erwecken des Eindrucks, der Verbraucher könne die Räumlichkeiten ohne Vertragsabschluss nicht verlassen.

25. Nichtbeachtung der Aufforderung des Verbrauchers bei persönlichen Besuchen in dessen Wohnung, diese zu verlassen bzw. nicht zurückzukehren, außer in Fällen und in den Grenzen, in denen dies nach dem nationalen Recht gerechtfertigt ist, um eine vertragliche Verpflichtung durchzusetzen.

26. Kunden werden durch hartnäckiges und unerwünschtes Ansprechen über Telefon, Fax, E-Mail oder sonstige für den Fernabsatz geeignete Medien geworben, außer in Fällen und in den Grenzen, in denen ein solches Verhalten nach den nationalen Rechtsvorschriften gerechtfertigt ist, um eine vertragliche Verpflichtung durchzusetzen. Dies gilt unbeschadet des Artikels 10 der Richtlinie 97/7/EG sowie der Richtlinien 95/46/EG[1] und 2002/58/EG.

27. Aufforderung eines Verbrauchers, der eine Versicherungspolice in Anspruch nehmen möchte, Dokumente vorzulegen, die vernünftigerweise nicht als relevant für die Gültigkeit des Anspruchs anzusehen sind, oder systematische Nichtbeantwortung einschlägiger Schreiben, um so den Verbraucher von der Ausübung seiner vertraglichen Rechte abzuhalten.

28. Einbeziehung einer direkten Aufforderung an Kinder in eine Werbung, die beworbenen Produkte zu kaufen oder ihre Eltern oder andere Erwachsene zu überreden, die beworbe-

---

[1] Richtlinie 95/46/EG des Europäischen Parlaments und des Rates vom 24. Oktober 1995 zum Schutz natürlicher Personen bei der Verarbeitung personenbezogener Daten und zum freien Datenverkehr (ABl. L 281 vom 23.11.1995, S. 31). Geändert durch die Verordnung (EG) Nr. 1882/2003 (ABl. L 284 vom 31.10.2003, S. 1).

nen Produkte für sie zu kaufen. Diese Bestimmung gilt unbeschadet des Artikels 16 der Richtlinie 89/552/EWG über die Ausübung der Fernsehtätigkeit.

29. Aufforderung des Verbrauchers zur sofortigen oder späteren Bezahlung oder zur Rücksendung oder Verwahrung von Produkten, die der Gewebetreibende geliefert, der Verbraucher aber nicht bestellt hat (unbestellte Waren oder Dienstleistungen); ausgenommen hiervon sind Produkte, bei denen es sich um Ersatzlieferungen gemäß Artikel 7 Absatz 3 der Richtlinie 97/7/EG handelt.

30. Ausdrücklicher Hinweis gegenüber dem Verbraucher, dass Arbeitsplatz oder Lebensunterhalt des Gewerbetreibenden gefährdet sind, falls der Verbraucher das Produkt oder die Dienstleistung nicht erwirbt.

31. Erwecken des fälschlichen Eindrucks, der Verbraucher habe bereits einen Preis gewonnen, werde einen Preis gewinnen oder werde durch eine bestimmte Handlung einen Preis oder einen sonstigen Vorteil gewinnen, obwohl:
   – es in Wirklichkeit keinen Preis oder sonstigen Vorteil gibt,
     oder
   – die Möglichkeit des Verbrauchers, Handlungen in Bezug auf die Inanspruchnahme des Preises oder eines sonstigen Vorteils vorzunehmen, in Wirklichkeit von der Zahlung eines Betrags oder der Übernahme von Kosten durch den Verbraucher abhängig gemacht wird.

ANHANG II

BESTIMMUNGEN DES GEMEINSCHAFTSRECHTS ZUR REGELUNG DER BEREICHE WERBUNG UND KOMMERZIELLE KOMMUNIKATION

Artikel 4 und 5 der Richtlinie 97/7/EG

Artikel 3 der Richtlinie 90/314/EWG des Rates vom 13. Juni 1990 über Pauschalreisen[1]

Artikel 3 Absatz 3 der Richtlinie 94/47/EG des Europäischen Parlaments und des Rates vom 26. Oktober 1994 zum Schutz der Erwerber im Hinblick auf bestimmte Aspekte von Verträgen über den Erwerb von Teilzeitnutzungsrechten an Immobilien[2]

Artikel 3 Absatz 4 der Richtlinie 98/6/EG des Europäischen Parlaments und des Rates vom 16. Februar 1998 über den Schutz der Verbraucher bei der Angabe der Preise der ihnen angebotenen Erzeugnisse[3]

Artikel 86 bis 100 der Richtlinie 2001/83/EG des Europäischen Parlaments und des Rates vom 6. November 2001 zur Schaffung eines Gemeinschaftskodexes für Humanarzneimittel[4]

Artikel 5 und 6 der Richtlinie 2000/31/EG des Europäischen Parlaments und des Rates vom 8. Juni 2000 über bestimmte rechtliche Aspekte der Dienste der Informationsgesellschaft, insbesondere des elektronischen Geschäftsverkehrs, im Binnenmarkt („Richtlinie über den elektronischen Geschäftsverkehr")[5]

Artikel 1 Buchstabe d der Richtlinie 98/7/EG des Europäischen Parlaments und des Rates vom 16. Februar 1998 zur Änderung der Richtlinie 87/102/EWG des Rates zur Angleichung der Rechts- und Verwaltungsvorschriften der Mitgliedstaaten über den Verbraucherkredit[6]

Artikel 3 und 4 der Richtlinie 2002/65/EG

Artikel 1 Nummer 9 der Richtlinie 2001/107/EG des Europäischen Parlaments und des Rates vom 21. Januar 2002 zur Änderung der Richtlinie 85/611/EWG des Rates zur Koordinie-

---

[1] ABl. L 158 vom 23.6.1990, S. 59.

[2] ABl. L 280 vom 29.10.1994, S. 83.

[3] ABl. L 80 vom 18.3.1998, S. 27.

[4] ABl. L 311 vom 28.11.2001, S. 67. Richtlinie zuletzt geändert durch die Richtlinie 2004/27/EG (ABl. L 136 vom 30.4.2004, S. 34).

[5] ABl. L 178 vom 17.7.2000, S. 1.

[6] ABl. L 101 vom 1.4.1998, S. 17.

rung der Rechts- und Verwaltungsvorschriften betreffend bestimmte Organismen für gemeinsame Anlagen in Wertpapieren (OGAW) zwecks Festlegung von Bestimmungen für Verwaltungsgesellschaften und vereinfache Prospekte[1]

Artikel 12 und 13 der Richtlinie 2002/92/EG des Europäischen Parlaments und des Rates vom 9. Dezember 2002 über Versicherungsvermittlung[2]

Artikel 36 der Richtlinie 2002/83/EG des Europäischen Parlaments und des Rates vom 5. November 2002 über Lebensversicherungen[3]

Artikel 19 der Richtlinie 2004/39/EG des Europäischen Parlaments und des Rates vom 21. April 2004 über Märkte für Finanzinstrumente[4]

Artikel 31 und 43 der Richtlinie 92/49/EWG des Rates vom 18. Juni 1992 zur Koordinierung der Rechts- und Verwaltungsvorschriften für die Direktversicherung (mit Ausnahme der Lebensversicherung)[5] (Dritte Richtlinie Schadenversicherung)

Artikel 5, 7 und 8 der Richtlinie 2003/71/EG des Europäischen Parlaments und des Rates vom 4. November 2003 betreffend den Prospekt, der beim öffentlichen Angebot von Wertpapieren oder bei deren Zulassung zum Handel zu veröffentlichen[6]

---

[1] ABl. L 41 vom 13.2.2002, S. 20.

[2] ABl. L 9 vom 15.1.2003, S. 3.

[3] ABl. L 345 vom 19.12.2002, S. 1. Richtlinie geändert durch die Richtlinie 2004/66/EG des Rates (ABl. L 168 vom 1.5.2004, S. 35).

[4] ABl. L 145 vom 30.4.2004, S. 1.

[5] ABl. L 228 vom 11.8.1992, S. 1. Richtlinie zuletzt geändert durch die Richtlinie 2002/87/EG des Europäischen Parlaments und des Rates (ABl. L 35 vom 11.2.2003, S. 1).

[6] ABl. L 345 vom 31.12.2003, S. 64.

3. Richtlinie 2006/114/EG des europäischen Parlaments und des Rates vom 12. Dezember 2006 über irreführende und vergleichende Werbung (kodifizierte Fassung)

(ABl. EG 2006 Nr. L 376/21 vom 27.12.2006)

(Text von Bedeutung für den EWR)

DAS EUROPÄISCHE PARLAMENT UND DER RAT DER EUROPÄISCHEN UNION –
gestützt auf den Vertrag zur Gründung der Europäischen Gemeinschaft, insbesondere auf Artikel 95,
auf Vorschlag der Kommission,
nach Stellungnahme des Europäischen Wirtschafts- und Sozialausschusses[1],
gemäß dem Verfahren des Artikels 251 des Vertrags[2],
in Erwägung nachstehender Gründe:

(1) Die Richtlinie 84/450/EWG des Rates vom 10. September 1984 über irreführende und vergleichende Werbung[3] ist mehrfach und in wesentlichen Punkten geändert worden[4]. Aus Gründen der Übersichtlichkeit und Klarheit empfiehlt es sich, sie zu kodifizieren.

(2) Die in den Mitgliedstaaten geltenden Vorschriften gegen irreführende Werbung weichen stark voneinander ab. Da die Werbung über die Grenzen der einzelnen Mitgliedstaaten hinausreicht, wirkt sie sich unmittelbar auf das reibungslose Funktionieren des Binnenmarktes aus.

(3) Irreführende und unzulässige vergleichende Werbung ist geeignet, zur Verfälschung des Wettbewerbs im Binnenmarkt zu führen.

(4) Die Werbung berührt unabhängig davon, ob sie zum Abschluss eines Vertrags führt, die wirtschaftlichen Interessen der Verbraucher und der Gewerbetreibenden.

(5) Die Unterschiede zwischen den einzelstaatlichen Rechtsvorschriften über Werbung, die für Unternehmen irreführend ist, behindern die Durchführung von Werbekampagnen, die die Grenzen eines Staates überschreiten, und beeinflussen so den freien Verkehr von Waren und Dienstleistungen.

(6) Mit der Vollendung des Binnenmarktes ist das Angebot vielfältig. Da die Verbraucher und Gewerbetreibenden aus dem Binnenmarkt den größtmöglichen Vorteil ziehen können und sollen, und da die Werbung ein sehr wichtiges Instrument ist, mit dem überall in der Gemeinschaft wirksam Märkte für Erzeugnisse und Dienstleistungen erschlossen werden können, sollten die wesentlichen Vorschriften für Form und Inhalt der Werbung einheitlich sein und die Bedingungen für vergleichende Werbung in den Mitgliedstaaten harmonisiert werden. Unter diesen Umständen sollte dies dazu beitragen, die Vorteile der verschiedenen vergleichbaren Erzeugnisse objektiv herauszustellen. Vergleichende Werbung kann ferner den Wettbewerb zwischen den Anbietern von Waren und Dienstleistungen im Interesse der Verbraucher fördern.

(7) Es sollten objektive Mindestkriterien aufgestellt werden, nach denen beurteilt werden kann, ob eine Werbung irreführend ist.

(8) Vergleichende Werbung kann, wenn sie wesentliche, relevante, nachprüfbare und typische Eigenschaften vergleicht und nicht irreführend ist, ein zulässiges Mittel zur Unterrichtung der Verbraucher über ihre Vorteile darstellen. Der Begriff „vergleichende Werbung" sollte breit gefasst werden, so dass alle Arten der vergleichenden Werbung abgedeckt werden.

(9) Es sollten Bedingungen für zulässige vergleichende Werbung vorgesehen werden, soweit der vergleichende Aspekt betroffen ist, mit denen festgelegt wird, welche Praktiken der verglei-

---

[1] Stellungnahme vom 26. Oktober 2006 (noch nicht im Amtsblatt veröffentlicht).
[2] Stellungnahme des Europäischen Parlaments vom 12. Oktober 2006 (noch nicht im Amtsblatt veröffentlicht) und Beschluss des Rates vom 30. November 2006.
[3] ABl. L 250 vom 19.9.1984, S. 17. Zuletzt geändert durch die Richtlinie 2005/29/EG des Europäischen Parlaments und des Rates (ABl. L 149 vom 11.6.2005, S. 22).
[4] Siehe Anhang I Teil A.

chenden Werbung den Wettbewerb verzerren, die Mitbewerber schädigen und die Entscheidung der Verbraucher negativ beeinflussen können. Diese Bedingungen für zulässige vergleichende Werbung sollten Kriterien beinhalten, die einen objektiven Vergleich der Eigenschaften von Waren und Dienstleistungen ermöglichen.

(10) Werden in der vergleichenden Werbung die Ergebnisse der von Dritten durchgeführten vergleichenden Tests angeführt oder wiedergegeben, so sollten die internationalen Vereinbarungen zum Urheberrecht und die innerstaatlichen Bestimmungen über vertragliche und außervertragliche Haftung gelten.

(11) Die Bedingungen für vergleichende Werbung sollten kumulativ sein und uneingeschränkt eingehalten werden. Die Wahl der Form und der Mittel für die Umsetzung dieser Bedingungen sollte gemäß dem Vertrag den Mitgliedstaaten überlassen bleiben, sofern Form und Mittel noch nicht durch diese Richtlinie festgelegt sind.

(12) Zu diesen Bedingungen sollte insbesondere die Einhaltung der Vorschriften gehören, die sich aus der Verordnung (EG) Nr. 510/2006 des Rates vom 20. März 2006 zum Schutz von geographischen Angaben und Ursprungsbezeichnungen für Agrarerzeugnisse und Lebensmittel[1], insbesondere aus Artikel 13 dieser Verordnung, und den übrigen Gemeinschaftsvorschriften im Bereich der Landwirtschaft ergeben.

(13) Gemäß Artikel 5 der Ersten Richtlinie 89/104/EWG des Rates vom 21. Dezember 1988 zur Angleichung der Rechtsvorschriften der Mitgliedstaaten über die Marken[2] steht dem Inhaber einer eingetragenen Marke ein Ausschließlichkeitsrecht zu, das insbesondere das Recht einschließt, Dritten im geschäftlichen Verkehr die Benutzung eines identischen oder ähnlichen Zeichens für identische Produkte oder Dienstleistungen, gegebenenfalls sogar für andere Produkte, zu untersagen.

(14) Indessen kann es für eine wirksame vergleichende Werbung unerlässlich sein, Waren oder Dienstleistungen eines Mitbewerbers dadurch erkennbar zu machen, dass auf eine ihm gehörende Marke oder auf seinen Handelsnamen Bezug genommen wird.

(15) Eine solche Benutzung von Marken, Handelsnamen oder anderen Unterscheidungszeichen eines Mitbewerbers verletzt nicht das Ausschließlichkeitsrecht Dritter, wenn sie unter Beachtung der in dieser Richtlinie aufgestellten Bedingungen erfolgt und nur eine Unterscheidung bezweckt, durch die Unterschiede objektiv herausgestellt werden sollen.

(16) Personen oder Organisationen, die nach dem nationalen Recht ein berechtigtes Interesse an der Angelegenheit haben, sollten die Möglichkeit besitzen, vor Gericht oder bei einer Verwaltungsbehörde, die über Beschwerden entscheiden oder geeignete gerichtliche Schritte einleiten kann, gegen irreführende und unzulässige vergleichende Werbung vorzugehen.

(17) Die Gerichte oder Verwaltungsbehörden sollten die Befugnis haben, die Einstellung einer irreführenden oder einer unzulässigen vergleichenden Werbung anzuordnen oder zu erwirken. In bestimmten Fällen kann es zweckmäßig sein, irreführende und unzulässige vergleichende Werbung zu untersagen, noch ehe sie veröffentlicht worden ist. Das bedeutet jedoch nicht, dass die Mitgliedstaaten verpflichtet sind, eine Regelung einzuführen, die eine systematische Vorabkontrolle der Werbung vorsieht.

(18) Freiwillige Kontrollen, die durch Einrichtungen der Selbstverwaltung zur Unterbindung irreführender und unzulässiger vergleichender Werbung durchgeführt werden, können die Einleitung eines Verwaltungs- oder Gerichtsverfahrens entbehrlich machen und sollten deshalb gefördert werden.

(19) Zwar wird die Beweislast vom nationalen Recht bestimmt, die Gerichte und Verwaltungsbehörden sollten aber in die Lage versetzt werden, von Gewerbetreibenden zu verlangen, den Beweis für die Richtigkeit der von ihnen behaupteten Tatsachen zu erbringen.

(20) Die Regelung der vergleichenden Werbung ist für das reibungslose Funktionieren des Binnenmarktes erforderlich, und eine Aktion auf Gemeinschaftsebene ist daher notwendig. Eine Richtlinie ist das geeignete Instrument, da sie einheitliche allgemeine Prinzipien festlegt, es aber den Mitgliedstaaten überlässt, die Form und die geeignete Methode zu wählen, um diese Ziele zu erreichen. Sie entspricht dem Subsidiaritätsprinzip.

---

[1] ABl. L 93 vom 31.3.2006, S. 12.
[2] ABl. L 40 vom 11.2.1989, S. 1. Geändert durch den Beschluss 92/10/EWG (ABl. L 6 vom 11.1.1992, S. 35).

(21) Die vorliegende Richtlinie sollte die Verpflichtungen der Mitgliedstaaten hinsichtlich der in Anhang I Teil B genannten Fristen für die Umsetzung der dort genannten Richtlinien in innerstaatliches Recht und für die Anwendung dieser Richtlinien unberührt lassen –

HABEN FOLGENDE RICHTLINIE ERLASSEN:

Art. 1. Zweck dieser Richtlinie ist der Schutz von Gewerbetreibenden vor irreführender Werbung und deren unlauteren Auswirkungen sowie die Festlegung der Bedingungen für zulässige vergleichende Werbung.

Art. 2. Im Sinne dieser Richtlinie bedeutet

a) „Werbung" jede Äußerung bei der Ausübung eines Handels, Gewerbes, Handwerks oder freien Berufs mit dem Ziel, den Absatz von Waren oder die Erbringung von Dienstleistungen, einschließlich unbeweglicher Sachen, Rechte und Verpflichtungen, zu fördern;

b) „irreführende Werbung" jede Werbung, die in irgendeiner Weise – einschließlich ihrer Aufmachung – die Personen, an die sie sich richtet oder die von ihr erreicht werden, täuscht oder zu täuschen geeignet ist und die infolge der ihr innewohnenden Täuschung ihr wirtschaftliches Verhalten beeinflussen kann oder aus diesen Gründen einen Mitbewerber schädigt oder zu schädigen geeignet ist;

c) „vergleichende Werbung" jede Werbung, die unmittelbar oder mittelbar einen Mitbewerber oder die Erzeugnisse oder Dienstleistungen, die von einem Mitbewerber angeboten werden, erkennbar macht;

d) „Gewerbetreibender" jede natürliche oder juristische Person, die im Rahmen ihrer gewerblichen, handwerklichen oder beruflichen Tätigkeit handelt, und jede Person, die im Namen oder Auftrag des Gewerbetreibenden handelt;

e) „Urheber eines Kodex" jede Rechtspersönlichkeit, einschließlich einzelner Gewerbetreibender oder Gruppen von Gewerbetreibenden, die für die Formulierung und Überarbeitung eines Verhaltenskodex und/oder für die Überwachung der Einhaltung dieses Kodex durch alle diejenigen, die sich darauf verpflichtet haben, zuständig ist.

Art. 3. Bei der Beurteilung der Frage, ob eine Werbung irreführend ist, sind alle ihre Bestandteile zu berücksichtigen, insbesondere in ihr enthaltene Angaben über:

a) die Merkmale der Waren oder Dienstleistungen wie Verfügbarkeit, Art, Ausführung, Zusammensetzung, Verfahren und Zeitpunkt der Herstellung oder Erbringung, die Zwecktauglichkeit, Verwendungsmöglichkeit, Menge, Beschaffenheit, die geographische oder kommerzielle Herkunft oder die von der Verwendung zu erwartenden Ergebnisse oder die Ergebnisse und wesentlichen Bestandteile von Tests der Waren oder Dienstleistungen;

b) den Preis oder die Art und Weise, in der er berechnet wird, und die Bedingungen unter denen die Waren geliefert oder die Dienstleistungen erbracht werden;

c) die Art, die Eigenschaften und die Rechte des Werbenden, wie seine Identität und sein Vermögen, seine Befähigungen und seine gewerblichen, kommerziellen oder geistigen Eigentumsrechte oder seine Auszeichnungen oder Ehrungen.

Art. 4. Vergleichende Werbung gilt, was den Vergleich anbelangt, als zulässig, sofern folgende Bedingungen erfüllt sind:

a) Sie ist nicht irreführend im Sinne der Artikel 2 Buchstabe b, Artikel 3 und Artikel 8 Absatz 1 der vorliegenden Richtlinie oder im Sinne der Artikel 6 und 7 der Richtlinie 2005/29/EG des Europäischen Parlaments und des Rates vom 11. Mai 2005 über unlautere Geschäftspraktiken im binnenmarktinternen Geschäftsverkehr zwischen Unternehmen und Verbrauchern (Richtlinie über unlautere Geschäftspraktiken)[1];

b) sie vergleicht Waren oder Dienstleistungen für den gleichen Bedarf oder dieselbe Zweckbestimmung;

c) sie vergleicht objektiv eine oder mehrere wesentliche, relevante, nachprüfbare und typische Eigenschaften dieser Waren und Dienstleistungen, zu denen auch der Preis gehören kann;

---

[1] ABl. L 149 vom 11.6.2005, S. 22.

d) durch sie werden weder die Marken, die Handelsnamen oder andere Unterscheidungszeichen noch die Waren, die Dienstleistungen, die Tätigkeiten oder die Verhältnisse eines Mitbewerbers herabgesetzt oder verunglimpft;

e) bei Waren mit Ursprungsbezeichnung bezieht sie sich in jedem Fall auf Waren mit der gleichen Bezeichnung;

f) sie nutzt den Ruf einer Marke, eines Handelsnamens oder anderer Unterscheidungszeichen eines Mitbewerbers oder der Ursprungsbezeichnung von Konkurrenzerzeugnissen nicht in unlauterer Weise aus;

g) sie stellt nicht eine Ware oder eine Dienstleistung als Imitation oder Nachahmung einer Ware oder Dienstleistung mit geschützter Marke oder geschütztem Handelsnamen dar;

h) sie begründet keine Verwechslungsgefahr bei den Gewerbetreibenden, zwischen dem Werbenden und einem Mitbewerber oder zwischen den Warenzeichen, Warennamen, sonstigen Kennzeichen, Waren oder Dienstleistungen des Werbenden und denen eines Mitbewerbers.

Art. 5. (1) Die Mitgliedstaaten stellen im Interesse der Gewerbetreibenden und ihrer Mitbewerber sicher, dass geeignete und wirksame Mittel zur Bekämpfung der irreführenden Werbung vorhanden sind, und gewährleisten die Einhaltung der Bestimmungen über vergleichende Werbung. Diese Mittel umfassen Rechtsvorschriften, die es den Personen oder Organisationen, die nach dem nationalen Recht ein berechtigtes Interesse am Verbot irreführender Werbung oder an der Regelung vergleichender Werbung haben, gestatten,

a) gerichtlich gegen eine solche Werbung vorzugehen oder

b) eine solche Werbung vor eine Verwaltungsbehörde zu bringen, die zuständig ist, über Beschwerden zu entscheiden oder geeignete gerichtliche Schritte einzuleiten.

(2) Es obliegt jedem Mitgliedstaat zu entscheiden, welches der in Absatz 1 Unterabsatz 2 genannten Mittel gegeben sein soll und ob das Gericht oder die Verwaltungsbehörden ermächtigt werden sollen, vorab die Durchführung eines Verfahrens vor anderen bestehenden Einrichtungen zur Regelung von Beschwerden, einschließlich der in Artikel 6 genannten Einrichtungen, zu verlangen.

Es obliegt jedem Mitgliedstaat zu entscheiden,

a) ob sich diese Rechtsbehelfe getrennt oder gemeinsam gegen mehrere Gewerbetreibende desselben Wirtschaftssektors richten können und

b) ob sich diese Rechtsbehelfe gegen den Urheber eines Verhaltenskodex richten können, wenn der betreffende Kodex der Nichteinhaltung rechtlicher Vorschriften Vorschub leistet.

(3) Im Rahmen der in den Absätzen 1 und 2 genannten Vorschriften übertragen die Mitgliedstaaten den Gerichten oder Verwaltungsbehörden Befugnisse, die sie ermächtigen, in Fällen, in denen sie diese Maßnahmen unter Berücksichtigung aller betroffenen Interessen und insbesondere des Allgemeininteresses für erforderlich halten,

a) die Einstellung einer irreführenden oder unzulässigen vergleichenden Werbung anzuordnen oder geeignete gerichtliche Schritte zur Veranlassung der Einstellung dieser Werbung einzuleiten, oder

b) sofern eine irreführende oder unzulässige vergleichende Werbung noch nicht veröffentlicht ist, die Veröffentlichung aber bevorsteht, die Veröffentlichung zu verbieten oder geeignete gerichtliche Schritte einzuleiten, um das Verbot dieser Veröffentlichung anzuordnen. Unterabsatz 1 soll auch angewandt werden, wenn kein Beweis eines tatsächlichen Verlustes oder Schadens oder der Absicht oder Fahrlässigkeit seitens des Werbenden erbracht wird. Die Mitgliedstaaten sehen vor, dass die in Unterabsatz 1 bezeichneten Maßnahmen nach ihrem Ermessen im Rahmen eines beschleunigten Verfahrens entweder mit vorläufiger oder mit endgültiger Wirkung getroffen werden.

(4) Die Mitgliedstaaten können den Gerichten oder Verwaltungsbehörden Befugnisse übertragen, die es diesen gestatten, zur Ausräumung der fortdauernden Wirkung einer irreführenden oder unzulässigen vergleichenden Werbung, deren Einstellung durch eine rechtskräftige Entscheidung angeordnet worden ist,

a) die Veröffentlichung dieser Entscheidung ganz oder auszugsweise und in der von ihnen für angemessen erachteten Form zu verlangen;

b) außerdem die Veröffentlichung einer berichtigenden Erklärung zu verlangen.

(5) Die in Absatz 1 Unterabsatz 2 Buchstabe b genannten Verwaltungsbehörden müssen

a) so zusammengesetzt sein, dass ihre Unparteilichkeit nicht in Zweifel gezogen werden kann;
b) ausreichende Befugnisse haben, die Einhaltung ihrer Entscheidungen wirksam zu überwachen und durchzusetzen, sofern sie über die Beschwerden entscheiden;
c) in der Regel ihre Entscheidungen begründen.

(6) Werden die in den Absätzen 3 und 4 genannten Befugnisse ausschließlich von einer Verwaltungsbehörde ausgeübt, sind die Entscheidungen stets zu begründen. In diesem Fall sind Verfahren vorzusehen, in denen eine fehlerhafte oder unsachgemäße Ausübung der Befugnisse durch die Verwaltungsbehörde oder eine ungerechtfertigte oder unsachgemäße Unterlassung, diese Befugnisse auszuüben, von den Gerichten überprüft werden kann.

Art. 6. Diese Richtlinie schließt die freiwillige Kontrolle irreführender oder vergleichender Werbung durch Einrichtungen der Selbstverwaltung oder die Inanspruchnahme dieser Einrichtungen durch die in Artikel 5 Absatz 1 Unterabsatz 2 genannten Personen oder Organisationen nicht aus, unter der Bedingung, dass entsprechende Verfahren vor solchen Einrichtungen zusätzlich zu den in Artikel 5 Absatz 1 Unterabsatz 2 genannten Gerichts- oder Verwaltungsverfahren zur Verfügung stehen. Die Mitgliedstaaten können diese freiwillige Kontrolle fördern.

Art. 7. Die Mitgliedstaaten übertragen den Gerichten oder Verwaltungsbehörden Befugnisse, die sie ermächtigen, in den in Artikel 5 genannten Verfahren vor den Zivilgerichten oder Verwaltungsbehörden

a) vom Werbenden Beweise für die Richtigkeit von in der Werbung enthaltenen Tatsachenbehauptungen zu verlangen, wenn ein solches Verlangen unter Berücksichtigung der berechtigten Interessen des Werbenden und anderer Verfahrensbeteiligter im Hinblick auf die Umstände des Einzelfalls angemessen erscheint, und bei vergleichender Werbung vom Werbenden zu verlangen, die entsprechenden Beweise kurzfristig vorzulegen, sowie
b) Tatsachenbehauptungen als unrichtig anzusehen, wenn der gemäß Buchstabe a verlangte Beweis nicht angetreten wird oder wenn er von dem Gericht oder der Verwaltungsbehörde für unzureichend erachtet wird.

Art. 8. (1) Diese Richtlinie hindert die Mitgliedstaaten nicht daran, Bestimmungen aufrechtzuerhalten oder zu erlassen, die bei irreführender Werbung einen weiterreichenden Schutz der Gewerbetreibenden und Mitbewerber vorsehen.

Unterabsatz 1 gilt nicht für vergleichende Werbung, soweit es sich um den Vergleich handelt.

(2) Diese Richtlinie gilt unbeschadet der Rechtsvorschriften der Gemeinschaft, die auf die Werbung für bestimmte Waren und/oder Dienstleistungen anwendbar sind, sowie unbeschadet der Beschränkungen oder Verbote für die Werbung in bestimmten Medien.

(3) Aus den die vergleichende Werbung betreffenden Bestimmungen dieser Richtlinie ergibt sich keine Verpflichtung für diejenigen Mitgliedstaaten, die unter Einhaltung der Vorschriften des Vertrags ein Werbeverbot für bestimmte Waren oder Dienstleistungen aufrechterhalten oder einführen, vergleichende Werbung für diese Waren oder Dienstleistungen zuzulassen; dies gilt sowohl für unmittelbar ausgesprochene Verbote als auch für Verbote durch eine Einrichtung oder Organisation, die gemäß den Rechtsvorschriften des Mitgliedstaats für die Regelung eines Handels, Gewerbes, Handwerks oder freien Berufs zuständig ist. Sind diese Verbote auf bestimmte Medien beschränkt, so gilt diese Richtlinie für diejenigen Medien, die nicht unter diese Verbote fallen.

(4) Diese Richtlinie hindert die Mitgliedstaaten nicht daran, unter Einhaltung der Bestimmungen des Vertrags Verbote oder Beschränkungen für die Verwendung von Vergleichen in der Werbung für Dienstleistungen freier Berufe aufrechtzuerhalten oder einzuführen, und zwar unabhängig davon, ob diese Verbote oder Beschränkungen unmittelbar auferlegt oder von einer Einrichtung oder Organisation verfügt werden, die nach dem Recht der Mitgliedstaaten für die Regelung der Ausübung einer beruflichen Tätigkeit zuständig ist.

Art. 9. Die Mitgliedstaaten teilen der Kommission den Wortlaut der wichtigsten innerstaatlichen Rechtsvorschriften mit, die sie auf dem unter diese Richtlinie fallenden Gebiet erlassen.

Art. 10. Die Richtlinie 84/450/EWG wird unbeschadet der Verpflichtungen der Mitgliedstaaten hinsichtlich der in Anhang I Teil B genannten Fristen für die Umsetzung der dort genannten Richtlinien in innerstaatliches Recht und für die Anwendung dieser Richtlinien aufgehoben.

Verweisungen auf die aufgehobene Richtlinie gelten als Verweisungen auf die vorliegende Richtlinie und sind nach Maßgabe der Entsprechungstabelle in Anhang II zu lesen.

Art. 11. Diese Richtlinie tritt am 12. Dezember 2007 in Kraft.

Art. 12. Diese Richtlinie ist an alle Mitgliedstaaten gerichtet.

Geschehen zu Straßburg am 12. Dezember 2006.

In Namen des Europäischen Parlaments	*Im Namen des Rates*
Der Präsident	*Der Präsident*
J. BORRELL FONTELLES	M. PEKKARINEN

ANHANG I

TEIL A

Aufgehobene Richtlinie mit ihren nachfolgenden Änderungen

Richtlinie 84/450/EWG des Rates (ABl. L 250 vom 19.9.1984, S. 17)	
Richtlinie 97/55/EG des Europäischen Parlaments und des Rates (ABL L 290 vom 23.20.1997, S. 18)	
Richtlinie 2005/29/EG des Europäischen Parlaments und des Rates (ABl. 149 vom 11.6.2005, S. 22)	nur Artikel 14

TEIL B

Fristen für die Umsetzung in innerstaatliches Recht und Anwendungsfristen

(gemäß Artikel 10)

Richtlinie	Umsetzungsfrist	Anpassungsdatum
84/450/EWG	1. Oktober 1986	–
97/55/EG	23. April 2000	
2005/29/EG	12. Juni 2007	12. Dezember 2007

ENTSPRECHUNGSTABELLE

Richtlinie 84/450/EWG	Vorliegende Richtlinie
Artikel 1	Artikel 1
Artikel 2 einleitende Worte	Artikel 2 einleitende Worte
Artikel 2 Nummer 1	Artikel 2 Buchstabe a)
Artikel 2 Nummer 2	Artikel 2 Buchstabe b)
Artikel 2 Nummer 2a	Artikel 2 Buchstabe c)
Artikel 2 Nummer 3	Artikel 2 Buchstabe d)
Artikel 2 Nummer 4	Artikel 2 Buchstabe e)
Artikel 3	Artikel 3
Artikel 3a Absatz 1	Artikel 4
Artikel 4 Absatz 1 Unterabsatz 1 Satz 1	Artikel 5 Absatz 1 Unterabsatz 1
Artikel 4 Absatz 1 Unterabsatz 1 Satz 2	Artikel 5 Absatz 1 Unterabsatz 2
Artikel 4 Absatz 1 Unterabsatz 2	Artikel 5 Absatz 2 Unterabsatz 1
Artikel 4 Absatz 1 Unterabsatz 3	Artikel 5 Absatz 2 Unterabsatz 2
Artikel 4 Absatz 2 Unterabsatz 1 einleitende Worte	Artikel 5 Absatz 3 Unterabsatz 1 einleitende Worte
Artikel 4 Absatz 2 Unterabsatz 1 erster Gedankenstrich	Artikel 5 Absatz 3 Unterabsatz 1 Buchstabe a
Artikel 4 Absatz 2 Unterabsatz 1 zweiter Gedankenstrich	Artikel 5 Absatz 3 Unterabsatz 1 Buchstabe b
Artikel 4 Absatz 2 Unterabsatz 1 letzte Worte	Artikel 5 Absatz 3 Unterabsatz 2
Artikel 4 Absatz 2 Unterabsatz 2 einleitende Worte	Artikel 5 Absatz 3 Unterabsatz 3
Artikel 4 Absatz 2 Unterabsatz 2 erster Gedankenstrich	Artikel 5 Absatz 3 Unterabsatz 3
Artikel 4 Absatz 2 Unterabsatz 2 zweiter Gedankenstrich	Artikel 5 Absatz 3 Unterabsatz 3
Artikel 4 Absatz 2 Unterabsatz 2 letzte Worte	Artikel 5 Absatz 3 Unterabsatz 3
Artikel 4 Absatz 2 Unterabsatz 3 einleitende Worte	Artikel 5 Absatz 4 einleitende Worte
Artikel 4 Absatz 2 Unterabsatz 3 erster Gedankenstrich	Artikel 5 Absatz 4 Buchstabe a
Artikel 4 Absatz 2 Unterabsatz 3 zweiter Gedankenstrich	Artikel 5 Absatz 4 Buchstabe b
Artikel 4 Absatz 3 Unterabsatz 1	Artikel 5 Absatz 5
Artikel 4 Absatz 3 Unterabsatz 2	Artikel 5 Absatz 6
Artikel 5	Artikel 6

Richtlinie 84/450/EWG	Vorliegende Richtlinie
Artikel 6	Artikel 7
Artikel 7 Absatz 1	Artikel 8 Absatz 1 Unterabsatz 1
Artikel 7 Absatz 2	Artikel 8 Absatz 1 Unterabsatz 2
Artikel 7 Absatz 3	Artikel 8 Absatz 2
Artikel 7 Absatz 4	Artikel 8 Absatz 3
Artikel 7 Absatz 5	Artikel 8 Absatz 4
Artikel 8 Absatz 1	–
Artikel 8 Absatz 2	Artikel 9
–	Artikel 10
–	Artikel 11
Artikel 9	Artikel 12
–	Anhang I
–	Anhang II

Sachregister

(die römischen Zahlen verweisen auf das Kapitel,
die arabischen Zahlen auf die Randziffern)

Die römischen Zahlen verweisen auf das Kapitel